중국 지식 형성의
변화와 유형 탐색

이 저서는 2019년 대한민국 교육부와 한국연구재단의 지원을 받아 수행된 연구임
(NRF—2019S1A6A3A02102737)

국민대학교
중국인문사회연구소
총서 · 13

중국 지식 형성의
변화와 유형 탐색

박영순·김승욱·최은진·강진석·최재용
김주아·은종학·박철현·서상민·이광수
공저

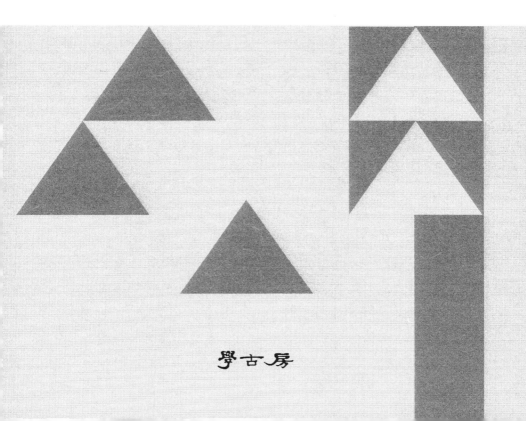

學古房

서 문

　머물러 있는 것은 아무것도 없다. 반복적으로 변화하는 것조차도 변화를 멈추지 않는다. 변화의 순환은 언제나 동적이고 항시적이다. 지식 역시 시대의 추이에 따라 지속적인 변화를 거듭한다. 그리고 이를 추동하는 변화의 흐름과 주체 그로 인해 양산된 지식의 유형과 패턴도 다양하다.

　본 총서는 각 연구 영역에서 지식 생산의 변화와 유형을 파악하여 중국 지식지형도의 밑그림을 그려보기 위한 선행 작업으로 기획되었다. 이를 토대로 향후 지식으로서의 중국 연구의 이론을 세우는 토대 작업으로 삼고자 한다. 다양한 사례를 통해 중국 지식 창출의 다면성을 파악하고 그 속에서 지식의 흐름의 방향성, 패턴 및 유형을 도출하고자 했다. 다면적 접근 방법과 관찰을 통한 지식지형의 방향성을 포착하고 그 형태적 특징에서 발견되는 변화의 경로를 탐색하고자 했다. 이를 통해 정형화된 지식 외에도 시대적 분기(分岐)에 따라 변화하는 지식지형의 변화와 유형의 특징을 도출하고자 했다.

　이런 점을 파악하기 위해 학문영역, 주제, 방법 등의 면에서 비교적 다양하고 느슨하게 접근하고자 했다. 명대부터 당대에 이르기까지 중국 관련 인문학과 사회과학 영역의 글들로 구성하였다. 지식의 생산과 변화를 이끄는 주체와 매개가 되는 제도 · 국가 · 담론 · 언어 · 조직 · 기구 · 정책에 대한 연구가 진행되었고, 이를 위해 계량 서지학과 사회네트워크 분석, 텍스트 네트워크 분석 및 비교분석 · 개념 분석 · 학술지 분석 등 다양한 방법과 시각이 시도되었다. 특히 최근 과학기술과 신(新)지식의 생산과 변화를 이끄는 '인공지능(AI)', 팬데믹(pandemic), 인터넷 문학 공간 등을 주목함으로써 지식지형의 새로운 변화와 흐름을 보다 다면적으로 접근하였다.

본 총서『중국 지식 형성의 변화와 유형 탐색』은 이러한 배경하에서 총 10분의 연구논문을 모은 것이다.

박영순의 논문은 명대 관방 지식 형성의 조직인 문사(文社)를 대상으로 하여, '제도 - 활동 - 권력'의 측면에서 문사와 과거 문풍(文風)의 상관성에 대해 분석했다. 명대 팔고취사제(八股取士制)로 인해 형성된 문사는 사인들에게 '학문의 장'과 '공명을 얻는 등용문'의 역할을 했다. 문사는 '학문'과 '공명'을 실현하기 위해 다양한 활동을 벌이면서 자신들의 권력을 확보하는 한편, 과거 문풍과 사풍(士風)에 영향을 주었다. 주요 내용은 문사의 출현과 팔고취사의 상관성, 문사의 활동과 과거 문풍, 문사의 권력과 영향 등을 분석했다. 이를 통해 제도와 문학의 관계가 보여준 다양한 사회적 측면, 제도와 함께 변화하는 문인집단의 발전 면모 및 문사가 명말 문학의 새로운 표현 양태로 자리하는 의미 등에 대해 고찰했다.

김승욱의 논문은 20세기 전기 국어운동의 전개 과정을 중심으로, 중국이 제국에서 국민국가로 이행해가는 과정에서 언어적 통합이 어떻게 추진되었는지 검토하였다. 중국이 국민국가로 전환되는 과정에서 기존 제국 체제를 구성했던 요소들이 잔존하여 새로운 체제와 결합했던 측면을 언어 면에서 확인하고자 했다. 주로 국어연구회와 『신청년』 지식인들의 활동을 중심으로 20세기 전기 국어운동의 주요 성과들을 분석했다. 당시 주음부호(注音字母) 공포, 『국음자전(國音字典)』의 간행, 국어 과목의 개설 등 언어 표준을 확정하고 그것을 보급, 교육하는 과정에서 얻은 성과에 주목하였다. 이를 통해 제국 체제하에서 언어적 통합성을 유지하는 관성을 유지하면서 새로운 국가 체제 속에서 공존하는 결과로 이어졌다고 분석했다.

최은진의 논문은 양카이다오(楊開道)의 중국 향약 제도를 대상으로 하여, 그것이 향촌 건설 운동과 다양한 대안 제시의 상황에서 어떠한 의미를 지니는가를 밝혔다. 양카이다오가 서구 유학을 통해 수용한 농촌 사회학의 지식인 '농촌자치', '농촌조직', '농촌지도자' 등의 개념들이 중국의 농촌사회를 이해하는 주요한 틀이 되었다는 점, 향약제도 연구는 이러한 관점에서 전통사회를 재해석함으로써 당시의 농촌문제를 해결하는 방안으로 제시되었음을 분석했다. 또한 서구에서 유학한 사회학자로서 농촌건설방안을 제시하고 향약 제도 연구를 하게 된 배경이 향촌 건설 운동에서 나타난 다양한 양상을 파악할 수 있었고, 이과정에서 전통 지식을 재해석하여 근대지식으로 변환하는 경로를 가늠할 수 있었다.

강진석의 논문은 21세기 중국에서 등장한 새로운 중체(中體)의 사유에 관해 분석했다. 체용(體用)의 사유로 말하자면, 1990년대 서체(西體)에 대한 학습과 도전의 시기를 거치고, 2000년대 초 달라진 중체의 위상을 실감했던 시기를 넘어, 2010년 이후 새로운 중체의 설계가 본격화되

었던 담론의 여정을 조명했다. 이 시기 중체의 설계가 중국모델, 천하공
간, 횡단체제 등의 형태로 제시된 점을 분석했다. 중국모델론은 미래가
중국의 편이라는 것을 선언하는 이데올로기 성격을 띠었고, 신천하주의
는 유럽의 문명공동체 모델을 동아시아 지평에 적용하려 한 점에서 탈
국가적이고 범 문명적 특색을 지녔으며, 복합체제사회를 강조한 사유는
아시아 지역에 누적된 다중적 모순을 드러내고 있다고 분석했다.

최재용의 논문은 최근 중국에서 생산된 인터넷 무협소설에 관한 담론
의 지형을 파악하고, 그것을 한국 인터넷에 적용함으로써 다양한 가능
성을 탐색하고 있다. 한국의 인터넷 무협소설은 여러 측면에서 중국과
유사하다. 하지만 최근 한국 내에서 인기를 끌었던 인터넷 무협소설 혹
은 유사 장르의 작품들을 관찰해보면, 무협소설을 포함한 장르소설 자
체에 대한 메타적 초월이 이루어지고 있음을 발견할 수 있다. 중국 무협
소설 담론에서는 협의와 중화성을 중시하는데 한국 무협소설은 그에
대한 유효한 반례가 되어 줄 수 있으며, 방대한 인터넷 소설의 데이터베
이스를 구축하고 있다. 이를 통해 무협소설과 관련된 중국의 최근 지형
도를 탐색하였으며 그것을 한국의 경우와 비교하는 방식으로 진행했다.

김주아의 논문은 화교·화인 연구의 지식지형과 패턴을 밝히고자 했
다. 기존에 진행된 화교·화인 연구를 시대별·분야별·주제별로 분류하
여 화교·화인 연구의 흐름과 패턴을 정량적인 방법으로 유형화한 뒤,
그러한 패턴 뒤에 숨겨져 있는 시대적 배경과 특징에 대해 분석했다.
'화교 및 화인'의 연구는 1990년대 이후 경제를 중심으로 관심을 끌기
시작하여 지금은 다양한 분야에서 학제 간 연구가 진행되고 있다. 특히

2000년대 이후 다문화사회에 관심을 보이기 시작하면서 재한외국인문제에 대한 연구가 진행되고 있으며, 그중에서도 가장 오래된 외국계 인구(구화교)이자 지금은 가장 많은 이주민(신화교)이라고 할 수 있는 '한국 화교(韓華)'에 대한 관심이 증폭되고 있다. 이 글은 이런 점에 대해 면밀한 분석을 하고 있다.

은종학의 논문은 향후 과학기술 혁신의 주된 발원지가 될 것으로 손꼽히는 '인공지능(AI)' 분야에서 중국이 쌓아 올린 독자적 과학연구 역량이 어느 정도인지를 객관적으로 파악하고자 한 글이다. 특히, 최근 미-중 분쟁 속에서 양국간 과학협력마저 위축될 것으로 예상되는 가운데, AI 분야의 과학협력 중단이 벌어질 경우 그 충격이 양국에 어떻게 가해질 것인지를 스트레스 테스트 방법으로 가늠해보고자 했다. 더불어 국제 AI 과학연구 네트워크에서 중국과학원과 주요 중국 대학들의 위상 변화도 주목하였다. 이를 위해 본 연구에서는 Web of Science로부터 최근 출간된 AI 분야 SCIE 논문들의 서지 데이터를 수집하고 그를 계량서지학과 사회 네트워크 분석 방법을 활용해 다각도로 분석했다.

박철현의 논문은 1983년 설립된 「사상정치공작연구회」의 활동을 2000년대를 대상으로 분석하였다. 중공중앙선전부에 소속된 「사상정치공작연구회」는 기업과 공장 층위에서 노동자들을 대상으로 해당 시기 포스트사회주의로의 체제 전환과 관련된 다양한 문제들에 있어서 국가 이데올로기를 연구 선전해온 기구이다. 특히 2000년대는 심화된 불평등과 차별에 저항하는 사회적 약자의 저항이 '권익수호'의 형태로 표출되었고, 이것이 국가 통치의 안정성에 일정하게 도전을 했다. 국가는 이러한 사회의 권익수호에 대응하기 위해 '안정유지'를 국정 목표로 설정했다. 2000년대 「사상정치공작 연구회」의 조직과 위상 변화, 학술지 『思想政治工作研究』 게재 논문, 중국 동북 지역의 대표적 중공업 기업 안산강철(鞍山鋼鐵)을 대상으로 분석했다.

서상민의 논문은 코로나 팬데믹이라는 위기 과정에서 남북협력과 관련한 국내 담론의 지형을 텍스트 네트워크 분석을 통해 고찰했다. 11개 중앙지 신문의 "코로나19 시기 남북협력" 관련 기사의 텍스트를 대상으로 했다. 그 결과 진보언론은 문재인 대통령을 중심에 두고 이 시기 남북협력이 추진되고 있음을 부각시키고 있어, 키워드의 빈도에서 토픽모델링 네트워크에서 "대통령"이라는 키워드가 중요한 역할을 담당했다. 보수언론은 "대통령"을 논의의 중심에 놓기보다는 별도의 토픽으로 다루고 다른 토픽과 연결시키지 않고 있으며, 김정은 위원장과 북한에 대한 기사에서 "미국"이라는 변수와 함께 언급하고 있었다. 한편, 기타 신문사들은 위의 두 성향의 언론을 혼합한 형태의 키워드빈도와 토픽네트워크 구조를 보여주고 있었다.

이광수의 논문은 대만의 정당 대립과 코로나 방역에 대해 분석하였다. 대만은 중국과의 관계를 중시하는 국민당과 대만독립 경향을 보이는 민진당이라는 양대 정당을 중심으로 여타 정치세력과 대중이 상호 대립, 대결, 충돌하는 정당 대립의 특징을 보이고 있다. 이 글은 코로나 팬데믹 상황에서 정당 대립이 어떻게 작용하고, 또한 팬데믹 상황이 정당 대립에 어떻게 영향을 미치는가에 대해 분석하였다. 팬데믹은 집권당에게는 방역에 대한 권한과 책임을 주고, 야당에게는 비판과 대안을 제시할 수 있는 공간을 제공한다. 대만의 양대 정치세력의 상호 대립은 대체로 대중의 지지를 바탕으로 한다는 점에서 대만 지식인 사회의 상호 관계를 볼 수 있도록 했다.

이상의 연구는 각 연구 영역에서 중국의 지식 지형의 변화를 포착하고 중국 지식 지형도를 그려나가는 밑거름이 될 것이다. 하지만 지식으로서의 중국 연구의 이론화를 모색·정립하고, '지식으로서의 중국학'이라는 새로운 시각과 방법을 제시하기 위해서는 영역 간의 유기적인 연계와 치밀한 분석 및 다양한 방법과 시각 등이 더욱 보완되어야 할 것이다.

특히 미래 지식과 확장의 네트워크, 과학기술 발전에 따른 4차산업혁명 등이 초래하는 미래 사회의 지식생태계를 파악하는 방향으로 확장해나가야 할 것이다. 중국을 포함한 미래의 글로벌 지식생태계는 빅데이터(Big Data), 인공지능(AI) 등의 기술을 매개로 초지능, 초연결사회로 급격하게 변화해나가고 있기 때문이다. 따라서 기존의 지식이 새로운 지식으로 대체, 변형되는 흐름과 패턴에 주목해야 할 것이다. 미래 지식은 초국가, 지역, 공간을 넘어서 창출되고 확산되므로 중국의 지식도 글로벌화로 인한 제약의 측면과 새로운 창출이라는 기회의 양면성, 다양성을 동시에 지니고 있을 것이다. 한편, 이로 인한 초국가, 지역, 공간의 지식 연계망을 파악하는 것도 필요하다. 이상의 연구가 향후 이러한 연구로 확산될 수 있는 기초 작업이 되었기를 바란다.

끝으로 이 책의 기획과 집필 과정에서 많은 도움을 주신 10분의 집필진에게 깊은 감사를 드리며, 항상 좋은 책을 만들어 주시는 학고방 편집진에게 고마움을 전한다.

2022년 5월
집필진을 대표하여 박영순 씀

목 차

관방 지식 형성의 조직체 문사(文社)와 과거 문풍(文風)의 상관성

: 제도·활동·권력을 중심으로

◈ 박영순 ◈

Ⅰ. 시작하며

명나라를 건국한 홍무제(洪武帝, 1368-1398) 주원장(朱元璋)은 정권을 공고히 하고 사상문화를 통제하기 위해 유가(儒家)의 도통(道統)과 정주이학(程朱理學)을 기반으로 한 관방문화이데올로기를 세우고자 했고, 이를 과거시험으로 제도화했다. 그 후 영락제(永樂帝, 1403-1424)에 이르러 『사서대전(四書大典)』, 『오경대전(五經大典)』 등을 편찬하여 관방 지식의 범주로 정하고, 팔고문으로 시험을 치는 선관(選官) 제도를 마련했는데, 이를 팔고취사제(八股取士制)라 한다.

이러한 선관 제도에 따라 사인들을 중심으로 형성된 문인집단인 문사(文社)가 등장했다. 명대 사인들은 조정의 '제도'와 민간의 '조직'을 활용하여 자신들의 과거 공명을 실현해나가고자 했고, 문사는 그 길을 열어주

---

* 이 글은 「명대 문사(文社)의 활동과 과거 문풍(文風)의 상관성: 제도·활동·권력을 중심으로」, 『외국학연구』, 제58집, 2021을 수정·보완한 것이다.

** 국민대학교 중국인문사회연구소 HK부교수.

는 플랫폼으로 작용했다. 문사의 흥기는 팔고취사제와 함께 발전하면서 사인들에게 '학문의 장'과 '공명을 얻는 등용문'의 역할을 하였다. 따라서 문사의 활동은 시사(詩社) 등 여타의 문인결사와는 구별되는 과거(科擧) 지향적 성격을 띤다. 과거제도의 산물로 등장한 문사는 '학문'과 '공명' 이 두 가지를 실현하기 위해 다양한 관련 활동을 벌이면서 자신들의 권력을 확보하는 한편, 여러 가지 과거 문화현상을 나으면서 과거 문풍과 사풍(士風) 등에 영향을 주었다. 뿐만 아니라 팔고문이라는 제도적 글쓰기는 문학 방면에서 시문(時文), 고문(古文)의 창작 변화에도 영향을 주었고,[1] 명말 사단(社團) 문학을 중심으로 한 새로운 문학 양태를 형성하기도 했다. 이러한 문사의 출현 배경 및 기능의 측면에서 볼 때, 문사는 제도의 산물이자 팔고문 창작을 위해 조직된 문인집단으로서, 태생적으로 제도와 문학의 관계를 형성하고 있다. 따라서 명말 사단 문학 연구는 적어도 제도와 문학의 관계에서 문사와 과거의 상관성에 대한 구체적인 분석이 필요하며, 이점이 이 글의 출발점이다.

명대의 문인결사에 대한 기존 연구는 문인결사의 시대적 변화와 문헌 고찰, 개별 문인결사의 사례 연구, 지역적 분포와 특징 등 주목할 만한 연구가 이루어졌으며, 대체로 문학 영역에서 다루어져 왔다. 하지만 문사는 팔고취사라는 '제도'와 팔고문 창작이라는 '문학'이 연동되어 형성된 문인집단임에도 불구하고, 제도적 측면과 문학적 측면이 함께 고려되어야 한다는 점은 잘 부각되지 못했다. 또한 문사는 사회적으로 사인(지식인)들이 팔고문을 공부하기 위해 모인 '집단'이며, 집단의 세력은 다양한 문사 활동과 과거급제의 성적을 통해 증명되고, 그것은 곧 문사의 권력으로 드

---

1) 팔고문은 시문(時文)·시예(時藝)·제의(制義) 등으로도 불린다. 이 글에서는 주로 팔고문이라는 용어로 통일하고자 한다. 그러나 인용문의 번역과정에서는 해당 원문에 쓰인 단어를 그대로 사용하며, 또한 고문(古文)과 시문(時文)을 연결하여 논하는 부분에서는 시문(時文)이란 용어를 사용하기도 한다.

러난다. 이는 문사 연구에서 '제도 – 활동 – 권력'이라는 틀이 중요하게 작
용하는 이유이다. 따라서 이러한 접근 방식으로 분석할 때 문학의 발전이
문학 자체의 요인에 의해서만 추동되는 것이 아니라 제도, 정치 등과 밀접
한 연관성 속에서 발전·변화한다는 것을 파악할 수 있을 것이다.

　기존의 문사에 대한 연구는 일반적인 문인결사 연구에 비해 상대적으
로 미흡한 편이다. 중국의 문사에 대한 연구는 2000년대에 들어서 비교적
많은 진척을 보이고 있으며, 문인결사를 연구하는 과정에서 일부 문사에
대한 연구를 하고 있다. 문사의 출현, 문사와 과거문화, 과거 문풍과 문학,
과거제도와 선문(選文) 등에 관한 연구서와 논문들이 있다.[2] 한국에서는
과거제도와 팔고문에 대한 번역본과 명·청 출판문화에 대한 저서가 출판
되었고, 학술논문으로는 팔고문과 출판문화, 고문과 시문(時文), 팔고문의
글쓰기 등을 주제로 한 연구가 있다.[3] 이러한 연구성과는 과거제도와 관
련 출판문화 및 팔고문 등을 이해하는 기본적인 자료가 되기에 충분하다.
하지만 문사를 주요 대상으로 하여 제도와 문학의 관계에서 과거와 문사
의 상관성을 분석한 연구는 상대적으로 미흡하다.

---

2) 단행본으로는 陸世儀, 『復社紀略』, 上海書店出版社, 1982; 何宗美, 『文人結社與
　明代文學的演進』(上·下), 人民出版社, 2011; 何宗美, 『明末清初文人結社研究』,
　南開大學出版社, 2004; 李玉栓, 『明代文人結社研究』, 復旦大學出版社, 2020 등
　이 있다. 학위논문과 학술논문으로는 王恩俊, 『復社研究』, 東北師範大學博士學位
　論文, 2007; 陽達·歐陽光, 「明代文社與科擧文化」, 『湖北大學學報』, 第5期, 2010;
　張濤, 「科擧與實學: 明末文社興起的形上依據」, 『河北師範大學學報』, 第1期,
　2007; 朱子彦, 「論復社與晩明科擧」, 『社會科學』, 第3期, 2009 등이 있다.

3) 저역서로는 진정(金諍) 지음, 김효민 옮김, 『중국과거문화사』, 동아시아, 2003; 왕카이
　푸(王凱符) 지음, 김효민 옮김, 『팔고문이란 무엇인가』, 글항아리, 2015; 황지영, 『명청
　출판과 조선 전파』, 시간의 물레, 2012 등이 있다. 학술 논문으로는 당윤희, 「明代의
　古文과 時文에 대한 一考」, 『중국어문논역총간』, 제35집, 2014; 백광준, 「명대 과거시
　험 참고서 출판과 출판시장의 발전」, 『중국문학』, 제54집, 2008; 백광준, 「변화의 시대,
　변화의 글쓰기: 명대 융경, 만력 연간의 팔고문」, 『중국문학』, 제45집, 2005 등이 있다.

따라서 이 글은 이상의 문제의식과 기존의 연구성과의 토대 위에서 명대의 문사를 연구대상으로 하여, 제도 - 활동 - 권력의 측면에서 문사와 과거의 상관성을 분석하고자 한다. 주요 내용은 크게 문사의 출현과 팔고취사의 상관성, 문사의 활동과 과거 문풍, 문사의 권력과 영향 등에 대해 분석할 것이다. 이를 통해 제도와 문학의 관계가 보여준 다양한 사회적 측면을 파악하고, 제도와 함께 변화해 가는 문인집단의 발전 면모 및 문사가 명말 문학의 새로운 표현 양태로 자리하는 의미 등을 파악할 수 있을 것이다.

Ⅱ. 문사의 출현과 제도

1. 문사의 출현 배경

명대 초기의 선관 제도는 천거와 과거 두 가지 방식으로 진행되었다. 그러나 "과거제도가 갈수록 중요시되고 천거 방식은 날로 경시되자, 문에 능한 사람들은 과거시험을 통해 벼슬에 나아가는 것을 영광으로 생각했다"[4] 그 후 영락(永樂, 1403-1424) 연간 『사서대전』, 『오경대전』 등을 편찬하여 과거시험의 텍스트로 삼으면서 점차 천거 방식은 약화되었고, 과거를 통한 등용 방식을 채택하게 되었다.

홍무(洪武) 3년(1370), 과거시험을 통한 선관 제도를 시행하기 시작했다. 국가는 어떤 방식으로 뽑고 무엇을 요구했으며, 사인은 무엇을 준비해야 했고, 그것이 문사의 출현과 어떤 상관성을 지니는가.

---

4) "自後科擧日重, 薦擧日益輕, 能文之士率由場屋進以爲榮." 張廷玉 等, 『明史』, 中華書局, 1997, 467쪽.

금년(1370) 8월부터 특별히 과거제도를 시행한다. 경학에 밝고 수행에 뛰어나며, 고금의 지식에 두루 통달하고, 명성과 실제가 상호 부합되는 자를 뽑을 것이다. … 과거시험에 통과하지 않는 자는 관직에 임명될 수 없다.[5]

과거시험 과목은 당송 시기의 옛 전통을 따르지만 시험 방법은 약간 변형한다. 오직 사서와 『주역(周易)』·『서경(書經)』·『시경(詩經)』·『춘추(春秋)』·『예기(禮記)』 오경 중에서 출제하여 시험을 본다.[6]

과거시험을 통해 인재를 선발하게 되면서 제의(制義)가 중요해졌다. … (문사는) 도덕 수양을 중시하는 사인에게는 학문의 장이 되었고, 높은 목표를 향해 달리는 무리에게는 공명을 이루는 등용문이 되었다.[7]

홍무 3년 8월, 홍무제는 과거제도를 시행하고자 하여, 경학과 덕행 및 지식에 뛰어난 자로서 반드시 과거시험을 거쳐야만 관직을 얻을 수 있다고 천명했다. 그 후 홍무 17년(1384)「과거정식(科擧程式)」을 반포하여 이를 더욱 제도화시키면서 시험 과목과 출제범위를 사서오경으로 한정했고, 영락 연간에 이르러 『사서대전』, 『오경대전』을 주요 교본으로 삼았다. 그리고 시험 양식인 팔고문의 규정은 성화(成化, 1465-1487) 이후에 구체화되면서[8] 명대는 팔고문으로 과거를 보는 팔고취사제가 정해지게 되었다.

---

5) "自今年八月始, 特設科擧. 務取經明行修, 博通古今, 名實相稱者. … 非科擧者毋得與官." 張廷玉 等, 『明史』, 中華書局, 1997, 463쪽.

6) "科目者, 沿唐宋之舊, 而稍變其試士之法, 專取四子書及『易』·『書』·『詩』·『春秋』·『禮記』五經命題試士." 張廷玉 等, 『明史』, 中華書局, 1997, 462쪽.

7) "以科目取人, 而制義始重. 士既重於其事, 咸思厚自濯磨, 以求副功令. … 好修之士, 以是爲學問之地, 馳騖之徒, 亦以是爲功名之門." 陸世儀, 『復社紀略』, 上海書店出版社, 1982, 204쪽.

8) 팔고문의 주요 작법을 요약하자면, 첫째, 내용과 범주는 사서오경과 주희의 주를 원칙으로 한다. 둘째, 서술방식은 성인의 뜻에 부합하고 성인의 어투에 따라 작성한다.

　이렇게 사서오경을 중심으로 하는 시험 내용과 범주가 정해지고 팔고문 작성 양식이 정해지자, 사인들은 그에 따른 '맞춤식' 공부를 하게 되었다. 과거를 통해 벼슬길로 나아가는 것을 목표로 하는 사인들은 과거시험에 대한 대응과 준비를 해야 했고, 이러한 현실적 수요에 따라 '학문의 장'과 '공명을 얻는 등용문'으로서 기능하는 문사가 등장하게 되었다. 이처럼 문사는 과거제도와 밀접한 연관성 속에서 탄생했고, 팔고취사제가 정해짐에 따라 팔고문 공부에 열중하는 문사들이 점차 출현하게 되었다. 조정에서 "경학에 밝고 도덕 수행에 뛰어나며, 고금의 지식에 두루 통달한 자"를 선발한다고 했으니 문사는 "도덕 수양을 중시하는 사인에게는 학문의 장이 되었고", "과거시험에 통과하지 않는 자는 관직에 임명될 수 없다"고 했으니 문사는 "벼슬길을 향해 달리는 이들에게는 공명을 얻는 등용문"으로 작용한 것이다. 이와 같이 과거시험, 팔고취사제는 문사의 설립과 발전의 직접적인 시대적 배경과 제도적 요인이 되었고, 사인들은 문사를 통해 입사(入仕)의 길을 열어갔으며, 문사는 조직 활동을 통해 세력 확장 및 권력을 가지게 되었다.

　문사는 문인결사의 유형 중의 하나이지만, 활동·규모·성격 면에서 일반적인 시사(詩社), 이로(怡老)시사, 강학(講學) 집단 등의 문인집단과는 구별되는 과거(科擧)지향적 특징을 가지고 있다. 명대 지식인들은 조정의 '제도'와 민간의 '조직'을 활용하여 자신들의 과거 공명을 실현해나갔고, 문사는 그 길을 열어주는 플랫폼으로 작용했다. 이런 점에 대해 문인집단의 대표적인 연구자 궈사오위(郭紹虞)·허쫑메이(何宗美)·장타오(張濤)·궈잉더(郭英德) 등도 문사는 지식인들이 과거시험을 위해 만든 사단이

　셋째, 작문 기법은 파제(破題)·승제(承題)·기강(起講)·입제(入題)·기이고(起二股)·출제(出題)·중이고(中二股)·과접(過接)·후이고(後二股)·속이고(束二股)·수결(收結) 등의 격식에 맞아야 하며 고(股) 부분은 반드시 대구를 쓴다. 王凱符, 『八股文槪說』, 中國和平出版社, 1991, 5-13쪽.

라고 하면서 여타 유형의 문인집단과 구분하고 있다.[9] 이처럼 문사의 흥기는 과거시험의 제도하에서 사인들이 팔고문을 익히기 위해 자발적으로 조직한 사단으로서 사인들의 '학문의 기지'이자 '공명의 출구'가 되었다. 전자는 전통적으로 내려오는 "글을 통해 벗하고 도덕 수양을 돕는" 문우보인(文友輔仁)의 유칙(遺則)을 따르지만, 후자는 상대적으로 과거(科擧)의 흐름과 특성을 파악하기 위한 관계 형성을 중시했다. 그러나 문사의 실질적인 기능은 후자의 경향이 더욱 강했다. 문사는 팔고취사의 제도적 환경 속에서 사인들에게 사로(仕路)를 열어주는 매개체가 되었고, 후에 규모와 세력이 커지면서 문사의 권력을 통해 정치, 문학(화) 등의 영역에서 적잖은 영향과 한계를 드러냈다. 이처럼 과거제도와 사인들의 요구에 따라 출현한 문사는 '팔고문 공부' - '과거시험' - '벼슬(入仕)'이라는 기본적인 패턴 속에서 관련 활동을 벌이면서 발전해 갔다.

2. 문사의 설립과 기능

문사의 초기 형태는 송·원(宋元) 시기에 이미 보인다. 남송 시기 서녹경(徐鹿卿)의 청운과사(靑雲課社), 진저(陳著)의 계봉과회(桂峰課會) 및 원대 양유정(楊維楨)의 취계문회(聚桂文會) 등이 있다.[10] 하지만 이들은 명대의 문사처럼 설립 목적, 규모 및 체계를 갖춘 집단적 성격을

---

9) "文社興盛的主要社會原因, 就是文人士子硏究八股時藝, 謀取科擧功名的發展需要." 郭英德, 『中國古代文人集團與文學風貌』, 中國人民大學出版社, 2012, 161쪽. "文社是在科擧取士制度刺激下文人自發組織的專攻八股制義的社團." 何宗美, 『明末淸初文人結社硏究』, 南開大學出版社, 2004, 129쪽. 이 외에도 郭紹虞, 『照隅室古典文學論集』, 上海古籍出版社, 1983; 張濤, 『文學社群與文學關係論』, 人民文學出版社, 2016; 李玉栓, 『明代文人結社硏究』, 復旦大學出版社, 2020 등 참고.

10) 歐陽光, 『宋元詩社硏究叢稿』, 廣東高等敎育出版社, 1996, 17-24쪽.

띤 형태는 아니었다. 명대에 이르러 홍치(弘治: 1488-1505) 이전에는 문사가 상당히 드물었다. 홍치 초기에 화정(華亭)의 고청(顧淸)·전복(錢福)·이희안(李希顔) 등이 결성한 '육인사(六人社)'가 설립되었고,11) 홍치 말엽 전후로 곤산(昆山) 고정신(顧鼎臣)의 읍사(邑社) 및 조명(曹明)의 조명결사 등이 생겨났다.12)

문사의 활동 시점에 대해 궈사오위는 "천계(天啓) 이후 이로지회(怡老之會)는 더 이상 개최되지 않았다. 순수 시사 외에 전문적으로 시문(時文)을 학습·탐구하는 문사들이 상당히 많아졌다. 이러한 풍조는 만력(萬曆) 연간부터 일어나면서부터 명말에 더욱 성행했다."13)라고 했고, 주이존(朱彝尊)은 "시류(詩類) 결사는 송원 이후부터 있어 왔다. 명대 융경(隆慶)·만력 연간에 이르러 백문(白門: 남경의 별칭)에서 모임이 극성했다. 문사는 천계(天啓) 갑자(甲子 4년에 응사應社가 설립됨)부터 시작되었다."14)라고 했다. 두 내용을 보면, 문사는 주로 만력 시기부터 천계를 거쳐 명말에 이르면서 점차 극성하였음을 알 수 있다. 이는 문사의 발전 시기에 보다 초점을 둔 것이며, 실제로 명대 전반에 걸쳐 볼 때 문사의 설립은 대체로 홍치─가정(嘉靖: 1522-1566) 시기에 약 10여 개, 융경(1567-1572)─만력(1573-1620) 시기에 40여 개, 천계(1621-1627)─숭정(崇禎: 1628-1644) 시기에 약 90여 개가 설립되었다.15) 발전 면모를 보면,

---

11) 李玉栓, 「明代科擧與文人結社」, 『上海大學學報』, 第3期, 2016, 77쪽.

12) 陸世儀, 『復社紀略』, 北京古籍出版社, 2002, 199쪽.

13) "天啓以後, 怡老之會社, 不復擧行, 除純粹詩社外, 頗多專硏討時文之社. 此風氣創自萬曆間, 而明末尤盛." 郭紹虞, 『照隅室古典文學論集』, 上海古籍出版社, 1983, 569쪽.

14) "詩流結社, 自宋元以來, 代有之. 迨明慶曆間, 白門再會, 稱極盛矣. 至於文社, 始於天啓甲子." 朱彝尊, 『靜志居詩話』, 人民文學出版社, 1998, 649쪽.

15) 李玉栓, 『明代文人結社考』附錄3, 中華書局, 2013, 612쪽; 何宗美, 『文人結社與明代文學的演進』, 人民出版社, 2011, (上)449-461쪽, (下)410-492쪽; 文藝, 『中晚明文

대략 홍무 - 성화 시기는 초기 단계였고 홍치 - 융경 시기는 발전기였고
만력 - 숭정 시기는 전성기에 해당한다고 할 수 있다.

그러면, 문사의 설립과 활동이 가장 활발했던 만력 - 숭정 시기에 설립
된 문사들은 어떤 성격을 띠었는가. 첫째, 원굉도(袁宏道: 1568-1610)는
"막 15, 16세가 되어 고향(호북湖北 공안현公安縣)에서 문사를 조직하여
스스로 사장(社長)이 되었다."16)라고 했다. 원굉도는 융경 2년(1568)에 태
어났으므로 그가 문사를 설립한 시기는 대략 만력 12년(1583) 전후일 것
이다. 쳰보청(錢伯城)은 원굉도가 세운 문사는 "주로 시예(時藝)를 연습
하고 팔고문을 공부하면서 과거시험을 준비하는 것이었고, 일반적인 시주
(詩酒) 문학의 모임은 아니었다."17)라고 했다. 또한 만력 44년(1616)에 여
유기(呂維祺)는 산동의 연주(兗州) 추관(推官)으로 있을 때 산좌대사(山
左大社)를 세우고 "27개 속(屬)에 각각 문회(文會)를 세우도록 했다. …
사인들은 열성적으로 호응하여 점차 성 전체로 퍼져나갔다. 기북(冀北:
하북 일대), 회남(淮南: 안휘 일대)의 사인들이 와서 거업(擧業: 과거공부)
을 탐구했다."18) 만력 시기 원굉도, 여유기는 문사(문회라고도 함)를 설립
하였고, 호북·산동·하북·안휘 일대의 사인들은 모여서 "팔고문을 공부
하며 거업을 탐구"했음을 알 수 있다.

그 후 숭정 2년(1629) 거대 통합 문사인 복사(復社)는 남직례(南直隸:
강소·안휘 및 상해 일부)와 절강 일대, 산동과 하남 일대, 강서와 호북

社硏究』, 西南大學碩士學位論文, 2012, 6-8쪽. 최근 연구가 계속 진행됨에 따라
　　문사의 개수는 연구자마다 약간의 차이를 보이지만 대체로 145-150개 전후이다.
16) "年方十五六, 在鄕結文社, 自爲社長, 社友年三十以下者皆奉其約束." 袁中道,
　　『珂雪齋集』, 上海古籍出版社, 1989, 762-763쪽.
17) "主要揣摩時藝, 習八股文, 以備應擧考試之用, 非一般詩酒文學之會." 錢伯城,
　　『袁宏道集箋校』, 上海古籍出版社, 1981, 34쪽.
18) "令二十七屬各立文會 … 士子蒸然向風, 漸及通省, 冀北淮南之士成來就業." 施化
　　遠, 『明德先生年譜』, 『四庫全書存目叢書』(集部 第185冊), 齊魯書社, 1997, 391쪽.

일대에서 활약하던 강남응사(江南應社)·오문광사(吳門匡社)·운간기사(雲間幾社) 등 약 10여 개의 문사를 통합하였다.[19] 당시 "학식이 풍부한 사방의 유명 인사들이 반을 차지할 정도였고",[20] 구성원이 약 3,000여 명에 달하는 거대 통합 조직이었다.[21] 복사는 방대한 조직을 각 지역의 사장(社長)을 통해 운영하였고, 향시(鄕試)·회시(會試)의 전후에 주로 남경에서 대집회를 가졌다. 사규(社規)도 마련하고 추렴과 기부방식 등으로 자금도 조달하고, 시문선집(時文選集)과 추천방식을 통해 구성원의 과거 급제의 기회를 마련하기도 했다.[22] 이처럼 문사는 호북·산동·하북·하남 및 남직례·절강·강서 등 거의 전 지역에 분포하였고, 특히 남직례·절강·강서 등의 지역에서 상대적으로 활발했다. 특히 만력－숭정 시기 전후로 문사는 급증했고, 그들은 과거시험과 관련한 문사 활동을 펼쳐나가면서 사인들에게 공명의 길을 열어줌과 동시에 자신들의 세력을 확보해나갔다.

둘째, 팔고문의 기본방식은 홍무 3년에 정해졌지만, 구체적인 격식은 성화 이후에 체계화되었다. 고염무(顧炎武)는 「시문격식(試文格式)」에서 "경의문(經義文)을 세상에서 팔고라고 칭하는데, 대개 성화 이후에 시작했다."[23]라고 했고, 상연류(商衍鎏: 청대의 마지막 探花)도 "홍무·영락 시기에 제의(制義)가 처음 제도화되었지만, 팔고의 격식은 아직 완전하게 갖추어지지 못했다."[24]라고 했다. 팔고문의 격식과 기법은 성화 이후

19) 朱彝尊, 『靜志居詩話』, 人民文學出版社, 1998, 649쪽.

20) "四方贍學有聞者半在列." 彭賓, 『彭燕又先生文集』, 『四庫全書存目叢書』, 齊魯書社, 1997.

21) 王恩俊, 『復社研究』, 東北師範大學博士學位論文, 2007, 86-87쪽.

22) 박영순, 「명말 문사(文社)의 형성과 특징: 복사(復社)의 조직과 활동을 중심으로」, 『중국문화연구』, 제52집, 2021, 38-40쪽.

23) "經義之文, 流俗謂之八股, 蓋始於成化以後." 顧炎武 著, 陳垣 校注, 『日知錄』, 安徽文學出版社, 2007, 919쪽.

24) "洪永爲制義初軌, 八股格式尙未周備." 商衍鎏, 『淸代科擧考試述錄』, 三聯書

에 출현했고, 대체로 만력 초기에 이르러 더욱 정교하고 치밀해졌다고 할 수 있다.

이처럼 과거시험 내용과 형식이 구체적으로 정해지자, 문사에서는 그에 따른 회과(會課: 문사의 정기적인 집회를 통해 실시하는 일종의 과거시험 준비 공부)가 생겨났고, 문사의 가입과 활동이 성행함에 따라 문사의 사고(社稿)를 모아 간행했으며, 일부 시문가(時文家)는 서상(書商)과 연결하여 시문선집(時文選集)을 출간하기도 했다. 정덕(正德) - 가정 시기에도 팔고선고(八股選稿)는 있었지만 대부분 관방의 인쇄본에 한정되었고, 융경 - 만력 이후로 점점 민간의 방각본(坊刻本)이 성행하면서 모범 팔고 문선집의 출간이 더욱 범람하게 되었다. 황종희(黃宗羲)는 이런 상황에 대해 「풍류선선생시경시의서(馮留仙先生詩經時義序)」에서 이렇게 말했다.

> 그러므로 가정·융경 이전의 사인들은 모두 경사(經史)를 근본으로 하였고 시문(時文)이 가장 성행하였으며, 확실히 아직 민간 방각본으로 유행하지는 않았다. 만력 정축(丁丑)에 풍구구(馮具區)는 급제한 사인들의 글을 모아 200여 편을 수록하여 『예해현주(藝海玄珠)』를 엮었고, 계미(癸未)에 풍구구는 방고(房考)가 되어 『일방득사록(一房得士錄)』을 간행했다. 이것이 경각(京刻)의 시작이었다. … 그 이후로 시문(時文)은 온 세상에 넘쳐나면서 경사(經史)의 학문은 끊어져서 속학(俗學)으로 흘러 들어갔다.[25]

店, 1956, 239-243쪽.

25) "故嘉隆以前之士子, 皆根抵經史, 時文號爲最盛, 固未嘗以之流行坊社間也. 萬曆丁丑, 馮具區集籍中名士文, 匯刻二百餘篇, 名『藝海玄珠』; 至癸未, 具區爲房考, 刻書『一房得士錄』, 此京刻之始也. … 自是以後, 時文充塞宇宙, 經史之學, 折而盡入於俗學矣." 黃宗羲, 『黃宗羲全集』, 浙江古籍出版社, 1985, 42-43쪽.

당시 사인들은 경의를 제대로 공부하지 않아도 팔고문 선본(選本)은 반드시 읽었다. 따라서 문사는 잇달아 선본을 출간했고, 이는 문사 발전의 필요조건으로 작용했다.

한편, 과거시험을 준비하기 위해 문사를 결성하는 것 외에도 과거에 합격한 후에도 문사를 결성했다. 같은 시기에 향시·회시에 합격하여 벼슬 길에 오른 사람들을 '동년(同年)'이라 한다. 동년회는 입사(入仕) 후 관료사회에서 매우 중요한 현실적인 네트워크였기 때문에 사인들은 의도적으로 이러한 관계를 유지했다. 또한 낙제한 후에도 문사를 설립했다. "3년에 한 번씩 보는 시험에서 사인들은 종종 마음먹은 대로 되지 않았다. 그래서 동병상련의 마음으로 서로를 이끌어주면서 연대하여 문사를 만들었다."[26] 과거시험에 재도전하기 위해 낙방한 학생들이 모여 함께 문사를 설립하여 공부했으며, 이들 또한 문사의 주력군으로서 문사 발전에 촉진적인 역할을 했다.

셋째, 과거시험을 준비하는 문사 활동의 성적은 주로 구성원들의 과거 급제 성적으로 드러났고, 이는 문사의 세력을 확대해 나가는 동력이 되었다. 문사는 대체로 향시·회시 기간을 전후로 모임을 가지면서 과거시험에 대한 정보를 교환했다. 명대 전반에 걸쳐 91번의 회시에서 진사로 과거급제한 인원(會元·壯元·榜眼·探花)은 총 24,636명이다.[27] 명대 전반에 걸쳐 향시를 통해 거인에 합격한 사람의 수는 약 70,000명 정도이다. 또한 매년 고정적으로 학교에 재학 중인 부학(府學)·주학(州學)·현학(縣學)의 제생(諸生: 秀才) 수는 약 50,000명에 달했다.[28] 이렇게 동생(童生)·제생(諸生)으로 구성된 일반 독서인과 거인·진사 출신의 각급 관원들

---

26) "(科考)三歲一比, 士往往不足服其所爲, 故相憐相引, 連而爲社." 羅萬藻, 『此觀堂集』, 『四庫全書存目叢書』(集部 第192冊), 齊魯書社, 1997, 408쪽.

27) 劉海峰, 『中國科擧史』, 東方出版中心, 2004, 465-471쪽.

28) 知乎 https://www2.zhihu.com/question/315361317

은 사회 전반에 걸쳐 하나의 집단을 형성했고, 이러한 지식인 집단은 문사의 설립과 발전의 주된 기반이 되었다. 지금까지 보았듯이, 명대 문사의 출현과 발전은 주로 만력 - 숭정 시기에 가장 성행했고, 과거시험과 관련한 특성을 띠면서 과거문화를 형성·발전해나갔음을 알 수 있다.

Ⅲ. 문사의 활동과 과거 문풍

1. 선문(選文) 간행

홍무 초기에 사서오경을 출제범위로 정했지만, 과거시험의 내용과 범주는 조금씩 변하였다. 홍무 3년의 규정을 보면, 첫 번째 시험은 경의(經義) 두 문제와 사서의(四書義) 1문제, 두 번째 시험은 논(論) 1문제, 세 번째 시험은 책(策) 1문제였다.[29] 홍무 17년 「과거정식(科擧程式)」을 반포한 이후로는 총 3차례로 나누어 실시했다. 1차에는 사서 3문제와 경의(經義) 4문제를 쳤고, 2차에는 논(論) 1문제, 판어(判語) 5문제와 조(詔)·고(誥)·표(表) 중에 1문제를 선택했고, 3차에서는 경사(經史), 시무책(時務策) 5문제였다.[30] 그 후 영락 15년(1417)에 『사서대전』, 『오경대전』을 과거시험 내용의 표준으로 반포했다. 그러나 과거시험의 응시자에 비해 채점 시간이 상대적으로 부족하여 채점관들은 왕왕 "단지 첫 번째 시험만 읽었고 그것도 또 사서의만 읽기도 했다."[31] 또한 팔고문의 내용을 경의에 한정

---

29) "初設科擧時, 初場試經義二道, 四書義一道; 二場論一道, 三場策一道." 張廷玉 等, 『明史』, 中華書局, 1997, 462쪽.

30) "初場試四書義三道, 經義四道, 二場論一道, 判五道, 詔·誥·表·內科一道, 三場試經史時務策五道." 張廷玉 等, 『明史』, 中華書局, 1997, 462쪽.

31) "止閱前場, 又止閱書義." 王道成, 『科擧史話』, 中華書局, 1997, 25-26쪽.

한 것 외에도, 문장 서술은 성인의 뜻에 부합해야 하고 자신의 뜻에 따라 임의로 작성해서는 안 되며, 문장의 구조는 파제(破題), 승제(承題) 등 팔고의 격식을 따라야 하며, 고(股) 부분에서는 반드시 대구를 사용해야 했다.

지나치게 구체적인 규정은 제한과 구속이 따르지만, 달리 생각해보면 시험 범주가 정해져 있어서 예상도 가능하여 준비도 훨씬 수월할 수 있다. 이처럼 팔고문 형식이 점점 고정되면서 사인들은 그 틀에 맞는 수동적인 공부를 하게 되었고, 과거시험의 모범답안인 시문(時文)선집을 통해 보다 손쉽게 익히고자 했다. 사인의 입장에서 볼 때, 선문(選文)은 과거시험의 추세를 가늠하고 팔고문의 형식과 요령을 파악하여 팔고문 작문 능력을 향상시키기 위한 필독서이다. 그래서 문사는 팔고문을 학습하는데 필요한 다양한 지도 서적인 선문을 간행하고, 문사 구성원의 시문(時文)인 사고(社稿)를 모아 인쇄하여 사인들에게 제공함으로써 팔고문 작문의 중요한 지도 수단으로 삼았다.

사서의 경문은 약 55,000자에 달하기 때문에 시험관은 학생들이 쉽게 추측하지 못하도록 다소 치우친 문제나 몇 구를 뽑아서 내거나 앞뒤 글자를 줄여 내는 방식으로 출제하기도 했다.[32] 그렇다 보니 모범답안의 역할을 하는 시문선집에 대한 사인들의 의존도가 더욱 높아지게 되었다. 그리고 사인들은 온갖 방법을 동원하여 시험문제를 추측하는 데 열중했고, 기존의 우수 시문선집을 보고 예상 문제를 뽑아서 외우는 '의제(擬題)' 현상이 나타났다. 이런 점에 대해 고염무는 「의제(擬題)」에서 "오늘날 과거시

---

32) 팔고문 시제의 유형은 다양하다. 완정한 문장 형태인 단구제(單句題) 형태도 있지만, 더러는 "盡信書, 則不如無書"(『맹자·진심(盡心) 하』)에서 앞뒤 다 빼고 '信書'만 시제로 삼는 절상하제(截上下題), 또는 "及其廣大"의 大와 '草木生之'의 '草'만 빼서 '大草'를 시제로 내는 절탑제(截搭題) 등이 있다. 王凱符, 『八股文槪說』, 中國和平出版社, 1991, 40-42쪽.

험의 병폐는 의제(擬題)보다 심한 게 없다. … 세상의 사인들이 바람에 휩쓸리듯 이러한 풍조를 따르면서 본경(本經)은 읽지 않는다. … 옛날 사람들이 1년이 걸려 학습할 수 있는 것을 1달 만에 마칠 수 있었다."[33]라고 비판했다. 사인들은 모범답안을 외우면서 공부하다가 시험장에서 적중한 문제가 나오는 그대로 쓰면 되는 것이었다. 이로써 적중률을 높이고자 현장경험이 많은 명유(名儒)들도 전문적으로 이런 활동에 종사하게 되면서, 팔고문 문제를 고르는 '선문' 현상과 그것을 맹목적으로 외우는 부정적인 사풍(士風)이 동시에 드러나게 된 것이다.

명말에는 방각본이 유행하면서 개인이 간행·판매하는 서점(書坊, 坊肆)들이 전국 각지에 퍼져 있었고, "지역마다 대부분 문사가 있고, 문사마다 시문집(時文集)을 간행했다."[34] 당시 문사와 시문선집은 표리관계에 놓여 있었다.

> 모든 문사는 반드시 시문(時文)을 간행하여 매개로 삼았다. 주종(周鍾)에서부터 장부(張溥)·오응기(吳應箕)·양정추(楊廷樞)·전희(錢禧)·주립훈(周立勳)·진자룡(陳子龍)·서부원(徐孚遠) 등은 모두 시문선집을 세상에 전파했다. 시문선집과 문사는 서로 표리 관계를 이루었다.[35]

문사에서 간행한 시문선집은 과거시험을 준비하는 사인들의 필독서가

---

33) "今日科場之病, 莫甚乎擬題. … 天下之士靡然從風, 而本經亦可以不讀矣. … 昔人所待一年以習者, 以一月畢之." 顧炎武 著, 陳垣 校注, 『日知錄』, 安徽文學出版社, 2007, 912-913쪽.

34) "地各有社, 社各有刻有文." 姚希孟, 『響玉集』卷9, 『四庫禁毀書叢刊』(集部 第178冊), 566쪽.

35) "凡社必選刻文字, 以爲囮謀. 自周鍾·張溥·吳應箕·楊廷樞·錢禧·周立勳·陳子龍·徐孚遠之屬, 皆以選文行天下. 選與社例相爲表裏." 呂留良, 『呂留良文集』卷5, 『續修四庫全書』(集部 第1411冊), 150쪽.

되었고 "시문선집과 문사는 서로 표리 관계"를 형성하게 되었다. 특히 만력 연간 정묵(程墨)·방고(房稿)·행권(行卷)·사고(社稿) 등 각종 형식의 시문선집이 간행되었다. 고염무는 「십팔방(十八房)」에서 "정묵은 정문(程文: 墨卷라고도 함)을 말하며 향시의 시험관이나 사인들의 문장이며, 방고는 십팔방 진사의 문장이며, 행권은 향시 합격자 거인(擧人)의 문장이며, 사고는 제생(諸生: 태학의 생원)들의 회과(會課: 歲試·科試 시험)때 지은 문장이다."36)라고 했다. 사인들은 이러한 정묵, 방고 등의 선문(選文)을 외워가며 과거를 준비했다. 당시 문사 활동이 가장 활발했던 남경·소주·항주 등지의 일부 서상(書商)들도 서방(書坊)을 열어 선문을 간행·판매하였고, 시문선집을 전문적으로 제공하는 방선가(房選家)도 생겨났다. 대표적인 시문(時文) 작가이자 방선가인 이정기(李廷機)·당여악(唐汝諤)·애남영(艾南英)·진제태(陳際泰) 등은 개인적으로 시문선집을 간행하기도 했다.37) 또한 서상들은 전문적인 팔고문 작가를 초빙하게 되면서 이정기, 곽위(郭偉) 등은 당시 대표적인 팔고문 작가로 활동하기도 했다.38) 이렇게 시문선집의 출판은 문사의 주요 활동이자 지식

---

36) "坊刻有四種, 曰程墨則三場主司及士子之文, 曰房稿則十八房進士之作, 曰行卷則擧人之作, 曰社稿則諸生會課之作." 세시(歲試), 과시(科試): 부(府)·주(州)·현(縣)의 학교에 들어가기 위한 시험. 1년에 1번 친다고 하여 세시라고 함. 동생(童生)들은 세시, 과시를 쳐서 합격해야 현학(縣學)에 들어간다. 顧炎武 著, 陳垣 校注, 『日知錄』, 安徽文學出版社, 2007, 905쪽.

37) 천계 연간(1621-1627) 당여악 『시경미언합참(詩經微言合參)』, 『모시미언(毛詩微言)』 등이 있으며, 이 외에도 과거시험용 참고서 『거업요람(擧業要覽)』·『지남거(指南車)』·『원괴계약(元魁啓鑰)』 등이 간행되었다. 황지영, 『명청 출판과 조선 전파』, 시간의 물레, 2012, 68쪽.

38) 건양(建陽)의 서상(書商) 여사천(余泗泉)은 곽위(郭偉)를 초빙하여 남경 삼산가(三山街)에서 저술 작업을 하도록 했다. 또한 곽위는 남경 서상 이조(李潮)의 취규루(聚奎樓)를 통해 『사서』 내용을 문답형 형식으로 꾸린 『백방가문답(百方家問答)』을 출판했다. 황지영, 『명청 출판과 조선 전파』, 시간의 물레, 2012, 71-72쪽.

인들의 지식생산 활동이 되었고, 서상과 지식인들은 상호 연계하여 선문
활동의 상업화를 이루어 나가기도 했다.

　선문 활동은 다양한 방식으로 진행되었다. 그중에 복사는 각지의 문사
구성원과 과거시험의 응시자들에게 사람을 파견하거나 격문(檄文)을 우
편으로 보내는 방식으로 팔고문을 모집하고, 그 가운데 선정된 글들을 모
아 출판하였는데, 그런 글을 사고(社稿)라고 한다. 문사의 주요 인물은
선문 활동이 문사의 발전과 세력을 확장하는 데 매우 중요하다고 인식했
고, 실제로 문사가 발전할 수 있는 중요한 세력 기반이 되었다. 복사구성
원인 육세의(陸世儀)는 『복사기략(復社紀略)』에서 문사의 발전과 선문
활동의 관계에 대해 이렇게 말했다.

　　먼저 귀지(貴池)의 차미(次尾) 오응기(吳應箕)와 오문(吳門)의 군화
　(君和) 서명시(徐鳴時)는 칠군(七郡)의 십삼자(十三子)의 글을 합하여
　광사(匡社)를 삼았으며 세상에서 오랫동안 전해졌다. 이에 이르러 모두
　금사(金沙)의 주종(周鍾: 字 介生)을 주관자로 추천하여 그가 이를 더욱
　확장 시켜나갔다. 장강 상류의 휘주부(徽州府)·영국부(寧國府)·지주부
　(池州府)·태평부(太平府)와　회양부(淮陽府)·여주부(廬州府)·봉양부
　(鳳陽府) 그리고 월(越)의 영파(寧波)·소흥(紹興)·금화(金華)·구주(衢
　州)의 명사들이 모두 우편으로 글을 보내왔다. 이로 인해 이를 응사(應
　社)라고 명명했다. 또한 멀리서 래양(萊陽: 현 산동 연대烟臺)의 송씨(宋
　氏), 후성(侯城: 현 하북 청하清河)의 방씨(方氏), 초광(楚黃: 현 호북 황
　주부黃州府)의 매씨(梅氏)가 함께 했다. 이리하여 응사의 명성이 널리
　알려지게 되었다.[39]

---

39) "先是貴池吳次尾應箕與吳門徐君和鳴時, 合七郡十三子之文爲匡社, 行世已久.
　　至是共推金沙主盟, 介生(周鍾, 字 介生)乃益擴而廣之: 上江之徽·寧·池·太及
　　淮陽·廬·鳳與越之寧·紹·金·衢諸名士, 咸以文郵致焉. 因名其社爲應社, 與萊
　　陽宋氏·侯城方氏·楚黃梅氏遙相應和. 於是應社之名, 聞於天下." 陸世儀, 『復
　　社紀略』卷1, 上海書店出版社, 1982.

귀지(貴池)의 오응기(吳應箕)는 광사(匡社)를 세운 후 금사(金沙)의 주종(周鍾)과 연합하여 응사(應社)를 만들어 각지의 유명 인사들과 연락하였고, 남직례·절강·강서·산동·하북·호북 등 각지의 인사들이 "우편으로 글을 보내와" 선문활동을 하면서 "응사의 명성은 널리 알려지게 되었다." 즉 문사의 선문 활동은 각지의 구성원이나 사인들의 시문(時文)을 모아 간행했고, 그것을 공유하면서 문사의 세력을 확장해 나가는 세력 기반으로 삼았다. 이러한 활동은 복사가 숭정 2년(1629) 응사를 포함하여 10여 개의 문사를 통합하여 거대한 조직체를 형성하는 밑거름이 되었다.

또한 복사 지도자 장부(張溥)는 복사의 시문선집 『국표(國表)』의 「국표사선서(國表四選序)」에서 다음과 같이 말했다.

> 나와 개생(介生)은 사방에다 글(복사의 시문선집 『국표』를 말함)을 요청했고, 각각 그 스승을 근본으로 하고 그 지역을 따랐다. 그래서 개생(介生)·유두(維斗)·린사(麟士)·륵유(勒卣)는 오(吳: 강소 일대)를 담당하고, 안림(顏林)·래지(來之)는 월(越: 절강 일대)을 담당하고, 미생(眉生)·곤동(崑銅)·백종(伯宗)·차미(次尾)·도길(道吉)은 장강 이북을 담당하고, 대사(大士)·문지(文止)·사업(士業)·대력(大力)은 예장(豫章: 강서 남창南昌)을 담당하고, 희후(曦候)는 초(楚: 호북·호남 일대)를 담당하고, 창기(昌基)·도장(道掌)·중모(仲謀)는 민(閩: 복건)을 담당하고, 징풍(澄風)은 제로(齊魯: 산동)를 담당했다.[40]

복사 『국표』의 선정은 각 지역 분사(分社)의 책임자가 강소·절강·강서·호북·호남·복건·산동 등 해당 지역의 구성원들을 지도하며, 선문을

---

40) "予與介生約四方之文(指復社選『國表』), 各本其師, 因其處. 於是, 介生·維斗·麟士·勒卣主吳, 彥林·來之主越, 眉生·崑銅·伯宗·次尾·道吉主江以上, 大士·文止·士業·大力主豫章, 曦候主楚, 昌基·道掌·仲謀主閩, 澄風主齊魯之間." 張溥, 『七錄齋詩文合集』, 臺灣偉文圖書出版有限公司, 1977.

통해 그들의 팔고문 창작 능력을 훈련시켰다. 이 외에도 명말 문사 가운데 정심회(正心會)의 『정심회방고선(正心會房稿選)』, 기사(幾社)의 『운간 기사시문선(雲間幾社時文選)』, 응사의 『오경징문(五經徵文)』, 소산사 (疏山社)의 『이산과예(二山課藝)』 등 대다수의 문사들은 시문선집을 간 행했다.[41]

　이러한 선문 활동은 문사의 세력을 확장하는 기반이 되었고, 그것은 과거급제의 성적으로 드러나기도 했다. 복사의 활동 시기인 숭정 시기에 총 5회의 과거시험에서 복사의 진사 합격률은 전체의 약 9%, 거인 합격률 은 약 19%를 차지했다.[42] 특히 숭정 7년(1634) 회시의 주고관을 맡았던 수보(首輔) 온체인(溫體仁)은 "『국표(國表)』의 이름을 따라 대조해보았 더니, 새로 급제한 진사가 대부분 복사 출신인 것을 보고 크게 놀랐다."[43] 라고 했다. 『국표』는 복사가 각 지역의 분사(分社) 구성원들로부터 수집 한 시문선집이며, 조정의 주요 각료들이 복사구성원의 과거급제 인원수를 확인하는 근거가 되었다. 복사의 선문 활동과 명성이 널리 알려지고 진사 도 많이 배출되자 조정도 놀란 것이다. 복사가 전국적으로 가장 큰 연맹을 형성하여 문단에서 이름을 떨쳤던 것은 각 지역의 주요 지식인들과 함께 연계하여 『국표』라는 성과물을 만들었기 때문이기도 하다. 이렇게 세력 기반이 만들어지자 '조정에서도 놀라게 되었고', 실제로 복사는 점차 조정 에서의 세력이 커지면서 정치 세력과 대립적인 관계에 놓이기도 했다(Ⅳ

---

41) 文藝, 『中晚明文社研究』, 重慶: 西南大學碩士學位論文, 2012, 13-15쪽; 박영순, 「명말 문사(文社)의 형성과 특징: 복사(復社)의 조직과 활동을 중심으로」, 『중국문화 연구』, 제52집, 2021, 36쪽.

42) 朱保炯, 『明清進士題名碑錄索引』, 上海古籍出版社, 1980, 2604-2621쪽; 朱子彦, 「論復社與晚明科學」, 『社會科學』, 第3期, 2009, 143쪽.

43) "以『國表』姓字查對, 見新進士多出復社, 大爲駭異." 陸世儀, 『復社紀略』卷2, 上 海書店出版社, 1982.

의 1. 문사의 권력 참고).

이상으로 볼 때, "시문선집과 문사는 서로 표리 관계"를 형성했고, 문사의 선문 활동은 문사 구성원들의 과거 공부에 도움을 주는 활동일뿐만 아니라 후에 문사의 권력 기반이 되었다.

2. 모의 과거시험

시문선집을 간행하는 것 외에도 또 다른 활동 중의 하나는 과거시험에 대비하기 위해 모의 과거시험을 시행하는 것이었다. 이러한 방식은 원말 명초 무주(婺州) 포양(浦陽)의 월천음사(月泉吟社)에서 이미 시행되었다. 월천음사의 오위(吳渭)는 사고(謝翶)를 감독관으로 초빙하여 시제(詩題)를 출제한 후 각지의 사인들에게 보내고, 기한 내에 답안지를 수거하여 채점한 후 명단을 발표하고 시상하는 등 과거시험 형태와 매우 유사한 활동이었다.[44]

명 중기 이후 모의 과거시험을 행하는 문사들이 많았다. 만력 14년 (1616) 여유기(呂維祺)는 산동 연주추관(兗州推官)으로 있을 때 산좌대사(山左大社)를 세우고 "매월 2회 해시(解試: 주부시州府試)를 보고 직접 평가하고 등수를 매기며 사인들을 격려했다."[45] 그 후 그는 천계(天啓) 2년(1622) 신안(新安)으로 돌아가 다천회(茶泉會)를 세우고 모의 과거시험을 진행했다.

---

44) "每一有力者爲主, 聘詩人爲考官, 隔歲封題於諸郡之能詩者, 期於明春集卷, 私試開榜次名, 仍刻其優者, 略如科擧之法. 今世所傳, 惟浦江吳氏月泉吟社, 謝翶爲考官, 「春日田園雜興」爲題, 取羅公福爲首." 李東陽, 『李東陽集』, 嶽麓書社, 1985, 541쪽; 박영순, 「원대 유민시사(遺民詩社)와 시 창작 활동: 월천음사(月泉吟社)를 중심으로」, 『중국연구』, 2018, 제77권, 47-53쪽.

45) "每月二次解卷, 親加評訂, 序次激卷." 施化遠, 『明德先生年譜』, 『四庫全書存目叢書』(集部 第185冊), 齊魯書社, 1997, 391쪽.

(참가자는) 초사흘과 18일 인(寅)시에 모임 장소에 도착하여 시제가 도착할 때까지 기다리면서 조용히 앉아 차분히 생각하며 소란을 피우거나 모여서 이야기를 나누거나, 또는 서로 자리를 바꾸거나 다른 곳으로 옮겨 가서는 안된다. 이를 위반하는 자는 회장(會長)과 감회(監會)가 바로 잡으며, 만약 따르지 않으면 벌을 내리고 그래도 듣지 않으면 과실로 기록한다. 매 회마다 2-3편을 기준으로 하되 혹은 7편으로 하기도 하며 2, 3차로 진행되었다. 분기마다(四季) 한번 시험을 보고 글의 수준에 따라 순위를 정하고 상벌에 차등을 두었다.[46)]

문사는 이러한 과거시험 방식을 차용하여 구성원들의 과거시험 합격을 위해 노력했으며, 복사의 핵심 인물인 장부(張溥)는 "문하에 들어오는 제자들에 대한 장려를 아끼지 않았으며, 매년 두 번 시험을 치렀다."[47)] 문사의 이러한 활동으로 인해 과거시험을 준비하는 사인들은 잇달아 문사에 가입하기를 원했고, 심지어 "부모들도 자제들이 문사에 가입하기를 기꺼이 원했으니"[48)] 문사의 가입은 입사(入仕)를 위한 주요한 통로였기 때문이다.

과거제도가 생긴 이후로 문사뿐만 아니라 학교나 서원에서도 팔고문 관련 학습 활동을 했다. 『명사·선거지(明史·選擧志)』에 "명대의 선관(選官) 제도인 과거제도가 흥성하면서 경상(卿相) 고관들은 모두 과거제도를 통해 배출되었고, 학교는 인재를 모아 과거시험에 응시하도록 했다."[49)]라고 했으니, 학교나 서원에서도 과거제도를 위해 인재를 교육·배

---

46) "以初三十八日寅刻至會所, 候題至, 靜坐沉思, 不宜喧嘩聚談, 彼此易位及更往別所, 違者會長監會規正, 不聽者罰, 再不聽則紀過. 每會以二三篇爲率, 或間會七篇及二三場, 每季一試, 第其文之高下, 勸懲有差." 呂維祺, 『明德先生年譜』, 『四庫全書存目叢書』(集部 第185冊), 齊魯書社, 1997, 320쪽.

47) "而溥獎進門弟子亦不遺餘力, 每歲科兩試." 陸世儀, 『復社紀略』卷2, 上海書店出版社, 1982.

48) "爲父兄者亦莫不樂之子弟入社." 陸世儀, 『復社紀略』卷2, 上海書店出版社, 1982.

양하였음을 알 수 있다. 또한 중앙의 국자감이나 지방의 부·주·현학 및 향촌의 사숙(私塾)에 이르기까지 팔고문 교육을 했다. 국자감에서는 "좨주(祭酒)와 사업(司業)은 월망(月望: 매월 15일)에 수업을 교대로 맡았다. 모두 사서문 1편과 시 1수를 공부했는데 이를 대과(大課)라고 한다. 좨주의 계고(季考: 계절 시험)와 사업의 월과(月課: 월례 시험)에서는 모두 사서문과 오경문을 훈련했다. 월삭(月朔: 매월 초하루)에는 박사가 수업을 맡아 경문(經文)과 경해(經解) 및 책론(策論)을 공부했다. 매월 3일에는 조교(助敎)가 수업을 맡았고, 매월 18일에는 학정(學正)과 학록(學錄)이 수업을 했으며, 각각 사서문 1편, 시 1수, 경문 또는 책(策) 1편을 훈련했다."[50] 좨주(祭酒)와 사업(司業)은 매달 15일, 계절별, 월별로 훈련을 했고, 매월 1일, 3일, 18일에는 박사·조교(助敎) 및 학정(學正)·학록(學錄)이 사서 경문과 경해, 시와 책론 등을 훈련시켰다. 또한 지방의 부·주·현학에서는 교수(敎授)·학정(學正)·학관(學官) 등이 이런 업무를 담당했고, 향촌의 사숙에서는 대과(對課: 팔고문 쓰기의 준비 훈련으로 대구를 가르침) 수업을 받았다. 서원도 팔고취사제에 맞게 팔고문 공부를 가르쳤지만 상대적으로 강학(講學) 활동이 중심이었다.[51]

이처럼 명대의 팔고취사는 관방의 '학교'를 통해 배양되고 민간의 '문사' 활동을 거친 후 과거 '시험'을 통해 조정에 의해 '선발'되는 메커니즘 안에서 운영되었으며, 문사의 선문선집 간행, 과거 모의시험 시행, 문사의

---

49) "明制, 科目爲盛, 卿相皆由此出, 學校則儲才以應科目也." 張廷玉 等, 『明史』, 中華書局, 1997, 458쪽.

50) "祭酒·司業月望輪課四書文一詩一曰大課. 祭酒季考, 司業月課, 皆用四書五經文, 幷詔誥表策論判. 朔, 博士廳課經文經解及策論. 月三日, 助敎課, 十八日, 學正學錄課, 各試四書文一詩一經文或策一." 趙爾巽 等, 『淸史稿』, 中華書局, 1998, 838쪽.

51) 학교의 팔고문 교육에 대해서는 王凱符, 『八股文槪說』, 中國和平出版社, 1991, 57-64쪽 참고.

사집(社集) 활동 등은 이를 위한 구체적인 문사의 활동들이었다.

Ⅳ. 문사의 권력과 영향

1. 문사의 권력

문사 구성원들의 과거시험 성적은 문사의 문단 권력과 정치 권력을 가늠할 수 있는 바로 미터이다. 문사는 구성원들의 과거급제 성적을 통해 문사의 역량이 드러나며, 이로 인해 형성된 문사의 세력은 권력을 낳고, 동시에 과거 문풍과 사풍(士風)에 긍정적·부정적인 영향을 끼친다.

첫째, 문사의 권력이 가장 두드러지게 나타난 대표적인 사례는 명말 거대 통합 문사인 복사의 과거 시험장의 장악이다. 복사의 핵심인물 장부(張溥), 장채(張采)는 유명 인사들과의 폭넓은 교제와 자신의 권위를 활용하여, 추천방식을 통해 감독관에게 구성원들의 과거시험의 합격 여부를 조종했다. 주로 공천(公薦)·전천(轉薦)·독천(獨薦) 세 가지 추천방식으로 진행했다. 육세의 『복사기략』에 다음과 같은 관련 기록이 있다.

> 또한 뒷거래를 위해 연줄을 찾아 분주하게 뛰어다니며 돈을 뿌리는 자들이 있었다. 황(黃)모·조(曹)모·진(陳)모·조(趙)모·도(陶)모 등을 오구(五狗)라고 불렀다. 장부는 문사에 들어온 제자들을 돕는데 힘을 아끼지 않았다. 매번 세시(歲試)·과시(科試)가 있을 때마다 공천(公薦)·전천(轉薦)·독천(獨薦)을 하였다. … 이는 현능한 자의 길을 크게 해치는 것이다. 그 외의 사람들은 다시 세시·과시를 보았고, (장부는) 마음속으로 인원수와 순위를 매겨보았는데, 합격자 명단을 공포할 때 탈락한 사람이 열 중에 하나도 없었다.[52]

---

52) "又有托門下效奔走·展財幣者, 若黃若曹若陳若趙若陶, 則名五狗. 而溥獎進門

문사에는 구성원들의 과거 합격을 위해 연줄을 대고 뒷거래를 전담하는 '오구(五狗)'도 있었고, 특히 장부는 매번 세시(歲試)·과시(科試)가 있을 때마다 공천·전천·독천의 추천방식으로 구성원들의 합격을 이끌었다. 공천이란 모(某) 문하의 제자, 모 문파의 구성원, 모 공(公)의 자제 등 응시자의 출신 및 사승·문사 관계 등을 밝히면서, 예를 들어 "천여(天如: 장부) 문하의 아무개, 수선(受先: 장박) 문하의 아무개 등"이란 말로 시험관에게 공개적으로 추천하는 방식이다.53) 전천이란 직접적으로 접촉하는 것이 아니라 복사와 교제를 맺고 있는 명사를 통해 관계자에게 추천서를 전달하는 방식이다. 지위가 높은 경사(京師)의 권력자에게 명의상 공문이지만 실은 개인적인 서신을 보내어 사적으로 청탁하는 것이다. 사례를 보면, "강서(江西) 학신(學臣) 왕응화(王應華)는 추천서를 보고 무주(撫州) 삼학(三學)에게 안건을 올렸고, (이를 알게 된) 제생(諸生)들의 성토가 일자 해당 생원(生員)은 퇴출되고 왕응화는 관직을 박탈당했다. 후에 학신들은 서로 경계하면서 청탁 서신을 받지 않았다."54) 독천이란

弟子, 亦不遺餘力. 每歲·科兩試, 有公薦, 有轉薦, 有獨薦. … 是大妨賢路. 局外者復値歲·科試, 輒私擬等第名數; 及榜發, 十不失一." 陸世儀, 『復社紀略』, 上海書店出版社, 1982, 207-215쪽.

53) "공천이란 모 안(案)의 1등과 모 과(科)의 부방(副榜), 모 원(院) 모 도관(道觀)의 수명(首名), 모 군(郡)·모 읍(邑)의 수고(季考)의 선두를 가리킨다. 다음은 모 문하의 제자나 모 공(公)의 자제, 손자, 사위, 생질 등을 말한다. 그 다음으로 모 문파 등이다. 예컨대, 천여(天如) 문하의 아무개, 수선(受先) 문하의 아무개 등이다.公薦者, 某案領批, 某科副榜, 某院某道觀風首名, 某郡某邑季考前列. 次則門弟子某公弟, 至某公孫某公婿某公甥; 更次則門牆某等, 天如門下某等, 受先門下某等." 陸世儀, 『復社紀略』, 上海書店出版社, 1982, 207-215쪽.

54) "轉薦者, 江西學臣王應華視薦牘發時, 案撫州三學, 諸生噪鼓, 生員黜革, 應華奪官, 後學臣相戒不受竿牘." "또 예를 들면 좌도(左都) 상주조(商周祚)가 남직학헌(南直學憲)에게 공문을 보냈는데, 봉투에 직접 '감학윤(甘學潤)께서 공무실에서 열어 보시기 바랍니다.'라고 적었다. 명목상 공문이지만 실은 사적 청탁이었다.如左都商周祚行文南直學憲, 牒文直書「仰甘學潤當堂開拆」, 名爲公文, 實私牘也." 陸世儀,

이미 공천을 했는데 만일의 상황을 대비하기 위해 별도로 고관에게 추천서(서한)를 보내는 방식이다. 사례를 보면, "당시 장(張)·포(浦)·허(許) 세 학생이 이미 시험에서 탈락했는데, (장부가) 별도로 서신을 보내자, 독학(督學) 예원공(倪元珙)은 소송도(蘇松道) 마원양(馬元揚)에게 그 3명의 시험지를 전달했고, 마원양은 다시 이를 (복사) 사장(社長)에게 전달하여, 별도로 옮겨 적은 시험지로 바꾸어서 결국 높은 순위에 올랐다."[55]

이처럼 장부의 권력은 막강했고 그의 명성은 마치 동한 말 월단평(月旦評)을 한 허소(許劭)와 같았다.[56] 숭정 7년(1634) 회시에서 장부는 "지금 해내의 거자(擧子) 가운데 회원이 되기에 부족함이 없는 사람은 오직 진대사(陳大士)와 양정추(楊廷樞) 두 명 뿐이니, 잘 유념하시기를 바랍니다." "그렇지만 유두(維斗: 양정추의 자)가 공무의 책임을 맡을 만합니다."라고 하면서, 주고관 잠지(湛持)와 항욱(項煜)에게 각각 복사의 구성원 진대사와 양정추를 추천했다. 그러나 뜻밖에도 이청(李淸)이 회원(會元)이 되었다. 당시 주고관 잠지는 "이번 일은 장천여(장부)를 저버린 것이다."[57]라고 했으니, 장부의 권력이 상당한 영향력을 행사하고 있음을 가늠할 수 있다.

실제로 복사의 과거시험의 성적은 우수했다.[58] 숭정 3년(1630) 향시에

『復社紀略』, 上海書店出版社, 1982, 207-215쪽.

55) "獨薦者, 公薦雖已列名, 恐其泛常或有得失, 乃投專劄. 爾時有張·浦·許三生卷已經黜落, 專劄投進, 督學倪元珙發三卷於蘇松道馬元揚達社長, 另換謄進, 仍列高等." 陸世儀, 『復社紀略』, 上海書店出版社, 1982, 207-215쪽.

56) "一言以爲月旦." 朱彝尊, 『靜志居詩話』, 人民文學出版社, 1998, 574쪽. 월단(月旦): 월단은 매달 초하루를 말한다. 후한 말, 허소(許劭)는 관상을 아주 잘 보았다. 매달 초하루에 허정(許靖)과 함께 고을 사람들의 인물을 평했는데, 이를 두고 월단평이라 한다(『후한서(後漢書)·허소전(許劭傳)』참고).

57) "今海內擧子不愧會元者, 惟陳大士曁楊廷樞", "然則維斗乃公責也", "負張天如(張溥)矣." 陸世儀, 『復社紀略』, 上海書店出版社, 1982, 215쪽.

서 복사구성원 가운데 거인에 오른 자는 약 100명에 달하며,59) 거기에는
장부·오위업(吳偉業)·진자룡(陳子龍) 등이 포함되었다. 숭정 4년 회시
에서는 진우태(陳于泰)·오위업·하일호(夏日瑚)가 장원·방안·탐화에
각각 올랐고, 그 중에 오위업은 회원(會元)의 영예에 올랐다. 숭정 10년
회시에서도 유동승(劉同升)·진지린(陳之遴)·조사춘(趙士春)은 장원·
방안·탐화에 각각 올랐고, 숭정 16년(1643) 회시에서 진명하(陳名夏)는
탐화가 되고 회원에 올랐다.60) 이렇게 복사의 과거시험 성적이 성공을 거
두면서 전국적으로 복사 가입 열풍이 일어나기도 했다. 그래서 당시 "먼
곳 가까운 곳 할 것 없이 사인들은 천여(天如: 장부)의 문하에서 나오는
자는 반드시 빨리 팔린다고 여겼고", 장부를 직접 만나지 못하면 그가 있
는 곳을 향해 절을 하며 사제(師弟)의 예로 삼았으니, 이를 요배(遙拜)라
고 한다.61) 또한 당시 사람들은 "봄가을에 두 번 치르는 과거시험에서
임금은 단지 주 감독관을 보낼 뿐이고, 누가 장원이고 누가 1등인지 누가
앞서고 누가 떨어지는지는 서상(庶常: 장부)이 이미 다 정하였고, 빠뜨려
지는 사람이 없었다."62)

문사는 과거시험을 사사(社事)의 핵심으로 삼았기 때문에, 요직에 있는

---

58) 숭정 시기 5번(6번이지만, 숭정 원년은 복사가 설립되기 전임) 회시에서 3차례(숭정
4년, 10년, 16년) 회시의 회원·장원·방안·탐화에 복사구성원들이 대거 포함되었지만,
2번(숭정 7년, 12년)의 회시에는 없다. 숭정 7년, 13년에는 복사와 정치적 대립각을
세웠던 온체인(溫體仁)과 설국관(薛國觀)이 주고관으로 참여했다. 이로 볼 때, 주고
관과 복사의 관계가 어느 정도 작용했을 것으로 본다. 劉海峰, 『中國科擧史』, 東方出
版中心, 2004, 471쪽.

59) 朱子彦, 「論復社與晚明科擧」, 『社會科學』, 第3期, 2009, 143쪽.

60) 劉海峰, 『中國科擧史』, 東方出版中心, 2004, 471쪽.

61) "遠近謂士子出天如門者必速售", "四明定師弟禮, 謂之遙拜." 陸世儀, 『復社紀
略』, 上海書店出版社, 1982, 206쪽.

62) "春秋兩闈, 天子徒然分遣座主, 而孰元孰魁, 熟先熟後, 庶常(張薄)已編定無遺
人矣." 小野和子, 『明季黨社考』, 上海古籍出版社, 2006, 275쪽.

사람과 연계하거나 각지의 주고관(主考官)과의 관계를 통해 구성원들이 합격할 수 있는 유리한 상황을 만들어갔다. 장부는 삼천(三薦) 방식으로 "열 중에 하나도 탈락이 없을 정도"의 성과를 내었고, 때론 이미 탈락한 사람도 손을 써서 "별도로 시험지로 교체하여 순위에 오르게도"했다. 이처럼 명말 거대 통합 조직체인 복사는 하나의 권력으로 작용했고, 복사의 리더 장부는 그 권력 행사의 주체가 되었다.

둘째, 문사 구성원의 과거급제 성적이 좋을수록 문사의 권력은 자연히 조정에까지 미치게 된다. 숭정 시기에 총 6번의 회시(숭정 원년·4년·7년·10년·13년·16년)가 있었다. 복사가 설립(숭정 2년 1629)한 이후로 총 5회의 시험에서 1,643명이 진사로 뽑혔고,[63] 거기다 숭정 15년 특사(特賜) 진사 263명을 합하면 숭정 시기의 진사는 총 1,906명이다. 이 가운데 복사 출신의 진사, 거인은 약 400여 명에 달했고,[64] 복사 출신 가운데 등과(登科)하여 명 조정에 임관된 수는 약 250명 정도에 달한다.[65] 오노카즈코(小野和子)는 이러한 결과를 낼 수 있었던 것은 시험을 주관하는 "좌주(座主), 방사(房師)가 복사 문하의 사인이 아니면 동림당 사람이기 때문이다."[66] 실제로 복사는 '소동림'이라 자처했고 복사구성원 중에 약 40명의 동림당 사람과 관련한 복사구성원은 약 70여 명 정도 된다.[67]

이러한 활동과 성과로 인해 복사는 조정에 있는 구성원들의 역량을 동원하여 자신들의 정치적 주장을 드러내며 헤게모니를 장악할 수 있었다. 실제로 복사는 약 10여 차례의 대형 집회를 거행했는데 모두 과거시험,

---

63) 劉海峰, 『中國科擧史』, 東方出版中心, 2004, 465-471쪽.

64) 朱保炯, 『明淸進士題名碑錄索引』, 上海古籍出版社, 1980, 2604-2621쪽.

65) 王恩俊, 『復社硏究』, 東北師範大學博士學位論文, 2007, 230-237, 241-248쪽.

66) "座主房師, 非門下士, 卽東林黨人." 小野和子, 『明季黨社考』, 上海古籍出版社, 2006, 275쪽.

67) 何宗美, 『明末淸初文人結社硏究』, 南開大學出版社, 2004, 165-167쪽.

정치적인 문제와 관련이 있다. 특히 숭정 6년(1633) 호구(虎丘)대회 이후부터 숭정 8년, 10-15년까지의 대형 집회는 온체인(溫體仁)·완대월(阮大鋮) 등에 대한 정치적 성토와 엄당(奄黨) 세력과의 정치적 대립각을 세운 시기이다. 그래서 "장부·장채는 반란을 도모하고" "당을 지으며" "함부로 (조정을) 비방한다."[68]라는 정치적 비판을 받았다. 그야말로 "문사의 판국과 조정의 정세가 서로 표리 관계"를 형성한 것이다.[69] 이는 복사가 명말 정국에 영향을 미치게 되면서 문사의 성격이 '과거(科擧)에서 정치로' 변해가는 중요한 계기가 되었다. 문사의 권력이 과거 성적 외에도 정치 국면에도 영향을 미치게 되면서 '학문 연구'에서 '과거 공부'로 나아간 후 '정치 성향'을 띤 문인집단으로 변모했던것이다. 이런 점에 대해 귀사오위 선생은 사인들이 문사에 가입하는 동기가 본래 공리를 위한 것이기 때문에, 문사는 점차 정치에 간여하게 되면서 정치적 성향을 띠게 되었다고 했다.[70] 이러한 특징은 문사의 성격이 '팔고문 공부' - '과거시험' - '벼슬(入仕)'이라는 패턴에서 점차 '과거에서 정치 성향으로의 변화'를 보이면서 '학문 집단'에서 '공리적·정치적 집단'으로 변화해갔음을 확인 할 수 있다.[71]

이 밖에도 앞서 언급했듯이, 명말에는 특히 민간의 방각본이 발달하였

---

68) "二張且反", "煽聚朋黨", "謗訕橫議" 何宗美, 『明末淸初文人結社硏究』, 南開大學出版社, 2004, 182쪽; 陸世儀, 『復社紀略』, 北京古籍出版社, 2002, 284쪽.

69) "社局原與朝局相表裏." 杜登春, 『社事始末』, 新文豊出版公社, 1985, 465쪽.

70) "文社則多干預政治. … 至於文社一發達了, 很自然地會牽涉到政治運動, 因爲入社動機, 本以是爲公利之門." 郭紹虞, 『照隅室古典文學論集』, 上海古籍出版社, 1983, 583쪽.

71) 여기에서 '과거에서 정치적 성향'으로 변해갔다는 점은 명말 문사의 성격적 변화를 의미하는 것이며, 문사가 정치, 사회 담론 영역에서의 활동이 많아졌음을 의미하는 것이다. 명대 사인(지식인)을 중심으로 한 학문 집단이 모두 정치 집단으로 변해갔다는 의미는 결코 아니다. 문사의 정치적 성향에 대한 점은 귀사오위(郭紹虞)·허쫑메이(何宗美)·장타오(張濤) 등 문인집단 연구가들의 공통적인 견해이기도 하다.

고 문사 역시 출판계와 연관하여 시문선집을 간행하였고 시문가들도 서방 (書坊)과 연관하면서 공생하였다. 명말에는 남경·소주·호주(湖州)·휘 주(徽州) 등에 약 150여개의 서방이 있었고, 그들은 상당한 부를 축적하 기도 했다. 따라서 문사는 명말의 출판계와 연결하여 하나의 지식생산 권 력으로 존재하기도 했다.[72]

2. 사인과 문단의 영향

문사는 '학문의 장'이자 '공명을 얻는 등용문'의 집단이기 때문에 문단 과 사인에게 직접적인 영향을 미치거나 그로 인한 폐단이 드러나기 마련 이다.

첫째, 문사 활동의 근저에는 문사의 세력을 확보하기 위함도 있지만, 사인들의 공명 의식에 대한 열망도 크게 자리한다. 당시 사인들이 경사(經 史)에 대해 제대로 공부는 하지 않고 단지 모범답안지를 외우는 부정적인 과거 문풍을 나은 이유는 단지 제도, 조직만의 문제는 아니다. 대부분의 "사인들은 집안을 일으키는 데는 과거가 아니면 귀하지 않았고, 과거는 장원이 아니면 중하지 않다."[73]라고 여겼다. 명대의 대표적인 문인 가운데 초횡(焦竑)은 만력 17년에 약 50세가 되어서야 장원에 급제했고, 만력 44 년의 장원 전사승(錢士升)은 약 40세에 장원에 급제했으며, 풍몽룡(馮夢 龍)은 숭정 3년 공생(貢生)이 되었을 때 57세였다. 또한 탕현조(湯顯祖) 는 21세에 거인(舉人)이 되고 34세에 진사에 급제했으니 거인에서 진사까 지 13년 동안 과거시험을 본 셈이다.

---

72) 황지영, 『명청 출판과 조선 전파』, 시간의 물레, 2012; 백광준, 「변화의 시대, 변화의 글쓰기: 명대 융경, 만력 연간의 팔고문」, 『중국문학』, 제45집, 2005 참고.

73) "士之起家非科目不貴, 科目非元不重." 梁章鉅, 『制藝叢話』, 上海書店出版社, 2001, 240-241쪽.

과거공명에 대한 열망이 강하다 보니 부정행위도 빈번했다. "과거 시험장의 부정행위는 이미 많았고 이에 대한 의론도 분분했다. … 뇌물로 권세가를 매수하는 행위, 허리띠에 숨기거나 대리 시험 보기, 답안지를 잘라서 전달하기, 이름과 호적 도용하기 등 온갖 폐단이 드러났으며 이루 다 캐낼 수가 없다."74) 고염무는 「명교(名敎)」에서 문인들이 이처럼 과거(科擧)에 열중하는 이유에 대해 이렇게 말했다. "어려서부터 공부할 때에 그들에게 권면하는 바는 넉넉한 봉록과 대궐 같은 집을 가지는 일종의 부귀영화에 불과했다. 그래서 일단 관직에 오른 뒤에는 바로 커다란 욕망을 바란다. 이에 군신상하가 서로 이익을 품고 대하여 마침내 유행이 되어 더 이상 통제할 수가 없게 되었다."75) 그리하여 사인들은 학문에 제대로 몰두하는 것이 아니라 모범답안을 기계적으로 연습하고 외우는 현상을 초래한 것이다. 물론 사인들에게 과거는 생존을 위한 현실적인 문제이다. 하지만 벼슬에 오르는 것이 "봉록과 부귀"에 치중하여 관리로서의 본분인 치세에 대해 아랑곳하지 않는 것은 개인의 문제 이전에 사회적·국가적 손실이기도 하다.

하지만 이러한 사풍(士風)을 초래한 원인은 사인들의 부정적인 영향으로만 치부할 수 없다. 제도 실행 과정에서의 폐단과도 상당한 연관이 있다. 이를테면, 시험관은 주로 1차 시험의 경의만 평가했기 때문에 사인들은 기출문제와 모범답안만 집중 공략을 했고, 이렇게 '의제(擬題)'만 외우다 보니 사인들의 경사(經史) 지식의 파편화 현상이 나타나게 된 것이다. 또한 팔고문체에 대한 엄격한 규정도 사인들이 책을 읽지 않는 중요한

---

74) "科場弊竇旣多, 議論頻數. … 其賄買鑽營, 懷挾倩代, 割卷傳遞, 頂名冒籍, 弊端百出, 不可窮究." 張廷玉 等, 『明史』, 中華書局, 1997, 465쪽.

75) "自其束髮讀書之時, 所以勸之者, 不過所謂千鍾粟·黃金屋. 而一旦服官, 卽求其所大欲. 君臣上下, 懷利以相接, 遂成風流, 不可復制." 顧炎武 著, 陳垣 校注, 『日知錄』, 安徽文學出版社, 2007, 733쪽.

이유가 되었다. 진례(陳澧)는 '성인의 어투를 넣어야 한다.'는 작문 원칙이 역으로 수험생들이 책을 읽지 않는 폐단을 낳았다고 했다.

> 시문(時文)의 폐단은 두 가지가 있다. 옛사람들의 말을 대신하며, 진한(秦漢) 이후 책을 인용하지 못하고 진한 이후의 이야기를 인용하지 못한다. 따라서 시문(時文)을 짓는 사람들은 모두 책을 읽지 않으며, 여러 경전의 선유들의 주소나 여러 역사서의 국가 흥망성쇠의 사적에 대해 아무 것도 모르는데도, 과거시험을 통과하여 관직을 얻을 수 있다. 이것이 한 가지 폐단이다. 그리고 파제(破題) · 승제(承題) · 기강(起講) · 제비(提比) · 중비(中比) · 후비(後比) 등 옛 문장에 이러한 형식이 없었는데, 함부로 항목을 마구 세우고 개인적으로 답습하여 마음과 이목이 속박된 지 오래되었고 폐단도 심해져서, 변체(駢體)나 산체(散體) 및 시부(詩賦)를 모두 지을 수 없게 된 것이 하나의 폐단이다.[76]

위의 인용문의 내용에 따르면, 제도 실행의 미흡으로 사인들은 경서 외에도 사서(史書)를 보거나 진한 이후 책들을 보지도 않고 국가 흥망성쇠의 사적에는 눈을 돌리지 않았다. 그렇다 보니 제도적 글쓰기인 팔고문 창작이 문학까지 영향을 주면서 변체(駢體), 산체(散體) 및 시부 등의 글쓰기에 부정적인 영향을 주게 되었고, 결국 과거 문풍과 사풍(士風)이 함께 병들게 되는 요인이 되었다는 것이다. 이러한 폐단은 문사의 구성원들이 국가의 지식 범주 안에서 제도적 글쓰기를 통해 제도 지식을 생산함으로써 양산된 과거 문풍과 사풍의 폐단이며, 이는 '제도 - 조직 - 행위자'의

---

76) "時文之弊有二. 代古人語氣, 不能引秦漢以後之書, 不能引秦漢以後之事, 於是爲時文者, 皆不讀書, 凡諸經先儒之注疏, 諸史治興亡之事跡, 茫然不知, 而可以取科名得官職, 此一弊也. 破題 · 承題 · 起講 · 提比 · 中比 · 後比, 從古文章, 無此體格, 而妄立名目, 私相沿襲, 心思耳目縛束既久, 錮蔽既深, 凡駢散文子詩賦皆不能爲, 此又一弊也." 璩鑫圭, 『中國近代教育史資料匯編』, 上海教育出版社, 2007, 97-98쪽.

관계가 상호 영향을 미친 결과이다.

둘째, 하지만 문인결사는 명대 문학의 중요한 문학적 자양분이 되기도 했다. 특히 명말 문단은 문사의 출현으로 사단(社團) 문학을 위주로 하는 새로운 문학 활동이 전개되었고, 제도와 문학이 만들어낸 독특한 문학 양태를 형성하였다. 문사는 팔고취사라는 시대의 '제도'에 힘입어 설립되어, 사인들의 사로를 열어주는 매개체의 '조직'으로서, 팔고문 창작에 도움을 주는 '문학'적 기능을 공유하고 있는 문인집단이기 때문이다. 또한 당시 사인들은 문사의 활동을 통해 제도의 문체인 팔고문을 창작하면서 과거 문풍을 형성하였고, 동시에 문사의 세력은 점차 커가면서 정치적 성향을 띠게 되었다. 따라서 문사는 '제도 - 조직 - 활동'의 구조 안에서 지식 권력, 문사 권력, 정치 권력 등을 생산하는 메커니즘을 형성하는 주체가 되었다. 이러한 메커니즘은 문학의 발전, 문학지식의 생산, 문인의 활동과 역할이 문학 자체의 발전 규칙에 의해서만 변화하고 형성되는 것은 아니며, 시대와 제도에 의해 다양한 문학의 기능을 수행한다는 것을 알 수 있게 한다. 명말 팔고문체의 변화를 둘러싸고 고문(古文)으로 시문(時文)을 쓰고, 시문(時文)으로 고문을 쓴다는 문학적 주장이 나타난 것도 제도와 문학을 매개로 하여 제도의 문학, 제도의 글쓰기라는 새로운 문학적 기능을 변화하고자 한 시도라고 할 수 있다. 이로 볼 때, 명말 문단은 문사를 중심으로 제도와 문학이 만나 새로운 문학 발전의 양상을 보여주었다고 할 수 있다.

셋째, 명대의 문인들은 사서오경이라는 지식 범주 안에서 사유하면서 팔고라는 제도의 문학창작 행위를 해왔다. 일반적으로 문인은 자유롭게 관찰하고 사유하면서 창작을 하고 또 그에 따른 문학 주장과 이론을 형성한다. 물론 팔고문에 대한 비판이 있다고 해서 시대적 문체로서의 가치가 없다고 할 수는 없다. "북송 시기의 경의문에서 명청 시기의 팔고문까지는 하나의 완전한 문학 계통이며, 이 계통은 당송 고문 혁신운동 발전의 일부이다.", "팔고문은 선진 산문·초사·한부·당시·송사·원곡과 더불어 한 시대의 문학으로 일컬어지기에 전혀 손색이 없다."[77]라는 평가도 존재한다. 문학의 발전 맥락에서 볼 때, 시문(時文)은 한 시대의 문체로서 문학적 의미가 결코 없는 것은 아니다.

하지만 문사는 비록 많은 문인들이 모여 지속적인 문사 활동을 해왔지만 전후칠자(前後七子), 공안파(公安派), 경릉파(竟陵派), 당송고문파(唐宋古文派) 등의 문학적, 이론적 성과에 비해 문단에서 문사만의 확고한 문학 주장이나 이론 및 유파를 형성하지는 못했다. 물론 시문(時文)으로 고문을 쓰거나 고문으로 시문(時文)을 쓴다는 새로운 문학적 대안을 제시하면서 변화를 시도했지만,[78] 시문(時文) 창작이 유가 경전에 입각하여 정주의 주석을 따르는 것을 공식적인 제도로 규정하고 있었기 때문에, 이른바 원굉도가 말하는 '독서성령(獨抒性靈: 작가 개인의 개성을 풀어내다)'과는 기본적인 출발점이 달랐다. '시(時)'는 조정이 요구하는 '시'였지, 문단 그리고 작가 개인이 추구하는 창의적인 '시'는 아니었다. 물론 가정말-융경을 거쳐 만력 이후로는 시문을 틀에 박힌 것으로 보지 않고, '시(時)'의 의미를 적극적으로 수용하고 변화를 추구하기도 했다. 이런 면에서 이지(李贄)와 원굉도의 팔고문에 대한 일부 긍정의 원인을 이해할 수 있으며, 그들은 당시 시대적 사조를 팔고문 안에서 충분히 구현할 수 있기를 바랐기 때문이었다.[79] 하지만 고문으로 시문(時文)을 쓰려는 문체 변

---

77) 왕카이푸(王凱符) 지음, 김효민 옮김, 『팔고문이란 무엇인가』, 글항아리, 2015, 248쪽.
78) 일반적으로 팔고문은 양한, 당송의 고문과 달리 명대 과거시험에 사용되었던 특수 문체이므로, 고문과 대조적으로 이를 시문이라 한다. 고문으로 시문을 쓰고, 시문으로 고문을 쓰자는 내용 중의 하나는 당시 귀유광(歸有光), 당순지(唐順之) 등이 시문의 폐단을 극복하고자 한 시도이다. 관련 내용은 張濤, 「科學與實學: 明末文社興起的 形上依據」, 『河北師範大學學報』, 第1期, 2007; 李玉栓, 「明代科學與文人結社」, 『上海大學學報』, 第3期, 2016; 吳承學·李廣摩, 「八股史題」, 『文學評論』, 第2期, 2004 등 참고.

화 역시 명·청 시기 약 500여 년 동안 팔고문의 지위를 근본적으로 바꾸어 놓을 수는 없었다. 시문(時文)은 개인의 문체가 아닌 제도의 문체이고, 문사는 과거 공명을 위한 조직체로서의 활동에 집중하다 보니, 물론 문단의 노력도 있었지만 문인들의 자유로운 문학적 사유와 창작 환경을 충분히 마련하지는 못했다. 이처럼 시문(時文)은 시대의 문체라는 점에서는 양송, 당송의 고문과는 다른 차별성은 있었지만, 제도의 문체라는 한정된 성격으로 인해 문사와 문학의 발전에도 양면적인 영향을 주었다.

이 밖에도 명말 문사 활동과 시문(時文)의 공식적 지위로 인해 문단에서는 시문(時文)과 시가(詩歌) 창작 간의 불균형적인 발전 양태도 가져왔다. 이런 현상에 대해 원매(袁枚)는 "지난 명대 전체에서 시문(時文)도 능하고 시(詩)에도 능한 자가 과연 몇이나 될까? 김정희(金正希, 金聲의 字), 진대사(陳大士, 陳際泰의 字) 및 강서오가(江西五家)는 시문(時文)의 신이라 할 수 있다. 하지만 그들은 시(詩)에 있어서 하나도 전해진 것이 없다."[80]라고 했다. 다소 과장된 점은 있지만, 적어도 당시 문인들이 시문(時文) 창작에 집중하였고 상대적으로 시가 창작을 소홀히 했다는 것이다. 이러한 분위기 속에서 제도적 글쓰기로서의 시문(時文) 창작은 시가와 고문(古文)의 발전에 일정 정도 영향을 주었다고 할 수 있다.

이상, 문사의 권력, 정치적 성향, 사인의 공명 의식, 제도 실행의 미흡, 사풍(士風)의 변화, 시문(時文) 창작의 한계 등은 모두 팔고취사의 '제도'와 문사라는 '조직', 행위자인 '사인'이 상호 연동하여 만들어낸 명대 문단의 한 모습이다.

---

79) 백광준, 「변화의 시대, 변화의 글쓰기: 명대 융경, 만력 연간의 팔고문」, 『중국문학』, 제45집, 2005, 46쪽; 당윤희, 「明代의 古文과 時文에 대한 一考」, 『중국어문논역총간』, 제35집, 2014, 131쪽.

80) "前明一代, 能時文, 又能詩者, 有幾人哉? 金正希·陳大士與江西五家, 可稱時文之聖. 其於詩, 一字無傳." 袁枚, 『隨園詩話』, 鳳凰出版社, 2000, 200쪽.

V. 맺으며

이상으로, 명대 문사와 과거의 상관성에 대해 살펴보았다. 주로 제도·활동·권력을 중심으로 하여 문사의 출현과 팔고취사제, 문사의 활동과 과거 문풍, 문사의 권력과 영향 및 한계 등에 대해 분석해보았다. 다음의 몇 가지를 요약하면서 결론을 맺고자 한다.

첫째, 명대는 홍무 3년(1370)에 과거시험을 통한 선관 제도를 시행하기 시작했다. 홍무제는 경학과 덕행 및 지식에 뛰어난 자로서 반드시 과거시험을 거쳐야만 관직을 얻을 수 있다고 천명했다. 그 후 홍무 17년(1384) 「과거정식(科擧程式)」을 반포하여 이를 더욱 제도화시키면서 시험 과목과 출제범위는 사서오경에 한정했고, 영락 연간의 『사서대전』, 『오경대전』을 교본으로 삼았다. 그리고 팔고문의 구체적인 작성법에 대한 규정은 성화 이후에 구체화되면서 명대는 팔고문으로 과거를 보는 팔고취사제가 정해지게 되었다. 이러한 제도의 등장으로 사인들은 과거시험에 대한 대응과 준비가 필요했고, 이를 위해 '학문의 장'이자 '공명을 얻는 등용문'으로 작용하는 문사가 등장하게 되었다. 명대 문사의 출현과 발전은 대개 홍무-성화 시기는 초기 단계였고 홍치-융경 시기는 발전기였고 만력-숭정 시기가 전성기를 이루었다.

둘째, 중국 고대에서 지식은 통치 이데올로기가 발현되는 정치의 근간이며, 지식을 생산하고 변화시키는 사인 즉 지식인은 문인이자 관리이다. 지식인들은 과거를 통해 입사(入仕)한 후 치세(治世)의 주역이 되어 조정에서 직위를 확보하고 동시에 자신의 지식을 활용할 기회를 획득한다. 따라서 고대 국가와 지식인 및 지식 권력은 밀접하게 연관되어 있다. 특히 명대는 팔고취사제를 시행하면서 사서오경을 국가 지식의 범주를 한정하였고, 사인들은 팔고문이라는 시험 양식을 통해 제도적인 글쓰기를 하였다. 지식의 범주와 글쓰기 방식이 정해진 상황에서 문사는 다양한 활동을 통해 사인들에게 입사의 기회를 제공해주는 한편 자신들의 세력을 확장해 나갔다. 특히 선문(選文) 활동은 문사가 발전할 수 있는 중요한 요인이자 권력 기반이 되면서 '시문선집과 문사는 서로 표리 관계'를 형성하게 되었다. 이러한 과정에서 문사와 시문가(時文家)들은 서상(書商)과 서방(書坊)과의 연계를 통해 지식생산의 네트워크를 형성했다. 이 외에도 모의 과거시험 방식을 통해 팔고문 창작을 훈련시켰고, 문사뿐만 아니라 학교나 서원에서도 진행되었다. 팔고취사는 기본적으로 관방의 학교를 통해 배양되고, 민간의 문사 활동을 거친 후, 시험을 통해 조정에 의해 선발되는 메커니즘으로 운영되었다고 할 수 있다.

셋째, 문사는 태생적으로 '높은 목표를 향해 달리는 무리에게는 공명을 얻는 등용문'이 되는 이익집단의 성격을 띠고 있다. 문사 활동의 근저에는 문사의 세력을 확보하기 위함도 있지만, 사인들의 공명 의식에 대한 열망과도 연관이 있다. 사인들의 과거 공명에 대한 열망이 강하다 보니 과거 시험장의 부정행위도 빈번했고, 합격에 연연하다 보니 경사(經史)에 대한 제대로 된 공부를 하지 않고 모범답안을 기계적으로 공부하는 지식의 파편화 현상이 생겨남과 동시에 과거 문풍과 사풍(士風)에도 영향을 주었다. 또한 문사의 핵심 인물들은 추천 방식을 통해 권력자와 연계하여 구성원들의 공명의 길을 열어줌과 동시에 문사의 세력을 키워나갔고, 문사의 세력이 점차 커지면서 조정의 정치에도 간여하게 되었다. 문사의 성격이 '팔고문 공부' – '과거시험' – '벼슬(入仕)'이라는 패턴에서 점차 '과거에서 정치적 성향'으로의 특징을 보이면서, 학문 집단에서 공리·정치 집단으로 변화해나갔다.

넷째, 문사의 활동으로 인해 명말 문단은 사단 문학을 위주로 하는 새로운 문학 활동이 전개되었고, 제도와 문학이 만들어낸 독특한 문학 양태를 형성했다. 사인들은 문사 활동을 통해 제도의 문체인 팔고문을 창작하면서 과거 문풍을 형성하였고, 문사는 자신들의 권력을 키워나갔다. 따라서 문사는 '제도－조직－활동'의 구조 안에서 지식 권력, 문사 권력, 정치 권력 등을 생산하는 메커니즘을 형성하는 주체가 되었다. 이러한 메커니즘은 문학의 발전, 문학지식 생산, 문인의 활동과 역할이 문학 자체의 발전 규칙에 의해서만 변화하고 형성되는 것이 아니라, 시대와 제도에 의해 다양한 문학의 기능이 수행되고 있음을 보여준다.

다섯째, 하지만 명말의 문사 활동은 집단적인 문학 주장이나 이론 및 유파를 형성하는 데까지는 이르지 못했다. 물론 고문으로 시문(時文)을 쓰려는 문체 변화의 노력은 있었지만, 명·청 시기 약 500여 년 동안 팔고문의 지위를 근본적으로 바꾸어 놓을 수는 없었다. 시문(時文)은 개인의 문체가 아닌 제도의 문체이고 문사의 활동은 과거 공명을 위한 활동에 집중하였으므로, 문학 자체의 발전을 위한 문학 주장이나 이론의 발전에 한계가 있었을 것이다. 이는 과거시험용의 제도의 문체라는 근본적인 문학적 한계를 잉태하고 있었기 때문일 것이다.

| 참고문헌 |

미야자키 이치사다 지음, 전혜선 옮김, 『과거, 중국의 시험지옥』, 역사비평사, 2016.

배숙희, 『송대 과거제도와 관료사회』, 삼지원, 2001.

왕카이푸(王凱符) 지음, 김효민 옮김, 『팔고문이란 무엇인가』, 글항아리, 2015.

이노우에 스스무 지음, 이동철·장원철·이정희 옮김, 『중국출판문화사』, 민음사, 2013.

이홍기, 『송대 관학교육과 과거』, 경상대학교출판부, 2010.

진정(金諍) 지음, 김효민 옮김, 『중국과거문화사』, 동아시아, 2003.

황지영, 『명청 출판과 조선 전파』, 시간의 물레, 2012.

곽배귀, 「論明代科擧制的發展及其消極影響」, 『경주사학』, 제29집, 2009.

당윤희, 「明代의 古文과 時文에 대한 一考」, 『중국어문논역총간』, 제35집, 2014.

박영순, 「명말 문사(文社)의 형성과 특징: 복사(復社)의 조직과 활동을 중심으로」, 『중국문화연구』, 제52집, 2021.

_____, 「원대 유민시사(遺民詩社)와 시 창작 활동: 월천음사(月泉吟社)를 중심으로」, 『중국연구』, 2018, 제77권.

박영희, 「팔고문(八股文), 그 게임의 법칙: 현행 한국의 대입 논술 시험의 진단과 대안을 위하여」, 『중국어문학지』, 제25집, 2007.

_____, 「八股文 論議 속의 '雅'와 '俗'」, 『중국어문학지』, 제14권, 2003.

백광준, 「명대 과거시험 참고서 출판과 출판시장의 발전」, 『중국문학』, 제54집, 2008.

_____, 「변화의 시대, 변화의 글쓰기: 명대 융경, 만력 연간의 팔고문」, 『중국문학』, 제45집, 2005

柏樺·韋慶遠, 『中國官制史』, 東方出版中心, 2006.

丁國祥, 『復社研究』, 鳳凰出版社, 2011.

杜登春, 『社事始末』, 中華書局, 1991.

_____, 『社事始末』, 新文豊出版公社, 1985.

方苞 撰, 王同舟·李瀾 校注, 『欽定四書文校注』, 武漢大學出版社, 2009.

方志遠, 『明代城市與市民文學』, 中華書局, 2004.

龔篤清, 『八股文百題: 揭示八股文隱蔽的歷史面目』, 嶽麓書社, 2010.

顧炎武 著, 陳垣 校注, 『日知錄』, 安徽文學出版社, 2007.

顧炎武, 『日知錄』, 上海古籍出版社, 1985.

顧炎武 著, 黃汝成 集釋, 『日知錄集釋』, 江蘇古籍出版社, 2013.

郭紹虞, 『照隅室古典文學論集』, 上海古籍出版社, 1983.

郭英德, 『中國古代文學史通論』, 北京師範大學出版社, 2017

何宗美, 『明代文人結社與文學流派研究』, 人民出版社, 2015.

_____, 『文人結社與明代文學的演進』(上·下), 人民出版社, 2011.

_____, 『明末清初文人結社研究』, 南開大學出版社, 2004.

黃宗羲, 『黃宗羲全集』, 浙江古籍出版社, 1985.

金諍, 『科擧制度與中國文化』, 上海人民出版社, 1990

璩鑫圭, 『中國近代敎育史資料匯編』, 上海敎育出版社, 2007.

李東陽, 『李東陽集』, 嶽麓書社, 1985.

李調元, 『制義科瑣記』, 中華書局, 1985.

李玉栓, 『明代文人結社研究』, 復旦大學出版社, 2020.

_____, 『明代文人結社考』, 中華書局, 2013.

梁章鉅, 『制藝叢話』, 上海書店出版社, 2001.

廖可斌, 『明代文學復古運動研究』, 上海古籍出版社, 1994.

劉海峰, 『中國科擧史』, 東方出版中心, 2004.

陸世儀, 『復社紀略』, 上海書店出版社, 1982.

_____, 『復社紀略』, 北京古籍出版社, 2002.

羅萬藻, 『此觀堂集』, 齊魯書社, 1997.

馬端臨, 『文獻通考』, 中華書局, 1986.

歐陽光, 『宋元詩社研究叢稿』, 廣東高等敎育出版社, 1996.

錢伯城, 『袁宏道集箋校』, 上海古籍出版社, 1981.

商衍鎏, 『淸代科擧考試述錄』, 三聯書店, 1956.

_____, 『淸代科擧考試述錄及有關著作』, 百花文藝出版社, 2004.

孫光祀 著, 魏伯河 點校, 『孫光祀集』, 齊魯書社, 2014.

陶福履, 『常談』, 中華書局, 1985.

脫脫, 『宋史』, 中華書局, 1985.

王道成, 『科擧史話』, 中華書局, 1997.

王凱符, 『八股文槪說』, 中國和平出版社, 1991.

_____, 『八股文槪說』, 中華書局, 2002.

魏源, 『魏源全集』, 岳麓書社, 2004.

吳宗國, 『唐代科擧制度』, 遼寧大學出版社, 1997.

小野和子,『明季黨社考』, 上海古籍出版社, 2006.

項喬 撰, 方長山·魏得良 點校,『項喬集』, 上海社會科學院出版社, 2006.

謝國楨,『明淸之際黨社運動考』, 上海書店出版社, 2006.

續四庫全書編委會,『續四庫全書』, 上海古籍出版社, 2002.

袁枚,『隨園詩話』, 鳳凰出版社, 2000.

袁中道,『珂雪齋集』, 上海古籍出版社, 1989.

趙爾巽 等,『淸史稿』, 中華書局 1998.

張溥,『七錄齋詩文合集』, 臺灣偉文圖書出版有限公司, 1977.

張濤,『文學社群與文學關係論』, 人民文學出版社, 2016.

張廷玉 等,『明史』, 中華書局, 1997.

朱保炯,『明淸進士題名碑錄索引』, 上海古籍出版社, 1980.

朱彝尊,『靜志居詩話』, 人民文學出版社, 1998.

鍾惺,『隱秀軒集』, 上海古籍出版社, 1992.

朱倓,『明季社黨研究』, 商務印書館, 1949.

高明揚,『科擧八股文專題研究』, 浙江大學博士學位論文, 2005.

高曉敏,『復社社團文學研究』, 南京大學碩士學位論文, 2014.

金春嵐,『明淸八股文程式研究』, 華東師範大學博士學位論文, 2013.

王恩俊,『復社研究』, 東北師範大學博士學位論文, 2007.

文藝,『中晚明文社研究』, 西南大學碩士學位論文, 2012.

趙永强,『八股文與明淸古文和詩歌』, 揚州大學碩士學位論文, 2005.

陳維昭,「八股文與情思的翅膀」,『中國文學研究』, 第3期, 2020.

李玉栓,「明代科擧與文人結社」,『上海大學學報』, 第3期, 2016.

宋娟,「古文運動·科擧與唐宋八大家」,『北方論叢』, 第1期, 2005.

王興亮,「明末科擧制下的選文與文社之爭」,『理論觀察』, 第3期, 2014.

吳承學·李廣摩,「八股史題」,『文學評論』, 第2期, 2004.

陽達,「淸代科擧取士與文人結社」,『湖北社會科學』, 第2期, 2015.

____,「試論宋代科擧的義約現象」,『學術研究』, 第2期, 2009.

陽達·歐陽光,「明代文社與科擧文化」,『湖北大學學報』, 第5期, 2010.

張濤,「科擧與實學: 明末文社興起的形上依據」,『河北師範大學學報』, 第1期, 2007.

_____,「論明末科擧文風的文學效應」,『南京師大學報』, 第2期, 2007.

_____,「文學內律: 明末文社興起的眞實動因」,『河北學刊』, 第1期, 2007.

趙毅,「試論復社的宗旨」,『東北師大學報』, 第3期, 1990.

朱子彦,「論復社與晚明科擧」,『社會科學』, 第3期, 2009.

知乎 https://www2.zhihu.com/question/315361317

20세기 전기 중국 국어운동의 전개
: 언어 통합의 과제를 둘러싼 離合

● 김승욱 ●

Ⅰ. 머리말

근대 중국의 국가 체제에 관한 역사학계의 논의에서, 제국에서 국민국가로의 전환을 거치면서 갖게 된 지역적 특성과 그 특성이 형성되는 데 끼친 기존 체제의 영향을 규명하는 것에 관심을 보이는 연구자들이 늘어났다. 이제 연구자들은 중국이 근대 국가로 전환해온 과정이 서구가 대표하는 모종의 선례를 단순히 좇아온 것이 아니라 상당 부분 그 자신의 독자적 맥락을 따라왔다는 사실을 의식하지 않을 수 없게 되었다. 필자도 이를 의식하면서 근래 영토, 국가, 민족 등의 개념을 중심으로 그 국가 체제의 특성을 해석해 보려는 작업을 시도해왔다. 이러한 역사학계 논의와 그 간의 연구 경로를 염두에 두면서, 이제 시선을 옮겨 언어의 문제에 주목해 보려고 한다. 언어는 국민국가라는 정치체(polity)를 구성하는 민족(또는 국민)을 공동체로 결합하는 핵심적인 요소다. 그것은 국민국가의 외연이 아닌 내포를 이해하는 데 중요한 측면이다. 본고를 통해, 중국이 국민국가

---

* 이 글은 「20세기 전기 중국 국어운동의 전개 – 언어통합의 과제를 둘러싼 離合」, 『역사와 담론』, 101, 2022를 수정·보완한 것이다.
** 충북대학교 역사교육과 부교수.

로 전환해가는 과정에서 그 언어적 통합이 어떻게 추진되었으며 또한 그를 통해 어떤 특성을 갖게 되었는지 검토해 보려고 한다.

근대 중국에서 국민국가를 건설해가면서 언어적 통합을 구축해갔던 과정은, 국어운동이라는 주제를 통해 살펴볼 수 있다. 다시 언급하게 되겠지만, 국어라는 어휘는 국가 단위의 통일성 언어를 지칭하는 개념으로 수입된 것이었다. 청말 이래 중국에서는 국가 체제의 전환이 추진되는 가운데 언어 통합을 추구하는 움직임이 전개되었다. 이들은 자신들이 추구하는 목표가 "국어 통일"에 있다고 인식했으며 또한 그를 위해 추진된 언어적 개혁 운동을 "국어운동"으로 포괄해 설명했다. 胡適은 1921년 商務印書館이 개설한 國語講習所 강연에서 당시까지의 국어운동의 역사를 정리해, 白話報 시기, 字母 시기, 國語 시기, 國語的文學 시기, 국어의 연합운동 시기 등으로 나누어 설명했다.[1] 黎錦熙는 1934년 출판된 『國語運動史綱』에서 국어운동의 역사가 切音運動, 簡字運動, 注音字母와 新文學 연합운동, 국어 로마자와 주음부호 추진운동 등의 단계를 거쳐왔다고 정리했다.[2] 호,여는 이 운동의 주요 참여자로, 위의 국어운동을 협의로 해석하는 경우 이들이 직접 참여했던 주요 조직들을 중심으로 추진된 일

---

1) 胡適,「國語運動的歷史」, 姜義華 主編, 『胡適學術文集 : 語言文字研究』, 中華書局, 1993, 307-308쪽.
2) 黎錦熙의 『국어운동사강』은 본래 國語統一籌備委員會(제9차 常委會)가 자료 정리, 國語文獻館 설치와 함께 의결한 출간 작업으로 착수된 것이었다. 그는 당시 上海 商務印書館이 35주년 紀念刊을 간행하면서 의뢰한 「三十五年來的國語運動」이라는 제명의 글을 겸해서, 이 저술 작업을 진행했다. 이 원고는 만주사변, 상해사변을 거치며 바로 출판되지 못했다. 1935년에 초고를 수정해 정식 출판할 때는 당시 쟁론이 진행되던 "文白과 讀經 문제" 및 "大衆語 문제"에 대한 의견이 추가되어 앞 부분에 수록되었다. 黎錦熙, 『國語運動史鋼』, 商務印書館, 1935. 樂嗣炳도 여와 거의 같은 시기에 『國語學大綱』을 출간했는데, 그는 당시까지 논의된 국어를 언어학적으로 정리하면서 아울러 국어운동의 역사에 대해서도 자세히 서술했다. 樂嗣炳, 『國語學大綱』, 大衆書局, 1935.

정 기간의 운동으로 국한해 볼 수도 있다.[3] 그렇지만 이 운동이 지향했던 국가 차원의 언어적 통합이라는 목표는, 장기적으로 중화인민공화국 수립 이후 현재의 언어 구조가 형성되는 데까지 이어지는 것이라고 할 수 있다. 그것은 언어 차원에서 전개된 국민국가 건설이라는 측면에서 거시적으로 관찰해보아야 할 운동이다.[4] 본고는 중국이 국민국가로 국가 체제를 전환해가는 과정에서 언어적 통합성을 확보하기 위해 추진했던 전반적인 노력들을 포괄해서 국어운동으로 파악한다.

국어운동에 관한 연구는 주로 언어학자들을 중심으로 시작되었다.[5] 이 가운데 漢字, 拼音字母 등 문자 차원의 개혁을 둘러싼 연구들이 비교적 많이 이루어졌다. 특히 중화인민공화국 성립 이후 한어병음 등 어문 개혁이 추진되는 과정에서, 倪海曙, 周有光 등에 의해 문자 개혁의 역사에 대한 저술이 이루어졌고[6] 文字改革委員會가 출간한 "拼音文字史料叢刊" 등 관련 자료들도 대거 정리되었다.[7]

---

3) 국어운동의 시작 시점에 대해서 20세기 초, 종결 시점에 대해 항일전쟁 발발 이전까지 축소해서 보는 견해도 있다. 王理嘉, 「從官話到國語和普通話－現代漢民族空同語的形成及發展」, 『語文建設』, 1996年 第6期, 22쪽; 陳逸明, 「"普通話"不必改稱 "國語"－答全國政協委員提案徵詢意見書」, 『顔逸明文集』, 上海: 華東師範大學出版社, 2015, 594쪽.

4) 王東杰은 중국의 민족국가로의 전환은 중국 사회와 문화가 전반적으로 재구성되는 과정이라고 지적하면서 민족주의와 언어의 관계에 주목한다. 王東杰, 『聲入心通－國語運動與現代中國』, 北京師範大學出版社, 2019, 3-13쪽.

5) 여금희, 악사병 등 운동 참여자가 직접 정리한 글 외에 方師鐸, 方祖燊 등의 개설적 저술이 있다. 方師鐸, 『五十年來中國國語運動史』, 臺北: 國語日報社, 1964; 方祖燊, 『國語運動簡史』, 『全集』第6冊, 臺北: 文史哲出版社, 1999; Peter J. Seybolt and Gregory Kuei-ke Chiang eds, *Language Reform in China : Document and Commentary*, New York: M. E. Sharpe, 1979.

6) 倪海曙, 『中國拼音文字運動史簡編』, 1948; 倪海曙, 『清末漢語拼音文字運動編年史』, 上海人民出版社, 1959.

7) 문자개혁위원회가 운영한 문자개혁출판사는 1956~58년간 한어병음 방안 제정과 관련

반면에 역사학에서 국어운동은 지금까지 그리 주목을 받아왔던 연구 주제는 아니었다. 그것은 이 운동이 언어 수단에 대한 개혁을 주요 내용으로 한다는 점 때문에 사상, 문화, 사회 등에 대한 직접적인 개혁 운동에 비해 상대적으로 관심을 받지 못했기 때문이다. 주지하듯이 1980년대 이전 혁명사적 관점에서 신문화운동 가운데 문학혁명 등의 주제에 관해서 수없이 많은 연구가 이루어졌다. 그렇지만 문학혁명과 밀접한 연관이 있던 국어운동은 상대적으로 피상적, 기술적 차원의 논의로 치부되면서 간과되는 경향이 있었다.[8]

언어는 정치, 사상, 문화 등과 분리되어 존재하는 것이 아니다. 언어의

된 사료들을 망라해 "拼音文字史料叢刊"으로 출간했다. 金尼閣, 『西儒耳目資』, 1957.2; 蔡錫勇, 『傳音快字』, 1956.9; 章炳麟, 『駁中國用萬國新語說』, 1957.3; 利瑪竇, 『末羅馬字注音文章』, 1957.11; 盧戇章, 『一目了然初階: 中國切音新字廈腔』, 1956.9; (淸)王照, 『官話合聲字母』, 1957.1; 勞乃宣, 『簡字譜錄』, 1957.6; 文字改革出版社 編, 『劉獻廷』, 1957.7; 陳虬, 『新字甌文七音鐸』, 1958.2; 朱文熊, 『江蘇新字母』, 1957.1; 前國語硏究會 編, 『《國語月刊》漢字改革號』, 1957.9; 沈學, 『盛世元音』, 1956.10; 劉世恩, 『音韻記號』, 1957.1; 劉孟揚, 『中國音標字書』, 1957.1; 陳虬, 『甌文音滙』, 1957.6; 王炳耀, 『拼音字譜』, 1956.10; 王照, 『活字母讀物八種』, 1957.2; 張濂溪 校訂, 『拼漢合璧五洲歌略』, 1958.3; 鄭東湖, 『切音字說明書』, 1957.2; 田延俊, 『數目代字訣』, 1957.1; 田廷俊, 『拼音代字訣』, 1957.1; 沈韶和, 『新編簡字特別課本』, 1957.1; 楊琼、李文治, 『形聲通』, 1957.1; 力捷三, 『閩腔快字』, 1956.10; 盧戇章, 『北京切音敎科書: 首集、二集』, 1957.6; 盧戇章, 『中國字母北京切音合訂』, 1957.

8) 호적은 1935년 국어연구회 활동이 한자에 표음하는 차원에 국한되어 있었다고 이 운동의 의미를 소극적으로 평가했다. 그는 국어연구회의 인사들이 "국어"가 살아 있는 언어이며 "국어 통일"은 그 살아 있는 언어를 승인하고 그것을 교육과 문학의 수단으로 삼아 전국의 사람들로 하여금 말하고 읽고 쓰게 하는 것이라는 점을 알지 못했다고 하면서, 이 운동이 국어 통일, 백화 교육의 취지와 달리 피상적, 기술적 차원에 머물렀다고 지적했다. 이러한 평가는 이후 '국어운동'에 대한 연구 시각에 큰 영향을 주었다고 할 수 있다. 胡適, 「導言」, 趙家璧 主編, 『中國新文學大系 第1集 : 建設理論集』, 上海良友圖書印刷公司, 1935, 13쪽.

변화는 국가, 사회의 전반적인 변화와 함께 진행될 수밖에 없다. 이 점에서 중국의 언어 개혁에 관해서 일찍이 중국 민족주의 진행과의 관계 속에서 관찰하는 시도가 있었지만, 그러한 관점이 그리 주목되지는 못했다.[9) 1980년대 이후 혁명사, 정치사적 연구 시각이 상대적으로 퇴조하고 사회사, 문화사적 접근이 부상하면서 언어 문제에 관심을 갖는 연구들이 늘어나고 있다. 이러한 연구들은 국어운동에 대해서 중국 국가, 사회의 전반적인 변화와 연결해서 장기적, 거시적 관점에서 접근해야 한다는 문제 인식을 드러내면서 논의를 확대해가고 있다.[10) 하지만 역사학에서 국어운동은 여전히 별개의 주제로 다뤄지는 경향이 있다고 할 수 있다. 역사학 내의 기존 논의를 심화, 확장해가는 차원에서 이 운동에 대해 더 다양한 시각에서 검토해 볼 필요가 있다고 생각한다.

이러한 문제의식 하에 필자는 본고에서 중국사회 전체에 갖는 의미를

---

9) 미국의 중국 언어학자인 John De Francis는 중국 근대 민족주의의 형성이라는 관점에서 신중국의 언어 개혁 문제가 어떻게 진행되는지에 일찍부터 관심을 보인 경우였다. John De Francis, *Nationalism and Language Reform in China*, Princeton, Princeton University Press, 1950 그렇지만 이러한 관점은 그리 주목되지 못했다.

10) 이 가운데 王東杰의 연구는 중국 국민국가 수립 과정의 특징을 국어운동을 통해서 해명하려는 문제인식을 명확히 하고 있는 대표적인 경우다. 王東杰, 앞의 책, 2019 그 외 다음과 같은 연구들이 주목된다. 藤井(宮西)久美子, 『現代中國における言語政策－文字改革を中心に』, 三元社, 2003; 吳曉峰, 『國語運動與文學革命』, 中央編譯出版社, 2008; 周敏, 『淸末民國時期湖南國文敎育與國語運動』, 岳麓書社, 2019; 崔明海, 『近代國語運動硏究』, 安徽師範大學出版社, 2018; 劉曉明, 「淸末至新中國成立(1892-1949)漢字改革史論」, 博士學位論文, 2012; 村田雄二郎, 「五四時期的國語統一論爭－從"白話"到"國語"」, 『東亞人文』, 第1期, 三聯書店, 2008, 135-165쪽; Murata Yujiro, "The Late Qing 'National Language' Issue and Monolingual Systems: Focusing on Political Diplomacy", *Chinese Studies in History*, Vol.49 No.3, 2016, pp.108-120; 이러한 문제인식 하에서 진행된 연구로 양세욱, 차태근 등의 논의도 주목된다. 양세욱, 「근대 중국의 언어개혁운동과 내셔널리즘」, 『중국언어연구』, 37, 한국중국언어학회, 2011, 299-320쪽; 차태근, 「한자형상과 중국의 "각성"－한자 페시미즘에서 세계어로」, 『중국현대문학』, 36, 한국중국현대문학학회, 2006, 1-27쪽

주목하면서 국어운동의 초기 전개 상황을 검토해 보려고 한다. 구체적으로 우선 2장에서는 관화, 백화, 국어 등 국어 건설의 중심 개념들이 어떤 과정을 통해 형성되었는지 살펴봄으로써 이 과제의 의안을 개념적으로 구성해 보려고 한다. 또한 3장에서는 국어운동을 이 시기 담론을 주도했던 문학혁명과의 합류 속에서 살펴보면서 이 운동의 주요 전개 과정과 성취들을 정리해 보려고 한다. 다음으로 4장에서는 이러한 이 시기의 운동이 갖는 한계와 그 내부의 분기 면을 지적하면서 이 운동의 이후 전개와 어떤 연결의 맥락이 형성되는지 설명해보려고 한다. 이러한 분석을 통해 중국의 국민국가로의 이행 과정에서 진행된 언어적 차원의 통합 과정을 이해하는 데 기본적인 시각을 얻을 수 있을 것으로 기대한다.

Ⅱ. 官話, 白話, 國語

언어학에서 "양층언어(diglossia)"라는 개념은 마치 복설(複舌)처럼 하나의 공동체에 두 유형의 언어가 병존하는 현상을 가리킨다.[11] 여기서 두 유형의 언어는 상호 간에 위계적인 구도를 형성하는 것으로 설명된다. 이러한 언어 구도 속에 처한 사회에서는 상층 위계를 점하는 언어를 장악하는지 여부에 따라 정치적 정당성, 사회적 권위, 문화적 우월성 등이 결정된다. 이 개념은 전통 중국의 언어 상황을 설명하는 데도 유용하게 적용될 수 있다. 중국에서는 서면 언어와 구두 언어가 오랫동안 명확히 구분되어 있었으며 각기 상,하의 위계 구도 속에 배치되어 있었다.

중국에서 서면 언어 "文"은 그저 의미를 전달하는 수단에 머무는 것이 아니었다. 그것은 그것이 내포하고 지탱하는 정치, 사회, 문화적 가치를

---

11) Charles A. Ferguson, "Diglossia", *Word* 15, 1959, pp.325-340

전승한다는 점에서, 중국이 국체의 연속성과 정합성을 유지해가는 데 중요한 기반으로 작용했다. 그것은 정치적으로 지배의 정당성과 도덕·윤리적 가치를 지탱하는 역할을, 문화적으로 고아한 미학적 가치를 내포한 것으로 여겨졌다. 또한 그 문자(한자)의 표의적 특성은 실제 기능의 면에서 구두 언어가 상이한 지역들을 통합된 질서로 묶어내는 데 큰 역할을 수행했다. 또한 이러한 역할은 그들의 질서가 중국 바깥으로 보편적으로 확장될 수 있다는 믿음의 근거가 되었다. 요컨대 "문"은 중국 국가 및 천하 질서가 종적(역사적)으로나 횡적(지역적)으로 통합적 면모를 갖도록 하는 핵심적인 요소였다.

반면 구두 언어 "言"은 일상적인 대화에 사용되지만 "문"과 같은 공식적 위상을 부여받지 못하였다. 그것은 다양한 방언으로 존재했다. 이러한 언어들은 "문"과 구별해 "言", "話", "談" 등으로 지칭되었다. 이 언어들은 비록 텍스트의 형태를 갖추게 된다고 해도 교화적, 미학적 가치를 갖지 못한다고 보았기 때문에 "문"으로 인식되지 않았다. 그런 글들은 서면화되었다고 해도 여전히 하나의 방언일 뿐이었다.

구두 언어 가운데 官話는 청대에, 권력의 일정한 지원 아래 국가기관이 사용하는 통용어로 활용되었다. 강희 시기의 『康熙字典』, 옹정 시기의 『音韻闡微』 등은 한자의 표준 발음을 정의했는데, 이는 서면 언어의 발음은 물론이고 관화의 발음을 통일하는 역할을 했다. 옹정제는 복건, 광동 출신 관리들의 알아들을 수 없는 발음 때문에 골치 아파했는데, 이 때문에 심지어 이들에게 북방 관화를 기한 내에 학습하도록 하는 조치를 취하기까지 했다.[12] 그렇지만 이 경우 관화는 통치 행위를 원활히 하기 위한 행정 관리의 차원에서 정비되었을 뿐, 체계를 갖춘 언어로서 독립적 지위를 누린 것은 아니었다. 그것은 다른 방언과 마찬가지로 "문"의 지위를

---

12) 『淸實錄』, 中華書局, 1985, 1072-1074쪽

위협하지 않는 방언일 뿐이었다.

서면화된 관화는 백화 '문학'의 중요 부분으로 상대적으로 적지 않은 적용 예를 볼 수 있다. 그렇지만 그것은 문학의 주류에 진입하지 못했다. 桐城派 같은 고증학자들은 구두 언어가 정확한 서면 언어를 파괴한다고 비판했으며, 백화 또는 그것이 혼합된 문체는 도덕과 고아한 가치를 표현할 수 없다고 보았다. 공식적인 장에서 서면 관화가 허용되는 경우는 민중 교육이나 구두 언어로 전달이 필요하다고 고려되는 예외적인 상황에 국한되었다. 예를 들어 1670년 강희제의 「聖諭」, 1724년 옹정제의 「성유광훈(聖諭廣訓)」 등은 각종 관화 판본으로 발행되어 백성들에게 유학적 도덕관을 주입하는 데 사용되었다.

따라서 중국에서는 청말까지 서면 언어와 구두 언어를 모두 포함하는 완정한 체제를 갖춘 언어(language)로써 전국적으로 통용되는 언어는 존재하지 않았다. 또한 그러한 언어를 표현하는 술어 자체도 분명치 않아, 서면 언어로 전승되어온 "文字"(또는 문학)와 구두 언어 또는 그것을 텍스트화한 "語言"은 별도의 영역으로 분리되어 있었다. 문자는 제국의 통합성을 유지하는 중심 역할을 했지만 그와 짝이 되는 구두 언어는 없었고, 어언은 관화를 포함해서 지역별 방언을 형성하며 제국을 분절했다. 또한 그것을 텍스트화한 '서면 언어'(서면화한 구두 언어)는 문자로서의 지위를 점하지 못했다.

관화를 포함해서 구두 언어는 복잡한 구도로 분절되어 있었다. 관화의 경우 백화 '문학'의 중심으로, 언어로서의 체계를 형성할 가능성이 상대적으로 많았지만 청조와 지식인들은 그에 대해 어법을 정리하는 등 언어적 정비를 가하지 않았다. 관화라고 해도 그 안에는 北京官話, 北方官話, 膠遼官話, 東北官話, 中原官話, 江淮官話, 西南官話, 蘭銀官話 등 지역적으로 구별되는 여러 하위의 방언 계통이 병존해 있었다. 또한 그와 함께 晉語, 吳語, 徽語, 贛語, 閩語, 湘語, 粵語, 平話, 客家話 등 다기한

방언들이 병존해 있었다.13)

이런 가운데 중국이 근대로 접어들어 민족국가 체제로 크게 전환을 시도해가는 과정에서, 어떤 언어를 기반으로 전국적인 통일 언어를 형성해가야 할 것인지에 관해 필요한 논의들이 전개되기 시작했다. 이때 우선 주목된 것은 관화였다. 그것은 다음과 같이 다른 구두 언어들와 함께 서면 언어로의 성립 가능성이 실험되었으며, 그 과정에서 백화를 대표하는 언어로 자리매김되었다.14)

19세기 말부터 개혁가, 사상가들은 백화를 활용한 새로운 문체를 문언문 서적의 번역에 사용하거나 민중에게 사상을 전파하는 정론, 기사들에 적용하기 시작했다. 새로운 문체를 적용한 정간물은 "白話報"로 지칭되었다. 본래 백화는 관화에 대한 남방의 俗話를 가리키는 의미로 주로 사용되었는데15) 그것은 이제 서면 언어로서 전국성의 공동어로서의 선택 가능성을 시험하는 새로운 개념을 내포하게 되었다.

백화보들이 전국 규모의 언어의 가능성을 시험하며 주로 기대했던 언어는 관화였다. 1897년 이후 『演義白話報』(1897, 上海), 『蒙學報』(1897, 상해), 『無錫白話報』(1898, 무석), 『女學報』(1898, 상해) 등 백화보가 잇따라 창간되었다. 이 신문들은 남방에서 발간되었지만 해당 지역의 방언을 사용하지 않고 관화를 사용했다. 관화는 이 지역들의 구두 언어가 아니었다. 이러한 잡지들의 명칭에서 백화는 새로운 문체로서 관화와 긴밀히

---

13) 周振鶴・游汝杰, 『方言與中國文化』, 上海人民出版社, 1986.

14) 官話에서 白話, 國語로의 전개에 관해서는 白莎, 村田雄二郎 등의 다음 논문을 참조. 白莎, 「官話, 白話和國語 - 20世紀初中國"國語"概念的出現」, [德]朗宓榭, [德]費南山 主編, 李永勝, 李增田 譯, 王憲明 審校, 『呈現意義: 晚清中國新學領域』上, 天津人民出版社, 2014, 271-308; 村田雄二郎, 앞의 논문, 2008.

15) Federico Masini, *The Formation of Modern Chinese Lexicon and Its Evolution Toward a National Language: The Period from 1840 to 1898*, Berkeley: Journal of Chinese Linguistics Monograph Series No.6, 1993. 295

연결되었다. 이에 대해 『여학보』 제1기에 실린 潘璇의 「上海女學報緣起, 論用官話」라는 글에서는 "土話는 단지 하나의 縣, 하나의 州에서 통용될 수 있으며 하나의 省, 하나의 國에서 통행되지 않는다. 본보가 관화를 정해 쓰는 것은 바로 천하를 공동으로 한다는 뜻이다"라고 그 취지를 설명했다.16) 『무석백화보』의 경우는 따로 정의를 내리지 않았는데 결과적으로 오해가 발생했다. 왜냐하면 사람들은 이 잡지가 무석 방언으로 쓰여졌다고 여겼기 때문이었다. 따라서 이들은 부득이하게 「中國官音白話報」로 개명하지 않을 수 없었다.17)

한편 관화 외의 지방 방언을 사용한 백화보들도 있었다. 『京話報』(1901, 北京), 『京話日報』(1904, 북경) 등은 북경 방언인 "경화"를 표제로 사용했다. 『嶺南白話報』(1908, 香港)는 광주 방언을 사용했다. 광주 지역에는 관화가 그리 보급되어 있지 않아서 북방 방언으로 쓴 독서물의 영향은 제한적이었다. 『西藏白話報』(1907, 라싸)는 한어와 장문의 두 종류의 언어를 사용한 경우였다.18) 또한 어떤 신문은 동시에 서로 다른 문체의 백화를 시험했다. 『方言報』(1902, 상해)는 관화를 사용한 것 외에 北京話, 寧波話, 廣東話, 蘇州話로도 문장을 작성했다. 그러나 『방언보』는 독자가 이러한 모든 방언을 이해할 수 없었기 때문에 불과 1년도 되지 않아 파산했다. 『俄事警聞』(1903, 상해)은 서로 다른 지역의 독자를 대상으로 서로 다른 방언을 사용하는 것을 시험했다. 예를 들어 호남인에 대해서 "호남백"을 사용하고 광주인에 대해서 "광동백"을 사용했으며 만족인,

---

16) 蔡樂蘇, 「淸末民初的一百七十餘種白話報刊」, 鄭守和 編, 『辛亥革命時期期刊介紹』第5冊, 人民出版社, 1987, 498쪽.

17) 蔡樂蘇, 앞의 책, 496쪽.

18) 『西藏白話報』는 駐藏大臣 聯豫와 帮辦大臣 張蔭棠이 "愛國尙武, 開通民智"를 종지로 창간했으며, 동일 기사를 백화와 티베트어로 나란히 게재해 두 언어를 비교하며 이해할 수 있도록 했다. 蔡樂蘇, 앞의 책, 527-528쪽.

서장인, 몽고인과 동북삼성 주민들에 대해서는 "관화"를 사용했다.

민족주의는 관화가 백화의 중심으로 지위를 확고히 해가는 것을 촉진했던 중요한 요소였다. 1903년 동북 변경의 위기 아래 민족주의 정서가 제고되었다. 이 흐름 속에서 창간된 백화보들은 蔡元培가 이끈 中國敎育會와 관련이 있었다. 그 가운데 1903년 12월 林獬, 劉師培 등이 상해에서 창간한 『中國白話報』가 있다. 이는 많은 백화보의 경우와 마찬가지로 간행기간이 그리 길지 않았지만 그 영향력은 매우 컸으며, 민족주의가 백화에 부여한 의미를 이해하는 데 좋은 사례가 되었다. 『중국백화보』의 편집인인 임해는 당시 중요 백화 작가 가운데 하나로 자칭 "白話道人"으로 불렸다. 그는 「中國白話報發刊詞」에서 각성이 서로 다른 방언을 사용하는 상황에서 모든 성이 함께 소통하는 데 관화가 공동의 수단이 될 수 있으며 그것이 백화보 발간의 계기가 되었다고 설명했다. 말하자면 관화는 지역적으로 서로 다른 방언을 초월해서 이들을 민족으로 통합할 대표적인 백화로 지목되었다 .

이런 상황에서 청조 관료들이 주도해서 관화를 국민과의 소통 수단으로 확대하는 움직임도 늘어났다. 1903년 사천총독 岑春煊은 부녀의 전족을 금지하는 상유를 백화로 번역해서 배포했다. 백화보 가운데 『山西白話演說報』(1906), 『吉林白話報』(1907) 등은 관방은 재정 지원으로 간행되었다. 이렇게 관화를 민중에 대한 선전 활동에 사용하는 것은 전술했듯이 청조의 기존 전통으로부터 이어진 측면이 여전히 있었지만, 이러한 간행물을 관화가 아닌 백화로 개명한 것은 공용 구두 언어의 역할에 대한 이해에서 발생하는 변화를 반영하고 있는 것이었다.

20세기 초에 백화는 이미 공용 언어로서의 의미를 가진 언어로 광범하게 수용되었다. 채원배는 1915년 이전에 총 170종의 백화 정기간행물이 간행되었다고 기록했다. 이런 과정을 통해 관화가 관료 집단만이 아닌 민중이 공용하는 구두 언어로 설정되고 아울러 그것을 서면 언어로 만드는 작업이 시험되었다. 또한 그러한 언어를 지칭하는 명칭으로 백화 개념이 명확해져갔던 것이다.

백화(실체로서는 관화)가 이렇게 전국성 공통어를 형성하는 중심 언어로 주목되는 가운데, 이제 그러한 언어의 지향점을 국가 범주와 연결하는 용어로 국어라는 새로운 개념도 등장했다. 국어가 국가 차원에서의 전국성 구두 언어를 지칭하는 새로운 술어로 출현했다.

중국에서 국어는 본래 전국성 언어를 지칭하는 개념이 아니었다. 청대에 그것은 한어에 대한 滿族의 구어를 의미했다.[19] 그런데 그것은 일본의 영향 아래 새로운 함의를 갖게 되었다. 일본에서도 국어는 한어와 상대되는 일본 구어를 의미했으나, 19세기 후반 민족국가의 건설이 추진되는 과정에서 일본을 대표하는 단일 언어를 묘사하는 명칭이 되었다.[20] 1902년에는 國語調査委員會가 설립되어 의식적인 언어 계획을 개시했다. 이해, 북경대학당 총교습인 吳汝綸은 일본으로 가서 교육체제를 참관했다. 당시 오여륜은 管學大臣 張百熙에 보낸 서신에서, 국민의 언어 통일이 중요하다는 점을 언급하면서 일본 학교의 국어 독본을 참조해서 그 가나와 유사한 언어표기 기호를 사용할 것을 건의했다.[21] 그가 지지한 표음 기호는 1898년 무술변법 실패 후 일본으로 피난한 王照가 설계한 것이었

---

19) 1903년 장병린은 강유위의 「與南北美洲諸華商書」에 대한 답신의 한 구절에서 "堂子妖神은 郊北之教가 아니며, 辮髮櫻珞은 弁冕之服이 아니며, 淸書國語는 斯邈之文이 아니다"라고 표현하고 있다. 「與康有爲」, 『章太炎全集』, 第12冊, 上海人民出版社, 2018, 43쪽. 또한 청 학부도 1906년 공문에서 이런 의미로 "국어"라는 단어를 사용하고 있음을 볼 수 있다. 「學部咨外務部文」, 『淸末文字改革文集』, 文字改革出版社, 1958, 68쪽.

20) イ・ヨンスク, 『「国語」という思想 : 近代日本の言語認識』, 岩波書店, 1996.12. (이연숙 지음, 고영진·염경화 옮김, 『국어라는 사상 – 근대 일본의 언어 인식』, 소명출판, 2006.10) 참조.

21) 吳汝綸, 「上張管學書」, 『淸末文字改革文集』, 文字改革出版社, 1958, 29쪽.

다.22) 1902년 제정된 학당장정에는 국어 혹은 표음 기호와 관련된 내용은 반영되지 않았다. 그렇지만 그의 서신은 중국 최초로 전국성 언어라는 새로운 의미로 국어 개념을 사용한 예였다. 국어 개념은 이 무렵 일본에서 귀국한 유학생들을 통해서도 중국에 전해졌다. 1904년 "국어 통일"의 구호가 신문, 잡지에 출현하기 시작했다.

국어의 필요성은 청조 하에서 전국적인 학제를 건립하는 과정에서 더욱 긴박하게 부각되었다. 蔡元培는 일찍이 1901년 「學堂敎科論」이라는 글을 통해, 구어 통일의 문제를 해결하기 위해 학교에서 처음 2년 동안 저학령(6~8세) 학생들에게 한자 없이 표음부호를 가지고 구두 언어로서의 관화를 교수할 것을 건의했다.23) 진독수는 1904년 4월 『安徽俗畫報』에 발표한 「國語敎育」을 통해 관화에 근거한 국어교육의 필요성을 강조했다. 그는 본국의 구두언어에 기반을 둔 교육, 전국민이 통용하는 언어교육이라는 두 차원에서 국어교육의 문제에 주목했다. 여기서 그는 국어를 고유명사로 사용하지는 않았지만 관화가 전 중국의 언어로 사용되기를 희망했다.24) 당시 많은 논자들은 백화(관화)를 기반으로 "국어 통일"의 필요성에 대해 공감을 넓혀가고 있었다.

이런 가운데 청조도 전국 언어를 통일해야 한다는 과제를 무시할 수 없었다. 청조는 아직 국어의 명칭을 채용하지 않았지만, 관화 과목은 교육과정에 포함되었다. 그렇지만 1902~1904년 학당장정에서 규정한 언어 과

---

22) 王照는 1900년 천진에서 "蘆中窮士"라는 가명으로 일본의 가나를 모방해 "官話合聲字母"를 발표했다. 오여륜은 "국어통일"을 주장하면서 이를 적극적으로 지지했다. 그 뒤 勞乃宣은 1907년 남경에서 "簡字全譜"를 발표했다. 여금희는 왕,노 등이 고안한 자모를 그 이전의 "절음운동시기"와 대비해서 "간자운동시기"라고 정리했다. 그 이전 시기에는 盧戇章이 1892년 고안한 "切音新字" 등이 있었다. 黎錦熙, 『國語運動史綱』, 商務印書館, 1935, 23-47쪽.

23) 蔡元培, 「學堂敎科論」, 『蔡元培全集』, 第1卷, 江蘇敎育出版社, 1997, 149쪽.

24) 三愛, 「國語敎育」, 『安徽俗畫報』, 1904.

정은 여전히 문언의 통일에 초점을 두고 있었다.[25) 각 학당은 모두『성유광훈직해』를 기준으로 한 관화 연습이 규정되었다. 당시 이들은 여전히 서면 언어의 통합성이 확보되면 중국의 종적, 횡적 통합을 보증할 수 있다고 보았다. 이러한 방식은 기본적으로 옹정 시기와 같은 전통적 방식의 연장선 위에 있었다. 관화는 단지 구두 언어로 인식되었고 언어 통일은 단지 발음 차원의 문제에 국한되어 다뤄졌다. 관화에 대한 어법과 어휘 표준화를 위한 장정은 제정되지 않았고, 관화에 구두 혹은 서면 언어로서 그 자체에 독립적 언어의 지위를 주는 것은 신중히 회피되었다.

서면 언어와 구두 언어 사이에 분명한 등급을 두는 청 정부의 입장은, 중국 지식인 사회의 문자(문학)를 대하는 폭넓은 정서와도 일치하는 것이었다.[26) 이 점은 청조의 통치에 대해 반대하는 혁명파 지식인도 마찬가지였다. 1910년 章炳麟, 陶成章은 해외 화교를 독자 대상으로『敎育今語雜誌』라는 이름의 백화 정간물을 창간했다. 그 서언은 "國文을 내버리고 國史를 제거하려고 하는 것은 그 나라를 자멸하게 하는 것이다"라고 쓰고 있다.[27) "문"에 통합의 기능과 가치를 부여해온 중국 지식인의 오랜 신념을 엿볼 수 있다. 이들에게 백화의 역할은 민중을 대상으로 선전을 행하는 구두 언어로서의 성격이 강했다. 실제로 장병린이 위 잡지에 게재한 글들은 연설 원고였다.

예비입헌이 추진되면서 청조의 언어 정책은 더 진일보할 계기를 맞게

---

25)「學務綱要」, 舒新城,『中國近代敎育史資料』, 第1冊, 人民敎育出版社, 1985, 202-210쪽.

26) 서면 언어로서의 백화는 아직 결코 기존 문언(문학)의 지위를 위협하는 정도에 이르지는 않았다. 민중에 대한 언어 책략으로서 백화를 적극 활용하는 지식인들조차도 문언과 백화 간의 위계적 관계에 대한 인식은 뿌리 깊이 존재했다. 백화를 제창하는 지식인들도 그들 간의 교류에서는 여전히 문언을 사용했다.

27) 蔡樂蘇,「敎育今語雜志」,『辛亥革命時期期刊介紹』, 第3冊, 人民出版社, 1983, 631쪽.

되었다. 1909년 청조는 전국 범위에서 관화를 교수하는 계획을 개시했고, 學部는 그에 상응해 관화 교과서를 출판할 것을 요구했다. 1910년 江蘇 敎育會의 江謙은 32명의 자정원 의원을 모아서 학부에, 일본의 선례를 따라서 國語調査總會를 건립할 것을 청원했다. 이때 이들은 새로운 교과서의 명칭을 "國語讀本"으로 할 것을 제안하면서 관화를 국어로 개칭하여 그 언어가 官이 아닌 일반 민중을 대상으로 한 것임을 분명히 해야한다고 주장했다.[28) 이 해 10월 학부는 상무인서관의 국어 교과서를 정식으로 확정하면서, 이 국어 교과서를 펴내는 가장 큰 의미는 "國語를 國棐을 통일하는 토대로 삼는 것"이라는 점을 분명히 했다.[29) 이는 국어라는 단어가 청조의 관 문서에 출현한 최초의 예가 되었다.

이런 경과를 통해서 국어는 전국성 언어를 지칭하는 명칭으로 자리 잡았다. 국어는 이제 구두 언어만이 아니라 서면 언어를 포함하고 그 자신의 어법을 가진 완정한 구조를 가진 언어로 상정되었다. 국어 교육은 교과 과정의 기초 단계에 도입되어 국문 과목의 일부가 되었다. 1911년 3월 학부는 국어조사회를 설립하고 정식 비준한 국어 교과서를 공포했다.[30) 또한 7월 학부는 중앙교육회의를 개최해 국어조사총회의 설립 계획을 통과시켰다. 그 속에서 이 회의의 임무가 국어의 음운, 단어, 어법의 표준화를 진행하는 것임을 명확히 했다.[31) 이는 국어운동의 전개에서 매우 주목할 만한 진전이었다. 그러나 청조는 이미 붕괴되는 경로에 있었고 언어개

---

28) 江謙, 「質問學部分年籌辦國語敎育說帖」, 『淸末文字改革文集』, 文字改革出版 社, 1958, 117쪽.

29) 『學部官報』, 136 第4卷, 1910, 472쪽.

30) 『學部官報』, 146 第4卷, 1911, 625-626쪽.

31) 倪海曙, 『淸末漢語拼音文字運動編年史』, 上海人民出版社, 1959, 235-236쪽. 강소 교육회의 회장 장건을 주석을 맡고 상무인서관 편역중심의 주임 장원제가 부주석을 맡았다.

혁의 계획을 진일보해가는 작업은 이어지지 않았다.

위에서 살펴보았듯이, 청말 중국에서 전국성 언어의 개념이 관화, 백화, 국어로 진행해간 것은 언어 차원에서 국민국가로서의의 통합 기반을 형성해가는 과정이었다. 이 과정을 통해서, 중국의 언어적 통합성을 구축하는 데 있어서 어떤 언어를 중심으로 할 것인지, 그리고 새롭게 구축된 새로운 통합적 언어는 어떤 상을 가져야 하는지 등에 대해 상당히 구체적인 진전을 이루었다고 할 수 있다. 그렇지만 살펴보았듯이 문과 언, 서면 언어와 구두 언어가 분리된 채 병존해온 양층언어의 구조 자체를 바꿀 수는 없었다. 이 논의와 실행에 참여한 주체들 대부분에서 고전 서면 언어만이 민족의 정수를 보존하고 민족을 통합해줄 수 있다는 신념이 견고하게 존재했다. 이런 측면에서 청말까지 진행된 국어운동은 언어개혁의 의제가 차츰 정리되어가는 과정으로서 의미를 갖는다고 할 수 있다.

이는 그 언어개혁의 과제가 쉽게 해결되기 어려운 것이라는 점을 확인하는 과정이기도 했다. "문"과 "어"의 분리 구조에 대해 제기된 어문일치의 과제는 지식인과 민중, 혹은 관과 민 사이의 격절을 쉽게 허물지 못했다. 지식인에게 어문일치는 기존의 서면 언어를 새로운 서면 언어로 대체하는 것이었지만, 민중에게 그것은 본래 없던 서면 언어를 만들어주는 것이었다. 그것은 지식인, 민중 집단 모두를 변화시키는 것이어야 했다. 또한 "문"은 정치, 사회, 문화적 가치를 전승하고 중국의 연속성과 정합성을 확보해주는 기반이라고 인식되어왔기 때문에, 그러한 문자관, 문학관을 대체해가는 것은 간단한 작업이 아니었다. 또한 다양한 구두 언어가 병존한 상황에서 언어 통일의 과제는, 어떤 언어를 중심으로 해야 할 것인가 또한 이때 그 중심은 어떤 의미에서의 중심인가, 그리고 그 경우 다른 언어는 어떻게 처리해야 하는가 등의 많은 문제들이 아직 방향을 정하지 못하고 있었다. 이러한 복잡한 과제들을 해결해야 하는 임무는 신생 정권인 중화민국에 맡겨졌다.

Ⅲ. "雙潮合一"하의 국어 통일 추진

1912년 12월 채원배가 총장인 중화민국 교육부는 언어개혁의 문제에 대응하기 위해 讀音統一會籌備處를 설립했다. 주비 과정을 거치고 독음 통일회는 1913년 2월 북경에서 개최되었다. 참여 회원은 총 80명으로, 교육부가 초빙한 50명과 각 성별로 행정장관이 최대 2인씩 추천한 인사들, 蒙藏에서 선정해 파견한 각 1인, 화교 대표 1인으로 구성되었다. 회원은 대체로 당시까지 언어 개혁의 논의에 참여했던 주요 인사들이 망라되었다. 회의는 吳稚暉를 의장, 王照를 부의장으로 선출하고, 언어통일과 연관된 전반적인 문제들에 대해 격렬한 논의를 전개했다. 그 결과 회의는 토론, 표결을 거쳐, 6500여 자에 대한 표준 독음 곧 國音을 심의, 결정했고, 이어 국음을 바탕으로 39개의 音素를 결정했다.[32] 표음 방식과 관련해서 偏旁, 부호, 로마자 등 다양한 제안이 논의되었는데 결국은 魯迅, 許壽裳 등이 제안한 주음자모가 채택되었다. 그것은 주로 章炳麟이 만든 "紐文", "韵文"에 기반을 둔 것으로,[33] 회의가 토론 중에 사용한 표음 부호이기도 했다.

이 독음통일회는 신생 정권의 주도하에서 언어개혁 사안에 관계해왔던 주요 인사들이 대부분 참여한 회의였다는 점에서 큰 기대를 걸게 했던 회의였다. 그것은 분명 중국 국어운동의 전개 과정에서 하나의 이정표로 기록되는 사건이었으며, 이에 참여한 많은 인사들은 이후에도 국어운동에서 주도적인 역할을 담당했다. 그렇지만 이 회의에서 실제로 통과된 내용들은 청조하에서 추진되어온 것에 비해 더 진전된 것이라고 할 수는 없었

---

32) 黎錦熙, 앞의 책, 1935, 50-65쪽.

33) 「駁中國用萬國新語說」, 『章太炎全集(八)』, 上海人民出版社, 2018, 353-369쪽. 이 글은 본래 『民報』, 第21號, 1908에 게재되었다.

다. 이 회의는 국음, 음소, 주음자모 세 가지 의안을 처리한 것에서 나아가 더 심화된 논의들을 이어가지 못했다. 결과만 보자면 그들 역시 (청조 시기와 마찬가지로) 언어 통일의 문제를 한자 독음의 표준화로 간주하는 데 그쳤다고 할 수 있다.

사실 문제들이 복잡하게 얽혀 있는 언어개혁의 과제들은 이들이 이러한 단기간의 회의를 통해 일거에 해결하기는 어려운 것임은 분명했다. 회의의 분위기만 보더라도, 경전 지식과 문자에 대해 중요한 가치를 부여하고 있던 당시 지식인 사회의 일반 정서, 남방 지식인과 북방 지식인 간의 큰 견해 차이 등 이들이 쉽게 극복하기 어려운 문제들이 산적해 있다는 것을 확인케 해주는 것이었다. 80명의 회원 구성상 江浙人이 압도적으로 많아 격렬한 토론 끝에 회의 운영 방식을 1성1표제 결정하게 되었는데 그 과정에서 경전 지식을 보존하는 독서인으로서의 인식과 남·북방 지식인 간의 대결 의식이 적나라하게 드러나고 있었다.[34] 그들이 언어개혁의 복잡한 문제들을 그대로 해결하는 것을 기대하기는 어려웠다. 따라서 비록 신생 정권하에서라고 해도 언어 개혁에 대한 더 진전된 논의를 진행하기 위해서는, 지식인 사회와 중국 사회의 언어 현실이 그것을 수용할 만큼 변화할 때까지 기다려야 했다고 할 수 있다.

독음통일회 이후 상당 기간 동안 정책과 실천의 차원에서 더 이상의 구체적인 진전은 이루어지지 않았다. 독음통일회가 통과시킨 주음자모는 5년이 지난 1918년에야 정식 공포되었다.

---

34) 당시 북방에서 온 王照는 강절인이 압도적으로 많다는 것에 불만을 제기했고, 격렬한 토론 끝에 결국 1성1표제로 회의를 운영하기로 결정했다. 그런데 이에 대해서 다시 남방 측 인사들의 반발이 일었는데, 강소에서 온 汪榮寶는 "만약 각성이 1표로 표결한다면 이제 중국 고서는 모두 폐기될 것이다"라고 했다. 이에 왕조는 그 말의 의미를 물으면서 "강소, 절강 외에는 독서인이 없다는 말인가?" 반문했다. 이에 왕영보는 화가 나서 자리를 떴다. 결국 교육부대부장 董鴻煒의 주도 하에 일성일표제가 통과되었다. 黎錦熙, 앞의 책, 1935, 58-62쪽.

　　원세개 정권 하의 긴 반동을 거치면서 이러한 상황을 전환시킬 계기들이 점차 나타나기 시작했다. 그 가운데 문화계에 큰 주목을 끌었으며 언어 개혁 문제의 진행에 직접적인 자극을 주었던 것은 바로 胡適, 陳獨秀 등이 제창했던 문학혁명이었다. 1917년 1월 호적은『新靑年』第2卷 第5號에 게재한「文學改良芻議」라는 글을 통해 문학 개량을 향한 착수 지점으로 8개 항목을 정리해 제안했다.[35] 진독수는 곧바로 다음 호에서「文學革命論」을 통해 호응하면서 호적이 내건 "문학혁명군"의 기치 위에 새길 삼대주의를 제창했다.[36] "문"과 "언"의 분리 구도 하에서 지식인이 전유하는 것으로 여겨져 온 문학 영역 내에 백화를 토대로 한 새로운 어체가 제창되었던 것이다. 이는 지식인과 대중의 서면 언어를 "문학"을 축으로 통일해가자는 획기적인 문제제기였다.

　　문학혁명에 대한 호적과 진독수의 입장은 각기 다소 차이가 있었는데, 국어운동과 관련해서 백화 어체의 형식에 보다 큰 의미를 두었던 것은 호적이었다. 호적의 문학혁명 주장은 그 문학의 수단인 문자 문제에 대한 논의로부터 시작되었다. 이점은 그때까지 전개된 국어운동의 영향이라고도 할 수 있겠는데, 그는「逼上梁山」에서 자신이 이 혁명에 참여하게 된 계기가 미국 유학중이던 시기 한자폐지 등 문자개혁을 둘러싼 동료들과의

---

35) 8개 항목은 다음과 같다: ① 내용이 있는 것(有物)을 말해야 한다, ② 옛 사람을 모방하지 않는다, ③ 문법을 강구해야 한다, ④ 병도 없는데 신음하지 않는다, ⑤ 진부하고 상투적인 말을 없애도록 힘쓴다, ⑥ 전고를 인용하지 않는다, ⑦ 대구를 따지지 않는다, ⑧ 俗字, 俗語를 피하지 않는다. 胡適,「文學改良芻議」,『新靑年』, 第2卷 第5號, 上海群益書社, 1917.

36) 진독수는, ① 彫琢하고 阿諛하는 귀족문학을 무너뜨리고 평이하고 감정을 표현하는 국민문학을 건설하자, ② 진부하고 겉치장하는 고전문학을 무너뜨리고 신선하고 진실한 사실문학을 건설하자, ③ 고리타분하고 난삽한 산림문학을 무너뜨리고 명료하고 통속적인 사회문학을 건설하자고 주장했다. 陳獨秀,「文學革命論」,『新靑年』, 第2卷 第6號, 上海群益書社, 1917.

토론 속에서 시작되었다고 기록한다.[37] 당시 그는 미국 동부의 중국학생
회가 설립한 "문학과학연구부"(Institute of Arts and Sciences)의 文學股
회원으로서 趙元任과 함께 "중국문자의 문제"를 그 해의 토론 주제로
정하고 각기 논문을 준비했다. 조원임의 논문은 「吾國文字能否采用字
母制, 及其進行方法」이었고, 호적의 논문은 「如何可使吾國文言易于
敎授」였다.[38] 당시 그는 주음자모에 반대하지는 않았지만 그것이 실행되
기 쉽지 않다고 생각했으며, 또한 위와 같이 백화로 문언을 완전히 대체할
수 있다고까지는 생각하지 못했다. 그는 처음에 단지 문언(한문)의 교수
방법을 쉽게 개량하는 데 관심을 가졌을 뿐이었다. 그런데 이후 1915년
여름 무렵부터 任鴻雋, 梅光迪, 楊銓(杏佛), 唐鉞 등과 중국문자 문제에
관해 격렬한 토론을 전개하는 과정에서, 그의 관심은 문자에서 문학으로
크게 전환했다. 그는 문학의 수단으로서 고문은 이미 "반은 죽은(半死)"
문자이고 백화가 살아 있는 문자라는 점을 인식하면서, 문학혁명의 구호
아래 백화를 수단으로 한 어체(문체) 실험을 시도했다. 특히 그는 동료
지식인들이 백화를 채용하는 데 가장 부정적인 어체(문체)가 詩 영역이라
는 점을 의식하고 주로 新詩體의 실험에 집중했다.[39] 이렇게 미국에서
시작된 호적의 문학혁명은 중국 국내로 무대를 옮겨 『신청년』을 통해 표
출되었던 것이다.

　『신청년』에서 호적, 진독수 등이 문학혁명을 제기했을 무렵, 독음통일

---

37) 그는 당시 淸華學生監督處 書記인 鍾文鰲가 月費를 보내면서 함께 동봉한 전단에
　　 "한자를 폐지하고 字母를 선택해 사용하자"등의 선전 문구가 쓰인 것에 대해 화을
　　 내고 그에 반박하는 서신을 보내고서, 자신의 경솔한 행동에 후회하며 중국문자의
　　 개량 문제를 진지하게 생각해보게 되었다고 회고했다. 胡適,「逼上梁山 - 文學革命
　　 的開始」, 歐陽哲生 編, 『胡適文集 1』, 北京大學出版社, 1998, 127-128쪽.
38) 胡適,「如何可使吾國文言易于敎授」, 姜義華 主編,『胡適學術文集 : 語言文化硏
　　 究』, 中華書局, 78-81쪽.
39) 胡適,「逼上梁山 - 文學革命的開始」, 128-145쪽.

회 이후 언어개혁 문제에 간여해온 지식인들은 국어 건립을 위한 보다 본격적인 계획에 착수했다. 1916년 10월 蔡元培, 張一麐, 吳稚暉, 黎錦熙 등은 中華民國國語硏究會의 설립을 발기했다. 이들은 1917년 2월 18일 북경 宣武門 밖 학계구락부에서 제1차대회를 열어, 채원배를 회장, 장일린을 부회장으로 선거하고, 「中華民國國語硏究會暫定簡章」 9조를 의정했다.40) "잠정간장"에 국어연구회의 종지는 "본국의 언어를 연구해 표준을 선정해 교육계가 채용할 수 있도록 한다"로 규정되었다. 회소는 북경에 설치되었고, 초기 회원은 85명으로 구성되었다. 이어 국어연구회는 설립 취지를 선전하고 회원을 모집하는 작업에 착수했다. 이를 위해 「中華民國國語硏究會徵求會員書」가 『中華新報』에 1917년 3월 9일, 13일 게재되었다.41)

　국어연구회의 성립은 『신청년』을 중심으로 한 지식인들의 주목을 받았다. 『신청년』을 중심으로 제기된 문학혁명은 언어 변혁과 사상 변혁이라는 형식과 내용의 차원을 모두 포함하는 것으로, 언어 형식의 통일성을 확보하는 데 중점을 두는 '국어운동'과 등치되는 것은 아니었다. 그렇지만 문학혁명이 국어 형성의 중심 언어로 지목하는 백화를 기반으로 한 어문일치를 목표한다는 점에서, 양자 간에 점차 연결성이 형성되기 시작했다.

　『신청년』 제3권 제1호는 국어연구회의 "잠행간장"과 "징구회원서"를 게재했다.42) 진독수는 『신청년』 3권 3호에서 "신문학을 창조하려고 하며, '국어연구'는 마땅히 '문학연구'와 마찬가지로 중요하다"고 주장했다.43)

---

40) 黎錦熙, 「三十五年來之國語運動」, 莊兪, 賀聖鼐 編輯, 『最近三十五年來之中國敎育』卷下, 商務印書館, 1931, 98쪽.

41) 高平叔 撰著, 『蔡元培年譜長編』中, 人民敎育出版社, 1996, 13-14쪽.

42) 「中華民國國語硏究會暫定簡章」, 『新靑年』, 第3卷 第1號, 上海群益書社, 1917.

43) 「通信」, 『新靑年』, 第3卷 第3號, 上海群益書社, 1917.

호적도 미국에서 국어연구회 설립을 환영하고 그해 말 백화로 쓴 엽서를 보내 가입 신청을 했다.

1917년 12월 11일 채원배의 주재하에 국어연구회와 北大 國文硏究所 國語部의 연합회의가 개최되었다. 胡適, 錢玄同, 劉半農 등이 참여해 "국어 사안에 대해 분업 협력해야 할 방법"을 토론하고 "이 문제에 관한 모든 학술적인 연구"를 북경대학에서 진행할 것을 결정했다.

이렇게 문학혁명의 '국어운동'에의 합류가 이루어지는 가운데, 호적은 1918년 4월 『신청년』 제4권 제4호에 「建設的文學革命論 : 國語的文學 – 文學的國語」라는 글을 발표했다. 그는 자신이 「문학개량추의」를 통해 제시한 "八不主義"는 파괴적 측면에 초점을 둔 것이라고 하면서, 건설적 측면에서 자신의 신문학 건설론을 "국어적 문학, 문학적 국어"으로 요약했다. 이어서 그는 "자신들이 제창하는 문학혁명은 중국을 위해 일종의 국어를 창조하는 문학이다. 국어적 문학이 있어야 비로소 문학적 국어가 있을 수 있다. 문학적 국어가 있어야 우리들의 국어가 비로소 진정한 국어라고 할 수 있다. 국어는 문학이 없다면 생명이 없고 가치가 없어, 성립할 수 없고 발전할 수 없다"고 설명했다.44) 이 논설은 그가 국어교육회에 가입한 이후 문학과 국어라는 두 키워드를 의식적으로 연결해 문학혁명과 국어운동의 목표가 밀접히 연결되어 있다는 사실을 명확히 한 글이라고 할 수 있다. 단 그는 국어보다 문학을 우선에 놓아 자신의 입장이 문학혁명 측에 서 있다는 점도 분명히 하고 있다.

문학혁명과 '국어운동'의 합류는 국어운동의 진행을 크게 진척시키는 계기가 되었다. 黎錦熙는 "본회(국어연구회)의 '국어통일', '언문일치' 운동과 신청년의 '문학혁명' 운동은 완전히 협력했다. 이는 대서특필할 사건

---

44) 胡適, 「建設的文學革命論 : 國語的文學 – 文學的國語」, 『新靑年』, 第4卷 第4號, 上海群益書社, 1918.

이다"라고 높이 평가했다. 그는 "雙潮合一" 즉 두 흐름의 합류가 이루어
지도록 한 요인을 세 가지로 정리했다. 그에 따르면 주장의 면에서 '언문
일치'의 '백화문학'이 유력한 매개 역할을 했으며, 위의 호적의 글이 연합
운동의 "큰 좀벌레(大蠹)"로서 기존의 언어구조에 구멍을 내기 시작했고,
인적인 관계에서는 당시 북경대학 교장인 채원배가 회장으로서 그 사이에
서 서로 호응하게 하는 역할을 했다. 호적, 채원배 등 문학혁명의 주요
인사들이 어문일치 목표를 향해서 합류해 오면서 만들어진 이 흐름은 '거
스를 수 없게' 되었다. 국어연구회의 회원은 1918년 1천5백여 명, 1919년
9천8백여 명, 1920년 1만2천여 명으로 급속히 늘어났다.45)

국어연구회는 1921년 상해에 지부를 설치했다. 상해는 전국 출판업의
중심으로 전국 중소학교의 독서물도 대부분 이곳에서 간행되었다. 이 지
부 설치는 학생을 대상으로 한 교과서와 독서물을 늘여야 한다는 문제
인식에 기인했던 것으로, 이후 『兒童世界』, 『小朋友』 및 각종 아동문학
총서들이 활발히 간행되었다.46) 또한 연구회는 1922년부터 회보 『國語月
刊』을 출판하기 시작했고, 1923년에는 그 특집호로 "漢字改革號"를 간
행해 주음자모 공포 이후 한자개혁과 병음문자 제정을 위한 구체화된 제
안을 제시하기도 했다. 북경의 국어연구회의 경우 그 회무가 이후 성립한
국어통일주비회에 의해 겸무되면서 그 조직으로서의 활동이 상대적으로
전면에 드러나지 않았다 그렇지만 상해 지부는 적어도 1926년 全國國語
運動大會까지 청년 회원들의 주도로 출판, 선전 등의 활동을 적극적으로
전개했다.

이처럼 국어운동의 대오가 확대된 가운데, 이들은 국가권력의 행정력을

---

45) 黎錦熙, 앞의 책, 1935, 70-71쪽.
46) 아동문학 간행에서 첫 번째로 제시된 것은 周作人이 1920년 10월 26일 북경 孔德學
校에서 강연했고 그 해 12월 『新青年』, 제8권 제4호에 실린 『兒童的文學』이었다.
黎錦熙, 앞의 책, 1935, 73-74쪽.

동원해 국어운동의 주요 과제들을 정책으로 실현할 가능성을 모색하기 시작했다. 국어연구회 내 교육부와 관계가 있는 사람들은 '국어운동'과 문학혁명의 흐름이 합류한 "雙潮合一"의 형세가 국가 행정의 역할을 끌어낼 좋은 기회라고 판단했다. 당시 교육부는 독음통일회 이후 미뤄졌던 표준 국어의 제정을 위한 정책들을 구체화하는 작업을 다시 추진하기 시작했다. 이는 이들에게 교육부의 행정력을 적극 활용할 수 있다는 기대를 갖도록 했다

이에 그들은 교육부의 부속기관으로서 국어에 관한 사안을 담당할 조직으로 "國語統一籌備會"의 설립을 추진했다. 국어통일주비회는 교육부를 보좌해 국어를 선전하는 행정기관으로, 국어연구회는 본래 이 기관과는 별개로 민간조직으로서 국어운동의 중심으로서 활동을 계속하는 형태로 구상되었던 것이었다. 그런데 연구회의 회원이 급증하는 등 국어운동에 대한 사회적 여론이 제고되는 가운데, 이들은 국어 고취에 역량을 소모하는 것보다는 국어통일주비회에 집중하는 것이 적절하다는 판단을 하게 되었다. 국어연구회의 주요 회원들은 국어통일주비회로 활동의 중심을 옮겼다. 그에 따라서 오사운동 이후, 국어통일주비회는 점차 국어운동의 중심 조직으로 되어갔다.

국어통일주비회의 설립 작업은 1918년 말에 이미 시작되고 있었다. 교육부가 주음자모를 공포(1918.11.23)할 때 그 令文 안에 "다시 개회하여 토론한다"는 문구는 이 주비회를 말하는 것이었다.[47] 교육부는 12월 「敎育部國語統一籌備會規程」 14조를 공포했다. 1919년 4월 21일 국어통일주비회가 정식 성립되었다. 회원은 교육부가 파견한 여금희, 陳懋治, 沈頤, 李步靑, 陸基, 朱文熊, 錢稻孫 등 41인, 직할학교가 추천한 전현동, 호적, 劉復, 주작인, 馬裕藻 등 35인, 회가 선후로 초빙한 조원임, 汪怡,

---

47) 여금희, 앞의 책, 1935, 82쪽.

채원배, 白鎭瀛, 蕭家霖, 曾彛進, 孫世慶, 方毅, 沈秉士, 黎錦暉, 許地山, 林語堂, 王璞 등 38인 등이 있었다.

성립 이후 국어통일주비회가 한 첫 번째 사업은 민국 성립 직후 독음통일회가 통과시킨 주음자모를 확정하는 일이었다. 주음자모는 의정되고 수년이 지났지만 반대론도 적지 않게 제기되고 있었기 때문에 교육부의 역대 당국은 그것을 정식 공포하는 데 신중한 태도를 취해왔다. 그런데 1918년 전국고등사범학교장회의에서 고등사범학교에 국어강습과를 부설하고 주음자모와 국어를 전문적으로 가르치고 국어교원을 양성할 것을 의결한 것을 교육부령으로 수용하게 되면서, 더 이상 미룰 수 없게 되었다.[48] 교육부는 11월 23일 주음자모를 정식 공포했다.[49] 통일주비회는 독음통일회가 주음자모 안을 의정할 때 미처 논의하지 못했던 세부 사항을 검토하면서 그 정리 작업을 진행했다. 그를 통해 주음자모의 표기법을 비롯해서 배열 순서, 자모·운모의 조정, 四聲點法 등이 정리되었다.

다음으로 진행한 사업은 『國音字典』의 공포였다. 이 역시 독음통일회 시에 그 추진이 의정되었던 것이었지만 진척을 보지 못하고 있었다. 이런 상황에서 1918년 상해에 있던 오치휘는 독음통일회에서 심의, 결정한 6천 5백여 자 외에 추가로 선정한 글자들을 더해 1만3천여 자에 이르는 글자를 심정했다. 그는 이 글자 배열을 『강의자전』의 부수배열에 의거했는데 이를 의식해 이 자전에 『국음자전』이라는 이름을 붙였다. 이후 오치휘는 이를 북경으로 가져와 다른 회원들과 심의한 뒤 상무인서관에 간행을 의

---

48) 1917년 제3차전국교육회연합회는 교육부에 국어 표준을 속히 정하고 앞으로 주음자모를 각 성 지역에 보급하여 장래 소학 국문과를 국어과로 고쳐갈 준비를 할 것을 청원했고, 강소성 교육회도 「각학교용국어교수안」을 의결했다. 이듬해 1918년 교육부는 전국고등사범학교장회의를 소집해 고등사범학교 부설 국어강습과 "簡章"을 의결해 주음부호와 국어만을 교육할 것을 명시했다. 黎錦熙, 앞의 책, 76쪽.
49) 「교육부령」 제75호, 76-77쪽.

뢰하고, 교육부에 국어통일주비회를 통해 공식적인 수정을 진행할 것을 촉구했다. 1919년 9월 『국음자전』 초판이 간행되었고, 국어통일주비회는 자전에 대한 수정 논의를 전개했다. 이를 위해 1923년 5차대회에서 "增修 國音字典委員會"를 구성했다.50)

통일주비회가 추진한 또 다른 작업은 학교의 "國文科"를 "國語科"로 바꾸는 것이었다. 이것은 주음자모, 자전을 공포하는 것보다 어려운 과제 였다. 이에 대해서는 민국 초에 오히려 청말보다 뒤로 물러선 면이 있는 데, 청조가 이미 국어통일을 제창했음에도 불구하고 독음통일회는 "독음 통일"로 과제를 축소했던 것이다. 독음통일회 폐막시에 의결된 "교육부에 初小 國文科를 國語로 고치도록 청원한다"는 조항은 당시 아무도 언급 하지 않았다. 1914~5년 교육부가 국정 소학교과서를 편정할 때도 주편자 들이 매번 국문을 국어로 고치자는 주장을 했지만 반응을 이끌어내지 못 했다. 1916년 국어연구회가 발기한 뒤 이 사안을 고취했고, 1917년 제3차 전국교육회연합회가 교육부에 보낸 주음자모 추진을 청원하는 결의안 속 에 비로소 "앞으로 소학에서 국문과를 국어과로 고칠 것을 예비한다"는 문구가 포함되었다.

이러한 상황 변화를 이끈 배경에는 전술했던 백화문화의 확산 풍조가 있었다. 국어연구회의 '국어운동'과 『신청년』의 문학운동이 합류하는 가 운데, 1918년 신문, 잡지에는 점점 더 백화를 사용한 글이 늘어났다. 호적 이 백화로 펴낸 『中國哲學史大綱』은 대학 강의의 교재도 백화를 쓸 수

---

50) 이렇게 위원회 수정 작업이 시작되기까지 「국음자전」을 둘러싸고 이른바 "京國之爭" (다음 장에서 후술)등의 격렬한 내부 논쟁이 있었다. 1923년 통일회는 5차대회에서 王璞이 제출한 「國音字典應重行修正案」, 錢玄同이 제시한 「組織國音字典增修 委員會案」 모두 통과되었다. 이후 왕박, 전현동, 여금희, 汪怡, 조원임, 오치휘, 陳懋 治, 白鎭瀛, 沈兼士, 沈頤, 陸基, 張士一, 周銘三, 易作霖, 方毅, 馬國英, 黎錦暉, 孫世慶, 張蔚瑜 등 27인을 增修國音字典委員會로 지정했다. 黎錦熙, 앞의 책, 1935, 107쪽.

있다는 사례를 보여주었다. 소학 교과서를 구두 언어로 고치는 것은 이제 부자연스러운 일이 아니게 되었다.

1919년 통일주비회 제1차대회에서 劉復, 周作人, 胡適, 朱希祖, 錢玄同, 馬裕藻 등은 「國語統一進行方法」이라는 의안을 제출했다. 이들은 그 세 번째 항목 "改編小學課本"에서 이 사안의 의미를 다음과 같이 설명하고 있다

> 국어통일을 소학교에서부터 착수해야 한다면, 응당 소학교가 사용하는 각종 교과서를 국어를 전파하는 大本營으로 삼아야 한다. 그 가운데 國文 항목은 특히 중요하다. 이제『國文讀本』을『國語讀本』으로 바꾸려고 한다. 초등학교는 전부 국어를 사용하고 문언을 뒤섞지 않으며, 고등소학은 문언을 적당히 추가하여 여전히 국어를 주체로 삼는다.『국어』과 이외의 다른 과목의 교과서는 모두 국어를 사용해 편집해야 한다.[51]

이 의안은 통과된 뒤 조직위원회가 정리해 교육부에 전달되었다. 1920년 1월 교육부는 마침내 훈령을 내려 전국의 각 초등학교 1,2학년 국문을 구어 문제로 바꾸도록 명령하고, 이어 그에 맞춰 국민학교령과 그 시행세칙을 개정했다. 당시 교과서는 "審定制"로 발행되었는데, 이 제도를 통해 문언 교과서는 어체문 교과서로 급속히 대체되었다. 중앙 행정기관이 이처럼 단호하고 급진적인 개혁을 실행할 수 있었다는 것은 매우 주목되는 일이었다. 호적은 「《國語講習所同學錄》序」에서 "이 명령은 수십년 동안 가장 큰 사건이다. 그 영향과 결과는 우리가 현재 미리 계산하기는 어렵다. 그러나 우리는 이 명령이 중국교육의 혁신을 적어도 20년 앞당겼다고 말할 수 있다"고 높이 평가했다.[52]

---

51) 黎錦熙, 앞의 책, 1935, 109쪽.
52) 胡適, 「《國語講習所同學錄》序」, 姜義華 主編, 앞의 책, 1993, 302쪽.

이와 같이 국어운동은 민국 이후 국어연구회의 성립과 『신청년』 계 문학혁명 흐름의 합류 그리고 국어통일주비회의 설립을 거치면서 상당히 큰 진전을 이루었다. 민간 차원의 문제 제기에 그치지 않고 국가 행정의 차원에서 국어 건설의 방향과 계획을 수립하고 그 실행에 착수하도록 추진했던 것은 큰 의미가 있다고 할 수 있다.

국어운동의 중심 조직으로서 역할을 수행한 통일주비회의 활동은 5차 대회 이후 한동안 다시 지체 상황을 맞게 되었다. 이는 직접적으로는 조곤의 회선 이후 야기된 정국의 혼란으로 시작되었는데, 보다 장기적으로 군벌 할거 상황과 국민정부 시기 이어지는 시기 동안 문화적 보수화의 양상이 부상했기 때문이었다. 국어운동의 방식도 그러한 환경 변화에 따라 변화하지 않을 수 없었다.

그렇지만 이렇게 국가 차원에서 시작된 국어 통일을 위한 사업은 이후 국민정부 하에서도 그대로 추진되었다. 1920년대 중반 이후 정국 혼란하에 순조롭지 않았지만, 국어의 보급과 교육은 수립된 계획에 따라 정규적인 활동을 추진해갔다. 국어통일주비회는 1928년 12월 國語統一籌備委員會로 개조되어 1935년 6월까지 운영되었고, 1935년 7월에는 國語推行委員會로 개명되었다. 이 회는 國音 수정, 『國音常用字滙』 공포, 『方音注音符號總表』, "간체자" 선정, 주음 字模 주조, 무선전을 이용한 국어교육, 『중국대사전장편』간본 편제 등 나름대로 많은 사업을 진행했다. 1937년 7월 회무를 중단하는 상황을 겪기도 했다. 그렇지만, 항일전쟁이 심화되는 가운데 국민정부는 민족 단결을 위해 국어교육의 추진이 필요하다는 점을 인식하면서 1940년 7월 국어추행위원회의 조직을 확대하고 국어 보급을 위해 노력했다.

Ⅳ. 한계와 分岐, 그리고 변증법

근대 중국에서 추진된 언어 통합을 위한 노력은 청 제국의 언어 구조를 근대 국민국가의 그것으로 전환해가는 것이었다. 이때 다양한 차원에서 새로운 국가 체제에 대응한 언어 구조의 전환이 요구되었다. 특히 서면 언어와 구두 언어가 분리된 양층언어, 집단, 지역별로 다양한 방언이 병존해 있던 방언 등의 문제는 해결해야 할 중요한 과제였다. 이러한 과제들에 대해서, 앞서 살펴본 20세기 전반의 국어운동이 어떤 성과를 거두었는지 생각해 볼 필요가 있다.

국어운동이 중국의 양층언어 구조 속에서 지식인과 대중 사이를 구분해왔던 격벽에 균열을 만들었던 것은 사실이었다. 특히 지식인 사회는 백화를 서면 언어(문학, 문자)의 영역 안에 받아들이면서 내적으로 큰 변화를 경험했다. 지식인으로서 고전 서면 언어에 특별한 의미를 부여해온 이들은, 이 운동을 거치는 동안 새로운 언어관을 획득해가기 시작했다. 여금희는 1917년 국어연구회가 설립되었을 당시의 상황을 다음과 같이 회상했다.

> 그때 교육부의 몇몇 선생은 비록 국문을 국어로 바꾸자고 주장하며 많은 문장을 써서 그것을 고쳤지만, 하나의 일은 매우 불철저했다. 지금 회상해보면 조금 우습다. 그것은 자신이 쓰는 이런 문장들이 모두 신사의 태도를 벗어나지 못했다는 것이다. 항상 '之乎者也'를 쓰지 않으면 안되며, '的麼哪呢'는 결국 우리가 사용하는 것이 아니고 그들−高小 이하의 학생들과 문자를 대충 아는 평민들−이 쓰는 것이라고 여겼다. 아니면 기껏해야 우리가 그들에 대해 필요할 때 사용하는 것에 불과하며 우리 자신이 사용하는 것은 아니었다. 문장을 쓰는 것만이 아니라 평소에 친구들 사이에 통신하는 것도 수시로 어록을 인용하고 '강학'하는 어투를 모방하는 것 외에 여태껏 백화 한 구절도 쓰지 않았다. 우리 친구들 간에 받은

> 첫 번째 백화 서신은 바로 이 해 말 호적이 미국에서 보내온 본회 회원으로 가입을 신청하는 엽서였다. 신사들이 서로 백화로 통신하는 것은 지금 매우 평상적인 일이라고 할 수 있지만, 그때는 여전히 매우 괴상한 일이었다. (중략) 이 엽서의 암시가 있었던 후로, 우리는 비로소 어문일치를 제창하는 것은 '몸소 모범을 보이지(以身作則)' 않으면 안된다는 것을 알게 되었다.[53]

지식인 사회의 언어관을 변화시키는 것은, 호적이 문학혁명의 대오에 가담하게("逼上梁山") 되었던 직접적인 동기이기도 했다. 그가 처음에 新詩體 실험에 집중했던 것은, 시 영역에서 백화문학의 가능성을 보여주는 것이 전통적인 문학관(문자관)에서 벗어나지 못하고 있는 동료 지식인들을 설득하는 데 효과적이라고 판단했기 때문이었다.

그런데 지식인 사회에서 백화가 문학을 수행할 서면 문체로 자리잡는 것은 쉽지 않았다. 이미 지적했듯이 중국 지식인들은 문학(문자)이 단순한 서면화된 언어가 아니라 중국이 정치, 사회, 문화적 가치를 전승하고 그 연속성과 정합성을 유지하는 데 중요한 역할을 해왔다고 인식해왔다. 백화가 그러한 서면 언어로 역할을 수행할 수 있을지에 대해서는 확신을 갖지 못하는 지식인들이 여전히 많았다.

문학의 언어로서 백화에 대한 저항은 광범하게 존재했다. 호적, 진독수가 문학혁명을 발표한 뒤, 林紓는 『民國日報』에 「論古文之不宜廢」라는 글을 게재해 백화문학에 대해 반박하는 주장을 제기했다.[54] 이 글 자체는 직접적인 논쟁으로 연결되지 않았지만, 간접적으로 백화와 문언 간의 논쟁이 전개되는 계기가 되었다. 1918년 3월 『신청년』 제4권 제3기에는 "文學革命之反響"이라는 제목으로 王敬軒의 「致〈新靑年〉編者書」과 劉

---

53) 黎錦熙, 앞의 책, 1935, 68쪽.
54) 林紓, 「論古文之不宜廢」, 『民國日報』, 1917.

半農의「復王敬軒書」를 나란히 게재했다. 왕경헌은 錢玄同이 쓴 가명으로, 두 사람은 백화의 영향을 확대하기 위해 가상의 논쟁을 구성한 것이었다. 그런데 이는 의도와 다르게 오히려 문언의 폐지에 대한 입장을 조정하게 되는 계기가 되었다.『신청년』제4권 제4기에 호적의「建設的文學革命論」과 전현동의「中國今後之文字問題」가 동시에 게재되어 신문학과 한자 개혁 주장이 전면에 제기된 뒤, 제5권 제2기에는 한자 보존을 전제로 한 문자 개혁을 주장하는 朱經農, 任鴻雋의 반박이 실렸다. 이와 동시에 黃覺僧은『時事新報』에「折衷的新文學革新論」을 발표하여 응용문에는 새로운 백화를 사용하고 문학작품에는 옛 문언을 사용하자는 절충 방안을 제시했다. 이는 호적이 백화 체계 내에 문언, 방언 등 요소를 받아들여 언어적 진화를 하게 해야 한다는 생각을 갖게 하는 한 계기가 되었다. 백화－문언 논쟁은 이후에도 임서와 채원배, 胡先驌과 羅家倫 등 간에서 수차례 이어졌다. 또한 1920년『學衡』, 1925년『甲寅』등의 비판 논의도 제기되었다.

문언과의 논쟁뿐 아니라, 어체문의 "서구화(歐化)" 문제도 야기되었다. 당시 嚴復이 번역한『天演論』, 임서가 번역한 외국소설은 문화계에 큰 자극을 주었다. 그런데 엄복, 임서의 번역은 고문을 사용했기 때문에 원서의 문체를 그대로 살리지 못한다는 한계가 있었다. 외국어를 이해하는 주씨 형제의『역외소설집』은 외국서를 직접 번역했지만 역시 고문을 사용해 출판 시장에서 실제로 큰 인기를 끌지는 못했다. 그런데 이런 가운데 또 다른 쟁론이 일었는데, 이 번역에서 직역 방식을 사용해 문체가 서구화되는 현상이 나타났다. 고문을 사용한데다가 서구화된 이러한 문제는 대중 독자가 받아들이기에 어려움이 있었다. 이와 관련해서 傅斯年는「怎樣做白話文?」이라는 글을 통해서 백화문 건설은 "주의 깊게 말하는 것(留心說話)"과 "서양의 수사법을 직접 사용하는 것(直用西洋詞法)"의 두 가지 길이 있다고 주장했다. 그는 말을 대신하는 백화문이라면 전자로 충분하지만 독창적인 백화문, 말을 초월하는 창조 정신이 있는 백화문을 쓰려면 더 높은 차원의 근거가 있어야 한다고 하면서 후자를 주장했다. 그의 요지는 서양의 수사를 학습해 국문을 보완해야 한다는 것이었다. 그가 생각하는 이상적인 백화문은 바로 "서구화한 백화문"이었다.[55]

이후 1921년 후반부터 『소설월간』, 『문학순보』 등을 중심으로 "어체문 구화 토론"이 전개되었다. 沈雁冰, 鄭振鐸은 6월 『소설월간』 제12권 제6호에 「語體文歐化之我觀」(一), (二)를 발표했다. 7월 『문학순보』 제7기에서 "어체문 구화 토론"이 본격적으로 개시되었는데, 이 잡지에는 심안빙, 정진탁 두 사람의 글 외에 『曙光』, 『京報』에 발표된 劍三(王統照)와 傅凍華(傅東華)의 두 편의 글이 실렸고, 정진탁, 심안빙이 부동화에 답하는 두 편의 문장을 더 게재했다. 이후 『소설월보』에서는 제12권 제9호부터 "통신"란에서 관련 토론이 이어져 1923년까지 계속되었다. 어체문 구화는 지식인의 고문체에 대한 오랜 선호와 밀접한 관련이 있었다. 어체문은 새로운 서면 문체로, 지식인을 설득하기 위해서는 기존 고문체를 대체하는 무게감이 있어야 했다. 백화의 서구화는 문언과는 또 다른 각도에서 백화문의 개량이라는 차원에서 주목을 받았다.

지식인 사회뿐 아니라 정치, 사회 면에서도 저항이 뿌리 깊게 존재했다. 군벌의 할거 시기 보수적 반동의 움직임이 이어졌다. 章士釗 등이 주도한 讀經運動은 그 전형적인 예였다. 학교 교육에서 백화문 교과서가 보급되는 한편으로, 고전 경전을 선양하는 움직임도 강하게 부상했다. 이런 경향은 국민당 정부가 보수주의적 문화 정책을 취하게 되면서 심화되었다. 이러한 움직임은 국어운동의 "반국어적 세력"에 대한 방어의 필요성에 대한 인식을 갖도록 했다.[56]

---

55) 傅斯年, 「怎樣做白話文?」, 『中國新文學大系·建設理論集』, 上海良友圖書印刷公司, 1935, 217-227쪽.

이러한 상황은, 지식인 사회가 전반적으로 고전 문언과 문학에 부여하는 의미를 이해하게 해주며, 국어운동의 진행 속에서도 그들의 서면 언어가 민중의 구두 언어와 상당히 유리된 위치에서 구성되고 있음을 반영해주는 것이었다. 수직적 또는 계층적 차원에서, 문학을 둘러싼 지식인과 민중의 언어 통합의 과제가 쉽게 해결될 수 없는 것이었음을 보여준다.

한편 지식인의 문학에 대해 민중의 문학을 주장하는 논의도 있었다. 1921년 말~22년 초 朱自淸, 兪平伯, 許昻諾, 葉聖陶 등은 주로『文學旬刊』를 장으로 민중문학 토론을 전개했다.57) 이 토론은 호적의 "국어적 문학"과 같이 국어 통일을 목표로 하지만 문학 언어의 민중화를 지향하는 측면에서 그 국어 어체(문체)의 지향이 달랐다. 이러한 지향은 1930년대 이른바 大衆語 문학 토론으로 연결된다고 할 수 있다.

또한 이 시기 국어운동이 다양한 방언이 병존하고 있던 중국의 언어적 분절 구조에 대한 궁극적인 해결 방식을 제시하고 있었는지도 의문이었다. "독음통일"로부터 언어의 통일성을 확보하려는 방식은 그 이전 시기, 예컨대 옹정 시기의 그것과 같은 맥락에 있는 것이었다. 그런데 관화 가운데 특정 계열의 언어를 관료 집단이 아닌 민족(국민) 차원의 확장된 범주에서 적용해서 표준 국어의 기준으로 삼을 때 필경 다른 계열의 관화 또는 지역 방언들과의 충돌이 발생하는 것을 피할 수 없었다. 앞의 문제와 대비해서 말하자면, 국어운동은 수평적 또는 지역적 차원에서 언어 통합의 과제를 해결하는 데 있어서 여전히 적지 않은 한계를 갖고 있었다.

『국음자전』을 둘러싸고 발생했던 이른바 "京國之爭"은 이 문제의 일

---

56) 黎錦熙,「1925年國語界"防禦戰"紀略」, 舒新城 輯,『近代中國教育史料』, 近代中國史料叢刊續編 第66輯, 1980, 文海出版社, 75-84쪽;「爲反對設"讀經科"及中學廢止國語事上教育總長呈文」, 같은 책, 84-90쪽.

57) 朱自淸,「民衆文學談淸案」,『文學旬刊』, 1921; 兪平伯,「與 佩弦討論"民衆文學"」,『文學旬刊』, 1921.

단을 보여주는 전형적인 사건이었다. 1919년 9월 오치휘가 중심이 되어
『국음자전』 초판이 간행된 뒤, 주음자모의 국음을 근본적으로 개조해야
한다는 주장이 제기되었다. 張士一은 『國語統一問題』라는 글을 통해 당
시 의정해 놓은 국음을 북경 현지의 발음, "경음"을 표준으로 하고 그
표기법도 다시 획정해야 한다는 주장을 제기했다. 이는 "국음"과 "경음"
간의 격렬한 논쟁으로 이어졌다. 양 측 간의 논쟁은 결론을 내지는 못했
고,58) 『국음자전』은 심의를 거쳐 12월 교육부에 의해 그대로 공포되었다.
그렇지만 이 논쟁을 통해 『국음자전』의 문제점이 그대로 노출되었기 때문
에 국음은 보다 정교하게 다듬어질 필요가 있었다. 이 자전은 단지 성모와
운모를 합쳐서 글자의 발음을 정했을 뿐 구두 언어에서 성조의 기준이
되는 어떤 방언도 지정하지 않았다. 심지어 四聲點도 찍혀 있지 않았다.
이 자전만 놓고 보면 "國音無調"의 상태였다. 이는 사실 현실의 어떤 구
두 언어도 반영하지 않는 인위적인 표준어로, 이러한 국어 설계 속에는
실체가 있는 어떤 표준 언어도 지정되지 않았을 뿐 아니라 지역 방언을
포함한 다양한 언어 계통의 공존이 고려되고 있지 않았다. 이후 국음의
발음은 "국음경조", "경음경조"의 단계로 차츰 정리되어 갔다.59) 이와 같

---

58) 국어통일주비회의 여금희, 오치휘, 陸衣言, 范祥善 등은 남경으로 내려가 장사일,
顧實, 周銘三, 陸殿楊 등과 이 문제를 논의했지만 협의 안을 도출하지 못했다. 당시
여금희는 타협안을 제시하면서 '송대 朱熹와 陸九淵의 鵝湖寺 모임에서 呂祖謙과
같은 역할'을 하려고 했으나 '주희'를 설득하지는 못했다. 그는 「統一國語中"八十分
之一"的小問題」라는 글을 발표하고 북경으로 돌아갔다. 여금희, 앞의 책, 1935,
94-98쪽.

59) 1920년 국어통일주비회 임시대회에서 廖宇春은 「請速定國音國語之標準案」을 제
출하여 보통 관화를 표준으로 하여 성조는 "陰平은 천진음, 陽平, 上聲, 去聲은 북경
음으로 하고 入聲은 강북음"으로 하자고 주장했다. 당시 王璞이 상해에서 녹음한
"中華國音留聲機片"에서는 음양상거를 모두 북경음에 의거하고, 입성은 북경음의
거성을 조금 짧게 읽는 식으로 했다(그렇지만 그 입성 발음은 "短"하지만 "促"하지
않고 "收"하지만 "藏"하지 않았다고 평해졌다). 또한 조원임이 1921년 미국에서 녹음

이 인위적인 표준 국어를 건립하는 방식이 내포하는 문제점은 계속 남아 있었다고 할 수 있다.

이렇게 볼 때, 20세기 전반까지의 국어운동은 "어문일치", "국어통일" 이라는 언어개혁의 과제에 대해 많은 성과를 거두었음에도 불구하고, 청 국가의 언어 구조의 문제를 근본적으로 해결하지는 못했다고 할 수 있다. 그것은 수직적/계층적, 수평적/지역적 차원에서 모두 언어 통합의 과제에 대해 여전히 많은 한계를 안고 있었다.

근대 중국에서는 언어 통합의 과제에 대한 해결 방식을 둘러싸고 두 가지 다른 접근 방향을 취할 수 있었다고 할 수 있다. 하나는 표준 언어를 결정하고 이를 적용해 일거에 언어 통합을 실현하는 것이고, 다른 하나는 표준 언어를 결정하지만 다른 언어와 공존하면서 완만히 언어 통합에 접근하도록 하는 것이다. 통합 정책의 방향에서, 전자는 하향식 후자는 상향식으로 구별해 볼 수 있다. 제국 체제하에서의 분절적인 언어 구조 속에서 선택의 압력은 크게 부각되지 않았다고 할 수 있다. 청조는 전자의 방식으로 한자의 독음을 통일해 관료, 지식인 집단의 서면 언어와 구두 언어(관화)를 통합하는 것만으로 제국을 유지할 수 있었다. 그러한 체제하에서 관료, 지식인의 문학(문자), 관화와 함께 다양한 방언(관화 내의 방언을 포함해서)이 공존할 수 있었다. 그러나 국민국가로서의 언어 통합을 지향하면서 전자의 방식을 그대로 취하는 것은 곤란했다. 그 언어 구조의 분절성은 일거에 극복하기 어려운 것이었다. 이를 해결하기 위해서는 복잡한

한 "國語留聲機片"은 음양상거를 왕박의 안과 같이 모두 북경음에 의거했고 입성은 효우춘과 같이 남경음을 표준으로 했다. 이에 3차대회에서 여금희는 「國音聲調的標準」안을 제출해서 북경 성조를 표준으로 할 것을 주장했다. 두 유형의 레코드판은 모두 교육부 심의를 통과했다. 이로써 "국음경조" 즉 국음의 성조를 경음으로 하는 방식이 우선 채택되었다. 1923년 여금희는 다시 「京音人聲字報」를 작성해 국음 가운데 폐지하자는 선언을 하여, "국음경조"는 국음을 모두 경음으로 하는 "경음경조"의 단계로 접어들게 되었다. 여금희, 앞의 책, 1935, 101-107쪽.

여러 문제들에 구체적으로 대응하는 세심하게 고안된 언어 통합의 정책이 필요했다. 이는 후자와 같은 접근 방식의 분기를 만들어내지 않을 수 없었다. 이러한 분기는 청말 국민국가로의 전환이 시도된 직후부터 나타났다. 예를 들어, 王照는 "官話字母"를 제안하면서 "북경어(京音)"을 기반으로 곧바로 전국의 언어를 통일하는 것을 의도했지만, 勞乃宣은 "合聲簡字"를 통해 우선 각 지방 방언(方音)을 쉽게 이해할 수 있도록 하고 이후 북경어(京音)을 학습해 언어 통일에 이를 수 있다고 생각했다. 왕조가 제국 체제하에서 취해왔던 전자의 방식을 그대로 채용해 언어 통합을 추진했다고 한다면, 노내선은 후자의 방식과 같이 언어의 공존 단계를 거쳐 언어 통합에 접근하는 입장이었다.[60]

그런데 이미 살펴보았듯이 민국 직후 '국어운동'은 표준 언어를 정하고 그것을 기준으로 하향식의 언어 통합에 접근하는 방향이 우선 시도되었다고 할 수 있다. 독음통일회, 국어연구회로 이어지면서, 이들은 독음 통일의 차원에서 언어 표준을 정하고 그것을 바탕으로 자전, 교과서 등을 만들어 표준 언어를 교육, 보급하려고 했다. 이런 지향은 국가권력의 행정 역량에 기대서 이를 관철하려고 했던 국어통일주비회의 활동을 통해서 확인할 수 있다. 한편 이 흐름에 합류했던 『신청년』 등을 중심으로 한 문학혁명은 본래 그와 다소 다른 지향을 갖고 있었다. 그들은 형식 면에서의 통일보다 언어 자체와 그것으로 표현되는 사상의 개혁에 보다 많은 중점을 두었다.[61] 호적은 언어 개혁의 문제가 독음 통일과 같이 축소된 개혁으

---

60) 方師鐸은 노내선의 이런 접근 방식이 1946년 臺灣省國語推行委員會가 제기한 "대만어 복원을 실행하여, 방언을 통해 국어를 비교해 학습한다"는 구호와 맥을 같이한다고 지적한다. 方師鐸, 앞의 책, 14쪽.

61) 周作人은 「思想革命」에서 "문학혁명에서 문자개혁은 제1보고, 사상개혁은 제2보로 오히려 제1보보다 더 중요하다. 우리는 문자 한 방면에 대해 지나치게 낙관하고 이쪽 방면의 중대한 문제를 내버려두면 안된다"고 지적했다. 周作人, 「思想革命」(1919.3), 『談虎集』, 河北教育出版社, 2002, 9쪽.

로 실행될 수 없다는 입장을 취하고 있었다. 이들은 백화 문학이 중국의 언어적 진화, 나아가 중국 사회의 진화를 이끌 수 있을 것이라고 기대했다. 이 시기 '국어운동'과 문학혁명의 두 흐름은 "어문일치", "국어통일"이라는 과제를 공유하면서 국어운동의 큰 흐름으로 합류했지만, 그 속에 내포되어 있던 서로 다른 접근 방식은 국어운동이 직면한 한계에 부딪쳐 다시 새로운 모색으로 분기해 갈 수 있는 것이었다.

이후 이 시기 국어운동이 해결하지 못한 언어 통합의 과제에 대해 새로운 극복의 모색이 나타났다. 1930년대 이후 그때까지의 국어운동의 한계를 비판하는 새로운 주장들이 제시되기 시작했다. 그 하나는 大衆語 운동으로, 이들은 백화문이 歐化 등의 현상이 나타나면서 일반 민중이 이해하기 어려운 "新文言"이 되었다고 비판하고 그를 대신해 진정한 민중의 구두 언어로 글을 쓸 것을 주장했다. 또 하나는 이른바 중국자 라틴화(中國字拉丁化) 운동이다. 이는 소련 라틴화정책의 영향을 받아 국어운동에 대해 반대했다. 이들은 국어운동이 민중에게 방언을 포기하고 "북평어"를 강제로 학습시키고 또 소수민족에게 한어를 배우도록 강박한다고 비판했다. 이들은 국어보다는 普通話를 추진했다. 문자 면에서도 방언 표기를 포함한 새로운 음성 표기 방안을 주장했다. 이러한 비판적 논의들은 그 직전 시기의 문학혁명, 국어운동의 진행에 대한 안티테제로서 의미를 갖는 것으로, 각기 수직적/계층적, 수평적/지역적 차원에서 그에 대한 대안을 모색한 것이었다고 할 수 있다. 또한 정치적 입장에서 좌익 문화 인사들에 의해 야기된 이러한 논쟁들은, 그 논쟁의 양상을 매우 격렬하게 만들었다.

거시적으로 볼 때 이 시기 국어운동과 그와 관련된 내,외의 논쟁들은 중국의 언어 구조가 안고 있는 문제들을 실제적으로 검토하면서 대안적인 해결 방식을 모색해가는 과정이었다고 할 수 있다. 다양한 입장 간에 대립, 논쟁이 전개되고 그 속에서 변증법적인 조정이 이루어지면서, 그 언어 통합을 위한 구체적인 해답을 찾아갈 수 있었다고 생각된다. 이 점에서 이 시기 국어운동은 1940년대 이후 보다 구체적인 언어 통합이 진행되는 데 중요한 기반을 제공했다.

Ⅴ. 맺음말

언어는 국가를 구성하는 인구 집단의 소통과 결속에서 무엇보다 기초적이고 중요한 역할을 담당하는 요소다. 그것은 국가와 등치되는 국민(민족)이라는 공동체를 '상상'하는 국민국가에서 더욱 중대한 역할을 한다고 할 수 있다. 이 점에 주목하면서, 본고에서는 중국이 제국에서 국민국가 체제로 이행해가는 과정에서 언어적 통합이 어떻게 추진되었는지 살펴보았다. 구체적으로는 20세기 전반 국어운동의 흐름을 중심으로 그 언어 통합을 위한 과제가 어떻게 정리되고 그 해결이 모색되었는지 검토해 보았다.

청 제국 체제하에서 언어 구조는 국민국가로서 언어 통합을 추진할 때 해결해야 할 과제들이 복잡하게 얽혀 있었다. 서면 언어와 구두 언어의 위계적 분리, 관화를 포함한 다양한 방언의 지역적 분리 등은 핵심적인 과제들이었다. 이런 가운데 청말 언어 통합의 기준으로서 官話, 白話 또한 그 통합 언어의 목표로서 國語 개념이 형성되어갔다. 그리고 이를 통해 "국어 통일"을 구호로 하는 국어운동이 시작되었다.

본문에서 살펴보았듯이 민국 성립 이후 국어운동은 상당히 큰 진척을 보였다. 민국 성립 직후 讀音統一會가 개최되어 國音, 音素, 注音字母 등 언어 표준에 대한 기본 합의가 우선 확정되었다. 이후 국어운동은 한동안 침체되었지만 1910년대 중빈 國語硏究會가 조직되고 『新靑年』을 중심으로 문학혁명을 추진하던 인사들이 합류하면서 그 대오가 크게 확대되었다. 그리고 이러한 합류를 통해 형성된 추세가 이어지는 가운데, 國語統一籌備會가 결정되고 注音字母 확정, 『國音字典』의 공포, 國語科 개설 등 구체적인 성과를 거둘 수 있었다. 이 시기 국어운동은 민간 차원의 문제 제기에 그치지 않고 국가 행정의 차원에서 국어 건설의 방향과 계획을 수립하고 그것을 실제로 착수하도록 했다는 점에서 큰 의미가 있었다. 이 시기 국어운동의 추진 방향은 국민당정부 하에서 상당 기간 그 기조를 유지하며 시행되어갔다.

  그렇지만 다른 한편 이 시기 국어운동은 언어 통합에서 나름대로 큰 성과를 거두었음에도 불구하고 청 제국의 언어 구조를 국민국가의 그것으로 근본적으로 변화시키는 데 이르지는 못했다. 서면 언어와 구두 언어의 위계적으로 분절된 언어 구조를 통합하기 위해서 관화(백화)를 기반으로 한 "어문일치"의 노력이 추진되었지만, 그것이 지식인과 대중 간의 문학을 둘러싼 격벽을 완전히 허물지는 못했다. 또한 관화를 포함해서 다양한 방언이 지역적으로 분립한 상황에 대해 언어 표준을 확정하고 교육, 보급하는 작업이 추진되었지만 제국 체제하에서 그 언어 표준을 바로 수용할 수 없는 지역, 종족의 많은 하위 언어들이 일방적으로 배제되는 문제는 해결하지 못했다. 요컨대 수직적/계층적 또는 수평적/지역적 차원에서 언어 통합의 구조적인 난제는 여전히 그대로 존재했다.

  이는 청조까지 이어온 제국 체제하의 언어 통합 방식이 국민국가 체제의 그것으로 일거에 전환되기 어렵다는 것을 확인케 하는 것이었다 .근대 중국에서 언어 통합 과제에 대한 해결은 두 가지 접근 방식이 있었다고 할 수 있다. 그 하나는 표준 언어를 결정하고 이를 적용해 일거에 언어 통합을 실현하는 것이고, 또 다른 하나는 표준 언어를 결정하지만 그에 일거에 포함되기 어려운 다른 언어들과 공존하면서 완만히 언어 통합에 접근하는 것이다. 정책의 방향에서 전자는 하향식, 후자는 상향식으로 구별해 볼 수 있다. 그렇지만 국민국가로의 언어 통합을 지향하면서 전자의 방식을 그대로 취하기에는 그 언어 통합의 분절성은 일거에 극복하기 어려운 것이었다. 이를 해결하기 위해서는 그 복잡한 문제들을 구체적으로 대응하는 세심하게 고안된 언어 통합의 정책이 필요했다. 이는 후자와 같은 접근 방식의 분기를 만들어내지 않을 수 없었다. 이런 가운데 이 시기 국어운동이 직면한 한계를 극복하려는 노력 가운데 다시 새로운 접근 방식의 분기가 나타났다.

　거시적으로 이는 중국의 언어 구조가 안고 있는 문제들을 실제적으로 검토하면서 대안적인 해결 방식을 모색해가는 과정이었다고 할 수 있다. 다양한 입장 간에 대립, 논쟁이 전개되고 그 속에서 변증법적인 조정이 이루어지면서, 그 언어 통합을 위한 구체적인 해답을 찾아갈 수 있었다고 생각된다. 이 점에서 20세기 전기 국어운동은 중국이 이후 보다 구체적으로 언어 통합을 진행하는 데 중요한 기반을 제공해 주었다고 할 수 있다. 또한 이 과정에서 제국 시기 기존 국가 체제에서 언어적 통합성을 유지하는 데 기여했던 적지 않은 요소들이 慣性을 유지하면서 새로운 국가 체제 속에서 공존하는 결과로 이어졌던 것은 아닌가 생각된다. 이에 관해서는 다른 논고를 통해 살펴보려고 한다.

| 참고문헌 |

양세욱, 「근대 중국의 언어개혁운동과 내셔널리즘」, 『중국언어연구』, 37, 한국
　　　중국언어학회, 2011.
차태근, 「한자형상과 중국의 "각성" – 한자 페시미즘에서 세계어로」, 『중국현
　　　대문학』, 36, 한국중국현대문학학회, 2006.
『淸末文字改革文集』, 文字改革出版社, 1958.
『淸實錄』

『學部官報』

黎錦熙, 『國語運動史綱』, 商務印書館, 1935.

樂嗣炳, 『國語學大綱』, 大衆書局, 1935.

「駁中國用萬國新語說」, 『章太炎全集(八)』, 上海人民出版社, 2018.

「爲反對設"讀經科"及中學廢止國語事上敎育總長呈文」, 舒新城 輯, 『近代中
　　　　國敎育史料』, 近代中國史料叢刊續編 第66輯, 1980, 文海出版社.

「中華民國國語硏究會暫定簡章」, 『新靑年』, 第3卷 第1號, 上海群益書社, 1917.

「通信」, 『新靑年』, 第3卷 第3號, 上海群益書社, 1917.

「學務綱要」, 舒新城, 『中國近代敎育史資料』, 第1冊, 人民敎育出版社, 1985.

「學部咨外務部文」, 『淸末文字改革文集』, 文字改革出版社, 1958.

朱自淸, 「民衆文學談淸案」, 『文學旬刊』, 1921.

周作人, 「思想革命」(1919.3), 『談虎集』, 河北敎育出版社, 2002.

陳獨秀, 「文學革命論」, 『新靑年』, 第2卷 第6號, 上海群益書社, 1917.

陳逸明, 「"普通話"不必改稱"國語" – 答全國政協委員提案徵詢意見書」, 『顏逸
　　　　明文集』, 華東師範大學出版社, 2015.

＿＿＿＿, 「"普通話"不必改稱"國語" – 答全國政協委員提案徵詢意見書」, 『顏逸
　　　　明文集』, 華東師範大學出版社, 2015.

胡適, 「《國語講習所同學錄》序」, 姜義華 主編, 앞의 책, 1993, 302쪽.

＿＿, 「建設的文學革命論 :國語的文學 – 文學的國語」, 『新靑年』, 第4卷 第4
　　　　號, 上海群益書社, 1918.

＿＿, 「國語運動的歷史」, 姜義華 主編, 『胡適學術文集 : 語言文字硏究』, 中華
　　　　書局, 1993.

＿＿, 「導言」, 趙家璧 主編, 『中國新文學大系 第1集 : 建設理論集』, 上海良友
　　　　圖書印刷公司, 1935.

＿＿, 「文學改良芻議」, 『新靑年』, 第2卷 第5號, 上海群益書社, 1917.1.1.

＿＿, 「如何可使吾國文言易于敎授」, 姜義華 主編, 『胡適學術文集 : 語言文化
　　　　硏究』, 中華書局.

_____,「逼上梁山－文學革命的開始」, 歐陽哲生 編,『胡適文集 1』, 北京大學出
        版社, 1998.

黎錦熙,「1925年國語界"防禦戰"紀略」, 舒新城 輯,『近代中國敎育史料』, 近代
        中國史料叢刊續編 第66輯, 文海出版社, 1980.

_____,「三十五年來之國語運動」,『三十五年來之中國敎育』, 卷下, 商務印書館.

傅斯年,「怎樣做白話文?」,『中國新文學大系·建設理論集』, 上海良友圖書印
        刷公司, 1935.

三愛(陳獨秀),「國語敎育」,『安徽俗畫報』, 1904.

章炳麟,「與康有爲」,『章太炎全集』, 第12冊, 上海人民出版社, 2018.

蔡元培,「學堂敎科論」,『蔡元培全集』, 第1卷, 江蘇敎育出版社, 1997.

高平叔 撰著,『蔡元培年譜長編』中, 人民敎育出版社, 1996.

藤井(宮西)久美子,『現代中国における言語政策－文字改革を中心に』, 三
        元社, 2003.

方師鐸,『五十年來中國國語運動史』, 臺北: 國語日報社, 1964.

方祖燊,『國語運動簡史』,『全集』, 第6冊, 臺北: 文史哲出版社, 1999.

倪海曙,『中國拼音文字運動史簡編』, 1948.

_____,『清末漢語拼音文字運動編年史』, 上海人民出版社, 1959.

吳曉峰,『國語運動與文學革命』, 中央編譯出版社, 2008.

王東杰,『聲入心通－國語運動與現代中國』, 北京師範大學出版社, 2019.

周德倉,『西藏新聞傳播史』, 中央民族大學出版社, 2005.

周敏,『清末民國時期湖南國文敎育與國語運動』, 岳麓書社, 2019.

周振鶴·游汝杰,『方言與中國文化』, 上海人民出版社, 1986.

崔明海,『近代國語運動研究』, 安徽師範大學出版社, 2018.

劉曉明,「清末至新中國成立(1892-1949)漢字改革史論」, 博士學位論文, 2012.

林紓,「論古文之不宜廢」,『民國日報』, 1917.2.8.

白莎,「官話, 白話和國語－20世紀初中國"國語"槪念的出現」, [德]朗宓榭, [德]
        費南山 主編, 李永勝, 李增田 譯, 王憲明 審校,『呈現意義: 晚清中國

新學領域』上, 天津人民出版社, 2014.

王理嘉, 「從官話到國語和普通話－現代漢民族空同語的形成及發展」, 『語文建設』, 第6期, 1996.

兪平伯, 「與 佩弦討論"民衆文學"」, 『文學旬刊』, 1921.11.2.

蔡樂蘇, 「敎育今語雜志」, 『辛亥革命時期期刊介紹』, 第3冊, 人民出版社, 1983.

_____, 「淸末民初的一百七十餘種白話報刊」, 鄭守和 編, 『辛亥革命時期期刊介紹』, 第5冊, 北京: 人民出版社, 1987.

村田雄二郎, 「五四時期的國語統一論爭－從"白話"到"國語"」, 『東亞人文』, 第1期, 三聯書店, 2008.

イ・ヨンスク, 『「国語」という思想 : 近代日本の言語認識』, 岩波書店, 1996.12. (이연숙 지음, 고영진·염경화 옮김, 『국어라는 사상－근대 일본의 언어 인식』, 소명출판, 2006.10).

De Francis, *Nationalism and Language Reform in China*, Princeton: Princeton University Press, 1950.

Federico Masini, *The Formation of Modern Chinese Lexicon and Its Evolution Toward a National Language: The Period from 1840 to 1898*, Berkeley: Journal of Chinese Linguistics Monograph Series No.6, 1993.

Peter J. Seybolt and Gregory Kuei-ke Chiang eds, *Language Reform in China : Document and Commentary*, New York: M. E. Sharpe, 1979.

Murata Yujiro, "The Late Qing 'National Language' Issue and Monolingual Systems: Focusing on Political Diplomacy", *Chinese Studies in History*, Vol.49 No.3, 2016.

Charles A. Ferguson, "Diglossia", *Word* 15, 1959.

전통지식의 근대지식으로의 변환 경로 사례

: 楊開道의 '中國 鄕約制度' 연구

Ⅰ. 머리말

1930년대 국민당 정부는 지방자치를 縣차원에서 수행하고자 했고 이 때문에 縣政건설에 주력했다. 당시 중국 지식인들은 전통시대 鄕村에 대한 통치 정신을 民治로 보고 이를 계승하고 민치를 기반으로 하는 사회적 기초를 수립하고자 했다.

중국 최초의 농촌 사회학자인 양개도(楊開道, 1899-1981)는 민국 시기 농촌 사회의 위기를 해결하기 위해 노력한 학자들과 마찬가지로 농촌 문제를 해결하기 위해 다양한 노력을 전개하였는데 그 역시 향촌의 민치를 수립하는 문제에 주목한 지식인이었다.[1] 한편 그는 향촌 건설 운동에 참

* 이 글은 「1930년대 楊開道의 향촌건설방안과 '中國 鄕約制度' 연구」, 『이화사학연구』, 제62집, 2021을 수정·보완한 것이다.

** 국민대학교 중국인문사회연구소 부교수.

1) 양개도는 후난(湖南) 출신이며 1924년 남경고등사범 농과를 졸업하고 유학하여 1927년 미국 미시건대학에서 농촌 사회학 박사학위 취득 후 귀국하였다. 燕京대학 교수로 재직하며 淸河실험구에서 향촌실험을 하고 농촌 사회학 관련 여러 저서를 발간했다. 자세한 활동과 이력에 대해서는 최은진, 「楊開道의 淸河縣 향촌건설실험과 근대지식의 농촌 사회 전파 기제」, 『동국사학』, 70집, 2021을 참고할 것.

여하면서 양수명(梁漱溟)의 향촌건설이론을 형성하는 데에도 영향을 끼쳤다.[2] 두 사람은 향촌을 건설 하기 위한 방안으로 농촌 기층을 경영하고 통치하는(村治 혹은 鄕治) 것에서 찾았고 농촌의 조직화 문제를 중시하였으며 전통 鄕約제도에서 그 방안을 모색했다.[3] 또한 양수명은 鄕村에서 향촌건설 실험의 일환으로 향약제도를 시행하여 양개도의 향약 연구에 영향을 끼쳤고 양개도는 향약제도를 연구한 일련의 글을 발표하여 양수명이 참고하게 하였다. 하지만 양개도와 양수명은 농촌문제를 해결하기 위해 향치와 향약제도에 주목한 점에서는 유사하지만 근본적인 차이점이 존재했다.

기존 연구에서도 향촌건설방안에 대한 두 사람의 공통점과 차이점에 대해 살펴보았지만[4] 양개도가 현대사회학에 기반해 최초로 사회사적 입장에서 鄕治와 鄕約을 연구하게 된 전반적 배경을 간과한 측면이 있다. 또한 양수명의 향약제도에 대한 연구와 비교해 양개도에 대한 연구는 상대적으로 적고 더욱이 그의 향촌건설방안이라 할 농촌 사회학 연구의 맥락에서 향약제도를 바라본 연구도 많지 않다.[5]

---

2) 北京大學社會學系社會學人類學研究所, http://www.shehui.pku.edu.cn/;http://blog.sina.com.cn/s/blog_6f50b5190100p1ex.html (검색일: 2020.09.04)

3) 侯俊丹,「鄕約改造與專家治理 — 簡析楊開道的鄕村建設思想」,『學術交流』, 第2期, 2016, 152쪽.

4) 徐其龍,「民國時期楊開道與梁漱溟鄕約改造思想比較研究」,『哈爾濱工業大學學報』, 第22卷 第1期, 2016; 彭秀良,「民國時期的鄕約再造實踐」,『中國社會工作』, 第2期, 2020.

5) 양개도에 대한 기존 연구는 馬威,「楊開道學術研究綜述」,『華中農業大學學報(社會科學版)』, 總80期, 2009; 胡曉婷,「鄕約制度與農村自治 — 楊開道農村社區工作模式」, 首都經濟貿易大學 碩士論文, 2016; 李爽,「楊開道的鄕約研究與鄕村建設思想」,『史學集刊』, 第4期, 2008; 常建華,「鄕約往事 — 從楊開道《中國鄕約制度》說開去」,『讀書』, 第9期, 2016; 劉志奇・李俊奎,「中國鄕規民約研究80年」,『北京師範大學學報』, 第2期, 2016; 董建輝,「中國鄕村治理道路的歷史探索 — 楊開

그러므로 본고에서는 양개도의 향약 연구의 배경과 내용을 살펴보는데 초점을 두고자 한다. 이는 양수명과의 피상적인 비교에 앞서 필요한 연구가 될 수 있으며 향촌건설운동에 다양한 지향이 내재 되어 있었음을 보여줄 수 있기 때문이다.

특히 양개도의 중국 향약제도에 대한 연구가 '농촌 자치'와 '농촌 조직', '농촌지도자' 등 그의 농촌 사회학 연구의 핵심 부분과 긴밀하게 연관되어 있는 점을 전제로 하면서[6] 지식인과 서구에서 수용한 근대 지식의 작용이 그의 연구에 내재하고 있는 점에 대해서도 살펴보고자 한다.[7] 전통적인 향약제도를 향촌 건설의 방안으로 제시한 지식인과 이들의 근대 지식의 작용을 양개도의 향촌건설방안에서 살펴 볼 때 서구 근대 지식이 중국화되는 과정의 일면도 드러날 수 있을 것이다. 즉 이러한 연구는 또한 전통 지식이 근대적 지식으로 전환되는 경로와 과정에 대해 보여주는 사례가 될 수 있을 것이다.

그러므로 이하에서는 향약제도를 연구하게 된 배경을 이해하기 위해 먼저 양개도의 농촌 건설 방안의 전반을 살펴볼 것이다. 다음으로 그의 주요 저서를 중심으로 향약제도 연구의 내용을 살펴볼 것이다. 이를 통해 농촌 문제를 해결하기 위해 향약이 소환된 이유와 배경을 명확히 하고 향약제도가 향촌 건설 운동에서 지니는 함의에 대해서 가늠해 보고자 한다.

道及其《中國鄕約制度》」,『寧德師範學院學報』, 第4期, 2015; 胡煉剛, 「梁漱溟與楊開道關於村治問題的討論」,『中國社會科學報』, 第2期, 2012; 劉鋒, 「呂振羽,楊開道村治思想的異同及對鄕村振興之啓示」,『邵陽學院學報』, 第5期, 2019 등이 있다.

6) 농촌 사회학 연구와 향약제도 연구의 관련성을 분석한 것으로 邱澤奇, 「楊開道先生與他的農村社會學工作」,『社會學研究』, 第5期, 1987이 있다.

7) 농촌 사회 조직 이론을 정리해서 근대사회로의 전환기에 사회동원, 사회통제 등에 대한 양개도의 주장을 살펴본 연구로는 劉精明, 「試評述楊開道農村組織理論」,『社會學研究』, 第4期, 1991이 있다.

Ⅱ. 농촌 사회 건설방안

1. 농촌 자치와 '지방공동사회(Rural Community)' 연구

양개도는 중국의 농촌 문제를 진화사적으로 파악하면서 건설방안을 모색해 나갔다. 그는 중국 농촌의 문제를 역사적으로 바라보면서 중국의 농업도 미국이 겪은 것과 유사한 역사적 단계를 거칠 것이라고 하였다. 중국 농촌도 서구와 마찬가지로 농업 혁명의 단계를 거치면서 도시와 농촌 간의 모순이 발생하게 되었고, 농촌은 상인이 농산물가격을 조정하게 되면서 상업사회인 도시로 인해 농촌의 경제가 좌우되게 되는 문제가 발생한 것으로 진단했다.[8]

이러한 진화사적 인식을 배경으로 현재 중국 농촌 사회는 농촌과 도시의 대립이 나타나는 중국 사회의 전환기의 모순에 처해 있고 도시의 현대성이 농촌의 발전을 제어하는 시기에 놓여 있는 것이라고 하였다. 그러므로 농촌 내부의 계통을 구축하고 농촌 외부의 힘과 협조하여 도시와 농촌이 평형을 이룰 수 있게 하는 농촌 스스로의 발전 동력을 만들어야 한다고 보았다. 이렇게 양개도는 농촌문제의 원인을 제국주의의 침략에 따른 것이 아닌 근대화 과정에서 발생하는 도시화에 따른 보편적인 문제로 인식하였다.

따라서 농촌 문제를 해결할 농촌의 발전 동력에 대해서도 개인이 과학 이성을 지니고 자연과 지방 공동체를 적극적으로 이용할 때 갖추어질 수 있다고 하였다. 농촌의 습속과 제도를 개량하고 현대 사회의 질서와 규범을 갖추는 것은 물론 개인, 가정, 사회단체 간의 관계, 농촌과 국가 정치권력과의 관계를 잘 설정하고 서로 협조할 수 있어야 한다고 주장했다.[9]

---

8) 楊開道, 『農村問題』, 世界書局, 1930, 15-18쪽.
9) 楊開道, 『農村問題』, 74-77쪽.

이는 양개도가 도시와 농촌의 문제를 해결하는데 국가 정치권력과 협조적인 관계가 가능하다고 본 것을 의미한다.

그러므로 양개도는 농촌생활의 개량을 위한 기본적 방안으로 농촌 자치에 주목하였다.[10] 그는 농촌 자치란 농민이 스스로 자신의 일을 처리할 수 있는 것이라고 규정하면서[11] 다음과 같이 언급했다.

> 자치는 반드시 스스로의 의지, 스스로의 능력, 스스로의 일, 스스로의 지휘, 스스로의 사무를 필요로 하기 때문에 자치는 아래에서 위로 이루어져야 한다. 위에서 아래로의 정치는 방법이 선량하고 조직이 엄밀하고 처리가 주도면밀하다 할지라도 관치(官治)이며 통치되는 것일 뿐이지 절대 자치라고 할 수 없다.[12]

그는 현재 시행되고 있는 지방자치는 정부가 위에서 아래로의 방식으로 수행하고 있을 뿐이며 농촌 사회를 고려하지 않고 산술적이고 기계적인 방식으로 처리하고 있다고 비판하였다.[13]

또한 아래에서 위로의 자치는 영국, 미국 등의 국가가 시행하는 것으로 인민의 요구를 수용하는 것을 중시하지만 중국은 청말 민국 초 자치장정을 법령으로만 수 차례 반포했을 뿐 인민의 요구를 수용한 것은 아니며 남경정부 하에서도 여전히 지방자치는 불완전하다고 하였다.[14]

그가 농촌 자치를 청말 이래 시행되고 있는 지방 자치와 다르게 구분한 것은 아래에서 위로의 자치라는 영국과 미국의 지방자치를 염두에 둔 것인 동시에 농촌 사구(社區)를 연구한 것과도 관련이 있다. 양개도는 농촌

---

10) 楊開道, 『農村自治』, 世界書局, 1930, 2쪽.
11) 董建輝, 「中國鄕村治理道路的歷史探索 ─ 楊開道及其《中國鄕約制度》」, 17쪽.
12) 楊開道, 『農村自治』, 7쪽.
13) 앞의 책, 26-27쪽.
14) 閻明, 「楊開道與淸河"實驗室"」, 『中國社會導刊』, 第6期, 2008, 49쪽.

은 원래 자연스러운 분업 체계를 지니고 있는데 정부가 행정구역으로 구분하여 문제가 발생했다고 보았다. 농촌경제가 자연스러운 교환체계를 지녔던 것을 인위적으로 분리한 것이 행정구역이므로 농촌의 자연적인 사회구역인 농촌 사구(社區) 즉 지방공동사회로 돌아가야 한다고 주장했다.

지방공동사회는 양개도가 'Rural Community'를 중국어로 번역한 용어였다. 양개도는 미국 심리 사회학의 영향을 받아 커뮤니티를 의미하는 현재 중국에서 사용되고 있는 사구(社區) 개념을 수용했다. 이는 캐나다 토론토 대학 교수이며 미국 사회학 연구자 로버트 모리슨 맥키버(R. M. MacIver)의 'Community'를 번역한 것이었다. 사구는 공동생활이란 의미였고, 중앙대학 사회학과 교수 孫本文은 1928년 7월 『社會學ABC』라는 저서에서 'Community'를 '구역사회(區域社會)'로 번역하는 등 지칭은 다양했지만 중국사회를 이해하는 틀로 적극 수용되었다.

양개도는 1929년 8월 출판한 『농촌사회학』에서 농촌 'Community'를 농촌 사회로 번역하고 농촌 사회는 농업을 직업으로 하는 '지방공동사회 (Rural Community)'라고 하였다.[15] 그는 '지방공동사회'는 동일한 지역에서 공동생활을 하는 일정한 인구 규모로 농업을 직업으로 하는 이들로 구성된다고 규정하였다. 또한 농촌 사회는 인구, 토지, 사회 교류, 교육, 경제, 종교, 정치, 위생, 오락, 사회 조직 등을 포괄하는 복잡한 사회이고 농민전체의 행복을 추구한다고 정의했다.[16] 그러므로 양개도의 지방공동사회는 농촌 사구(社區)인 것이고 직업과 지역이 강조된 개념이다.

한편 양개도가 지방공동사회를 농민전체의 행복을 추구하는 것으로 규정하였는데 이는 과학적으로 농촌을 인식하여 농촌 사회를 건설하자

---

15) 楊開道, 『農村社會學』, 世界書局, 1929, 11쪽.

16) 閻書欽, 「民國學界對美國社會學理論的選擇與融會對民國時期社會學中國化一個側面的考察」, 『近代史學刊』, 第10輯, 2013, 112-125쪽.

는 미국 농촌 사회학의 목적과 영국이나 미국 등 서구의 농촌정책에서 내세운 더 나은 농업, 더 나은 경영, 더 나은 생활(Better Farming, Better Business, Better Living)이란 목표를 수용한 것에서 유래한다.

1930년 1월에 출판한 『농촌 사회』에서도 공동 지역, 공동 혈통이 농촌에 있고 동시에 공동 문화가 있는 것으로 지방공동사회를 설명하였다. 양개도는 심리 사회학과 커뮤니티 연구 방법론을 활용하여 농촌의 공동 문화가 공동의 언어, 습속, 교육, 종교 등의 정신문화와 도로, 건축물, 기념물 등의 물질문화로 형성된다고 분석하였다. 그리고 이러한 공동의 문화를 형성하는데 있어 생활이 사회화 되는 것이 중요하다고 강조하였다.

> 농촌은 농민의 자연 집합체이며 농민 공동생활의 최소 단위이다. 전체 농민 문제를 해결하고 전체 농민의 행복을 촉진하려면 이러한 작은 단위에서부터 시작되어야 한다. 직업 문제나 생활 문제나 모두 농민들의 공동의 문제이며 농촌 사회의 문제인 것이다. 농촌 문제는 개개인이 여러 방면에서 농촌 사회를 생활화하고 농촌 생활이 사회화하는 것으로 해결할 수 있다.[17]

그러므로 양개도가 농촌 자치를 바르게 시행하기 위해 자연 사회에 기반해야 한다는 주장은 지방공동사회에 기반하여 이루어진다는 것을 의미한다. 이 자연 사회는 스스로 사회 분업 체계를 만들기 때문에 행정 구역으로 획일적으로 구분하면 농촌 경제의 교환 관계에 문제가 생기므로 山西의 村政에서 시행하는 4급 제도인 縣, 區, 村, 呂麟 방식도 적절하지 않다고 보았다. 그러므로 村을 중심으로 하는 향진과 행정 縣의 삼급제 즉 村, 鄕鎭, 縣을 자치의 단위로 구성해야 한다고 주장했다.[18]

---

17) 楊開道, 『農村問題』, 1쪽.
18) 楊開道, 『農村自治』, 27쪽; 楊開道, 「梁漱溟先生村治七難解」, 『農業周報』, 第10

또한 자연적인 지방공동사회는 복합적인 부분들이 얽혀 있어서 토지분배가 가장 큰 문제라고 볼 수는 없고 인구비례, 토양 상태, 농장의 크기 문제 등 다양한 부분을 종합적으로 살펴 보아야 해결이 가능하다고 주장했다. 토지 분배 문제도 토지의 점유를 표준으로 검토할 것이 아니라 농민이 노동하고자 하는 의지를 고려의 대상으로 해야 한다고 보았다.

양개도는 종합적인 연구를 위한 실제 지역 연구의 단위는 지방공동사회이고 자연사회라고 보았다. 농촌 자치가 시행되려면 지방공동사회가 종합적으로 연구되어 생활을 사회화 하는 방향으로 나아가야 한다고 주장했다. 그리고 이러한 지방공동사회는 촌을 중심으로 하는 체제가 적절하다고 하면서 자연사회의 조절 능력이 작동되어야 농민의 생활이 향상 될수 있고 그럴 때 아래에서부터 위로의 농민자치가 실현될 수 있다고 보았다. 그는 계급 투쟁이 아닌 농촌 개량으로 농민의 행복을 추구하고자 했다.[19]

2. 이원(二元)적 농촌 조직

농업을 직업으로 하는 이들이 모인 사회로 지방공동사회를 규정한 양개도는 농촌 문제의 원인이 교육이 불량하고 농민의 경지 면적이 협소하고 농민들이 과로하고 있으며 가족과의 생활 외의 사회생활이 부재하며 교통이 좋지 못한 것에 있다고 진단했다.[20] 그러므로 양개도에게 농촌을 조직화 하는 것은 농촌문제를 해결하는 방안이면서 또한 농촌 자치를 실현하는 방안이었다.

期, 1929, 253-256쪽.

19) 郭占鋒·吳麗娟·付少平,「論楊開道的中國農村社會建設思想」,『社會建設』, 第6卷 第4期, 2019, 88-96쪽.

20) 董建輝,「中國鄉村治理道路的歷史探索一楊開道及其《中國鄉約制度》」, 17쪽.

1930년 양개도는 저서 『농촌 조직』에서 기존의 농촌 조직은 원래 종족 조직의 성격을 지녔고 현대적인 조직을 만드는 데 장애가 된다고 하였다. 그의 농촌 조직론은 미국의 사회학자 호손(H. B. Hawthorn)을 비롯한 서구 농촌 사회학자들의 이론을 수용한 것이었다. 그는 전통문화나 전통의 농촌 사회에서는 가정생활을 중시하여 개인과 사회가 경시되었고 가정에 기반한 인치 사회라는 특징을 지니게 되었기 때문에 농민이 스스로 현대적인 조직을 만들어야 한다고 주장했다. 도시와 농촌 간에 자원이 불공평하게 분배되어 농촌이 궁핍하게 되었으므로 이를 해결하기 위해서는 농민이 조직을 만들어 정부 기구나 도시 세력과의 관계를 조정할 수 있도록 해야 한다고 보았다.21) 그러므로 농촌 조직은 스스로 자신의 일을 할 수 있도록 농촌자치를 실현시킬 수단이자 방안이었던 것이다.

양개도는 중국 농촌 사회를 보통 조직과 특수 조직으로 나누어 설명하였다. 보통 조직은 농촌 가정, 부락, 사회(지방조직)이고 특수조직은 계급 조직, 사업 조직이라는 것이었다. 특수조직인 사업 조직은 농촌의 교육 조직, 가족 조직, 행정 조직, 공안 조직이라고 했다. 가정은 보통 조직이며 특수 조직이기도 하였는데 양개도는 특히 농촌 가정 조직을 가장 중요한 위치에 두었다. 농업은 일종의 가정 사업이고 농촌 생활 역시 일종의 가정 생활이라서 농촌 사회는 수백 개의 가정으로 이루어졌기에 농촌에는 봉쇄된 가정생활만 있었다고 하였다. 그러므로 그동안 농촌에 合作을 조직하는 사회생활이 없었던 것은 이러한 농촌 가정의 특성 때문이라는 것이다.22) 따라서 촌 전체의 기본 단위이자 보통 조직인 이 가정 조직은 경제적, 교육적 기능을 지니기 때문에 새롭게 조직될 필요가 있었다.23) 즉 그

---

21) 李爽, 「20世紀二三十年代社會學者農村組織模式研究」, 『北方論叢』, 第4期, 2011, 75쪽.

22) 楊開道, 『農村組織』, 世界書局, 1930, 16-17쪽.

23) 侯俊丹, 「鄕約改造與專家治理 ― 簡析楊開道的鄕村建設思想」, 『學術交流』,

에 의하면 가정을 본위로 하는 중국 농촌 사회는 가정 이외의 사회라는 공간을 확충할 필요가 있고 공동체 생활을 조직할 필요가 있으며 동시에 농촌 사회의 분업을 활용해서 농촌의 사회화 과정을 이루어나가야 했다. 그리고 가정에 기반한 농촌 사회에서 분업에 기반한 이질적 조직인 전문 조직을 만들어 나가는 것이 필요하다고 하였다.

한편 농촌에서의 작업은 인력, 재력, 물적 능력이 모두 갖추어져야 하며 어느 하나만 가지고는 이루어질 수 없으므로 교육 조직과 경제 조직, 구제 조직, 방위 조직 등이 각각의 역할을 할 수 있어야 한다고 주장하였다. 그리고 농촌 사회에는 여러 형식의 조직이 있지만 각자 운영되고 배합되지 않으면 자원을 낭비하게 되므로 농촌 조직은 성질과 종류에 따라 적합한 범위와 위치를 찾아야 한다고 보았다.

양개도는 조직의 구분을 여러 각도에서 접근하였는데 지방공동사회(農村社區)의 조직을 자치 조직과 사업 조직으로 나누어 파악했다. 농촌 조직에서 자치 조직은 민권체계에서 사회 기층을 실현하는 경로가 되고 사업 조직은 농촌 사회의 사업을 관리하는 것으로 보았는데[24] 이는 양개도가 농촌 자치가 이원적 조직 계통으로 나누어 시행되는 것을 설명하는 것이다.

양개도는 사업 조직은 농촌 사회의 사회 분업 체계에 의거하여 전문화 형식으로 지방공동사회에서 역할을 해내는 조직이라고 하였다. 그는 사업 조직을 동질적 합작과 이질적 합작으로 나누고 동질적 합작은 공동 심리에 기반한 합작이므로 내부에 유기체적 구조, 기능, 의식, 활동을 같이하고 성원의 목적도 같은 것이라고 하였다. 동질적 합작은 상호 의존 관계가

第2期, 2016, 154쪽.

24) 劉鋒, 「呂振羽,楊開道村治思想的異同及對鄉村振興之啟示」, 『邵陽學院學報』, 第5期, 2019, 11쪽.

있으며 생산 조직, 운송과 소비 조직, 교육 조직, 의료 조직, 방위 조직 등이 이에 속한다고 하였다. 이질적 합작은 전문적 성격을 지니고 조직 내부는 분업과 합작 관계가 있다고 하면서 사회 조직은 동질 조직에서 이질 조직으로 진화해 나가는 과정을 밟는다고 하였다.

자치조직에 대해서도 살펴보면 그는 국가 권력과 관련이 있는 자치조직에 대해서는 관이 주도하는 保甲과는 다르다고 설명하고 당시 4權체제 하에서 민주적인 자치조직을 만들 수 있다고 하였다. 그는 농촌 사회의 자치 조직은 입법, 행정과 감찰권을 발휘하고 삼권 분립 원칙을 채택하되 사법권은 농촌 자치의 범위 내에서는 시행할 수 없다고 했다. 입법권은 촌민 전체 대회 결의 규약이라고 보았다. 자치 조직을 조직하는 방식은 대의제 방식으로 한다고 설명했다. 촌민이 의원을 선출하여 촌의회를 조직하면 촌의회가 촌민 전체 규약을 정하고 촌의 사무를 결의하는 것이었다. 행정 권력의 행사는 행정권을 촌장에게 위탁하되 위탁인 개인의 권력 확장을 금지하고 행정 방면에서는 위원제를 정하여 촌장의 독단을 방지하고 감찰권은 촌민 대회가 행사하는 것으로 설명했다. 이를 보면 양개도는 村을 지방공동사회의 자치조직 단위로 보고 있음을 알 수 있다.

이러한 방식으로 자치조직을 만들려면 농민과 지도자가 나서야 하고 이들은 민권의 행사에 대한 의식이 있어야 했다. 농민이 선거권과 감찰권을 갖고 행정, 사법, 감찰의 모든 기능을 행사하여 지방 자치를 실현할 주체이기 때문이다.

또한 지방 즉 농촌의 자유를 보장하기 위해서 행정 기구는 여린장(閭隣長)이 조직한 위원회가 지방의 인물을 추천해서 업무를 보게 하되 치안, 호구 조사, 방역, 荒政만을 담당하게 했다. 공민 교육, 풍속 개량, 경제사업 등은 전문 조직이 추진하고 행정 기구는 관여하지 않는다고 하였다.

그러므로 이원적 농촌 조직은 민권을 보장하고 사업의 효율도 높일 수 있도록 하는 방안이었다. 물론 촌의 상급 행정 기관의 관여를 완전히 배제하는 것은 아니었고 아래에서 위로의 지방 자치를 이루어야 헌정의 기초가 완전해 질 수 있다는 부분을 강조하는 것이었다. 또한 지방 자치에는 관리, 인재, 경비가 관건이 되니 경비는 농민이 스스로 만들고 정부는 재해를 막아 주어 농업 생산이 증가하도록 서로 돕는다며 정부의 역할을 배제하지 않았다.[25]

기본적으로 농촌 조직은 촌민이 자발적으로 직접 참여해 조직되어야 하며 각종 기관은 농민을 위해 복무해야 함도 강조했다.[26] 그러므로 농촌 조직은 경제 발전 뿐 아니라 민주적 자치 사회의 실현과 농촌 자치를 가능하게 하는 것이었다.

그러므로 양개도가 구상한 농촌 자치에 기반하는 지방 자치는 농촌 기층에 조직이 만들어져 자치를 시행하고 그 위에 다시 또 조직이 만들어져 자치를 시행하는 아래에서 위로의 조직화 방식이고, 농촌의 기층에서는 이원적인 조직화를 통해 이루어지게 하는 방안이었다.[27]

이렇게 양개도는 지방공동사회의 자치조직과 사업조직의 이원적 조직의 유기적 연계가 농촌의 문제를 해결할 농촌 자치를 실현할 방안이라고 보았다. 또한 지방공동사회가 전통적인 가정에 기반한 폐쇄적 사회에서 다양한 사회적 조직을 만들어나가는 과정을 통해 건립된다면 자연사회인 촌에 기반한 민주적 자치가 구현되고 농촌의 개량도 가능할 것으로 기대했다.

3. 村治와 농촌 지도자

양개도는 자치 조직과 사업 조직을 구성할 때 농민과 지도자와의 관계가 중요하고 특히 지도자가 주도적으로 이끌 필요가 있음을 지적한 바

---

25) 楊開道, 『農村自治』, 10쪽.
26) 楊開道, 『農村組織』, 49쪽.
27) 劉鋒, 「呂振羽, 楊開道村治思想的異同及對鄕村振興之啟示」, 7-9쪽.

있다.

1920년대부터 山西에서 村治가 시행되었고 이것이 전국적으로 확산되었다. 山東 추평(鄒平)의 17개 縣도 1929년부터 北宋의 呂氏鄕約을 기반으로 향촌 건설 운동을 진행하고 있었다.[28] 한편 양수명이 1929년 광동, 강소 서공교(徐公橋), 하북 곽성촌(翟城村), 산서의 향촌 사업들을 살펴보고『村治月刊』제1권 4기에「북유소견기략(北遊所見記略)」을 발표하여 농촌의 7가지 어려운 문제를 지적하면서 다소 비관적인 입장을 드러냈다. 이에 대해 양개도는 1929년 10월「양수명선생촌치칠난해(梁漱溟先生村治七難解)」,「농촌 자치(農村自治)」를 발표하여 촌치에 대한 자신의 견해를 밝혔고, 양수명과 달리 농촌의 발전 가능성을 긍정적으로 보았다.[29]

양개도와 양수명은 모두 촌장을 선발하고 배양해야 한다고 보았다. 다만 양수명은 촌장의 자질을 보증하기 어렵다는 점에서 회의적이었다. 당시 촌장은 촌을 관할하고 경영하지 못하였다. 이는 당시 중국의 촌장은 업무가 명확하지 않았고 촌의 부유한 지주나 지역 인사를 통제할 수 없었기 때문이다.[30] 그러나 양개도는 현재의 촌장이나 새로운 학문을 익힌 젊은 청년이나 모두 훈련을 통해 지도자로 양성될 수 있다고 주장하였다. 다만 농촌의 지도자 양성은 일시적이 아닌 장기적인 훈련의 과정을 거쳐야 한다고 보았다.

양개도는 향촌 사회의 각종 기본 지식을 사회, 경제, 정치, 법률, 통계, 교육학이라고 보고 촌장은 이를 먼저 익히고 난 다음 자치 원리, 자치 법규, 자치 역사, 각국의 자치 상황을 익히며 마지막으로 자치의 실시 즉 호구 조사, 공안과 보안, 교육의 제창, 농업의 개진, 위생, 도로 수축, 오락,

---

28) 董建輝,「中國鄕村治理道路的歷史探索 ― 楊開道及其《中國鄕約制度》」, 21쪽.
29) 徐其龍,「民國時期楊開道與梁漱溟鄕約改造思想比較研究」, 52쪽.
30) 宣朝慶,「突破農村公共品供給的困境 ― 民國知識分子參與鄕村建設運動的時代意義」,『山東社會科學』, 第2期, 2013, 65-72쪽.

방재 등을 반년 내지 일 년간 실습할 것을 제안했다. 그는 특히 실습을 매우 강조했는데 평상시 충분히 실습을 하여 실제 문제를 이해하게 하고 졸업한 후에는 삼 년간 촌장의 임무를 완수하게 해야 한다고 주장했다.[31] 촌장이 자치를 시행하려면 이와 관련된 지식을 습득하고 실습을 통해 수행 능력을 키워야 한다고 본 것이다.

전문적 교육을 받은 지식인이 지방을 통치하고 이들이 외부 세계라 할 도시와 시장, 정부, 자본, 기술 등과 조율하는 농촌 지도자로서 역할을 해야 함도 강조했다. 즉 국가가 상업과 금융 자본을 도시와 농촌에 공평하게 투입하도록 조율하는 역할도 농촌 지도자가 담당해야 한다고 주장했다.[32]

이처럼 농촌의 지도자는 촌민을 연결하고, 사회를 하나로 통합하고, 촌민 문화를 발전시켜야 하며, 농촌 개량도 책임져야 했다. 농촌지도자가 섭렵해야 하는 분야는 상당히 넓었을 뿐만이 아니라 촌의 사람들을 형제자매처럼 여겨야 했다.[33] 촌치를 수행하는 데 중요한 역할을 담당해야 하는 농촌 지도자는 양개도의 농촌 건설 방안에서 매우 중요한 요소였다.

양개도는 촌장 뿐 아니라 교사도 농촌지도자가 될 수 있다고 하였는데 촌장이 농촌의 정치 지도자라면 교사는 농촌의 지식 지도자라고 하였다. 촌장은 인체의 근육, 권력을 대표하고 교사는 대뇌, 사상을 대표한다고 하였으며 촌장이 사회를 건설하고 교사는 근본적인 심리를 건설한다고 보았다. 뿐만 아니라 '중국 농촌에 일반 평민 지도자가 없어 농촌으로 돌

31) 馬威,「楊開道學術研究綜述」,『華中農業大學學報(社會科學版)』, 總80期, 2009, 44쪽.
32) 侯俊丹,「鄕約改造與專家治理 ― 簡析楊開道的鄕村建設思想」, 111쪽; 郭占鋒·吳麗娟·付少平,「論楊開道的中國農村社會建設思想」, 88-96쪽.
33) 楊開道,『農村領袖』, 世界書局, 1930, 89쪽; 楊開道,『農村自治』, 51-55쪽.

아가자는 실제 공작은 20년 이후, 아니 40년 이후에도 변화가 없을 것이
다'라고 하고 일반 평민 지도자의 양성도 촉구했다.[34]

농촌지도자의 대상에 신사층과 새로운 청년층을 모두 포함 시켰지만
낡은 지식을 지닌 신사층을 대신해 청년 지식인이 지도자가 되어야 하는
것을 주장했고 유교적 이념 대신 민주 정체에 적합한 새로운 민덕을 배양
시켜야 한다는 것도 강조했다.

농촌지도자는 농민 가운데서 나올 수도 있었고 농민이 조직에 참여하
기 위해서라도 농민 교육이 실행될 필요가 있었다. 농민에게도 농촌 자치
를 수행할 수 있을 자질을 배양할 교육을 수행해야 한다고 보았다. 양개도
는 농민 교육은 문화 교육, 공민 교육, 농업 훈련을 핵심으로 해야 한다고
보았는데 이는 농민자치를 시행하기 위한 교육이었다. 이외 교통 설비의
개선, 중농 정책의 실현, 정부의 토지 매매에 협조하는 정책의 시행도 교
육의 주요 내용이었다.[35] 특히 合作社는 농촌 조직의 중요한 부분이라고
보고 국가와 도시의 상공업 계층이 농촌 사회의 상황을 명확히 알고 금융
자본이 농촌의 경제 활성화에 참여하게 할 수 있게 농촌이 유도해야 함을
농민이 알 수 있게 교육하였다.[36]

이처럼 양개도는 농촌 자치를 시행하기 위한 지도자의 문제에 대해 지
도자 양성의 구체적인 계획을 이미 제안하고 있었고 그 교육내용과 방법
을 상세하게 구상하고 있었다. 그는 농촌지도자는 근대적인 지식을 광범
위하게 지녀야 한다는 것을 명확히 하였다.

---

34) 楊開道, 『農村領袖』, 2쪽.

35) 楊開道, 『農村問題』, 79-82쪽.

36) 楊開道, 『農村政策』, 世界書局, 1934年, 46-48쪽.

Ⅲ. 중국 향약제도 연구

1. 향촌 통치와 중국 향약제도의 기원

서구의 농촌 사회학 이론을 적극적으로 수용하고 중국 농촌문제에 이를 적용하던 양개도는 1931년 「중국향약제도의 연구(鄕約制度的硏究)」라는 글을 발표하였다. 그는 『주례(周禮)』, 『관자(管子)』, 『문헌통고(文獻通考)』 등의 고적을 통해 역대 농촌 조직을 연구하여 향약이 중국 농촌에 적합한 조직임을 입증하고자 했다.[37) 농촌 자치로 당시 지방자치의 문제를 비판했던 양개도가 향약연구를 하게 된 이유는 중국의 농촌 조직을 연구하여 향촌건설이론의 근원을 찾기 위해서였다.[38)

하지만 그가 향약제도를 연구한 것은 역사학자의 입장에서가 아니라 농촌 사회학자로서였다. 그리고 그의 초기 연구는 1933년 7월 전국적인 향촌 공작 토론회와 향촌 건설학회를 함께 건립한 양수명에게 영향을 끼쳤으며 이 활동은 남경국민정부의 縣政건설 방향과는 거리를 두고 진행된 것이었다.[39) 그리고 이러한 상황 속에서 양개도는 향약의 역사적 변화를 고찰한 『中國鄕約制度』를 1937에 출간했다.

鄕約은 鄕里公約으로 중국 고대 농촌의 조직이고 제도이자 풍속이라 할 수 있다. 그런데 사회학자인 그가 왜 전통 조직에 대한 역사적 연구를 수행한 것인가. 그는 향약 연구는 역사적 연구가 아니라 농촌 조직 연구의 일환임을 밝혔다. 그는 『중국향약제도』 1장 중국 농촌 조직 개요에서 다음과 같이 지적했다.

---

37) 彭秀良, 「民国乡约再造实践中的乡贤(上)」, 『中國社會工作』, 第4期, 2020, 60-61쪽.
38) 李爽, 「楊開道的鄕約硏究與鄕村建設思想」, 113쪽.
39) 宣朝慶, 「百年鄕村建設的思想場域和制度選擇」, 125-130쪽.

　　중국 향약제도는 먼저 전체 농촌 조직에 대한 이해를 바탕으로 연구해
야 한다. 중국 향촌 통치의 면에서 중국 향촌 통치에 공헌이 있으므로 특
히 농촌 조직의 발전에 대한 바를 연구해야 한다. 중국 농촌 조직은 많고
역사도 오래되어 상세한 분석하기가 쉽지 않고 확실히 이해하기도 어렵지
만 대체적으로 중국 농촌 조직은 세 단계 시기로 나눌 수 있다. 첫째는
周 이전의 전설 시기, 둘째는 秦漢 이후의 혼란 시기, 세째로 北宋 熙寧
이후의 보충 시기다.[40]

라고 하였는데 여기에 그가 향약제도를 향촌 통치에 적합한 농촌 조직을
규명하는 과정에서 연구한 것임이 드러나고 있다.

　그는 또한 향약제도를 연구하는 것이 단순한 복고적 태도가 아니라고
하고 '스스로 폐쇄되거나 옛 제도에 빠져드는 것을 원하지 않으므로 역사
적 방법, 분석적 시각, 냉철한 두뇌로 중국의 향촌 통치 제도를 살펴보고
향촌 통치의 기본인 향약제도를 살펴 볼 것'이라고 하였다.[41] 이를 통해
중국에 적합한 농촌 조직을 찾아보고자 하였다.

　　화남의 가족 조직은 매우 건전해서 정식의 향촌 통치를 대체하였고 화
북도 여러 자연적 조직인 靑苗會, 義坡會, 大社, 小社, 公會, 官會 및
기타 각종 水利 조직, 창고조직, 방위조직, 종교조직, 오락조직 등이 출현
하여 이러한 과도 시기에 어려움을 헤쳐 나갈 수 있게 했다. 청말 민국
초기에 향촌 자치 운동에서 나타났듯이 외국의 제도가 중국에서 반드시
실행되기는 어렵다. 중국에 존재한 중국의 제도인 社學이 小學이 되고
保甲이 自衛가 되고 社倉이 식량 조절 합작이 되도록 제창하여 회생시
키며 향약이 민중을 교육하고 정신을 진작시키도록 회생시켜 사용할 수
있다.[42]

40) 楊開道,『中國鄕約制度』, 山東省鄕村建設硏究院, 1937年, 1쪽.
41) 앞의 책, 32쪽.
42) 楊開道,『中國鄕約制度』, 31쪽.

그는 여기에서 중국에서 실행되기 어려운 점을 지적하고 더 나아가 중국 고유의 제도를 활용할 방안을 찾고자 하였다. 향약도 여러 전통 조직의 하나로 보고 교육과 정신 진작의 조직으로 인식했음도 알 수 있다.

양개도는 향치 즉 향촌 통치의 입장에서 중국의 역사를 먼저 살펴보면서 향약의 기원도 검토하였다. 그 결과 그는 『周禮』의 향음주례(鄕飮酒禮)에서 정신 감화를 법률 제제보다 중시하는 태도로부터 향약이 유래하였다고 파악하였다. 그는 秦漢의 향촌 통치는 鄕을 단위로 하였고 鄕三老는 진한 이후 향을 통치(治理)하는 가장 높은 지도자로서 縣令을 도와 현을 다스리는 한편 민중을 교화하며 조정에 알리는 역할을 하였다고 서술했다. 이러한 설명 가운데 양개도는 인민의 향치와 정부의 향촌 제도가 균형을 이루는 것이 중요하다고 보고 있음을 알 수 있다. 향약은 인민의 鄕治와 정부의 鄕制가 일체화된 제도에서 기원하는 것이며 농촌에 그러한 향치가 적합하다는 것이다.

양개도는 향약은 법률 체제보다 정신 감화가 더 우선되어야 하는 것이고 鄕 차원의 민간 지도자에 의한 교화가 이루어지는 것이라고 보았다. 그는 이러한 기준에서 볼 때, 향약의 정신은 진한 이후부터 수당대에 이르면 거의 사라졌다가 송대부터 점차 개선되어 나타나기 시작했다고 분석했다. 그는 북송 희녕 9년(1076년)에 여씨(呂氏) 형제 중 여대균(呂大鈞)이 처음에 섬서(陝西) 남전(藍田)의 일부 지역에서 실행한 것을 향약의 시초라고 판단했고 이를 고증하는 데 주력했다.

특히 여씨향약을 분석하면서, 다음과 같이 설명했다.

> 여씨향약의 기본 이론은 현대 사회 이론과 매우 비슷하다. 사회의 기본이라고 인식되는 개념들, 예를 들면 이웃 공동체(Neighborhood Community), 공동 이익(Common Interests), 상호 의존(Inter-dependence), 사회적 거리(Social Distance), 사회 교류(Social Communication), 사회 호조(Mutual Aid),

사회 도덕 표준(Socio-ethical Standard), 유기적 비유(Organie Analogy) 등
이 향약의 조문에서 발견된다. 그러나 여씨향약의 창시인의 관심은 학리
방면이 아니라 그 실용 방면에 있었기 때문에 비록 (향약의) 기본 개념은
있더라도 이론적으로 정교하게 다듬은 것은 아니었다. 그러나 덕업상권
(德業相勸), 과실상규(過失相規), 예속상규(禮俗相交), 환난상휼(患難
相恤)의 4개 조약문과 사람이 이웃과 향당에 의뢰하는 것은 마치 몸에
손발이 있고 집에 형제가 있는 것과 같으며 선악 이해가 모두 같고 하루
라도 없어서는 안되는 것이다. 그렇지 않으면 멀어져서 나와 상관이 없지
않겠는가! 라고 한 이 말이 사회 조직에 대해 농촌 조직의 기본 이론에
대한 것을 살펴볼 수 있게 한다.[43]

그는 여씨향약을 현대 조직 이론과의 관련 속에서 이해한 것을 볼 수
있다.

그는 집회의 규정을 통해 여씨향약에서 조직의 성격을 찾아보고자 했
다. 이에 따르면, 한 명이나 두 명이 선악의 상벌을 주지하고 매월 돌아가
면서 한 명이 기록을 하고, 비용, 식사, 집회 일체의 사항을 관리하도록
했다. 또한 집회 기간에는 선행을 장려하고 악행을 징벌하고 이를 기록에
남겼으며, 장려와 징벌이 이루어진 이후에는 식사를 하고 활쏘기 등의 활
동을 함께 하였다. 이렇게 여씨향약이 선행을 장려하고 공동체 의식을 형
성했던 것을 통해, 여씨향약에서 사회학 개념의 '조직'을 찾아낸 것이
다.[44]

또한 그는 여씨향약에서 공동 도덕과 공동 예속의 표준이 수립된 것을
분석했는데, 그 근거는 선행과 관련한 約文이었다. 여씨향약 약문의 덕업
상권, 과실상규, 예속상규, 환난상휼은 선악 판정의 준거가 되었다. 그리고
이후의 향약제도에도 이러한 표준이 계승되었음을 밝혔다.[45]

---

43) 楊開道, 『中國鄕約制度』, 101쪽.
44) 앞의 책, 15쪽, 134쪽.

한편 양개도는 이 향약의 조문 가운데 환난상휼이 현대 지방 조직인 농촌 조직에 가장 부합한다고 보았다. 환난의 7개 항목인 재난, 도적, 질병, 사망, 고아, 무고, 가난 등은 모두 실제 사회 문제를 대표하는데, 환난을 상휼하는 것은 원시적인 상호부조와 현대적 사회 합작을 모두 체현한 것이라고 하였다.[46)]

또한 그는 향약이 향민의 자발적인 조직으로서 아래에서 위로의 원칙을 채용하고 있다고 보았다. 향약의 이러한 조직 방식은 향약이 정부와는 관련이 없는 하층 민간의 자율적인 조직임을 나타낸다고 함으로서, 그는 향약이 官治 이념과는 상반되고 오히려 현대의 民治 정신에 더 부합한다고 주장했다. 또한 농촌 조직을 관치와 민치라는 두 개의 관점으로 접근하여 이를 향약에 연결시켜 향치의 구체적인 범위를 규정하기도 하였는데 "鄕을 단위로 하면 인민이 공약을 맺은 것이 되고 縣을 단위로 하면 정부가 행정 권위를 지니고 있기 때문에 정부가 간섭을 하기 쉽다. 가장 좋은 것은 향을 단위로 해야 하는 것이다."[47)] 라고 하면서, 鄕을 단위로 하는 것이지 縣을 단위로 하지 않는 것이 여씨향약의 구체적인 특색이라고 했다. 또한 향이 사회의 자연 단위, 기본 단위이므로 농촌 조직은 향에서 시작해야 공고하다고 했다. 이는 농촌 자치에서 그가 언급한 향을 단위로 하고 관부가 명령을 내리는 방식이 아니라 인민의 공약으로 구성하고 자유롭게 참가하는 것이라는 주장과 부합한다.[48)]

여씨향약이 민치를 대변하는 것이라면 왕안석의 신법은 관치의 성격을 지니는 것으로 양개도는 여씨향약과 동시대 왕안석의 신법을 비교한다. 이를 통해 농촌의 이원적 통치의 유래를 살펴본 것이다.

---

45) 劉鋒, 「呂振羽、楊開道村治思想的異同及對鄕村振興之啟示」, 9쪽.
46) 楊開道, 『中國鄕約制度』, 114-116쪽.
47) 앞의 책, 104쪽.
48) 앞의 책, 107쪽.

그는 두 제도 모두 『周禮』에서 시작하였지만 이론과 실제에서는 서로 상반된 입장이라고 하였다. 주례의 병농 제도와 유사한 新法의 保甲 조직은 희녕 3년에 시행되었고 여씨향약은 희녕 9년에 출현했다. 그가 보기에 향약과 신법은 시행의 주체, 방향, 범위, 그리고 그 기능은 서로 상반되는 것이었다. 향약은 민중이 시행한 것인데 신법은 정부가 하는 것이었고 향약은 아래에서 위로 시행되었던 반면 신법은 위에서 아래로 시행되는 것이라고 하였다. 시행 범위에 있어서도 향약은 鄕을 단위로 하지만 신법은 전국을 단위로 했다. 향약의 기능이 교화에 치중하는 반면, 신법의 기능은 방위에 치중하였다. 양개도는 이와 같이 향약과 신법을 비교하면서 신법이 성행하던 시기에 이처럼 신법과는 여러 가지 면에서 상반된 향약제도가 출현했다고 하면서 신법과 상반된 향약의 특징에서 향약의 독자성을 발견할 수 있다고 했다.49) 즉 비록 향약이 신법의 영향을 받기는 했지만 수년에 걸쳐 결국 이처럼 다른 제도가 되었던 점이 주목할 만한 것이라고 평가했다.50)

또한 그는 여씨향약과 왕안석의 신법이 민중을 감화하고 상벌과 의례를 구체적으로 알려주고 연령에 따라 책임자를 정하고 매월 한차례 회의하고 서로 권면하고 경계하는 것에서 秦漢의 향삼로와 유사하다고 했다. 이러한 그의 평가는 향촌에 정부의 통제적 통치(治理)와 민간의 자치라는 이원적 계통이 역사적으로 이어지고 있었던 것을 증명하기 위한 것이라 하겠다. 그러나 양개도는 여씨향약이 아동 교육, 경제 합작을 포함하지 않았던 것은 한계라고 보았으며 아울러 왕안석의 신법과 결합을 고려하지 않은 것 한계라고 지적하였다.

한편 양개도는 북송 理學을 이끈 주돈이(周敦頤)와 정이(程頤) 등이

---

49) 董建輝,「中國鄕村治理道路的歷史探索 ― 楊開道及其《中國鄕約制度》」, 17쪽.

50) 楊開道, 『中國鄕約制度』, 40-41쪽.

예학을 중시한 것에서도 향약이 지속되었다고 파악하면서 이를 볼 때 향약은 중국 문화의 산물이고 향약제도는 중국 고대 선현의 향촌 건설의 이상이며 실험이며 향약은 순수한 민간의 약속(民約)이라는 점을 강조했다. 그리고 이러한 관점은 그가 송대 이래 향약의 계승 과정을 고찰하는 것에서도 지속적으로 나타난다.

양개도는 남송의 朱熹도 향약의 발전에서 중요한 작용을 하였다고 평가했다. 주희는 여씨향약에 예속상교의 내용을 더 추가했다. 그 내용은 어른과 아이의 구분은 항렬을 따르고(尊幼輩行), 아이는 설날, 4계절의 각 첫 번째 달에 어른의 댁에 찾아뵙고서 인사를 하고(造請拜揖), 손님을 청할 때는 편지를 보내서 하고 초대에 응한 다음에는 감사의 뜻을 표시하여 보낸다(請召送迎), 길사에는 이를 축하를 하고, 흉사에는 조문을 한다(慶吊贈遺)의 4항이었다. 또한 양개도는 주희가 징벌을 직접 하지 않고 기록으로만 대체하는 방식으로 바꾼 것도 긍정적으로 평가했다. 이외 주희는 소학과 보갑, 사창을 건립할 것을 제창한 것에 대해 주희가 비록 이러한 조직을 서로 연계하지는 못했을지라도 제창한 것 자체에 의의가 있다고 하였다.[51] 이 역시 민치적 관점, 농촌 조직의 관점에서 분석한 것이라 하겠다.

양개도는 남송 이후 향약은 元代에는 잘 시행되지 못하였다가 明初 태조 주원장이 국가를 통치하는 과정에서 향약 사상이 체현되었다고 하였다. 이때 기층 사회에 대한 통제는 부역과 징수를 하게 하는 里甲 제도와 제사를 주로 담당하는 里社 조직으로 이루어졌다. 홍무 28년(1395)에 응천부 상원현에서는 농번기에 노동력이 부족하자 20가나 40~50가를 社로 하여 위급할 때 농사를 돕도록 하자는 주청을 올렸다. 명 태조는 이를 수용했고 홍무 30년(1397)에는 〈聖諭六言〉을 반포했다. 양개도는 이 홍

---

51) 楊開道, 『中國鄕約制度』, 16쪽, 138-139쪽.

무 30년의 〈성유육언〉이 里甲을 기초로 삼고서 里社, 社學, 鄕飮제도로
써 민간의 분규를 조절하고 교화를 시행하는 제도적 성격을 지닌 것이었
다고 분석했다.[52]

그리고 만력 15년(1587) 明 神宗에 이르러 각지의 독학과 지방관에게
〈성유육언〉을 반포하고 향약을 시행하게 했고, 만력 연간까지 北京, 南
京, 直隸, 山東, 山西, 河南, 山西, 四川, 湖廣, 浙江, 江西, 福建, 廣東,
廣西, 雲南, 貴州에서 시행되었다는 기록에 나타나듯 향약제도는 전국에
걸쳐 시행되게 되었다. 사실 명대 전국에서 향약이 시행된 것은 종족의
문제와도 관련이 있는 것이지만 양개도는 이 부분에 대해서는 따로 설명
하지 않았다. 실제 명대 강남 지역에서 이미 종족과 향약이 긴밀히 결합되
어 향약의 종족화라는 특징도 나타났고 화북 지역도 명말에 이르면 마찬
가지였지만[53] 양개도는 향약정신의 계승이라는 측면에 초점을 두고 보려
는 입장에서 종족적 특성을 특별히 강조하지 않은 것으로 보인다.

양개도는 명 중기에 이르면 향약이 정부와 관계를 맺기 시작했다고 보
았다. 그에 따르면, 왕양명(王陽明)의 『南贛鄕約』부터 향약과 정부와의
관계가 발생했는데 향약이 정부의 법규를 집행하고 정책을 보조하는 하층
조직이 되었다는 것이다. 그에 따르면, 홍무제의 〈성훈육유聖訓六諭〉와
여씨향약 4조를 합병시킨 왕양명의 남공향약에서는 約長(이전의 약정)의
직권이 예전보다 더욱 커졌고 내부 직원의 수도 17명이나 되어 조직의
확장도 일어났다. 그밖에 여씨향약은 지방 인사가 지도자가 되지만 남공
향약은 관리인 제독(提督)의 제창으로 지도자가 선출되었던 것을 보아도
남공향약은 지역 농민의 의사를 반영하는 것과는 거리가 멀었다고 평가했
다. 양개도가 주희의 향약정신을 긍정적으로 평가한 것에 비해 왕양명의

---

52) 常建華, 「鄕約往事─從楊開道《中國鄕約制度》說開去」, 71쪽.
53) 常建華, 앞의 논문, 73쪽.

향약에 대해서는 비판적으로 본 것은 민치의 구현이라는 향약 정신을 기준으로 파악하였기 때문이었다.

2. 치향삼약(治鄕三約)과 향치이론의 완성

양개도는 계속해서 명말의 정치가 呂新吾의 향약 이론도 소개했다. 그는 여신오가 향약과 보갑을 하나로 하여 鄕甲約이라고 칭했다고 하면서 이 향갑약 제도는 통치와 교화가 하나가 되는(政敎合一) 제도로서, 민중을 통치하고(治民) 가르치는(敎民) 두 가지 기제를 모두 포함하게 되었다고 보았다. 그러나 향갑약의 조직은 전문적인 역량을 가진 것이었지만 '관독민판'의 병폐를 지닌 것이기 때문에 현대의 민치 사상이나 자치 조직과는 거리가 먼 것이라고 하였다.[54]

여씨향약을 향약제도의 시작으로 본 양개도는 향치 이론의 완성을 명말 강소 태창인 육부정(陸桴亭)의 치향삼약(治鄕三約)에서 이루었다고 보았다. 치향삼약은 유가의 교화가 촌을 다스리는 조직의 핵심임을 명확히 하면서 保甲, 社學을 향약의 체계에 넣어 삼약이라고 칭했다. 즉 양개도는 '치향삼약治鄕三約'의 제도는 도덕을 대표하는 향약이 가장 기본 정신이자 향치의 총체로 하고 있다고 분석했다. 그리고 삼약 가운데 보갑은 보약으로 정치를 대표하고 사창은 휼약으로 경제를 대표하며 사학은 교육을 대표하는 것으로 보았다. 즉 삼약은 현대 사회 농촌의 방위, 합작, 교육을 상징하는 것이라고 하였다.

양개도는 여씨향약에서는 도덕 윤리, 선악 징계가 중심적인 이론이지만 실제로 도덕이 공동화되는 현상이 있었는데 이는 경제, 정치, 교육 부분이 지원되지 않아 도덕의 효과가 드러나지 않았기 때문이라고 하였다. 그러

---

54) 楊開道, 『中國鄕約制度』, 184-186쪽.

므로 치향삼약에는 사창, 보갑, 사학이 더해짐으로써 도덕적 효과가 드러날 수 있다고 하였다. 그는 향약의 실제 공작이 보갑, 사창, 사학이고 이세 가지의 정신이 향약이고 향약을 중심으로 세 가지가 묶여 서로 보조적으로 활용되는 것이 바로 향치삼약의 향치이론이라고 하여 향치이론의집약이라고 하였다.[55]

또한 양개도는 이러한 치향삼약은 덕으로 향촌을 다스리는 것과 관리에 의한 다스림이 병행된 것이라고 보고 특히 교화를 위해 사대부가 지방사회에서 민본정신을 구현할 수 있게 했다고 평가했다. 육부정은 이론가에 불과하고 실제 실천이 되지 않았다고 할 수 있지만 그 정신은 이어졌다고 하였다.[56] 그러므로 양개도는 향약정신을 현실적으로 구현할 방안으로서 치향삼약을 제시했다고 볼 수 있을 것이다.

그러나 향약을 역사적으로 볼 때 조문에 도덕만을 강조하는데 그치는경우가 많았다는 점과 관부에 의해 좌우될 수 있었다는 점, 사창, 소학, 향약 등의 연계가 잘 이루어지지 않았다는 점 등이 있었다고 보고 이를개량해야 한다고 지적하였다.[57]

이렇게 향약의 역사적 검토를 통해 양개도는 향치의 입장에서 향약의문제를 농촌 조직에 입각하여 조직간의 유기적 관계를 규명하고자 했다. 즉 保甲은 향촌 조직을 규범화한 것이고 향약은 향치의 도덕 기초를 주도하고 里社는 종교를 대표하고 社學은 교육을 대표하며 사창은 경제를대표한다고 했다. 그가 보갑과 향약을 중심적 조직이라고 했던 것은 농촌을 교화와 통치의 이원적 조직체로서 파악하는 것을 염두에 두었기 때문일 것이다. 양개도는 保甲, 鄕約, 里社, 社學, 社倉 다섯 부분을 향약의

---

55) 앞의 책, 251쪽.
56) 楊開道, 『中國鄕約制度』, 262쪽.
57) 앞의 책, 250쪽.

기본 정신 아래 포괄하여야 향약이 향촌의 통치 방면에서 계통적이고 총체적인 성격을 띠게 된다고 주장했다.[58]

한편 치향삼약을 통해 향약제도가 농촌에 적합한 조직이 될 수 있는 장점을 5가지 제시했는데 첫째 士人 계급과 향촌 인민의 연합, 둘째 중국의 민치 정신이 내포되어 있는 점, 셋째 정신 감화가 중심이 된다는 것, 넷째 공동의 도덕 표준과 예악 표지를 지니고 있으며 구체적이고 유형화, 단체화되어 준수와 집행이 쉽다는 점, 다섯째 삼약이 서로 계통적인 것이었다.[59] 이러한 분석은 양개도가 농촌의 지도자를 통해 농촌 조직의 유기적 연계를 주장한 향촌건설방안과 일맥상통 한다.

또한 향약 정신의 계승이란 점에서 보면 청조 이후부터 향약의 변질은 심화된다. 청조 건립 후 정부가 향약을 제창하여 조직하게 되면서 향약은 아래에서 위로의 조직 원칙이 다시 준수되지 못하였고 민치 정신은 파괴되고 향약 조직과 제도도 쇠락하기 시작했다. 즉 청조 순치 9년(1652)에 청은 〈성유육언(聖諭六言)〉을 반포하고 순치 16년(1659)에 향약을 시행하였다. 이후 강희 9년(1670)에는 〈상유십육조(上諭十六調)〉를 새로 정해서 반포하였으며 건륭 때는 보갑, 사창이 완비되었고 옹정, 가경 년간에도 시행하였다. 청대에는 보갑, 사창, 향약이 합쳐져서 운영되었다. 이러한 설명은 나아가 순치 9년(1652)에서 광서 17년(1891)까지 239년간 향약에 대한 諭旨는 32번 반포되었던 것을 보면 향약제도가 중시된 것은 맞지만 향약을 시행하는 것에서 인민의 자발성은 없었다고 보는 것으로 분석되었다. 이러한 양개도의 분석은 청대 향약제도는 변질 되었다는 것이고 덕치 부분이 상실되고 정치 권력이 교화 정신을 말살시켰다는 것으로 귀결된다. 양개도는 청대 양약제도는 조직적으로는 명말 육부정의 치향삼약과

---

58) 앞의 책, 251쪽; 李爽, 「20世紀二三十年代社會學者農村組織模式硏究」, 74쪽.

59) 楊開道, 『中國鄕約制度』, 123-125쪽.

유사한 것으로 보이지만 명청대 이래 향약에 관이 개입하면서 향약은 청의 선전 도구로 전락하였으므로 송대의 향약 정신을 다시 계승할 필요가 있다는 주장으로 이어갔다.[60]

　양개도가 중시한 송대의 향약 정신은 정신 감화와 교화가 아래로부터 위로 이루어지는 조직의 정신이었고 이러한 향약 정신을 바탕으로 한 보갑, 사창, 사학의 조직이 서로 유기적으로 향치를 하는 것이 향약제도의 계승점이라는 것이었다. 양개도가 책에서 제시한 치향삼약의 관계도표를 양수명이 자신의 향촌 건설 운동에 적용하였는데 이는 양개도가 향약 정신을 현대적인 조직 이론으로 해석하여 적용가능 한 향치이론으로 정립하였음을 증명하는 것이라 하겠다.[61] 또한 전통적 덕목을 유가적 입장에서 해석하지 않고 공민권의 맥락에서 이해하고자 했다는 점도 양개도의 향약 연구에 드러난 특징이다. 이는 그의 농촌 자치와 농촌 조직 연구와 깊은 관련이 있는 것이기도 하다.

Ⅳ. 맺음말

　양개도의 향촌 건설 방안은 위에서 살펴본 바와 같이 농촌 자치를 위한 지방공동사회의 형성과 농촌 조직의 조직 기제의 수립이라고 할 수 있으며 이는 그의 향약제도 연구에 그대로 적용되어 있었다. 이는 양개도가 촌치의 사회사적 검토의 필요성과 농촌문제를 종합적이고 실제적으로 보고자 한 입장에 기인하는 것이었다. 그가 남경정부의 지방자치를 포함하여 역사적인 향촌통치의 문제를 현대의 조직이론에서 검토한 것도 그러한

---

60) 楊開道, 『中國鄕約制度』, 318-319쪽.
61) 胡煉剛, 「梁漱溟與楊開道關於村治問題的討論」, 117쪽.

이유에서였다.

그의 향약 연구는 두 가지 관점에서 진행되었다. 농촌 조직과 향촌 통치라는 관점에서 향약을 역사적으로 고찰하는 방식이었다. 이러한 연구를 통해 향약 정신의 부활과 향약제도의 활용을 살펴보았고 이것이 양개도 향약 연구의 특징이라고 할 수 있다. 또한 그는 서양의 농촌 사회학 방법론과 사구 개념 등을 활용하여 향약제도를 연구했다. 이 때문에 역사적인 고증보다는 현대 조직 이론으로써 향약을 분석하였고 양수명이 도입한 여씨향약의 의미를 부각시키되 관치에 반하는 민치라는 특성을 향약 정신으로 분석할 수 있었고 나아가 청대 이후에 향약이 변질되었다고 비판하게 된 것이다. 또한 향촌 건설 운동의 과정에서 향약 정신이 이론에 그치고 공동화되지 않으려면 치향삼약처럼 향약이 보갑과 사학, 사창 등과 조직적인 결합을 도모해야 한다고 제시했는데, 이는 이후 양수명의 향촌 건설 운동과 전체 향촌 건설 운동의 방향에 영향을 끼치기도 했다.

士人 계급과 향촌 인민의 연합은 농촌 지도자를 중시하는 것과 이원적 농촌 조직에서 농민들의 아래로부터의 조직 원리인 민치 정신과도 부합하는 것이었다. 또한 지방공동사회 형성에 중요하게 작용하는 공동의 심리 문화는 향약이 정신감화를 중시하는 특성과 부합한다. 사업 조직을 통해 농촌의 경제적 발전과 개량이 뒷받침되어야 한다고 볼 때 경제와 정치, 교육이 함께 이루어지는 三約에 대한 중요성을 언급했던 것도 그러하다. 그러므로 그의 이러한 향약에 대한 연구와 고증은 향촌 자치 이론의 근원을 추구한 것으로서 전통 시대 향약과 현대의 지방 공동 사회인 농촌 사구(社區) 원리의 공통점을 밝혀낸 과정이라고 볼 수 있다.

그는 농촌에서 전통 향약을 부흥시켜 실제로 시행할 필요가 있다고 제안하면서 다만 농촌의 각 사업역량에 부합할 수 있게 보완하고 현대 농촌의 조직으로 계승해야 한다고 하였다. 농촌 자치는 직접적 민치를 의미한다고 본 양개도는 향약제도가 이러한 농촌 자치에 부합하는 전통이라고 주장하면서 농촌에 향약을 다시 뿌리내리게 하고자 했다. 향약을 개조해서 현대적인 조직으로 만들 수 있다고 본 것이다. 자치 조직과 사업 조직의 역할을 정치 권력과 교화 권력으로 나누어 인식함으로써 당시 중국 정부가 의도하는 정치와 교화의 일치로 부터 벗어나는 한편 현대 조직에 전통적 덕치를 가져왔다.[62] 그러나 그 덕치는 자율적 교화라는 근대적 의미를 지니는 것으로서 이원적으로 통치되던 농촌 통치 전통을 현대의 현실에 적용시키기 위한 것이었다. 전통적 덕목의 현대적 재해석인 것이다. 이것이 양수명이 중국의 윤리와 습속을 향치의 근간으로 하는 것과 다른 점이었다.

한편 양개도의 향촌건설방안과 향약제도 연구에는 중국사회에 내재한 지식인의 역할과 지식의 작용에 대한 사회사적 검토도 살펴볼 수 있다. 그는 중국 기층 사회가 정치와 교육의 두 가지 방향으로 통치(治理)되어 왔다는 것을 규명함으로써 향약이 교육과 교화를 대표하는 특성을 지녔음을 강조했다. 즉 정치 권력과 교화 권력의 이원적 계통이 향촌의 통치에 존재했었다는 점을 향약제도 연구를 통해 인식하고 현대 농촌에서 자치 조직을 대표로 하는 정치 권력과 사업 조직을 대표로 하는 교화 권력을 병행하여 설치하고자 했다. 또한 원래 촌치 조직이던 보갑, 향약, 사창, 사학이 나누어 시행했던 교화의 기능을 현대 농촌 사회에서도 분업시켜 조직하고자 했고 이는 정교를 분리하는 것을 강조했다. 이는 당시 남경국민정부의 정교일치의 방향과는 다른 것으로 가능하면 정치 권력을 제한하고자 했고 자치 사업의 내용도 치안, 호구 조사, 범죄 조사에 국한시키고 최저한도의 공공 안전만 유지시키게 하였다.

이 과정에서 士人계층이 지방 사회에서 민본 정신을 펼칠 공간이 마련

---

62) 王麗惠, 「鄕規民約與村治:硏究範式的綜述與反思(哲學社會科學版)」, 『湘潭大學學報』, 第3期, 2017, 137쪽.

되었다는 것도 밝히면서 현대의 전문적 농촌지도자는 향약제도의 사인 계급의 역할에 부합하는 것으로 보았다. 즉, 전통 시대 사인 계급이 향촌 인민과 서로 연합했던 전통을 계승하여 지식인들이 그 역할을 담당할 것을 계획한 것이다. 다만 청대에는 이러한 전통이 상실되었기 때문에 현대적 중국 농촌 조직을 설계할 때는 자치 조직과 사업 조직을 하여 정치와 교화를 분리해야 한다고 주장하였다.

이처럼 양개도가 서구 농촌 사회학 이론을 중국에 적용하고 향약제도로 확장하여 향촌 건설 운동의 방향성을 탐색한 것은 서구 학문의 중국화 과정을 보여준 것이라고도 하겠다. 또한 양개도가 향약의 전통과 원형을 찾아내고 농촌 운동에서 그 계승점을 확보해 낸 것은 향촌 건설 운동의 다양한 방향을 제시하였을 뿐 아니라 농촌에까지 지식인의 참여 공간을 확장시킬 수 있는 이론적 근거가 되었다는 점에서 중요한 의미가 있다.

| 참고문헌 |

송정수, 『중국근세향촌사회사연구 - 명청시대 향약, 보갑제 형성과 전개』, 혜안, 1997.

최은진, 「楊開道의 淸河縣 향촌건설실험과 근대지식의 농촌 사회 전파 기제」, 『동국사학』, 70집, 2021.

楊開道, 『農村社會學』, 世界書局, 1929.

_____, 『農村自治』, 世界書局, 1930.

_____, 『農村組織』, 世界書局, 1930.

_____, 『農村問題』, 世界書局, 1930.

_____, 『農村社會』, 世界書局, 1930.

_____, 『農村領袖』, 世界書局, 1930.

_____, 『農村政策』, 世界書局, 1934.

_____,『中國鄉約制度』, 山東省鄉村建設研究院, 1937.

_____,「梁漱溟村治七難解」,『農業周報』, 1929.

_____,「鄉約制度的研究」,『社會學界』, 1931.

_____,「呂新吾的鄉甲約制度」,『社會學界』, 1934.

鄭大華 著,『民國鄉村建設運動』, 社會科學文獻出版社, 2000.

胡曉婷,「鄉約制度與農村自治 ─ 楊開道的農村社區工作模式」, 首都經濟貿易大學 碩士論文, 2015年.

王欣瑞,『現代化視野下的民國鄉村建設思想研究』, 西北大學博士論文, 2007.

常建華,「鄉約往事 ─ 從楊開道《中國鄉約制度》說開去」,『讀書』, 第9期, 2006.

黨曉虹·樊志民,「傳統鄉規民約的歷史反思及其當代啟示 ─ 鄉村精英、國家政權和農民互動的視角」,『中國農史』, 第4期, 2010.

董建輝,「中國鄉村治理道路的歷史探索─楊開道及其《中國鄉約制度》」,『寧德師範學院學報』, 第4期, 2016.

賀雪峰,「鄉村治理研究與村莊治理研究」,『地方財政研究』, 第3期, 2007.

侯俊丹,「鄉約改造與專家治理 ─ 簡析楊開道的鄉村建設思想」,『學術交流』, 第2期, 2016.

胡煉剛,「梁漱溟與楊開道關於村治問題的討論」,『中國社會科學報』, 第2期, 2012.

李爽,「楊開道的鄉約研究與鄉村建設思想」,『史學集刊』, 第7期, 2008.

____,「20世紀二三十年代社會學者農村組織模式研究」,『北方論叢』, 第4期, 2011.

劉鋒,「呂振羽,楊開道村治思想的異同及對鄉村振興之啟示」,『邵陽學院學報』, 第5期, 2019.

劉精明,「試評述楊開道農村組織理論」,『社會學研究』, 第4期, 1991.

劉志奇·李俊奎,「中國鄉規民約研究80年」,『北京師範大學學報』, 第2期, 2016.

馬威,「楊開道學術研究綜述」,『華中農業大學學報(社會科學版)』, 總80期, 2009.

彭秀良,「民国時期的乡约再造实践」,『中国社会工作』, 第3期, 2020.

_____, 「民国乡约再造实践中的乡贤(上)」, 『中國社會工作』, 第4期, 2020.

_____, 「民國鄉約再造實踐中的鄉賢(下)」, 『中國社會工作』, 第19期, 2020.

邱澤奇, 「楊開道先生與他的農村社會學工作」, 『社會學研究』, 第5期, 1987.

邱澤奇 · 邵敬, 「村社會秩序的新格局：三秩並行 ─ 以某地"鄉土人才職稱評定"爲例」, 『國家行政學院學報』, 第5期, 2015.

蘇海新 · 吳家慶, 「論中國鄉村治理模式的歷史演進」, 『湖南師範大學社會科學學報』, 第6期, 2015.

王麗惠, 「鄉規民約與村治:研究範式的綜述與反思」, 『湘潭大學學報(哲學社會科學版)』, 第3期, 2017.

王先明, 「從《東方雜志》看近代鄉村社會變遷 ─ 近代中國鄉村史研究的視角及其他」, 『史學月刊』, 第12期, 2004.

_____, 「20世紀前期中國鄉村社會建設路徑的歷史反思」, 『天津社會科學』, 第6期, 2008.

閻書欽, 「民國學界對美國社會學理論的選擇與融會：對民國時期社會學中國化一個側面的考察」, 『近代史學刊』, 第10輯, 2013.

吳麗娟, 「楊開道的農村領袖思想及其當代價値」, 『福建質量管理』, 第1期, 2017.

徐其龍, 「民國時期楊開道與梁漱溟鄉約改造思想比較研究」, 『哈爾濱工業大學學報(社會科學版)』, 第22卷 第1期, 2020.

宣朝慶, 「百年鄉村建設的思想場域和制度選擇」, 『天津社會科學』, 第3期, 2012.

21세기 중국, 새로운 중체(中體)의 상상과 탐색

◈ 강진석 ◈

Ⅰ. 들어가는 말

2022년 올해는 한중수교 30주년을 맞는 뜻깊은 해이다. 그리고 중국으로선 시진핑 정부 제3기를 예고한 해이기도 하다. 2000년대 들어 중국의 위상은 G2의 강대국으로 우뚝 솟아올랐고, 세계에서 유일하게 미국이란 패권(superpower)에 도전할 수 있는 나라가 되고 있다.

사상사적으로 보면 중국은 더 이상 서구로부터 어떤 모델이나 기술을 배우려 하기보다는 자국의 자원을 발굴하고 역량을 극대화하여 중국만의 모델(model)을 구축하는 길로 나아가고 있다. 필자의 전공인 '체용(體用)'의 시각에서 논하자면, 중국은 이미 서체(西體)[1]를 학습하는 단계를 졸업하고 새로운 중체(中體)를 건설하는 시기로 진입한 것이다.

---

* 이 글은 2022년 3월에 학술지 『중국지식네트워크』에 투고한 논문 「21세기 중국 지식인의 새로운 중체(中體)의 상상과 설계」를 수정 보완한 것이다.

** 한국외국어대학교 중국외교통상학부 교수.

1) 여기서 말하는 '西體'는 서구의 과학기술과 정치경제 제도를 지칭하고, 서학(西學)으로 대표되는 정신문명과 이데올로기를 포함한다.

　1840년 아편전쟁 이래 수세에 몰렸던 기나긴 역사를 마감하고, 오늘날 중국은 새롭게 자신의 정체성을 모색하고 있다.

　양무운동, 무술변법 시기 고육지책으로 내세웠던 '중체서용(中體西用)'의 구호와, 5·4 신문화운동 이래 대륙에 거세게 불어 닥친 '전반서화(全盤西化)'의 열풍을 겪으면서, 중국은 한편으론 서체의 학습을 심화하고 다른 한편으론 중국식 사회주의를 건설하는 두 길을 함께 걸어왔다.

　1949년 이래 중국에서 시도된 사회주의의 실험은 아편전쟁 이래 제기된 중체서용과 5·4운동 이래 고취된 전반서화를 뒤로 하고 중국식 정체(正體), 즉 중국식 사회주의의 얼개를 짜아갔던 운동이었다. 사회주의 중체(中體)의 첫 시도는 대약진과 문혁(文革)을 거치면서 여러 실패와 좌절을 맛보았다.

　신중국의 중체 건설은 건국의 입안자들이 생각했던 것보다 훨씬 어렵고 복잡했다. 인민의 심리는 여전히 '애국'이었지만, 어떻게 국가를 부강케 하고 어떤 길로 가야 하는지에 대한 방법과 방향은 수시도 부침을 겪었다.

　덩샤오핑의 '중국특색 사회주의'는 중체(中體)가 여전히 서체(西體)와의 교섭과 학습 중에 확립될 수 있다는 신념을 잘 말해주었다. 1980년대 개혁개방의 길은 서체가 지닌 시장경제와 자유주의의 수용이 하나의 시대적 당위처럼 펼쳐졌다. 이 시기 중국은 겸허하게 서체를 학습하고 그 우수한 자원을 흡수하고자 했다.

　리쩌허우(李澤厚, 1930-2021)는 이러한 사유방법을 '서체중용(西體中用)'으로 불렀다. 1980년대 문화열(文化熱)은 서체를 향한 다양하고 열성적인 흡수를 의미했다. 달아오른 서체에 대한 갈망은 스스로를 주체하지 못하면서 1989년 6.4 천안문 사태라는 종점을 향해 치달았다. 이 시기 시장경제와 사회주의의 결합은 과거 '중체서용'이 벌인 엉거주춤과는 또 다른 형태의 엇박자를 낳았다. 1990년대를 앞둔 문턱에서 중국은 다시 한 번 "우리 몸에 맞는 옷은 과연 무엇인가?"2)라는 논제에

봉착했다.

1990년대는 서체의 학습이 경제와 정치의 분리 위에서 진행되었다. 정치민주는 뒷전으로 물러나고 신권위주의 정권이 정착되었다. 시장경제는 '생산력 제고'의 구호 위에 더욱 맹렬히 전진했다. '서체'에 올려졌던 방점은 90년대 들어 '중용(中用)'의 고뇌로 점차 이동해 갔다. 어떻게 중국의 실정에 맞게 서체를 적용하고 이로써 중국식 정체를 재구축할 것인가의 문제가 대두되었다.

경제는 천안문(天安門)의 상처를 딛고 다시 도약했다. 홍콩과 마카오가 중국으로 반환되자,3) 축제의 분위기는 최고조에 이르렀다. 2001년에 들어서면서 중국은 자국이 대전환기에 접어들었음을 실감할 수 있었다. WTO 가입과 2008년 베이징올림픽의 유치는 중국이 새로운 세계를 열고 있음을 대내외에 알린 신호탄이었다. 중국의 정체(正體)는 이제 새로운 '표준'을 고심하고 100년 묵은 굴욕의 근대사를 청산할 준비를 서둘렀다.

이렇게 시작한 중국의 2000년대는 미래에 대한 기대와 희망으로 넘쳐났다. 경제는 호황이었고 아시아 4마리용은 더 이상 중국이 좇아가야 할 모델이 되지 못했다. 중국은 새로운 자국의 그림을 그릴 필요가 있었다. 후진타오 정부(2002-2012)는 중국이 서체와 중체의 교섭 속에서 어떻게 "21세기에 걸맞는 중체를 건설할 것인가"를 숙제로 떠안고 있었다.

베이징올림픽을 준비하면서 중국은 국영 중앙TV에 《대국굴기》(2006)와 《부흥의 길》(2007)이란 다큐멘터리를 잇달아 선보였다. 중국이 '대국(大國)'을 어떻게 준비할 것인가에 대한 탐색과 고대 한당(漢唐)의 영광을 어떻게 재현할 수 있는가 등의 주제로 사유는 확장되어 갔다. 몸집이 커진 중체는 서체와 조응하며 어떻게 발전하고 부흥할 것인가를 진지하게

---

2) 1990년에 촉발된 '姓社姓資' 논쟁을 말한다.

3) 홍콩은 1997년 7월 1일에 반환되었고, 마카오는 1999년 12월 20일에 반환되었다.

고민했다.

2008년 베이징올림픽의 성공적 개최는 중국 현대사에서 커다란 분수령이 되었다. 포스트 올림픽의 환희 속에서 이른바 '음지에서 칼을 갈며 미래를 준비하는 자세[韜光養晦]'는 더 이상 중화의 미덕이 되지 않았다. 도리어 'No'라고 말할 수 있고, 직접 분노를 표출하는 것을 자랑스럽게 여기게 되었다. 올림픽이 막 끝난 무렵 중국의 사유는 자신의 정체(正體)를 향해 내화(內化)하기 시작했다. 서체와의 관계 속에서 조성된 학습과 교섭보다는 중체(中體) 자체에 대한 설계, 즉 새로운 중국모델, 새로운 인민의식, 중국의 대국설계 등에 초점을 맞추기 시작했다.

2010년 무렵 쏟아져 나온 '중국모델론', '민족주의', '천하주의', '아시아연대' 등의 사유는 중국이 새로운 중체(中體)를 하나의 실체(Substance)로 간주하기 시작했음을 의미한다. 중국 지식인은 새로운 중체를 다양한 눈으로 그려내기 시작했다. 그것은 민족국가의 테두리를 넘어서 과거 중화제국이 지녔던 역사 경험을 끌어오는 작업을 포함하고, 당대(當代) 국민국가와 고대 제국의 영광을 함께 저울질하며, 나아가 중국몽(中國夢)을 미래로 투사하는 설계도 포함하였다.

오늘 필자의 글쓰기는 중국이 새로운 '중체(中體)'를 모색하는 과정에서 선보인 여러 사유와 그 갈래를 짚어보는 것이다. 체용(體用)의 사유로써 말하자면, 1990년대 서체에 대한 학습과 도전의 시기를 거치고, 2000년대 초 달라진 중체의 위상을 실감했던 시기를 넘어서, 2010년 이후 새로운 중체의 설계가 본격화되었던, 그 담론의 여정을 조명하는 것이다.

이를 시대별로 논하기 위해 필자는 먼저, 1990년대 리쩌허우의 '서체중용' 이론이 '고별혁명(告別革命)'과 접목되었던 사유의 변화를 살펴보았다. 서체(西體)를 향한 일방적 구애의 단잠에서 깨어나 이를 중국화하는 적용[中用]이 얼마나 지난한 것인가를 논구했던 그의 사유는 서체의 권위를 인정했던 마지막 실험양식으로 볼 수 있다.

둘째, 필자는 2000년대 후진타오 정부 시기 구사되었던 여러 사유의 갈래를 조명하였다. 베이징올림픽 전후 우후죽순으로 쏟아져 나온 '조화사회', '대국굴기', '소프트파워', '국학열', '부흥의 길' 등의 담론은 새로운 중체의 사유가 제국의 역사, 전통의 부흥, 이념의 모순, 보편의 탐색 등 각종 프리즘으로 분화되었던 시대상을 잘 보여준다.

셋째, 필자는 2010년 무렵 도출된 여러 사유의 양식에 주목하였다. 포스트 올림픽 시기 중국의 사유는 학습이나 교섭이 아닌 미래 중국에 대한 상상과 설계의 양태를 띠기 시작했다. 이 시기 도출된 '중국모델', '신천하주의', '천하체계', '신아시아 상상'의 담론은 희망찬 설계도를 펼쳐놓고 고민하는 중국식 사유를 잘 반영한다.

이 글을 쓰기 위해 필자는 이전에 본인이 썼던 글들을 참조하였고[4], 최근 중국에서 진행된 여러 사상 담론과 현상들을 수집하였다.[5] 이를 체용의 시각에서 이전의 글들을 재구성하고 새롭게 등장한 담론을 추가하여 당대(當代) 중국에서 시도되고 있는 새로운 중체의 면모를 조명하는데 논의의 초점을 맞추었다.

---

4) 필자의 글은 주로 「21세기 중국의 천하주의와 미래담론」, 2020; 『현대중국학특강』, 2017; 『체용철학』, 2011; 「총론: 당대중국의 사상사조」, 2010 등을 참조하였다.

5) 시기별 사상가의 자료는 다음 저서들을 주로 참조하였다. 李澤厚, 『走我自己的路』, 2002; 『고별혁명』, 2003; 『중국현대사상사론』, 2005; 『학설』, 2005; 杜維明, 『문명들의 대화』, 2006; 劉明福, 『中國夢』, 2010; 許紀霖, 『新天下主義』, 2015; 汪暉 『새로운 아시아를 상상한다』, 2003; 『아시아는 세계다』, 2011; 마리청, 『현대 중국의 8종 사회사조』, 2015; 조경란, 『현대 중국 지식인 지도』, 2013; 송인재, 「21세기 중국의 '천하' 재해석과 신보편 탐색」, 2015.

Ⅱ. 1990년대, 서체중용(西體中用)의 마지막 실험

중국 근현대사 속에서 '혁명(革命)'은 늘 압도적인 대세를 이루었다. 문혁 시기 혁명은 계급투쟁을 앞세웠고 좌경노선의 끝을 보고서야 막을 내렸다. 1980년대 혁명은 서구주의의 경도를 끝까지 밀고 나갔고, 결국 주체하지 못한 열기는 천안문의 비극으로 끝을 맺었다. '문화급진주의'로 대표되는 이 혁명은 중국 인민의 심리 속에서 늘 어떤 최상의 선택에 가까웠다. 그것은 확실히 1919년 5·4운동 때부터 서서히 축적되어 중국 근현대사를 관통했던 유전자와도 같은 것이었다. 인민은 늘 혁명의 구호에 고무되었고 그 가운데 고조된 열기는 거꾸로 인민의 생각을 움직였다. 21세기에 접어든 오늘도 혁명은 여전히 강력하게 중국을 휘감고 있다.

1990년대는 중국이 잠시 혁명을 내려놓았던 시기였다. 중국 인민은 문화대혁명부터 천안문 사태에 이르기까지 자신들이 어째서 그토록 뜨겁게 투쟁하였는지 돌아볼 필요가 있었다. 혁명이 끝날 때마다 어김없이 결과에 대한 추궁은 있었지만, 인민은 늘 그 사태의 전모를 파악할 수 없었다. 문화급진주의가 광장을 뒤덮었고 다시 군인의 진압이 광장을 훑고 지나간 기억의 장 위에서, 인민은 늘 사태에 대한 복기가 어려웠다. 지식인들이 '인문정신 논쟁'6)를 벌이면서 광장의 상실감을 달래보려 했지만, 공허의 실체는 제대로 잡히지 않았고 울분의 대상은 수시로 변화하였다.

1980년대 서구주의 경도의 시대를 이론적으로 반성한 사례는 리쩌허우에서 찾아볼 수 있다. 그는 80년대 신계몽주의를 이끌었던 문화영수 중의 한 사람이었다. 서체중용으로 대표된 그의 논지는 미학사상과 더불어 문

---

6) 1993년 2월 『상하이문학』, 「광야 위의 폐허 – 문학과 인문정신의 위기」의 대담에서 촉발된 지식인 논쟁을 말한다. 이들은 1990년대 들어 달라진 중국의 사회환경과 지식인의 위상을 '인문정신'의 시각에서 조명하였다.

화대토론을 주도했다. 서체중용(西體中用), 즉 서구의 본체와 중국적 적용을 골간으로 한 그의 사상은 자유주의를 대표했던 사조 중의 하나였다. 당시 그의 사유의 방점은 확실히 '서체(西體)'에 꽂혀있었다.

> 만일 근본적인 '체(體)'가 사회존재, 생산양식, 현실생활이라고 인정한다면, 그리고 현대적 대공업과 과학기술 역시 현대 사회존재의 '본체'와 '실질'이라고 인정한다면, 이러한 '체' 위에서 성장한 자아의식 또는 '본체의식' - 또는 '심리본체' - 의 이론형태, 즉 이러한 '체'의 존재를 낳고 유지하고 추진하는 '학(學)'이 응당 '주'가 되고 '본'이 되고 '체'가 되어야 한다. 이것은 물론 근현대의 '서학(西學)'이며, 전통의 '중학(中學)'은 아니다. 그러므로 이러한 의미에서 여전히 "서학을 체로 삼고 중학을 용으로 삼는다"고 다시 말할 수 있겠다.[7]

> 현대화는 확실히 서구에서 먼저 시작되었으며, 서구에서 동방으로, 중국으로 전파된 것이다. 현대의 대공업생산, 증기기관, 전기, 화학공업, 컴퓨터 … 그것들을 생산하는 각종 과학, 공업기술, 경영관리제도 등은 서구에서 전래된 것이 아니란 말인가? 이러한 가장 근본되는 측면, 즉 현대적 대공업생산으로 발전시키는 방면에서 현대화는 바로 서구화이다.[8]

문혁의 그늘서 해방된 1980년대는 서구의 학문과 문명에 대한 재긍정으로 급선회하였다. 리쩌허우의 서체중용은 먼저 서체에 대한 긍정으로부터 시작되었다. 서체의 수용은 곧 서구의 생산양식, 과학기술을 받아들이는 것이었고, 한 걸음 더 나아가 서양의 학문 자체를 겸허히 학습하는 것을 의미했다. 당시 시대 분위기 속에서 서체는 덩샤오핑이 말한 시장경제를 긍정하는 것이고 또 문화열의 핵심 사조 중의 하나였던 자유주의를

---

7) 李澤厚, 「漫說'西體中用'」, 1987. (김형종 역, 『중국현대사상사론』, 531쪽).
8) 앞의 책, 528쪽.

배우는 것으로 압축되었다. 리쩌허우는 이 사유방식을 '서체중용'으로 정리한 것이다. 애초에 마르크스주의도 서체에 포함시켰던 그의 사유는 점차 자유주의 쪽으로 경도되어 갔다.

1987년 리쩌허우의 사유는 '중용(中用)'의 논리에 보수적으로 접근할 수밖에 없었다. 그의 고민은 시종 중국이 또다시 '중체서용'의 늪으로 빠져들지 않을까에 관한 우려였다. 중체서용은 중학(中學)이 서학을 흡수하여 창조적 성과를 내지 못하고 다시 중국의 봉건성에 동화되어 버린 한계의 징표였다. 그리고 이러한 중체서용의 사례는 비단 근대시기 중체서용론자들에게서 발견될 뿐만 아니라 마오쩌둥이 사회주의를 중국화한 현대사에서도 발견된다는 것이 그의 논리였다.

> 현대 사회는 다원화되고 다양화된 사회이며, 현대의 '서학' 역시 그와 마찬가지이다. 따라서 전면적인 이해, 소개, 수입, 도입 과정에서 자연히 판단, 선택, 수정, 개조의 문제가 발생할 것이다. 이러한 판단, 선택, 수정, 개조 가운데에서 중국의 각종 실제상황과 실천활동에 어떻게 적용하고 응용하는가 하는 것, 즉 '중용(中用)'이 나타나게 될 것이다.9)

> '서학'이 중국 본래의 완강한 '체'와 '학' - 봉건적 소생산양식, 농민혁명전쟁에서 상층의 공명의 도와 온갖 국수에 이르기까지 - 에 의해 포로가 되거나 개조되거나, 아니면 동화되게 해서는 안 된다는 점이다. 반대로 과학 기술, 생산력, 경영관리제도에서 본체의식 - 마르크스주의와 그 밖의 각종 중요한 사상, 이론, 학설, 관념을 포함한다 - 에 이르는 현대화한 '서체'에 의해 '중학'을 개조하고, 중국 전통의 문화심리 구조를 전환시키고, 의식적으로 이러한 침전을 변화시키려고 노력해야 한다.10)

---

9) 앞의 책, 532쪽.
10) 앞의 책, 533쪽.

이 시기 리쩌허우의 사유는 만약 중국이 주체적으로 서체를 과도하게 개조하면 또다시 중체서용의 나락으로 떨어질 것을 가장 경계했다. 서체를 겸허하게 수용하는 면이 훨씬 더 강조되었고, 곧 서체에 의해 중학을 개조하고 중국의 봉건성을 전환시키는 것이 주된 관심사였다. 따라서 80년대 리쩌허우식 '서체중용'의 사유는 사실상 서체의 수용과 학습으로 바꿔 말해도 무방했다.

1989년 천안문 사태가 발발한 후, 1992년 리쩌허우는 미국으로 건너갔다. 1990년대 그의 사유는 문화급진주의에 대한 반성으로부터 시작되었다. 문화급진주의는 애국과 계몽이 함께 표출되었던 5·4 시기에 그 원류를 두고 대약진운동과 문화대혁명을 거쳐 천안문 사태에 이르기까지 중국 인민의 심리 속에 깊게 뿌리내린 정서였다. 그것은 역사 속에서 때론 급진적이고 때론 폭력적으로 체제의 전환을 요구하는 운동의 성격을 띠었다. 1995년 리쩌허우가 선보인 『고별혁명(告別革命)』은 혁명적 전통과의 결별을 고하는 선언이었다. 그의 사유는 혁명에서 개량으로 급진에서 안정으로 천천히 옮아갔다.[11]

혁명의 좌절과 상처의 회복 속에서, 서체의 방점은 점차 '중용(中用)' 즉 중국식 적용의 고뇌로 이동하여 갔다. 중용에 대한 새로운 모색 가운데 그는 '전화적 창조[轉化性的創造]'의 방법을 제시했다.

사람들은 일반적으로 '혁명적인 창조'를 즐겨 말하는데, '전화적 창조'는 바로 '혁명적 창조'를 겨냥하여 말한 것이다. 후자는 오로지 신속하고 철저하게 과거의 것, 현존하는 형식, 모델, 질서, 제도, 규칙 등을 타파하고 파괴해야만 비로소 새로운 것을 창출해 낼 수 있다고 생각한다. 이른바 "파괴하지 않으면 세울 수 없다"는 것이다. 내가 오늘날 강조하는 것은 이와 완전히 상반된 것으로서, 철저하게 파괴하고 신속하게 바꿀 필요

---

11) 강진석, 「당대 중국의 인문 사조」, 『현대 중국학 특강』, 31쪽.

가 없이 점진적으로 '전화(轉化)'할 수 있고, 헌 병에 새 술을 담고, 과거
에 기대 새것을 세우고, 진부한 것을 미루어 새것을 도출하고, 낡은 형식
을 점차적으로 새로운 형식으로 전환시킬 수 있다고 주장한다.[12]

새 술은 반드시 새 병에 담아야 한다는 혁명의 방법은 결과적으로 파괴
만 가져다주었을 뿐 창조하지 못했다. 신중국 이후 혁명으로는 건설도 창
조도 해내지 못했다는 것이 1990년대 그가 내린 결론이었다. 중국 사회에
필요한 것은 오히려 헌병에 새 술을 담는 지혜와 이를 감내하는 지난한
과정이었다. 그의 '4단계론'은 이러한 인식 속에서 제시되었다. 소위 '경제
발전' – '개인주의' – '사회정의' – '정치민주'의 순차를 제시했던 이론은 90
년대 사유의 한 궤적을 보여준다.[13] '경제발전'이 가장 우선되고 '정치민
주'가 후순위가 된 이 논법은 당시 덩샤오핑 정부의 노선과 대체로 일치하
고 있다.

그러나 4단계론 중에서 제시된 '개인주의'와 '사회정의'는 리쩌허우가
자유주의 관점에서 중국사회의 발전방향을 제시한 내용으로 볼 수 있다.
새 술을 헌병에 담는 사유의 한 방식을 그는 종교적 도덕과 사회적 도덕의
분리에서 찾았다. 두 도덕의 분리는 개인주의와 사회공덕의 모순을 해결하
고 전통유학과 자유주의의 괴리를 해소할 수 있는 하나의 출로였다. 캉여
우웨이(康有爲, 1858-1927) 사상 속에서 개량주의의 단서를 찾았다면, 사
회적 공덕과 개인적 사덕(私德)의 분리는 량치차오(梁啓超, 1873-1929)에

---

12) 「再說'西體中用'」, 1995 (李澤厚, 『走我自己的路』, 390쪽).

13) 李澤厚, 「說歷史悲劇」, 『己卯五說』, 1999 (노승현 역, 『학설』, 159쪽) "나는 '혁명과
작별 인사를 하는' '네 가지 순서', 즉 중국의 근대화 과정과 관련된 경제발전, 개인주
의, 사회정의, 정치민주라는 네 가지 커다란 문제를 어떻게 처리할 것인가 하는 이론을
제기했다. 나는 이러한 네 가지 측면을 분명하게 나눌 수 있는 역사적 단계로 생각하지
않지만, 여전히 경중과 완급, 선후와 순서 – 시간의 순서를 포함한 – 로 나눌 수 있는
과제이자 작업이며 '임무'라고 생각한다."

서 그 단서를 찾을 수 있었다.

> 사회적 도덕이란 20세기 초에 양계초가 제시한 공덕(公德)이다. 공덕
> 은 현대 법치의 기초 위에서 수립된 것으로 현대 생활이 그것에 의지해서
> 유지되는 공동의 원칙, 규범, 질서, 가치 관념과 행위 방식인데, 그것은 바
> 로 앞에서 말한 자유, 평등, 인권, 민주 등이다. 공덕은 이미 일정한 시대
> 적 조건과 연관되어 있으면서 (따라서 상대성과 역사성을 띠고 있다) 또
> 한 정치, 법률과 긴밀하게 연계되어 나누어질 수 없으며 타율성이 아주
> 강한 규범윤리이다. 오늘날 중국에 시급한 것은 개체주의의 기초 위에서
> 수립된 이러한 절차적인 민주와 선택의 자유인데, 이를 이루기 위해서 갖
> 가지 다양한 외부적인 간섭, 주재, 억압에서 벗어나야 한다. 비록 그것의
> 근본이론에 반드시 동의하는 것은 아니지만 여전히 오늘날의 입법 준칙으
> 로서 현대 자유주의를 최대한 흡수해야 한다. 종교적 도덕은 양계초가 말
> 한 사덕(私德)으로서, 중국의 전통유학이 주장한 바와 일치한다. 그것은
> 감정과 의리를 중심으로 삼아 믿음과 관계 맺으며 개체의 궁극적인 관심
> 이나 근심 없이 편안히 생활하는 것과 관련이 있다.[14]

사회적 도덕은 법치에 기반하고 종교적 도덕은 개인의 윤리와 가치에
기반한다. 중국 전통철학의 시각에서 이 둘을 말하자면 '유법호용(儒法互
用)'의 관계로 표현된다. 양자의 상호 관계이론은 사실상 서구 자유주의를
중국사회에 적용하고자 한 서체중용의 한 갈래의 양식이다.

리쩌허우는 이 두 도덕의 관계를 더 자세히 설명하기 위해 존 롤스(John
Rawls, 1921-2002)의 '중첩적 합의(Overlapping Consensus)'[15] 이론을 끌

---

14) 앞의 책 (노승현 역, 『학설』, 133-134쪽).

15) '중첩적 합의'의 개념은 존 롤스가 현대 사회의 여러 갈등을 해소하려는 문제의식에서
    출발했다. 그는 '정치적 자유주의'의 시각에서 서로 갈등적이고 불가공약적인 종교,
    철학, 도덕적 교리에 의해 분열된 시민 간에 안정되고 정의로운 사회를 유지하는 것이
    어떻게 가능한가에 대한 질문을 던졌으며, 이에 대한 해답으로서 '합당한 포괄적 교리
    들 간의 중첩적 합의'라는 개념(overlapping consensus of reasonable comprehensive

어들였다. 즉 두 도덕의 관계에 있어서 고려해야 할 것은 '옳고 그름'과 '선악'의 문제를 분리하고, 정치철학과 윤리학의 문제를 구별하는 것이다. '옳고 그름'과 '선악'의 분리는 또한 권리와 가치, 사회적 도덕과 종교적 도덕의 분가이기도 하다.16) 사회적 도덕은 선과 악의 잣대로 접근하는 신앙인, 도덕인, 윤리인의 입장에서 고려되어서는 안 된다. 그것은 '옳고 그름'의 문제로서 법률, 정치, 공공의 시각에서 접근해야 한다.17)

서체(西體)에 경도되었던 1980년대 리쩌허우의 사유는 1990년대 들어 중용(中用)의 다층적 사유로 점차 분화했다. '전화적 창조'에서 제시된 개량주의, '유법호용'에서 도출된 공공영역과 개인주의의 구분 등은 사실상 서체중용의 사유가 중국사회에 뿌리내려 가는 여러 방법론을 다룬 것이다.

자유주의를 어떻게 중국사회에 적용할 것인가의 논의는 자연스럽게 정치민주와 공공영역의 주제들로 연결되었다. 리쩌허우는 덩샤오핑의 남순강화(1992) 이후 정착된 신권위주의 정치체제를 인정하는 전제 위에서 논의를 시작하였다. 그가 말하는 민주모델은 사실상 오랜 기간 '중국공산당 영도'를 유지하면서 그 내부에서 민주적인 제도를 모색하는 것이었다. 그는 "중국은 오랜 세월 동안 일당독재의 현실 상황 하에 있었으므로, 먼저 반드시 당내민주화를 실시하여야 한다. 당내민주화란 매 당원이 권리를

---

doctrines)'을 도입하였다(존 롤스 저, 『정치적 자유주의』, pp.246-247. 참조). '중첩적 합의'란 어떤 한 철학자의 이론적 정당화를 거친 정의관이 두 번째로 거쳐야 할 단계로서 정의관이 현실 속에서 이성적인 시민들 사이에서 수용되는 상태를 의미한다. 이런 중첩적 합의의 테스트를 통과하면 정의관은 다양한 가치관과 교리를 가진 시민들 모두가 받아들이는 공통된 '정치적' 정의관으로 인정될 수 있다(김은희, 「롤즈의 공적 이성 개념의 한계와 중첩적 합의 개념의 재조명」, 245쪽 참조).

16) 李澤厚, 「巫史傳統與兩種道德」, 『歷史本體論』, 2002 (황희경 역, 『역사본체론』, 107-108쪽).

17) 강진석, 「李澤厚의 '유학4기설'을 어떻게 볼 것인가」, 238쪽.

가지고 정치문제에 대해 의견을 발표하는 것에 그치지 않고, 점진적으로 당내에 각기 다른 공개적 파벌의 형성을 허용하고, 당 규약의 범위 내에서 토론, 논쟁, 투쟁하는 것을 허용하는 것이다."[18]라고 주장했다.

공산당 영도와 당내민주화를 추진하는 큰 틀 위에서 그는 여러 세부적인 조치들을 함께 시행할 수 있다고 주장했다.

첫째, 중앙과 각급정부는 충분한 권위를 보유한 상황에서 점진적으로 여론을 개방하고 헌법이 이미 규정한 언론자유와 출판자유를 실행해야 한다. 둘째, 점진적으로 헌법이 규정한 결사(結社)의 자유를 이행하고, 구체적인 결사의 법률과 조례를 반포하고, 민간조직 즉 '공중사회(公衆社會)'와 '공공공간(公共空間)'의 합법적인 존재와 발전을 허락해야 한다. 셋째, 자각적으로 전시(戰時)적 체제, 관념, 습관을 바꾸어야 한다. 중국대륙이 사용하는 각종 제도, 규범, 요구, 관념은 대부분 전쟁시기에서 유래한 것이다. 이 때문에 수십 년간 임기응변식의 정책이 있었을 뿐 상대적으로 고정된 법률이 부재하였다. 단지 영도자의 의지에서 유발된 조례에 의해 사업을 했을 뿐, 일정한 수속, 방법, 절차가 부족하였다. 단지 '군중운동'만 있었을 뿐 의사규칙(議事規則)이 부족하였다. 넷째, 오늘날 개시한 정경(政經)분리, 차액선거(差額選舉)[19], 기층조직의 보통선거 실시 등은 매우 중요하므로 힘써 격려하고 견지해야 한다.[20]

1990년대 리쩌허우가 그린 서체중용은 사실상 서구의 자유주의를 사회주의 중국에 접목시키는 방법에 관한 것이었다. 중용(中用)의 사유는 문화급진주의에 대한 반성, 단계별 현대화의 이론, 개인주의와 사회정의의 상호작용, 공공영역과 공민사회의 확장 등의 주제로 갈라져 논구되었다.

---

18)「再說'西體中用'」, 1995 (李澤厚,『走我自己的路』, 388쪽)

19) 경선후보가 선거 당선자보다 많은 선거. 과거 중국은 경선자와 당선자의 비율이 같았다. 이와 대조를 이루는 선거를 '차액선거'라고 한다.

20)「再說'西體中用'」, 1995 (李澤厚,『走我自己的路』, 389쪽)

그의 사유는 경제건설을 중심으로 하고 신권위주의 정부가 정착되어간 시기에, 본격적으로 공민사회와 공공영역의 확대, 언론자유와 선거제도의 도입 등을 주장한 점에서 독자적인 의미를 지닌다.

2020년대 오늘의 시점에서 보면 그가 주장했던 서체중용의 여러 구상은 대부분 반박되었거나 봉인되어졌다. 서체를 중심으로 사유한다는 논리는 이미 중국에서 권위를 잃었고, 1990년대 그가 구상했던 여러 현대적 적용의 논리는 대체로 약화되었거나 보류되면서 차단되었다. 전제주의를 반대하는 자유주의파나 중국식 사회주의의 복원을 꿈꾸는 신좌파의 눈으로 보면 리쩌허우의 사유는 선명함이 결여된 절충주의로 비춰질 수 있다. 그러나 그의 사상적 가치는 오히려 그 절충과 타협의 공간에서 더욱 빛을 발하고 있다.

Ⅲ. 2000년대, 중체(中體)와 서체의 교섭

2001년은 중국이 세계와의 조응을 새롭게 다지는 해가 되었다. 이 해 중국은 WTO에 가입하고 연이어 베이징올림픽 유치에 성공하였다. 개혁개방 시기 시장경제를 도입하여 중국의 정치경제 체제를 다지고 중국특색의 사회주의 건설에 매진했던 역사를 넘어, 이제는 세계의 표준(global standard)에 자신을 맞추고 열린 마음으로 세계의 문명과 대화해야 하는 시점에 이른 것이다.

후진타오 정부(2003-2013)의 출범은 중국 사회에 많은 변화를 가져왔다. 후진타오는 한편으론 덩샤오핑 선부론(先富論) 정책이 가져온 내부모순을 해결하고 다른 한편으론 세계와 당당히 대화하고 교섭할 수 있는 중체(中體)를 설계할 필요성을 느꼈다. 이 시기 중국의 국가체제는 내부적으론 곪아터진 상처를 치유하면서 동시에 새로운 이데올로기를 수혈할 근거를 찾아갔다. 이러한 고심은 구체적으로 '조화사회'와 '문명복원'의 방향으로 진행되었다. 후진타오는 빈부격차, 도농격차 등의 모순을 해결하기 위해 '조화사회론'을 제시했다. 이와 동시에 사회주의 정체성이 직면한 한계를 목도하며 '문화' 자원을 사회주의에 불어넣었다.

후진타오 정부 초기 '문화역량(soft power)'은 사회주의 중국 내에서 전방위적으로 팽창했다. 2004년 민간에서는 독경운동(讀經運動)의 붐이 일었다. 이는 중국 전통문화가 사회주의적 가치와 결합하는 새로운 조짐이었다. 출판계에서는 위단(于丹)의 『논어심득』(2006)과 이중톈(易中天)의 『삼국지강의』(2006) 등의 책이 단숨에 베스트셀러에 등극했다. 전통문화의 붐은 TV에서《백가강단(百家講壇)》[21]이 방영되면서 전국적으로 확산되기 시작했다. 중화문명의 귀환은 비단 대중매체의 영역에만 국한되지 않았다. 후진타오 정부는 사회주의 정체성에 중화문명의 내용을 불어넣어 또 다른 화학작용을 모색했다.

중화문명은 내부적으론 중국의 정체성을 새롭게 다지고 외부적으론 세계 보편가치와 대화하는 창구의 역할을 했다. 2006년 11월 중국의 중앙TV는 다큐멘터리《대국굴기》를 방영했다. 국영 TV에서 제작된 대형 다큐멘터리는 전국적으로 큰 반향을 일으켰다. 총12작으로 제작된 이 다큐는 지난 500년의 역사 속에 등장했던 강대국의 흥망성쇠를 다루었다. 제작진은 '강대국의 조건'을 핵심 화두로 내걸었다. 구미의 여러 제국과 동아시아의 일본 등이 소개되었고, 특히 미국 편이 집중적으로 조명되었다. 제12부 총결편에서 다큐는 하드파워와 더불어 소프트파워를 소유한 대국이 세계를 호령할 수 있었다는 잠정적 결론을 내렸다. 2007년 이후 중국에선 '소프트파워' 관련 서적이 출판계를 강타했다.[22]

---

21) 중국 중앙TV 科敎채널에서 방영된 강연 프로그램이다.《백가강단》은 2006년부터 폭발적인 인기를 끌기 시작했고, 易中天 등 저명 강사를 다수 배출했다.

　중체(中體)는 세계문명과의 대화 속에서 자신의 현주소를 돌아보고, 이를 통해 다시 중화문명의 위대성을 발굴하는 상호 작용 속에서 성장해 갔다. 2006년, 후진타오는 미국 예일대를 방문했다. 그의 '연설문'은 중화문명과 사회주의의 경계를 넘나들고 인류 보편가치와의 접점을 찾고 있었다.

　　중화문명은 역대로 사회의 조화를 중시하고 단결과 협력을 강조했습니다. 중국인은 일찌감치 "조화를 소중히 여긴다"는 사상을 제시했고, 하늘과 사람의 조화, 인간과 인간의 조화, 몸과 마음의 조화를 추구했으며, "서로서로 친애하고 사람마다 평등하고 천하가 공정하다"는 이상사회를 동경했습니다. 오늘날 중국은 조화사회의 건설을 제시했습니다. 이는 민주와 법치, 공평과 정의, 성신과 우애, 충만한 활력, 안정과 질서, 사람과 자연의 조화를 이룬 사회를 건설하는 것이고, 물질과 정신, 민주와 법치, 공평과 효율, 활력과 질서의 유기적 통일을 실현하는 것입니다.

　　오늘날 우리가 인간을 근본으로 한다는 것을 견지함은 곧 인민을 위하고 인민에 의지하고 성과를 인민과 함께 나눔을 발전시키는 것이고 인간의 가치, 권익과 자유에 주목하고 인간 생활의 질과 발전 잠재력과 행복지수에 주목하여 최종적으로 사람의 전면적 발전을 꾀하고자 함입니다. 인민의 생존권과 발전권을 보장하는 것은 늘 중국의 가장 우선된 임무입니다. 우리는 경제사회의 발전을 힘써 추동하고, 법에 따라 인민이 자유, 민주와 인권을 향유하도록 보장하고, 사회의 공평과 정의를 실현하여, 13억 중국 인민이 행복한 생활을 누리도록 할 것입니다.

　2006년 중체는 중화문명의 위대성을 돌아보고 이로부터 사회주의 중국이 지니는 체제와 가치가 세계의 보편적 가치와 통용된다는 것을 확인하고 있었다. 사회주의 중국이 지향하는 이상은 중화문명의 본원적 가치의

---

22) 강진석, 「총론: 당대중국의 사상사조」, 37쪽.

조명을 받고 있다. 그리고 현대 중국이 지향하는 체제는 세계 보편적 가치
와 상통한다는 논리였다.[23]

이러한 중체의 형상은 2000년대 이전 개혁개방 시기 사회주의 초급단
계를 말하고 시장경제 도입을 통한 생산력 제고를 외쳤던 것과는 많은
차이가 있었다. 세계무대에 당당히 진입한 중체는 이제 대국으로서 미래
를 어떻게 설계하고 한계에 직면한 사회주의 이데올로기에 어떠한 생기를
불어넣을 것이며 세계무대에서 중국의 위상을 어떻게 중건할 것인가를
고민하게 된 것이다. 이러한 성찰 중에 중체는 대국굴기를 학습하고 중화
문명을 복원하고 세계 보편가치와의 대화를 시도하게 되었다.

현대신유학자 뚜웨이밍(杜維明, Tu Weiming)은 2005년 『대화와 창신
(創新)』(김태성 역, 『문명들의 대화』)을 선보였다. 이 책에서 그는 새뮤얼
헌팅턴(Samuel P. Huntington)이 주장했던 '문명의 충돌'을 반박하며 그
대응담론으로서 '문명의 대화(Toward a Dialogical Civilization)'를 주장했
다. 중국문명 부활의 시기에 선보인 문명대화론은 현대 중국이 나아갈 길
을 문명사적 관점에서 조명한 것이다.

그는 이 시대가 요구하는 문명 간의 대화는 생태환경 보호, 테러, 핵전
쟁 등 지구촌에서 벌어지고 있는 여러 곤경을 힘을 합쳐 대처하고 기축시
대 문명(Axial Age Civilization)의 지혜를 인류가 함께 발전시키고 동시에

---

23) 이정남, 「민주주의에 대한 중국의 인식」, 201-205쪽 참조: 후진타오 정부 시기 2005년
에 출판된 『중국의 민주정치건설백서』는 민주주의를 인류문명 발전의 성과이자 세계
각국 인민의 요구라고 지적하고 각국에 부합하는 민주주의 발전을 주장했다. 『백서』의
내용이 공산당 영도나 민주집중제를 논한 점에서는 기존 내용과 큰 차이는 없지만,
보편적 가치로서의 민주주의를 인정한 면에서는 큰 차이를 보였다고 할 수 있다. 2007
년 17차 당대회 보고서에서는 민주주의 실현을 위한 기층군중자치제도 및 인민의
참여, 견제, 감독을 강조하고 있는데, 기층민주주의와 인민의 정치참여를 논했다는
점에서 분명히 한 단계 진일보한 내용을 담았다고 평가할 수 있다.

각국이 패권을 지향하지 않도록 하는 데 그 목적이 있다고 말한다. 문명 간의 대화는 문명들이 저마다 보편성을 지닌다는 것을 전제로 한다. 따라서 대화는 인류문명의 다원성을 전제로 하고, 각 문명의 동일성을 인정하는 동시에 차이도 인정하는 것이다. 동일성이 없다면 공동의 기초가 부족하게 되고 차이가 없다면 교류의 필요성이 사라지게 된다. 동일성이 문명 대화의 기초를 확립해준다면 차이는 이 공동사업의 필요성을 더해주고 의의를 극대화해준다는 것이다.[24)]

뚜웨이밍은 문명 간의 대화라는 전제 위에서 중국이 나아가야 할 방향을 제시한다. 그가 말하는 중국의 길은 몰개성적인 보편주의의 길도 아니고 패권주의나 민족주의를 강화하는 길도 아니다.

> 우리는 몰개성적인 보편주의와 패권주의의 통제와 독점주의적 행위를 반대하는 동시에 협애한 민족중심주의와 종교적 배타주의와 자문화우선주의도 거부한다. 우리는 적극적인 세계화 역량과 정체성에 대한 진정한 탐구와 모색이 건강한 순환을 이루면서 미래의 인류정신을 제고시켜줄 것이라 믿어 마지않는다. 다양성을 드러내고 공동체에 복을 더해주는 진정한 세계화 과정은 일종의 합류(合流)이자 풍부하고 다양한 인류의 유산을 서로 배우고 인정하는 조류가 될 것이다. 이는 곧 문명들 사이의 일방적인 관계와 상호적인 관계를 동시에 고려해야만 진정한 대화가 가능하다는 것을 의미한다.[25)]

보편문명이 대화하고 소통하는 공간은 첨예하게 대립하기 쉬운 두 영역의 틈새에서 발로한다. 그 공간은 곧 몰개성적인 보편주의와 자민족우선주의를 지양하는 곳에서 비로소 열린다. 몰개성적인 보편주의는 각 문명이 지니는 차이의 가치를 흐릴 수 있다. 협애한 민족주의는 타자를 인정

---

24) 杜維明, 『對話與創新』, 2005 (김태성 역, 『문명들의 대화』, 89-111쪽).
25) 앞의 책, 115쪽.

하지 않는 배타주의로 흐르기 쉽다. 문명 간의 참된 대화는 일종의 '합류(合流)'를 이루는 것이다. 문명이 고유의 자기동일성을 유지하면서 동시에 타 문명의 가치를 인정하고 서로 대화하고 융합하고자 하는 노력이 바로 '합류'이다. 이 공동의식 속에서 인류는 타자를 학습하여 더 넓은 시야를 확보하고, 상호 간에 다양성을 드러내고 공동체에 복을 더해주는 진정한 세계화를 구현할 수 있다.[26]

뚜웨이밍은 동아시아 부흥의 시대가 도래한 시점에 중체(中體)가 열린 문명의 한 주역으로 당당히 설 것을 주문한다.

> 유교 동아시아의 흥기가, 현대화가 서로 다른 문화형식을 취할 수 있다는 점을 설명해주고 있기는 하지만 이것이 서양 현대주의가 동아시아 노선의 침식을 받고 있다는 것을 의미하지 않으며 또 동아시아 노선으로 대체된다는 의미는 더더욱 아니다. 혹자는 서양 계몽운동의 가치가 아니라 아시아적 가치가 현재 아시아의 조건에 더 적합하고 다가올 21세기 세계 공동체에 더 적합하다고 단언하기도 하지만 이러한 주장은 유해할 뿐만 아니라 대단히 경솔하기조차 하다. 현재의 임무는 전 세계 문명의 대화를 확대하는 것이다. 이는 평화로운 세계질서를 위한 첫 번째 전제조건이다. 우리가 목도하고 있는 문명 간의 충돌은 이러한 대화의 필요성을 더욱 극명하게 해주고 있다. 따라서 진정한 도전은 의지와 용기를 가지고 서로 다른 기축 문명에 뿌리를 내리고 있는 '타자'를 이해하고 지혜를 가지고 가르치는 문화를 배우는 문화로 전환하며, 우리의 자기인식을 국부적 관심에서 세계적 관심으로 승화시키는 첩경을 만들어내는 것이다.[27]

중국을 대표하는 중화문명이 세계적 가치로 부상할수록 타자에 대한 긍정도 함께 상승할 필요가 있다. 현재 대국이 가져야 할 사유는 문명

26) 뚜웨이밍, 『문명들의 대화』, 108, 115쪽; 강진석, 「21세기 중국의 천하주의와 미래담론」, 147쪽.
27) 杜維明, 『對話與創新』, 2005 (김태성 역, 『문명들의 대화』, 320쪽)

간 힘겨루기를 통해 그 우월성을 드러내거나 동아시아 가치로 서구의 보편가치를 대체하는 것이 아니라, 서로 다른 기축 문명에 뿌리내리고 있는 '타자'를 이해하고 배우려는 자세이고, 이러한 토대 위에서 자기 문명의 인식을 세계적인 관심으로 승화시키는 것이다.

이처럼 2000년대 이래 전개된 중체(中體)의 새로운 탐험은 대국의 학습, 중화의 복원, 문명의 대화를 거쳐 2008년 중화문명의 자긍심으로 폭발하였다. 2008년은 중국 현대사의 한 획을 긋는 해가 되었다. 이 해에 맞이한 개혁개방 30주년은 같은 해 개최된 베이징올림픽의 가시적 성과와 맞물려 더욱 큰 폭발력을 행사했다. 중체는 베이징올림픽을 기점으로 조심스런 행보에서 떳떳하고 자신감 넘치는 몸짓으로 웅비하기 시작했다.

21세기를 앞두고 중체는 신중하면서도 동시에 매우 대담하게 자신의 정체성을 타진하여 갔다. 급성장한 중국의 경제적 위상 위에서 중체는 이미 대국의 시간표를 설정하고 여러 학습과 교섭을 진행하였다. 포스트 올림픽의 분위기 속에서 중국은 점차 대국에 대한 학습과 문명 간의 대화 수준을 넘어 실제 대국으로서의 중국을 설계하기 시작했다. 2005년 처음 등장한 'G2'라는 용어는 2010년 중국이 국내총생산(GDP) 규모에서 일본을 추월해 전 세계 2위로 등극하면서 가시화되기 시작했다. 중국은 2010년을 기점으로 경제규모에서 이미 대국의 반열에 올랐다.

Ⅳ. 2010년 이후, 새로운 중체의 상상과 탐색

베이징올림픽 이후 중국의 사조(思潮)는 다양한 양태로 분출되었다. 특히 공세적 애국주의는 민간에서 가장 유력한 목소리 중의 하나가 되었고, 관련 도서는 불티나게 팔려나갔다. 2009년 출간된 『앵그리 차이나』(원제:

『中國不高興』)는 1980년대를 풍미했던 문예어투[文藝腔]를 공격하며 포문을 열었다. 저자 송샤오쥔(宋曉軍)은 문예투를 남발하는 문화열 세대가 서양의 허황된 물질문명에 경도되어 소위 '문예품격'의 눈으로 세상을 냉소하고 있다고 맹렬히 비난했다. 80년대에 대학을 다닌 문예세대는 중국의 민족주의를 비웃고 우매하다고 생각한다는 것이다. 이런 문예투는 국가이익에 반하는 것으로 결코 산업화와 현대화를 이룰 수 없다고 비판했다. 왕샤오둥(王小東)은 문예투 세대가 늘 문화와 소프트파워에만 집착한 나머지 하드파워를 무시했다고 비판했다.[28] 이어서 2010년 출간된 『중국이여 일어서라』(원제: 『中國站起來』)는 중국 계몽주의의 화신인 루쉰조차 정면으로 비판하기 시작했다. 이들은 루쉰이 일찍이 시도한 정신각성법이 중국인들로 하여금 자기비하와 열등주의로부터 헤어나지 못하는 결과를 낳았다고 말하면서, 본래 의도와 정반대로 중국인이 자신의 목에 정신적 족쇄를 채운 꼴이 되었다고 비판했다. 이들은 계몽으로 추앙된 루쉰의 어법과 논리는 수명이 다했고 오늘엔 그런 각성법이 도리어 '서양노예[洋奴]'의 근성을 조장할 뿐이라고 폄하했다.[29]

 루쉰의 계몽주의마저 부인하는 이들의 사유를 흔히 민수주의(民粹主義)라고 부른다. 민수주의는 중국 민족주의의 한 유형으로서 다분히 공격적이고 군중심리적인 특성을 띤다. 2000년대 들어 민족주의(nationalism)는 중국의 중심 사조로서 확실하게 자리를 잡아갔다. '애국주의'로 더 상용화된 민족주의는 국가에 대한 충성과 나라에 대한 옹위를 최대의 가치로 내세우고 있다.

 2010년 무렵 더 거세진 애국주의 사조와 달리, 같은 해에 이성적이고

---

28) 宋曉軍 外, 『中國不高興』, 2009, 56-63쪽.
29) 摩羅, 『中國站起來』, 2010, 27, 50쪽.

철학적인 시각에서 새로운 중체(中體)를 논한 사유 역시 속속 등장했다. 다분히 학술적이고 심도를 갖추어 제기된 이 이론들은 21세기 새로운 중체의 사유모델을 대표한다.

이 시기 등장한 새로운 중체의 사유는 크게 보아 중국모델론, 신천하주의, 복합체제사회론으로 나눌 수 있다. 이들의 사유는 기존 지식인들이 서체(西體)에 방점을 두었거나 정치이데올로기에 몰두해 논리를 전개했던 유형과는 큰 차이를 보인다. 이들은 중국굴기의 시대에 부상하는 대국에 필요한 내용과 형식, 구조와 방법, 내포와 외연 등의 사유에 집중하기 시작했다.

이 시기 등장한 새로운 중체(中體)의 사유로 먼저 '중국모식론'을 들 수 있다. 중국모델로써 서구모델을 대체하자는 이 사유방식은 중국인의 시대적 자신감을 잘 반영하고 있다. 2010년 리우밍푸(劉明福)가 출간한 『중국몽(中國夢)』은 서구를 대체할 대안으로서 '중국모식(中國模式)'을 제시했다. 새로운 중국모식은 서양모식과 북방모식에 이어서 등장한 동방모식을 대표한다. 기존 서양모식은 미국모식을 말하고 북방모식이 소련모식을 말한다면, 세 번째로 등장하는 동방모식은 바로 '중국모식(China Model)'을 말한다.

중국모식은 개혁개방 30년 이래 창조된 '중국특색의 사회주의'를 말한다. 리우밍푸는 '중국모식'의 성립으로 프랜시스 후쿠야마가 일찍이 제기했던 '역사의 종말론'이 반박된다고 보았다. 즉 중국모식은 이미 폐기된 소련 공산주의 모델과 구별되며, 소련모델의 실패가 곧 사회주의의 종결은 아니란 것이다.[30] 당대(當代) 중국모식은 소련모델이 미처 해결하지 못한 사회주의의 문제를 해결하고, 동시에 미국모델이 생산한 세계화가

---

30) 劉明福, 『中國夢』, 2010, 87-88쪽.

야기한 금융위기와 국제관계에서 드러낸 패권주의 등의 문제를 해결하고
자 한다. '중국모식'은 자체적으로 지닌 생명력, 경쟁력, 영향력을 통해
효과적으로 중국문제와 국제문제를 해결해야 한다.[31]

리우밍푸가 제기한 중체(中體)의 사유는 '제3의 대안모델'을 제시하고
자 한 점에서 기존의 사유방식과 차이를 보인다. 대안의 양식은 서구 자유
주의 모델과 실패한 공산주의 모델을 모두 극복할 수 있는 미래적 모델로
부각된다. 2008년 전세계적 금융위기로부터 불거진 미국모델의 한계와 패
망해버린 소련모델의 틈바구니에서 중국은 한편으론 사회주의를 고수하
고 한편으론 중국특색의 시장경제를 운용하는 길을 택한 것이다.

포스트 베이징올림픽 시기 제기된 중국모델론은 대체로 세 가지의 특
징을 지닌다.

첫째, 중국모델은 단계적 발전의 모식을 띠고 있다. 1949년 신중국 수립
이후 '중국의 꿈[中國夢]'은 줄곧 신속히 현대화를 실현하고 인민의 생활
수준을 빈곤에서 탈출시키는 것이었다. 그러나 당대 '중국몽'은 이보다 더
구체적으로 전개되고 있다. 그것은 21세기 중엽까지 전면적인 소강사회
(小康社會)를 실현하고, 동시에 중국의 국제적인 임무를 수행하는 것이
다. 장기적으로 볼 때, 중국 건국 100주년이 되는 2049년에 중국의 생활수
준을 세계 중등발달국가의 수준으로 끌어올리자는 것이다.[32] 이러한 목표
는 사실상 덩샤오핑이 구상했던 '삼보주(三步走: 온포 - 소강 - 대동)'의
장기 목표와 일치한다. 일찍이 덩샤오핑은 '70년'의 장기 플랜을 구상했
다. 1단계는 1980년대부터 10년 계획으로써 '온포사회(溫飽社會)'에 도달
하고, 2단계는 다시 10년을 통해 '소강사회'에 도달하며, 마지막 3단계는
50년 계획으로 민족부흥의 위대한 목표를 실현하는 것이다.[33]

---

31) 앞의 책, 91쪽.
32) 趙啓正, 『對話: 中國模式』, 2010, 28-29쪽.

둘째, 중국모델은 또 다른 의미의 '대약진(大躍進)' 노선을 추구한다. 여기서 말하는 '대약진'은 마오쩌둥 노선을 말하는 것이 아니라 근현대사를 통해서 중국이 지속적으로 자국의 위상을 끌어올린 궤적을 지칭한다. 이런 차원에서 쑨원(孫文)이 쓴『건국방략(建國方略)』도 하나의 대약진 방략이자 계획인 것이다. 리우밍푸는 중국의 근현대사가 하나의 대약진, 즉 끊임없는 비약과 발전의 역사라고 보았다. 따라서 마오쩌둥의 대약진도 1958년 대약진운동이 아닌 마오 30년의 집정이 일구어낸 성과로 볼 수 있고, 1978년 이래 실시된 30년의 개혁개방 노선도 또 다른 하나의 대약진을 볼 수 있다.[34]

리우밍푸가 중체(中體)의 설계에 '대약진'이란 속도를 삽입한 것은 중국 현대사를 관통하는 사회주의 노선이 서구 자본주의에 비해 상대적으로 열악한 현실을 신속히 끌어올리고 중국적 모델로써 이를 극복해가자는 염원을 담고 있다.

셋째, 중국모델론은 '중국굴기(中國崛起)'의 비전 위에서 제시되었다. 당시 골드만삭스(Goldman Sachs)는 2027년이 되면 중국의 경제규모가 미국을 추월하고, 2050년이 되면 미국의 2배가 될 것으로 예측했다.[35] 이러한 분위기 속에서 중국은 '중국굴기'의 시대를 하나의 대세로 인정하게 되었다. 서방의 대국굴기는 세계 1차 전형(轉型)으로서 봉건세계로부터 자본주의세계로의 이행을 말한다. 다음은 소련의 대국굴기로서 자본주의세계로부터 '일구양제(一球兩制)' 체제로의 전이를 불러왔다. 세 번째는 중국의 대국굴기로서 미국으로 대표되는 패권세계로부터 '무(無)패권세계'로의 이행을 꿈꾸고 있다. 중국의 굴기는 패권주의를 반대한다는 점에

---

33) 劉明福,『中國夢』, 2010, 15쪽.

34) 앞의 책, 13쪽.

35) 앞의 책, 19쪽.

서 당대의 패권주의 조류와 구별되고, 홀로 굴기하기보다는 전 세계 발전
도상국가와 함께하는 굴기를 꿈꾸며, 착취를 일삼는 식민굴기(植民崛起)
가 아닌 평화로운 발전을 꿈꾸는 '화평굴기(和平崛起)'를 지향한다.36)

이 중국모델론자들의 사유는 중국굴기의 시대에 '대안'으로서의 중체
(中體)를 논했단 점에서 특별하다. 2012년 11월 시진핑은 국가 이데올로
기적 차원에서 '중국몽(中國夢)'을 처음 언급했다. 시진핑의 기조도 리우
밍푸의 사유와 상당 부분 접합점을 지닌다. 미래의 한 모델을 그려가는
중국모식의 사유는 기존에 사회주의냐 자유주의냐를 놓고 벌인 이데올로
기적 논쟁과는 확실히 다른 지향점을 갖는다. 사유의 도전성과 자신감에
비해 내용의 전문성이 다소 떨어지는 것은 사실이나, 대안으로서의 중국모
델을 꿈꾼다는 것은 이미 사유의 양식이 새로운 패러다임을 열고 있음을
말해준다.

2010년 무렵 등장한 또 다른 중체(中體)의 사유로는 '신천하주의'를 들
수 있다. 앞서 리우밍푸의 사유가 하나의 대안모델적 사유를 보여줬다면,
'신천하주의'는 중국이 펼쳐나갈 새로운 '미래 공간'을 설계하는 사유를
대표한다.

쉬지린(許紀霖)은 중국의 전통적 천하세계와 근대 민족국가를 모두 넘
어서는 차원의 '신천하주의(新天下主義)'를 주장했다. 천하주의 개념의
귀환은 중체(中體)가 더 이상 민족국가의 틀 내에 머물 수 없다는 작금의
현실을 잘 반영한다. 21세기 들어 중국은 새로운 대내외적 도전에 직면해
있다. 대내적으론 민주화를 추진하면서 동시에 민족분리주의가 초래한 국
가해체의 위험을 어떻게 방지할 것인가의 문제를 마주하고, 대외적으론
민족주의에만 기반해 대국 성장을 꾀할 때 인류사회에 행복보다는 오히려

---

36) 劉明福, 『中國夢』, 2010, 67-69쪽; 강진석, 『체용철학』, 335-342쪽.

재앙적 결과를 불러올 수 있는 위험에 노출되어 있다.

이러한 문제의식 위에서 쉬지린은 해답의 열쇠를 찾아 나선다.

> 그렇다면 어떻게 민주화를 추진하면서 동시에 민족분리주의가 초래한 국가 해체를 방지하고 나아가 소수민족의 문화 및 정치의 자치권을 구현할 수 있을까? 분명한 건 경제정치문화의 일체화를 지나치게 강조한 민족국가 일체화의 치리모델로는 이러한 난제를 풀어내기 어려울 것이고, 오히려 전통제국의 다원종교와 치리체제의 성공적 경험이 우리에게 역사적인 지혜와 계시를 줄 수 있다.[37]

'신천하주의'는 이러한 난제를 풀 수 있는 실마리를 고대 중국이 보유했던 천하의 전통과 공간에서 발견하고 있다. 오늘날 중국이 처한 난제를 해결할 방법은 현대 민족국가 의식과 대척점을 이루는 사유를 발굴하고, 고대 중화제국의 다원종교와 치리체제의 성공적 경험을 재해석하여, 이로써 현대문명의 병폐를 해소하는 것이다.[38]

민족국가의 도식을 그대로 밀고 나가는 것으론 중국의 미래를 보장할수 없다. 해답의 열쇠는 거꾸로 고대 중국의 제국 질서에서 찾아낼 수 있다. 고대 중국의 천하 공간은 하나의 이상적인 문명질서이자 세계공간의 상상이었다. 그것은 중원(中原)을 중심으로 한 동심원 구조를 이루고 있었다. 고대 천하주의는 현대 세계에 필요한 '세계정신'과 개별국가를 넘어선 '천하공간'의 단서를 제시하고 있다. 고대 천하가 주는 사상적 계시와 영감이 곧 '신천하주의'의 출발점이 될 수 있다. 중화제국이 보유했던 '다원종교'와 '치리체제'는 미래 중국이 나아가야 할 방향의 열쇠를 제공한다.

---

37) 許紀霖, 「新天下主義與中國的內外秩序」, 2015, 16쪽.
38) 앞의 책, 3, 4, 16쪽.

'신천하주의'로 대표되는 중체(中體)는 고대 중국 천하주의의 조명을 받으며 새로운 사유를 전개한다. 이에 관한 사유는 대체로 세 갈래로 제시되었다.

첫째, 신천하주의는 '보편문명'을 기반으로 하는 '세계정신'을 지향한다. 만약 중국의 지향이 일개 민족국가의 건설에 머물지 않고 지구촌을 무대로 하는 문명대국의 건설에 있다면, 반드시 보편문명을 그 출발점으로 삼아야 한다. 다시 말해 중국에서 '좋은' 가치로 인정된다면 모든 인류에게도 마찬가지로 '좋은' 것이어야 한다는 논리이다. 이는 과거 철학자 헤겔이 '세계정신'을 짊어진 세계민족의 자세를 설파했던 것처럼 오늘의 중국도 세계 문제에 책임을 지고 '세계정신'을 전승해야 한다는 것이다. '신천하주의'는 이러한 '세계정신'이 보편적 가치로 실현되는 것을 지향한다.[39]

쉬지린은 신천하주의의 실현가능성을 '유럽연합(EU)'이란 모델에서 찾고 있다. '유럽연합'은 이중적 가치의 보편성을 지니는데, 하나는 기독교 문명이고 다른 하나는 계몽의 가치이다. 이 둘의 공통분모 위에서 안정된 '유럽연합'이 설립될 수 있었고, 이것은 오늘날 중국이 구상하는 신천하세계에 중요한 단초를 제공한다.[40] 문명의 보편가치와 이념의 공통분모라는 기초 위에서 유럽연합이 수립될 수 있었다면, 동아시아를 기반으로 하려는 '신천하주의'의 구상은 이러한 기초의 전제를 먼저 고려해야 한다. 쉬지린은 먼저 동아시아에 두루 통용되는 보편의 요소를 찾고자 한 것이다.

둘째, 신천하주의는 세계가 '중심을 제거하고 등급을 없애는' 전제 위에서 성립된다. 고대 천하주의가 중국을 중심으로 하는 동심원 구조를 이루었다면, 신천하주의 질서 속에는 중심과 등급이 존재하지 않고 독립과 평

---

39) 앞의 책, 6쪽.
40) 앞의 책, 23쪽.

등이 상호 존중되는 민족과 국가만이 존재한다. 따라서 지배와 피노역, 보호와 복종 등의 등급적 권력서열이 존재하지 않고, 권력이 제거되고 제재가 해소된 평화의 세계를 지향한다. '신천하주의'에서 '신(新)'은 곧 세계 각 국가가 민족국가의 주권평등이란 원칙 위에 세워져 있음을 의미한다.

따라서 21세기의 천하주의는 고대 천하주의와 근대 민족국가의 층위를 모두 초월하는 지평 위에서 구현될 수 있다.

> 이 전통제국이 보여준 천하주의의 지혜가 오늘날 우리에게 주는 계시는 다음과 같다. 즉 지나치게 단일하고 균일한 형태의 민족국가적 사유로는 대내적으로 변강과 민족의 문제를 해결할 수 없을 뿐더러, 대외적으로도 주변 국가와의 주권 다툼에 아무런 도움이 되지 못할 것이라는 점이다. 민족국가 동일성에 기초해 사유하는 것 외에 반드시 제국의 풍부한 탄성을 갖춘 다양성과 다층체제를 보충하여, 이로써 균형을 이루어야 할 것이다. 이렇게 하여야만 신천하주의의 내부 질서와 외부 질서를 잘 수립할 수 있고, 중화 내부의 각 민족, 그리고 동아시아 사회의 각 국가가 병존하고 함께 이익을 누리는 국면을 창조할 수 있으며, 미래의 국제질서에 새로운 보편성을 창조할 수 있을 것이다.[41]

이처럼 새로운 천하공간은 고대 역사의 자원을 되살리고 동시에 근대 민족국가의 문제를 해소하는 지평 위에서 비로소 열린다. 이는 곧 중국 중심주의를 초극하여 새로운 보편성을 확보하고, 당대 민족국가의 주권평등원칙을 흡수하고, 민족국가의 이익지상주의를 극복하며, 보편주의로써 특수주의와 균형을 이루는 길로 나아간다.[42]

셋째, 신천하주의는 궁극적으로 '공향(共享)의 보편성'을 지향한다. 이른바 '중심을 제거하고 등급을 없애는 것'이 천하의 소극적인 면이라면,

---

41) 앞의 책, 25쪽.
42) 앞의 책, 7-8쪽.

세계가 '함께 누리는 보편성'을 세우는 것은 신천하주의의 궁극적 목표이다. 새로운 보편성의 수립이 바로 '공향의 보편성'이다. 이것은 곧 타자를 존중하는 보편성으로서, 각종 상이한 문명, 문화, 민족, 국가 간에 어떤 지배적 문명도 존재하지 않고 문명마다 지니는 특수성도 무시되지 않는 세계를 지향한다. 문명 간의 대화를 도모하고 대등한 독려 위에서 함께 누릴 수 있는 공통의 분모를 찾아간다.43)

고대 천하세계에서 공향의 보편성을 보여준 사례로 '조공체제'를 들 수 있다. 쉬지린은 동아시아 운명공동체가 15세기에서 18세기에 이르기까지 조공 네트워크에 의존했던 역사적 경험에 주목한다. 조공체제는 국가 간의 상호 호혜와 상호 이익을 중시하였고, 경제적 '이익'뿐만 아니라 윤리적인 '도의'도 준수하였기에 동아시아의 운명공동체를 구축할 수 있었다.44)

앞서 살펴본 '신천하주의'는 민족국가의 이념이 지닌 한계를 입체적으로 조명한 점에서 주목할 만하다. 쉬지린은 민족국가 지상주의로 향해 가는 중국의 미래에 경고의 메시지를 던진다. 그리고 이를 극복할 방법으로 보편가치를 지닌 '세계정신'을 수립하고 '공향(共享)의 보편성'을 확장할 것을 주문한다. 그는 동아시아의 무대에서 'EU'와 같은 문명공동체의 출범을 꿈꾸고 있다. 이른바 '중심을 제거하고 등급을 없애자'는 구호는 작금의 동아시아 국면에서 상당히 비현실적인 구호로 들리지만, 공통의 이상을 탐색하는 학문적 진지함에 우리는 귀 기울일 필요가 있다.

다음으로 살펴볼 새로운 중체(中體)의 사유로는 '복합체제사회'의 모델

---

43) 許紀霖, 「新天下主義與中國的內外秩序」, 2015, 8-11쪽.

44) 許紀霖, 「新天下主義與中國的內外秩序」, 19쪽; 강진석, 「21세기 중국의 천하주의와 미래담론」, 155-161쪽.

을 들 수 있다. 이 사유는 여러 국가와 체제를 넘나들며 구축되는 광역 네트워크를 그 특징으로 한다.

일찍이 신좌파 사상가로 알려진 왕후이(汪暉)는 2000년대 들어 '신아시아 상상'에 관한 여러 글을 발표했다. 그가 말한 '신아시아 상상'은 당대(當代) 아시아 개념에 대한 정확한 인식, 고대 중화제국의 의미 발굴, 미래 초민족국가체제의 상상이란 삼요소가 선순환 구조를 이루고 있다. 다시 말해 이 상상의 설계는 아시아에 존재하는 현실을 직시하고, 이를 극복하기 위해 고대 중화제국의 유산을 끌어오고, 이로써 미래의 신아시아 질서를 구축하는 사유구조를 지닌다.45)

왕후이는 다원적 문명을 지닌 아시아가 유교라는 단일 문명에 의해 기술될 수 없다고 보았다. 아시아는 하나의 범주적 총체로서, 이 속에서 불교, 유대교, 기독교, 힌두교, 이슬람교, 도교, 조로아스터교, 유교 등이 골고루 기원했다. 따라서 아시아는 유교라는 단일문명에 초점을 맞추기보다는 아시아 전체를 아울렀던 이른바 '조공체제'로부터 접근할 필요가 있다. 이를 중국의 지역, 사회, 국가의 관계 개념으로 말하자면 이른바 '복합체제사회[跨體制社會]'46)로 명명할 수 있다. 즉 아시아 각 지역에 존재하는 여러 체제, 이념, 종교 등을 두루 횡단하는 범사회적 시각에서 새로운 광역 네트워크를 설계해야 한다는 것이다.

이러한 '횡단체제적 사회(trans-systemic society)'의 구축 가능성은 고대 중화제국의 조공체제에서 그 실례를 찾을 수 있다. 고대 중화문명을 중심

---

45) 강진석, 「21세기 중국의 천하주의와 미래담론」, 163쪽.

46) 왕후이가 말한 '跨體系社會'는 본래 왕밍밍의 '超社會體系'에 대한 수정적 배경을 갖는다. 왕후이는 처음에 이 용어를 '복합사회'로 명기했다가 다시 '跨體系社會'로 바꾸었다. '跨體系社會'를 韓譯하는데 있어서 영어음역('트랜스시스템사회')이나 '초체계사회' 등의 번역이 개념의 본의를 잘 살리지 못하므로, 필자는 저자가 일찍이 언급한 바 있는 '복합체제사회'로 번역하였다(왕후이, 『아시아는 세계다』, 410쪽 참조).

으로 했던 조공네트워크는 아시아에서 조공 또는 무역의 방식으로 하나의
질서 있는 광역 공간을 창출해 내었다.

새로운 중체(中體)는 왕후이의 사유 속에서 국가와 체제를 횡단하면서
구축되는 장대한 네트워크로 설계된다. 그가 논하는 신아시아 상상은 두
가지 지향점을 갖는다.

> 하나는 아시아 내부의 문화공존적 제도경험을 취하여 민족국가 범위
> 내에서 그리고 아시아지역 내부에서 상이한 문화, 종교 및 민족의 평등을
> 구현할 수 있는 새로운 형태의 민주모델을 발전시키는 것이다. 둘은 지역
> 적 연계를 매개체로 하여, 다층적, 개방적 사회조직을 형성하여 경제발전
> 에 협력하고 이익충돌을 없애며 민족국가체제의 위험성을 약화시키는 것
> 이다.[47]

이 '민주모델'은 아시아 지역에서 상이한 문화, 종교의 문제들을 해소하
고 민족의 평등을 구현할 수 있는 일종의 정치체제이자 지역연맹을 의미
한다. 이것은 근대 자본주의의 역사적 산물을 뛰어넘을 수 있는 사회 형태
로서, 이를 '복합체제사회'로 바꿔 말할 수 있다. 이 개념은 서로 다른 문
화, 종족집단, 지역이 교류, 전파, 병존하면서 상호 연관하는 사회문화 형
태이다.[48]

왕후이는 2010년 출간한 『아시아는 세계다』(원제: 『亞洲視野: 中國歷
史的敍述』)에서 이 '복합체제사회'에 대해 구체적으로 설명하고 있다.

> 중국 역사에서 문화적 경계와 정치적 경계의 종합과 통일을 논할 때
> 반드시 '문화' 또는 '문명'을 새롭게 정의 - 문화를 종교, 언어, 종족집단
> 혹은 그 밖의 단일한 요소로 정의하지 않고 '복합체제사회'의 일상생활,

---

47) 왕후이, 「아시아 상상의 계보」, 2002, 222쪽.
48) 汪暉, 『亞洲視野: 中國歷史的敍述』, 2010 (송인재 역, 『아시아는 세계다』, 9쪽).

습속, 신앙, 가치, 예의, 기호 그리고 정치체제의 종합체로 보는 것 – 해야
한다. 이런 의미에서 유교사상보다는 유교전통과 티베트불교 그리고 이슬
람문화 등의 '체제'를 하나로 종합할 수 있는 정치문화가 중국의 문화적
경계와 정치적 경계의 통일성을 구축했다고 보는 것이 더 적절할 것이다.
… 복합체제사회에서 문화는 필연적으로 정치적이다. 유교에 대해서 말하
자면 정치는 곧 예교의 활동과 과정이고 유교의 가장 좋은 기능은 공통된
(그리고 조화되면서도 다른) 세계를 창조하는 것이다.[49]

　'복합체제사회'는 어떤 단일한 문화로 가늠될 수 있는 문화공동체도 아
니고 세계자본주의 체제에 순응하며 활동하는 초국적기업의 형태도 아니
다. 그것은 여러 체제가 상호 연관되면서 사회적 네트워크를 형성하는 정
치체제이자 정치문화이다. 따라서 이 네트워크 사회는 상이한 체제 간에
형성되는 운동의 역동성이 부각되고 그 속에서 상호 침투하는 특성을 유
지한다. 또한 이 네트워크는 내부로부터 생성되는 '정치문화'에 의존하며,
이로부터 각 체제의 요소가 종합되는 특성을 띤다.[50]

　왕후이의 '복합체제사회' 모델은 그가 2000년대 이후 꾸준히 제기한 신
아시아론에서 중요한 한 축을 구성한다. 그러나 복합체제사회를 더 자세
히 이해하려면 그가 설계하고 있는 신아시아론의 얼개를 들여다보아야
한다. 그의 신아시아론은 전지구적 보편모델이 아닌 아시아모델을 상상하
고, 보편문명의 요소보다는 현실적인 정치체제를 논했다는 점에서, 천하
주의를 주장한 자오팅양(趙汀陽)이나 쉬지린의 사상과 구별된다. 왕후이
의 미래상상 담론은 사회주의 전통의 고수, 서구 근대성에 대한 안티테제,
동아시아 지역연대, 아시아의 신정치체제 구축이라는 여러 지반이 함께
결합되어 형성되었다.[51]

---

49) 앞의 책, 12-13쪽.
50) 앞의 책, 14쪽.
51) 강진석, 「21세기 중국의 천하주의와 미래담론」, 169쪽.

앞서 살펴본 왕후이의 '복합체제사회'는 문명의 대화를 논한 뚜웨이밍이나 보편적 가치를 강조한 쉬지린의 사유와는 큰 차이를 보인다. 왕후이의 사유는 동아시아를 아우를 수 있는 지역연맹과 정치모델의 구축을 상상하고 있다. 그가 펼쳐낸 범아시아적 네트워크는 사회주의 이념의 연대라는 이데올로기적 분모를 지니고, 중화제국에서 민족국가로 이행하는 과정에서 얽힌 여러 모순을 '복합체제사회'라는 프레임으로 돌파하려는 논지도 지니며, 이를 통해 일찍이 쑨원이 꿈꿨던 '대아시아주의'를 오늘의 아시아에서 실현하려는 열망도 담고 있다.

왕후이가 설계한 중체(中體)의 사유는 사회주의, 조공체제, 정치연대 등의 요소가 함께 결합된 아시아 네트워크를 지향한다. 그의 상상은 반(反)세계자본주의 연대라는 점에서 이데올로기적 편향성을 띠지만, 역으로 지나치게 이상만 좇는 문명론자들과는 달리 중국 근대사의 모순을 추적하고 이를 '복합체제사회'의 시각에서 현실적으로 규명하려 했다는 점에서 의의를 지닌다.

V. 나가는 말

새로운 중체(中體)의 사유는 2000년대 들어서 본격적으로 제기되었다. 후진타오 정부 시기 중체에 대한 사유는 세계 문명과 교섭하고 중화문명을 복원하는 지평 위에서 전개되었다. 베이징올림픽의 성공적 개최와 개혁개방 30년의 가시적 성과는 중국의 사유에 커다란 전환점을 가져왔다. 포스트 올림픽의 고무된 분위기 속에서 형성된 2010년 무렵의 사유는 기존 사유의 틀을 넘어서 미래의 중국을 구체적으로 설계하기 시작했다. 이 시기 중체의 설계는 대체로 중국모델, 천하공간, 횡단지평 등의 형태로 제시되었다. 중국모델론은 미래의 선취(先取)가 중국의 편이라는 것을 선언하는 이데올로기적 성격을 띠었다. 그들은 미국으로 대표되는 서방모델이 지닌 한계를 극복하고 소련 사회주의의 실패 사례를 극복하는 대안모델로서, 중국특색의 사회주의 모식을 주장했다. 비록 이들의 사유가 내함한 이론적 깊이가 다소 떨어질지라도 이들로부터 시도된 대체(代替)적 사유, 단계적 접근, 미래에 대한 자신감 등은 오늘 중국이 지향하는 중국몽의 시대적 열망을 잘 대변하고 있다.

21세기 천하의 공간을 설계하는 사유는 민족국가의 한계를 직시하고, 중국의 대내외적 문제를 은폐하지 않고 정면으로 다룬 점에서 학술적 진지함을 보인다. 신천하주의는 유럽의 문명공동체 모델을 동아시아 지평에 적용하려 한 점에서 탈국가적이고 범문명적 특색을 지닌다. 비록 이들이 주장하는 '중심을 없애고 등급을 폐하는' 사유가 다분히 공상적인 한계를 보일지라도, 고대 천하주의의 경험을 살리고 근대 민족국가의 한계를 극복하려는 사유는 오늘날 동아시아 국가들이 걸어가야 할 큰 방향을 제시했다는 점에서 분명한 의의를 지닌다.

신좌파 사상가로부터 도출된 횡단체제적 네트워크 모델은 앞서 제시된 사유들과 큰 차이를 보인다. 이 네트워크의 구축은 명쾌한 대체 이론이나 이상적 문명론에 기초하지 않고, 반대로 아시아 지역에 누적된 다중적 모순을 적나라하게 드러내고 있다. 중화제국에서 민족국가로 이행하는 길목에서 생겨난 제반 모순을 복합체제사회라는 도식으로 돌파하려는 이들의 사유는 사회주의 이념, 동아시아 해방, 반자본주의 지역연대 등의 요소와 결합하여 이론을 강화하고 있다. 이들의 논지가 사회주의 이데올로기에 편향된 구조적 한계를 지니지만, 조공네트워크의 역사 경험을 되살리고 쑨원의 대아시아주의를 끌어와 범아시아 연대를 구축하려는 사유는 충분히 주목할 만하다.

| 참고문헌 |

뚜웨이밍 저, 김태성 역, 『문명들의 대화』, 휴머니스트, 2006.

리쩌허우 저, 김태성 역, 『고별혁명』, 북로드, 2003.

_____, 김형종 역, 『중국현대사상사론』, 한길사, 2005.

_____, 노승현 역, 『학설』, 들녘, 2005.

_____, 임춘성 역, 『중국근대사상사론』, 한길사, 2005.

_____, 황희경 역, 『역사본체론』, 들녘, 2004.

마리청 저, 박영순·최은진 역, 『현대 중국의 8종 사회사조』, 학고방, 2015.

왕후이 저, 송인재 역, 『아시아는 세계다』, 글항아리, 2011.

_____, 이욱연 역, 『새로운 아시아를 상상한다』, 파주: 창비, 2003

전인갑, 『현대중국의 제국몽: 중화의 재보편화 100년의 실험』, 학고방, 2016.

조경란, 『현대 중국 지식인 지도』, 글항아리, 2013.

존 롤스 저, 장동진 역, 『정치적 자유주의』, 동명사, 2016.

강진석, 「21세기 중국의 천하주의와 미래담론」, 『중국연구』, 82집, 2020.

_____, 「당대중국의 인문사조」, 『현대중국학특강』, 한국외국어대학교출판부, 2017.

_____, 「李澤厚의 '유학4기설'을 어떻게 볼 것인가」, 『중국학보』, 83집, 2018.

_____, 「총론: 당대중국의 사상사조」, 『오늘의 동양사상』, 21호, 2010.

_____, 『체용철학』, 문사철, 2011.

김은희, 「롤즈의 공적 이성 개념의 한계와 중첩적 합의 개념의 재조명」, 『철학』, 103집, 2010.

송인재, 「21세기 중국의 '천하' 재해석과 신보편 탐색」, 『인문과학연구』, 44집, 2015.

이정남, 「민주주의에 대한 중국의 인식 – 비교 역사적 관점을 중심으로」, 『아세아연구』, 54권 3호, 2011.

汪暉, 『亞洲視野: 中國歷史的敍述』, 牛津大學出版社, 2010.

李澤厚, 『中國現代思想史論』, 安徽文藝出版社, 1994.

_____, 『再說"西體中用"』, 廣州中山大學, 香港中文大學的演講, 1995.

_____, 『告別革命』, 天地圖書, 1995.

_____, 『走我自己的路』, 中國盲文出版社, 2002.

_____, 『中國近代思想史論』, 天津社會科學出版社, 2004.

_____, 『歷史本體論, 己卯五說』, 三聯書店, 2006.

_____, 『該中國哲學登場了?』, 上海譯文出版社, 2011.

杜維明, 『對話與創新』, 廣西師範大學出版社, 2005.

趙啓正·John Naisbitt, Doris Naisbitt 共著, 『對話: 中國模式』, 新世界出版社, 2010.

劉明福, 『中國夢』, 中國友誼出版公司, 2010.

宋曉軍 外, 『中國不高興』, 江蘇人民出版社, 2009.

摩羅, 『中國站起來』, 長江文藝出版社, 2010.

許紀霖·劉擎 主編, 『新天下主義』, 世紀出版社, 2015

許紀霖, 「新天下主義與中國的內外秩序」(許紀霖·劉擎 主編, 『新天下主義』, 2015)

중국 인터넷 무협 담론에 대한 비판적 고찰
: 반례로서의 한국 인터넷 무협

Ⅰ. 서론

무협소설은 영향력 있는 대중적 장르소설의 하나로, 발원지인 중국에서 뿐만 아니라 한국에서도 상당한 인기를 끌어 왔다. 특히 김용(金庸)[1]이라는 걸출한 작가와 그의 작품은 세계 각국에서 선풍적인 인기를 끌며 무협소설을 주류문학의 수준으로 끌어올렸다는 평가를 받는다.[2] 무협소설에 대한 연구 역시 적지 않게 진행되었으며, 특히 21세기 들어 중국에서는 무협소설의 역사적 맥락과 변화에 대한 중요한 연구들이 다수 발표되었다. 구무협에서 대만과 홍콩의 신무협으로, 다시 대륙의 신무협으로, 김용 소설과 '포스트 김용 시대(後金庸時代)'로 이어지는 역사적 맥락에 대한 연구는 중국 무협 소설의 역사성을 잘 드러내 주었다. 이에 더하여 21세기

* 이 글은 「중국 인터넷 무협 담론에 대한 비판적 고찰 - 반례로서의 한국 인터넷 무협」, 『중국학논총』, 제73집, 2022를 일부 수정한 것이다.

** 명지대학교 중어중문학과 부교수.

1) 중국 인명은 한중수교 이전에 주로 활약한 인물은 한자 독음에 따라, 이후에 주로 활약한 인물은 중국어 표준 발음에 따라 표기하였다.
2) 韓雲波, 「中國現代武俠小說形式建構的生成 ─ 一個類型學的分析」, 『浙江學刊』, 第6期, 2019, 21쪽.

이후 본격화된 인터넷 무협소설(網絡武俠小說)에 대한 논의 역시 활발하게 진행되었다. 그것은 '포스트 김용 시대' 무협의 일부이면서 동시에 독자적인 특징을 드러내며 최근 들어서는 전통적인 종이 무협소설을 압도하는 수준으로 발전하고 있어 주목할 필요가 있다.

하지만 중국의 많은 연구자들은 인터넷 무협소설의 성과를 인정하면서도 근심어린 눈빛을 보내고 있다. 김용 시대 무협, 혹은 그 이전 무협이 보여주었던 '협의'에 대한 진지한 모색이 사라지고 갈수록 오락화, 상업화되어가는 무협이 더 이상 무협으로서의 정체성을 유지하기 어려울 수도 있다는 걱정이다. 그도 그럴 것이, 최근 중국의 인터넷에서 유행하는 무협 혹은 무협 연관 장르들을 살펴보면 이제 '협의'의 가치를 진지하게 인정하는 이야기는 드물다. 또한 무협의 정체성을 고민하고 지키려는 시도보다는 무와 협이 이야기의 배경이나 하나의 요소로 추상화되는 경향, 그리고 기타 장르와의 크로스오버와 융합 현상 등이 대대적으로 나타나고 있다.

다른 한편으로는 최근 대중문화에 대한 공산당의 압력에 발맞추어, 사회주의적 '영웅' 서사를 무협에서 찾으려는 시도가 일어나고 있기도 하다. 이는 무협과 협의 정신을 중화의 사상적 전통으로 간주하고 그것을 중화인민공화국의 현실 사회주의와 연결하려는 야심찬 시도이지만, 최근 중국 인터넷 소설의 다양한 가능성을 도외시하고 있다는 비판을 면하기 어렵다.[3]

이런 중국에서의 무협 담론을 출발점으로 삼아 최근 한국의 인터넷에서 발생하고 있는 무협 관련 서사의 창작과 유통, 소비 과정을 살펴보면 많은 시사점을 얻을 수 있다. 양국의 인터넷 무협소설은 상당부분 유사한 특징을 보이지만, 한편으로는 서로 전혀 다른 맥락과 의미, 특성을 보여주

---

3) 이상 언급한 내용에 대한 세부 참고문헌은 'Ⅱ. 중국 인터넷 무협 담론'의 논의를 참고할 것.

기도 한다. 특히 한국에서 무협이 정치적 혹은 탈 정치적으로 소비되었던 맥락, 그리고 한국에서 무협소설이 여러 장르 속으로 융합되는 것을 넘어 일종의 메타 서사의 요소 중 하나로 변모해 가는 과정 등은 중국 대륙의 관련 담론으로는 포착하기 어려우며, 따라서 한국의 무협소설이 전체적인 무협 연구에 기여할 수 있는 유의미한 사례를 제공해 준다. 본고에서는 최근 중국의 인터넷 무협 관련 담론 중 몇 가지 중요한 테마를 논의해 보고, 그것을 한국의 실제 인터넷 무협 텍스트와 비교 검토하면서 공통점과 차이점을 짚어 보려 한다.

II. 중국 인터넷 무협 담론

1. 몇 가지 전제 및 용어들

우선 중국 대륙의 연구자들이 무협소설의 역사를 구분하고 서술해 온 방식에 대해 살펴보자. 무협소설의 역사에 대해 이야기할 때는 유협(遊俠)이나 청대 협의소설 등 중국의 실제 역사나 고전소설에 대한 언급으로부터 시작하는 경우가 많으나, 본격적인 현대적 무협소설은 20세기에 들어와서 창작되기 시작되었다고 보는 것이 일반적이다.[4] 최근 대륙에서 가장 흔히 볼 수 있는 무협소설사 서술의 틀은 그것을 구파(평강불초생(平江不肖生), 환주루주(還珠樓主) 등으로 대표되는) 무협, 홍콩 및 대만의 신무협(港台新武)(양우생(梁羽生), 김용, 고룡(古龍) 등), 그리고 그 뒤를 이은 대륙 신무협으로 나누는 것이다.[5] 이 구분은 17년 시기와 문화

---

4) 韓雲波, 앞의 논문, 23쪽.

5) 楊冬梅, 『"後金庸"時代武俠小說的敍事倫理研究』, 雲南師範大學碩士學位論文, 2021, 2쪽.

대혁명을 거치면서 대륙 본토에서 무협소설의 명맥이 사실상 끊어졌던 역사를 암시하는 것이며, 또한 무협소설사 서술의 주체를 사실상 대륙으로 한정하는 것이기도 하다. 비록 '신필' 김용과 그와 함께 홍콩 및 대만 신무협을 대표하는 작가들은 중국 대륙 출신이 아니지만, 이제 개혁개방 및 대중문화의 발전과 함께 무협소설은 마침내 대륙으로 그 주도권이 넘어왔다는 자신감을 서술 중에서 읽어낼 수 있다.

하지만 '대륙신무협'이라는 용어는 그 시간적, 공간적 배타성 때문에 금방 그 한계가 드러났다. 그것은 김용 절필 후 활약했던 황이(黃易)나 원루이안(溫瑞安) 등 홍콩, 대만 무협작가들의 창작물을 포괄하지 못했을 뿐만 아니라, 개혁개방 이후 대륙에서 창작된 새로운 무협소설들과 이전 구파, 신파 무협들의 다양한 관계를 제대로 다루어 내지 못했기 때문이다. 이런 한계를 극복하기 위해 우슈밍(吳秀明)과 천저강(陳澤綱) 등이 '포스트 김용(後金庸) 시대'라는 용어를 제안하였으며 한윈보(韓雲波) 등의 중요한 논자들에 의해 이 용어는 널리 받아들여지게 된다.[6] 물론 '포스트 김용'이라는 용어가 '대륙 신무협'을 완전히 대체해 버린 것은 아니라서, 대륙 학자들은 여전히 '대륙 신무협'이라는 용어를 종종 사용하며 때로 '21세기 대륙 신무협'[7]등과 같이 사용되기도 한다.

다음으로는 '인터넷 무협소설(網絡武俠小說)'을 살펴보자. '대륙 신무협'이나 '포스트 김용 무협' 양자는 모두 한계가 있었는데, 바로 21세기 들어 급격하게 나타난 무협소설의 창작 및 유통 매체의 변화를 적절히 반영하지 못했다는 점이다. 21세기, 특히 2010년대 이후의 무협소설은 그 주요 근거지를 기존의 종이 기반 잡지나 서적에서 인터넷으로 옮겨 왔다.

---

6) 앞의 논문, 2-3쪽.

7) 韓雲波, 「論21世紀大陸新武俠」, 『西南師範大學學報(人文社會科學版)』, 第4期, 2004.

그에 따라 '인터넷 무협소설'에 대한 논의도 활발해져서 CNKI에 해당 어휘를 검색어로 넣으면 172개의 결과를 얻을 수 있다.[8] 샤례(夏烈)는『금고전기 무협판(今古傳奇·武俠版)』(2001년 창간)이나 『무협고사(武俠故事)』(2002년 창간)등 종이잡지가 성행하였던 2000년대 첫 10년에 비해, 2010년 이후 매체환경의 변화와 작가군의 변화가 어떻게 무협소설의 근거지를 온라인(인터넷)으로 이동시켰는지를 상세히 설명해 준다. 이 새로운 매체를 통한 무협소설을 그는 "인터넷 무협소설"이라 부르는데, 인터넷이라는 새로운 매체를 지나치게 강조할 것이 아니라 "인터넷 문학 환경 속에서 무협소설의 창작(網絡文學環境中的武俠小說創作)"을 주목해야 한다고, 즉 '무협소설'의 전통을 놓치지 말아야 한다고 강조한다.[9]

20세기 이후 무협소설사와 인터넷 무협소설에 대한 중국의 핵심적인 논의만을 정리해 보면, 최근(주로 21세기 이후) 중국 대륙에서 생산되는 무협은 대체로 대륙신무협, 포스트 김용 시대의 무협으로 포괄할 수 있으며 인터넷 무협은 그 하위 개념이지만 2010년대 이후 실제 생산과 유통, 소비의 주요 진지가 되고 있다고 보고 있다. 인터넷 무협소설에 대한 담론은 대체로 그것을 기존의 전통적 무협과 비교하여 매체의 차이, 주제의 차이, 표현방식의 차이, 작가 및 생산구조의 차이 등 다양한 측면에서 비교하고 있다. 흔히 제시되는 (중국) 인터넷 무협소설의 특징으로는 상업화 시장화된 운영방식, '유료 연재' 방식이 미친 영향, 주제와 인물 등의 현대화, 완전한 허구 세계의 창조, 레벨업이나 승급 등에 대한 천착, 2차원문화(오타쿠 문화)의 영향, 여성의 영향력 강화,[10] 등이 있다.

---

8) 2022년 3월 21일 검색결과.

9) 夏烈, 「網絡武俠小說十八年」, 『浙江學刊』, 第6期, 2017, 61-62쪽.

10) 榮同佳, 『網絡武俠小說的當代解讀』, 河北師範大學碩士學位論文, 2015; 杜小燁, 「武俠小說在網絡時代的新變 ― 以晉江大神Priest作品爲例」, 『網絡文學評論』, 第3期, 2019 등을 참조할 것.

이런 다양한 논의들에 한 가지 공통점이 있다면, 바로 '무협소설'의 전통과 정체성에 대한 추구이다. 어디서부터 어디까지를 무협소설로 인정할 수 있는지, 기존 무협소설과의 공통점 혹은 상대적인 차이점은 무엇인지 등이 대체로 논의의 중심에 있다. 문제는 그처럼 정체성을 탐색하는 과정에서 '진정한' 무협소설, 혹은 '우수한' 무협소설로 인정받지 못하는 텍스트들이 경계선 밖으로 배제된다는 데 있다. 인터넷 무협소설에 대한 논의들은 대부분 마지막에 '제언'이나 '문제점' 등의 형식으로 그 지나친 상업성, 도덕적 타락, 협의정신의 상실 등을 거론한다. 하지만 이런 '문제점'을 발견하고 또 그를 바로잡고자 하는 욕망은 바로 '지금 여기'에서 발생하고 있는 인터넷 무협소설의 현실을 직시하지 못하게 만들 위험성이 있다. 그 대표적인 것이 바로 '협의' 개념에 대한 과도한 중시인데, 여기에 대해서는 다음 절에서 상술하도록 한다.

2. '협의' 개념에 대한 논의와 그 한계

'협', 혹은 '협의' 개념[11]은 무협소설의 명칭에서 알 수 있다시피 무협소설이라는 장르와 매우 밀접한 관계에 있다. 본격적인 현대 무협소설이 창작되기 이전에 중국에서는 실제로 '협'의 역사와 그 문학적 실천이 있었으며, 그에 대해서는 이미 많은 연구가 이루어졌다.[12] 하지만 많은 논자들이 지적했다시피 최근 들어 무협소설 속에서 '협', 혹은 '협의'의 의미는 매우 크게 변화하고 있으며,[13] 심지어는 소멸해 가고 있다고 말할 수도 있어

---

11) 양자는 원래 서로 다른 개념이지만, 명청대 이후 무협 문화에서 거의 구분할 수 없을 정도로 융합되었으며 현대 무협소설의 핵심적 요소로 간주되어 왔다.

12) 陳平原, 『千古文人俠客夢』, 北京大學出版社, 2010; 량서우쭝 지음, 김영수 옮김, 『강호를 건너 무협의 숲을 거닐다』, 김영사, 2004.

13) 楊冬梅, 앞의 논문; 杜小燁, 앞의 논문; 都昕蕾, 「網絡武俠小說對"俠"內涵的解

보인다. 특히 중국의 무협 관련 장르에서 전통적인 무협소설, 혹은 역사적인 무협소설의 입지는 크게 줄어들고 있으며 그 자리를 대신하는 것이 무협의 파생물 혹은 후예라고 볼 수 있는 선협(仙俠), 기협(奇俠), 현환(玄幻) 등의 장르에 속하는 다량의 소설이다. 샤례는 이런 변화가 2005년 이후에 시작되었다고 보며 이 현상을 '현무합류(玄武合流)'라고 정리하였는데, '현환'으로 대표되는 타 장르와 '무협' 소설이 분리하기 어려울 정도로 융합되었음을 의미하는 용어이다.[14] 이제 무협소설에서 전통적인 주제인 협의, 복수, 애정 등은 최근의 인터넷 무협소설 및 그 인접장르에서 흔히 나타나는 '승급'에 대한 집착에 자리를 내주었다. 관련 연구에서도 무협(武俠)이 아니라 '무협(無俠)'이 되었다면서 최근 무협소설에서 협의정신의 상실을 우려하는 글이 범람했다.[15]

이런 현상에 대한 지적은 국내에서도 일찍이 이루어졌다. "선협소설에서 '협'이란 이제 '의' 따위의 도덕적 속성에서 멀어졌으며, 다만 능력이 뛰어난 고수라는 뜻으로 변질되었다는 것이다. 선협은 우리가 예전에 알던 정의로운 협사가 아니며, '선'의 길에서 굉장히 뛰어난 성취를 보이는 자에 불과하다"라는 주장이 이미 2014년에 제기된 바 있다.[16]

협의 개념의 변화에 대해서는 실제 텍스트 분석을 통한 자세한 조사와 분석이 더 필요하겠지만, 본고에서 주목하고자 하는 것은 중국에서 최근 '협의' 개념, 혹은 그에 기반한 '영웅' 개념을 강조하려는 연구 경향, 그중에서도 특히 무협소설 자체의 맥락에서가 아니라 외부의 정치적 영향에

構」, 『遼寧師專學報(社會科學版)』, 第4期, 2020 등을 참조하라.

14) 夏烈, 앞의 논문, 65-66쪽.

15) 張永祿·楊至元, 「圈層設定下網絡武俠小說的創作走勢與問題 ― 基於2019-2020
年的平台數據分析」, 『西南大學學報(社會科學版)』, 第47卷 第6期, 2021, 156쪽.

16) 최재용, 「의/협의 변천사 ― 최근 중국 인터넷 '선협소설'에서의 의/협 개념」, 『중국소설
논총』, 44집, 2014, 321쪽.

민감하게 반응하고 있는 것으로 보이는 일부 연구 경향이 늘어나고 있다는 점이다.

사실 중국의 무협소설 작가와 독자들이 이미 협을 핵심적인 요소로 간주하지 않는다는 것은 중국 학자들도 알고 있으며 이에 대한 양적인 조사 결과도 이미 나와 있다.[17] 이처럼 '포스트 김용' 시대의 중국 무협소설에서 협(의)가 약화되고 있는 것이 이미 뚜렷한 경향이라면, 왜 지금 와서 그토록 협을 강조하는 연구들이 연이어 나타나는 것일까? 장융뤼(張永祿) 등은 협을 상실한 무협은 이미 좁은 의미에서의 무협이라고 볼 수 없다고 하면서도 여전히 '무협정신'을 강조하고 "순수한 무협 유형의 창작"에 대한 미련을 놓지 못하는 것처럼 보인다.[18] 왜 그런지는 해당 논문의 마지막 단락에서 그 단초를 찾을 수 있다. 즉 "그것(무협소설 : 인용자)의 정서적 구조와 가치 취향은 모두 중화 무협문화의 정수를 계승 및 발양하여야 하며, 시대가 요구하는 영웅정신을 고양하는 데 마땅한 공헌을 하여야 한다. 여기에 인터넷 무협의 예술적인 생명력이 있으며, 미래 발전의 희망이 있다"[19]는 것이다. 바로 앞까지 이어지던 문학사적, 실증적 분석과는 상당히 다른 정치적 언어가 뚜렷한 근거도 없이 선언되고 있음을 확인할 수 있다.

물론 이런 정치적 접근 자체가 잘못된 것이라고 말하려는 것은 아니며, 오히려 제대로 된 정치적인 접근이 아니라는 점을 비판하려는 것이다. 무협소설은 중국의 전통적인 장르이며, 그 속에서 중화 문화의 정수를 발견하고 나아가 현 시대에 도움이 될 영웅적인 이미지를 읽어내려는 시도는

---

17) 張永祿 등, 앞의 논문, 156쪽.

18) 앞의 논문, 164쪽.

19) 앞의 논문, 165쪽. "它們的情感結構和價値取向都要繼承和發揚中華武俠文化的精華, 爲弘揚時代呼籲的英雄精神作出應有的貢獻, 這是網絡武俠的藝術生命力所在, 其未來發展的希望所在。"

얼마든지 가능하다. 문제는 이런 연구 경향과 추세가, 실제 중국에서 이루어지고 있는 무협소설 및 그에 나타난 협의 문화에 대한, 그리고 한국 등 중화인민공화국 외부에서 이루어지는 무협소설의 창작 및 소비에 대한 정확한 독해를 방해하고 심지어 왜곡한다는 데 있다.

그래서 더 이상 협의를 중요시하지 않는 다량의 텍스트를 마주하면서도 중국의 연구자들은 여전히 협과 협의에 대한 미련을 놓지 못하고 오히려 그것을 무협소설 및 인접장르를 평가함에 있어서 핵심적인 요소로 (확대)해석하고자 노력한다. 이를테면 '협의정신'이 있는 일부 소설을 추앙하거나,[20] 협의의 개념을 확대시켜서 교묘하게 협의의 소멸을 가리거나,[21] 창작할 때 더욱 "협의정신을 만드는(俠義精神塑造)" 데 힘써야 한다고 말한다.[22]

이처럼 '협의'가 과도하게 강조되고 중시되는 데에는 여러 가지 원인이 있을 것이지만, 여기서는 외부의 정치적 영향에 관하여 이야기하고 싶다. 최근 중국에서 생산된 논의들을 보면, 현실 정치의 강력한 영향력 아래에서 협의에 대한 진정한 정치적 해석의 가능성은 오히려 막혀 가는 듯한 느낌을 받게 된다. 이미 다수의 학술 논문에서 노골적인 정치적 언어가 그대로 노출되는 상황이 갈수록 늘어나고 있다. 예컨대 유명 무협 연구자 한원보(韓雲波)는 2019년에 "일종의 사회문화적 분업체계로서의 무협은, 결국 필연적으로 총체적인 인류의 해방, 즉 자유롭고 행복한 '인류운명공동체'의 형성에 자리를 내어 주어야 한다"고 썼다.[23]

---

20) 黃露,「中國網絡武俠小說的發展曆程、熱點與趨勢」,『重慶文理學院學報(社會科學版)』, 第40卷 第3期, 2021.

21) 潘小玉,「新派武俠小說與網絡武俠小說主題表現及差異―以金庸與小椴武俠爲例」,『湖北工業職業技術學院學報』, 第29卷 第2期, 2016; 杜小燁, 앞의 논문.

22) 張永祿 등, 앞의 논문, 164쪽.

23) 韓雲波,「中國現代武俠小說形式建構的生成 ― 一個類型學的分析」,『浙江學

한원보가 이어서 2020년에 발표한 글에는 제목에 '시진핑 신 시대의 영웅문화(近平對新時代英雄文化)'라는 문구가 포함되어 있다.[24] 그는 이어서 2021년 〈영웅문화와 무협문화(英雄文化與武俠文化)〉라는 학술 행사를 개최하였으며, 이 행사에서 발표된 글들은 대부분 현 공산당 지도부의 지침을 기계적으로 반복하고 있다.[25] 이런 연구들은 시진핑 주석의 발화를 근거로 삼아 무협문화 속의 영웅들을 찬미한다. 그 속에서 김용 소설의 주인공은 시진핑 주석이 언급한 '중화 영웅'의 대표적 인물이 되고, '포스트 김용' 시대의 모든 논의는 비좁은 정치적 수사 속으로 제약된다.

또 다른 방향의 정치적인 글도 있는데, 예를 들자면 "법률제도가 완전해졌기 때문에, 더욱이 정치제도가 민중에게 민주와 자유를 부여하였기 때문에, 백성은 이미 마음 편안히 생업에 종사할 수 있는 생활을 보장받았으며, 그로 인해 당대의 '정치'생활을 배경으로 하는 무협소설은 거의 없다"고 단언하는 방식도 있다.[26] 현대 중국은 이미 완벽한 사회이므로 그에 대한 정치적인 도전은 원론적으로 차단되며 현존하는 정권 및 정치권력 자체에 대한 도전의 가능성 자체가 무화된다.

이런 정치적인 연구들 속에서 무협소설에 대한 다양한 해석과 해체의 가능성 역시 묻혀 버릴 수밖에 없다. 김용 소설의 주인공이 과연 시진핑 시대의 정치적 영웅의 이미지와 일치하는지의 문제는 차치하고서라도, 포

刊』, 第6期, 2019, 31쪽. "武俠作爲一種社會文化分工, 最終也就必然讓位於總體性的人類解放, 即自由幸福的"人類命運共同體"的形成."

24) 韓雲波, 「中國共産黨人英雄觀的形成與習近平對新時代英雄文化的創造性發展」, 『探索』, 第2期, 2020.

25) 冉雪, 「改革開放新時期以來文學領域英雄書寫研究現狀與思考」, 『西南大學學報(社會科學版)』, 第47卷 第6期, 2021.

26) 楊冬梅, 앞의 논문, 42쪽. "因爲法律制度的完善, 加上政治制度賦予民衆的民主自由, 百姓已經獲得了安居樂業的生活, 因此幾乎沒有武俠小說以當代的'政治'生活爲背景."

스트 김용 시대의 산물인 인터넷 무협 환경 속에서 새로운 시대를 마주하고 집단이 아닌 개인으로서, 여성으로서 새로운 윤리와 세계관을 창출하기 위해 고민했던 다양한 소설들은 논의에 포함될 기회를 박탈당한다.[27] 요컨대 대중문화에 대한 최근 공산당 지도부의 압력, 그리고 그에 호응하여 생산되고 있는 학술적 담론은 무협소설의 다양성을 제약하는 이데올로기적인 해석으로 전락할 위험이 크며 실제 이루어지고 있는 무협소설의 창작 및 소비의 양상과도 다르다.

이러한 과도한 정치적인 독해가 전제하는 것과는 다르게, 무협소설은 때로는 탈-정치적인, 심지어 반-정치적인 것일 수도 있으며 나아가 바로 그 점에 무협소설의 진정한 정치적인 역량이 있다. 60년대 한국에서 유행했던 대본소 무협지, 그리고 홍콩-대만 신파무협의 경우에는 대중의 에너지를 정치적인 것에서 말초적인 것으로 돌리는 탈정치적 역할을 하였음을 부인하기 어렵다. 하지만 하지만 '협(의)'는 원래 사회질서와 법률제도를 파괴하는 힘을 발휘하는 불안정한 요소였다.[28] 또한 고훈은 "본질 자체는 정치적인 장르가 바로 무협소설"이라고 주장한다.[29] 그러므로 정치와 무협의 결합은 대단히 자연스러운 것이었으며, 그러면서도 무협소설은 지나친 정치화에 대한 "일종의 방어기제"로서 "책임회피"의 기능을 수행할 수 있었기 때문에 정치적 담론은 종종 무협소설의 겉모습을 띤 채로 제기되었다.[30] 요컨대 무협소설을 정치적으로 독해하고 사용하려는

---

27) 중국 인터넷 무협소설에서 여성의 의미에 대한 논의로는 鄭保純, 「網絡武俠小說女性敍事聲音的誕生: 以滄月『忘川』爲例」, 『小說評論』, 第1期, 2008; 杜小燁, 앞의 논문 등을 참고할 것.

28) 都昕蕾, 앞의 논문, 23쪽.

29) 고훈, 「정치무협소설 연구-무협소설과 정치서사」, 『대중서사연구』, 23권 4호, 2017, 157쪽.

30) 앞의 논문, 165쪽.

중국의 최근 담론이 그 자체로 잘못된 것은 아니지만, 그것은 오히려 무협
소설이 품고 있는 본원적인 저항성과 반항성을 거세한 채 현실 속의 특정
집권 정치세력의 목적에만 봉사하는 속물적 정치성을 추구하기 때문에
'진정한' 정치성을 오히려 저해한다.

3. 인터넷 무협의 변화에 대한 진단과 그 한계

대중소설로서, 무협소설 및 그 전신(前身)은 언제나 대중의 상상과 욕
망, 그리고 사회의 기층 윤리 등을 반영해 왔다. 그렇다면 사마천의 사기
에서 나타난 협과 청대 공안협의소설에서의 협, 김용 무협소설의 협이 서
로 다른 것은 당연한 일이며, 21세기 인터넷 무협소설의 협이 이전과 크게
달라진 모습을 보이는 것 또한 당연하다. 그 속에는 '현대인'의 사고방식
과 사상이 노골적으로 반영되는 것이다.

샤례의 「인터넷 무협소설 십팔년(網絡武俠小說十八年)」은 2017년에
발표된 글로, 양판(楊叛)이나 샤오두안(小椴)등의 작가가 인터넷에 무협
장르의 글을 본격적으로 발표하기 시작한 2000년을 인터넷 무협소설의
원점으로 잡고 그 이후 18년 동안의 발달과정을 추적하였다.[31] 비록 2018
년 이후의 상황을 다루고 있지는 못하지만 중국에서 인터넷 무협소설이
어떤 과정을 거쳐 발달해 왔는지를 이해하는 데 큰 도움이 되는 중요한
논문이다.

이 글 중 본고에서 주목하고 싶은 것은, "가문, 국가와 협의가 더 이상
인터넷 무협의 초기 작가들에게 있어 가치의 핵심이나 논리의 출발점이
아니었다"는 지적이다.[32] 그러면 그 빈자리를 채운 것은 무엇이었을까?

---

31) 夏烈, 「網絡武俠小說十八年」, 『浙江學刊』, 第6期, 2017, 66쪽.
32) 앞의 논문, 64쪽. "家國和俠義不再是網絡武俠早期作者的價値核心和邏輯基點"

이 질문에 대답하기 위해서는 다시 한 번 '현무합류'가 가져온 변화를 주목하고 그 의미를 되짚어 볼 필요가 있다.

'현무합류' 이후의 주류 인터넷 무협소설에 대한 평가는 크게 엇갈리는데, 이는 '현환' 소설이 기존 무협소설이 가졌던 협의에 대한 고민을 과감하게 떨쳐 버렸기 때문이다. 그래서 윤리적인 타락, 협의정신의 상실이라는 점에서 폄하받기도 하지만, 그것이 주도적인 하위장르로 확고히 자리 잡은 데에는 당연히 이유가 있다. 성공적인 현환소설, 그리고 그와 '융합'한 인터넷 무협소설은 기존의 '강호'와 다른 새로운 공간을 창출해 내었고 현대 독자들의 취향과 세계관에 부합하는 새로운 상상력이 발휘될 수 있는 토대를 마련했다.[33] 인터넷 무협소설에서 중요한 것은 주인공의 협행이나 윤리의식, 책임감이 아니라 이 새로운 공간의 설정이 얼마나 창의적이고 참신한지, 주인공의 승급(레벨업)이 얼마나 큰 쾌감을 주는지의 문제가 되었다.

중국 인터넷 무협소설이 보여주는 여러 특징 중 우리의 논의에서 특히 중요한 것은 승급(레벨업)에 대한 집착, 그리고 그 과정의 특수성이다. 인터넷 무협 소설 속에서는 '사부'나 '비급'에 의한 성장보다 '시스템'에 의한 성장과 승급이 중시된다. 다르게 말하자면 프로이트적인 의미에서 부친/남근 형상이라 할 수 있는 사부가 거의 존재하지 않거나 그리 중요하지 않게 다루어지며, 그에 따른 자연스러운 결과로 윤리적 제약 역시 거의 존재하지 않는다. 양둥메이(楊冬梅)는 전통 무협의 핵심 요소 중 하나였던 사부-제자의 관계가 무의미해지고 그것을 '시스템 성장'이라는 요소가 대체했다고 분석한다. 그녀는 "이제 사제관계는 더 이상 전통적 윤리 속에서만큼 공고하지 않은데, 그 원인은 당연하게도 대체로 현대에 이르면 사람과 사람의 관계가 대부분 소외되어 있기 때문이다. 거리감, 신뢰의

---

33) 앞의 논문, 66쪽.

위기, 이기심과 냉정함, 이것은 포스트 모던의 위기이다"고 썼다.[34] 근래의 인기작 중 하나인 『금강불괴 대채주(金剛不壞大寨主)』가 그 좋은 예다.[35] 소설은 주인공 장다리(江大刀)가 갑자기 자신이 즐기던 무협 게임 속으로 떨어지게 된 이야기를 다루고 있는데, 그는 게임의 인터페이스를 연상시키는 '시스템'에 의해 스스로를 성장시키며, 그 과정에는 오직 [퀘스트 해결 – 경험치 획득 – 성장]이라는 단위의 무한한 반복이 있을 뿐 어떠한 윤리적 고민도 개입하지 않는다. 퀘스트상 죽여야 할 대상이 있으면 죽이고, 다른 등장인물(NPC)이 앞길을 가로막으면 제거할 뿐이다.[36]

　이러한 주인공의 목적 없는 성장, 레벨업, 끊임없는 강화는 인터넷 무협 소설뿐만 아니라 한국과 중국의 상업적인 인터넷 소설 전반에 걸쳐서 광범위하게 관찰되는 현상이다. 한국의 유인혁은 이를 후기 금융자본주의 사회의 반영이라고 분석하였는데,[37] 『금강불괴 대채주』와 같은 소설에도 거의 그대로 적용될 수 있다.

　이와 같은 예에서 보다시피 중국 인터넷 무협소설 연구는 텍스트 분석에서 상당히 정확하고 의미 있는 결과를 산출해 왔지만 다소 의심스러운 결론으로 연결되는 경우도 종종 있다. 위에서 언급한 샤례의 글은 마지막에 흥미로운 관점을 두 가지 제시하며 마무리된다. 첫째는 현무합류 이후의 인터넷 무협소설에 대한 '전망'이다. 그는 "무협 그 자체에 전념하지 않는" "**포스트모던**한 풍격의 인터넷 무협의 가능성"을 이야기한다.[38] 무

---

34) 楊冬梅, 앞의 논문, 66쪽.
35) 往男, 『金剛不壞大寨主』, 起點圖書網 연재소설. https://book.qidian.com/info/1023502814/
36) 앞의 책, 8-9장. https://read.qidian.com/chapter/7vzznZJUTZRcXB4XKBaZpQ2/MbyO1q
　　BSfXO2uJcMpdsVgA2/
37) 유인혁, 「노동은 어떻게 놀이가 됐는가? : 한국 MMORPG와 게임 판타지 장르소설에
　　나타난 자기계발의 주체」, 『한국문학연구』, 61호, 2019, 79-106쪽.
38) 夏烈, 앞의 논문, 68쪽. 강조는 인용자.

협소설의 핵심적 가치로 여겨졌던 무와 협에 대한 숭상, 그리고 관습적인 장치들이 가졌던 원래 맥락 속의 가치를 상실한 채, 포스트모던한 유희의 평면 속으로 재배치되는 과정을 언급한 것으로 보이는데, 중국의 최근 상황에 대해서뿐만 아니라 한국의 경우에도 상당히 유효한 지적이다. 무협의 속성과 가치들은 맥락 없이 산산이 분해되어서 어떤 '요소'가 되어 버렸고, 그것은 범용성을 띤 부품처럼 다른 문화, 다른 텍스트 속으로 거부 반응 없이 이식될 수 있다. 이 지적은 다음 장에서 필자가 진행하고자 하는 한국 인터넷 무협소설에 대한 분석의 출발점이 될 것이다.

두 번째 흥미로운 관점은, 그가 결론(結語)에서 문학텍스트 자체에 대한 논의에서 벗어나 배타적인 '민족지'적 결론으로 이동하는 장면에서 드러난다. 샤례는 "무공과 협의", 즉 무협이 "중화문화와 인문정신을 표출하는 가치 있는 매개체로 여겨질 수 있는 이유는 그것이 **중화성**을 제련하고 응축시켜 낸 것이기 때문"이라고 주장하며, 무협소설은 "소설의 예술을 중시하지 않는 루저(屌絲)의 문예"가 아니라 "우리의 문학사, 문화사, 정신사가 다른 지역과 구별될 수 있는 일종의 '국가 – 민족지'"라고 주장한다.39) 위에서 언급한 '포스트모던한 풍격의 무협'과 '국가 – 민족지'라는 상반된 의견이 같은 글 내에서 충돌하고 있음은 물론, 여기에서도 무협소설을 '정치적'으로 독해하려는 의식적/무의식적 욕망이 감지된다.

이런 독해법은 (인터넷) 무협소설의 다양성과 국제적 교류의 가능성을 제약하는 시대착오적인 독해로 전락할 위험을 안고 있다. 예컨대, 70-80년대 개혁개방 시기 중국 대륙에서 유행했던 홍콩/대만 신무협이 발휘했던 해방적 기능도, 거꾸로 대만 신무협이 대만 내에서 가졌던 '탈정치적 정

---

39) 앞의 논문, 68쪽. 강조는 인용자. "武功和俠義之所以被看作是中華文化和人文精神表達的一種有價值的媒介, 其原因是它曾經提煉和凝聚了中華性…(중략)…不是不講究小說藝術的屌絲文藝, 它正是我們文學史, 文化史, 精神史中可以區別於別的地域的那麼一種"國家 — 民族志。"

치'의 기능도 '중화성'에 집착하는 관점을 통해서는 전혀 이해할 수 없을 것이다. 또 그토록 '중화성'을 띤 무협소설이라는 장르가 어째서 20세기, 21세기 한국에서 지속적으로 창작 – 유통 – 소비되고 있는지라는 간단한 질문에도 샤례는 답하기 어려울 것이다.

한국에서 무협소설이 가지는 문화적 의미는 김현, 성민엽 등의 선구적 무협소설 연구자들에 의해서 이미 잘 설명되어 왔다.[40] 또 격동의 동아시아 근대사 속에서, 그리고 한국사 속에서 무협소설은 정치 – 탈정치의 양극단 속에서 유동하며 계속해서 정치적으로 활용되었다. '강호'라는 상상적 공간은 현실 속의 중화인민공화국과는 사뭇 무관한 상상의 공간으로서 때로는 해방적으로, 때로는 현실도피적으로, 심지어는 현실미화의 수단으로 활용되기도 했던 것이다. 이는 무협소설이 '중화성'과는 무관하게 철저히 한국이라는 지역의 맥락 하에서 전용되어 왔음을 증명한다.[41] 아래에서는 지금까지의 논의를 출발점으로 삼아, 상술한 중국의 무협 담론을 최근 한국 인터넷 무협소설 텍스트에 적용해 보고 그 (불)가능성을 탐색할 것이다.

Ⅲ. 한국 인터넷 무협의 동보성과 독자성

1. 한중 인터넷 무협소설의 동보성

---

40) 김현, 「무협소설은 왜 읽히는가 – 허무주의의 부정적 표출」, 『현대 한국 문학의 이론』, 문학과지성사, 1991, 227-239쪽; 전형준, 『무협소설의 문화적 의미』, 서울대학교 출판부, 2003.

41) 고훈, 앞의 글, 159-165쪽; 또 노상호, 「1960년대 중화권 대중문화의 한국 내 유행과 현지화에 관한 일고찰 – 무협영화와 소설을 중심으로」, 한국문화연구 30호, 2016; 윤재민, 「무협적 글쓰기 혹은 1990년대적 남성성의 포스트 냉전문화론 – 유하의 '무림일기', 김영하의 '무협 학생운동'을 중심으로」, 『한국학연구』, 51집, 2018 등을 참조하라.

한국의 무협소설 연구는 비교적 충실하게 이루어졌으나 2010년대 이후 최근의 인터넷 무협소설 자체에 대한 구체적인 논의는 거의 이루어지지 못했다. 이는 중국에서 인터넷 무협소설에 대한 논의가 상대적으로 활발했던 것에 비해 아쉬운 점이다. 하지만 한국 인터넷 무협소설의 풍경은 연구와 이론의 발달 여부와 무관하게 내적으로 변화하고 발전하는 중이며 중국의 상황과 여러 측면에서 동보성을 보여주고 있다. 나아가 최근 한국 인터넷 소설계를 선도하는 중요한 소설들 중 무협소설 혹은 그와 밀접한 관계를 맺고 있는 텍스트 속에서 필자는 중국에서 이루어진 관련 담론을 보완하고 발전시킬 수 있는 계기를 발견하고자 한다.

(1) 장르 융합 현상

첫째로, 무협소설이 다른 장르소설 및 대중소설, 심지어는 게임/만화/애니메이션 등 타 장르와 교섭하고 융합하는 현상이 한국에서도 뚜렷하다. 사실 무협소설은 그 성립 과정에서부터 타 장르와 끊임없이 상호작용해 온 역사를 가지고 있는데, 중국의 예를 보면 청대에 '공안' 요소가 도입된 것부터 왕도려 등 신파 무협작가들의 소설에 언정(로맨스) 요소가 적극적으로 도입된 것[42] 등이 비교적 오래 된 경우이고, 최근의 인터넷 무협소설의 경우 그 '포용성'과 '응변성'은 더욱 강화되어 로맨스, 탐정, 현환, 순문학 등 타 요소가 무협소설 속으로 들어오고 있으며 무협소설 역시 인근 장르에 영향을 미치고 있다.[43]

한국의 경우 무협소설과 타 장르를 결합시킨 사례 중 가장 유명하고 전형적인 것은 아마도 전동조의 『묵향』이다.[44] 전형적인 무협소설로 시작

---

42) 韓雲波, 「中國現代武俠小說形式建構的生成 — 一個類型學的分析」, 『浙江學刊』, 第6期, 2019, 23-25쪽.
43) 都昕蕾, 앞의 논문, 25쪽.

한 이 소설은 소설 중반부에 갑자기 주인공 묵향을 판타지 세계로 이전시
킴으로써 당시 독자들에게 큰 충격을 주었다. 스마트폰 보급 이후, 즉 '웹
소설'이 인터넷 소설의 주류로 자리잡은 이후 이런 퓨전 현상은 더욱 가속
화되었는데, 무협의 세계는 판타지, 현대세계 등 다양한 세계관과 거부감
없이 섞일 수 있게 되었다. 이 과정에서 무협소설의 전통적인 서사적 장치
나 주제는 큰 변화를 겪을 수밖에 없었다. 이런 퓨전 현상을 잘 보여주는
대표적 사례가 '천마'의 의미와 용법 변화다. 마교에 대한 설정은 일찍이
김용이 『의천도룡기』에서 선보인 바 있으며, 이후 그 마교의 수장인 '천
마'는 한국 무협소설에서 정사의 대립, 선악의 대립 및 그 사이의 갈등을
보여주는 장치로 대단히 빈번하게 다루어지는 요소였다. 하지만 웹소설
시대의 한국 인터넷 소설에서 '천마'라는 소재의 활용은 꼭 그 소설이 무
협소설로 분류되어야 함을 뜻하지 않는다. 한국의 웹소설 연재 플랫폼에
서 '천마'가 제목에 포함된 소설을 검색해 보면 무슨 뜻인지 쉽게 알 수
있다. 네이버 웹소설 2022년 1월 24일 검색결과의 맨 위에 있는 『천마,
환생부터 만렙까지』[45]는 '천마'라는 무협소설적 요소가 '만렙'[46]이라는
게임 요소와 결합한 사례이다. 문피아의 『나 혼자 천재 재벌로 레벨업(케
미 천마)』[47]는 천마가 현대 한국인에게 빙의하는 이야기이며, 카카오페이
지의 『천마는 사냥을 간다』[48]는 판타지 세계와 무협 세계를 수십 년간

---

44) 『묵향』은 전동조의 장편소설로 1999년 1권이 발매된 후 놀랍게도 2022년 현재까지
   연재 중이다. 그에 나타난 퓨전 양상에 대한 논의는 고훈, 「대중소설의 퓨전화 – 무협
   소설과 판타지소설의 퓨전화 양상을 중심으로」, 『대중서사연구』, 19호, 2008, 231-232
   쪽을 참조.

45) ABC초콜레트 글, san 삽화, 『천마! 환생부터 만렙까지』, 네이버 웹소설. https://novel.
   naver.com/webnovel/list?novelId=676629

46) 더 이상 레벨업이 불가능한 최고 레벨을 뜻함. 滿 + lev(level)의 줄임말.

47) 코알라, 『나 혼자 천재 재벌로 레벨업(케미 천마)』, 문피아 연재소설.
   https://novel.munpia.com/253899

모험한 주인공이 다시 현대 한국으로 귀환하는 이야기이고 『레벨업하기 싫은 천마님』[49]은 무림일통의 위업을 달성한 천마가 '게이트'를 넘어 현대 한국으로 이동하여 벌이는 일을 다룬다. 비슷한 예는 일일이 열거하기도 어려울 정도로 많다.

즉 현대 한국 인터넷 무협소설, 혹은 무협 요소를 차용한 인터넷 소설에서 '천마'는 원래의 무협소설적 맥락에서 아주 멀리 떨어져 있으며, 김용 소설 속 장무기가 마교(배화교)의 교주가 되는 과정에서 경험했던 윤리적, 인간적 갈등과는 거의 무관한 것이 되어 버렸다. '천마'는 이제 더 이상 오해받고 배척받는 이교도의 수장도 아니요, 끔찍한 마교의 수장으로서 세계를 피로 물들이는 악의 무리를 이끄는 자도 아니다. 천마란 단지 엄청나게 강력한 무공을 지닌 자를 간편하게 지칭하는 일종의 부호에 불과해졌다.

그런데, 분석을 여기에서 멈춘다면 중국에서 일어나는 현상이 한국에서도 발생한다는 것을 단순히 확인한 것에 지나지 않는다. 무협소설의 퓨전 현상은 한국에서 어떤 의미를 갖는가? 인터넷 소설, 크게는 스마트폰 시대의 문학 중에서 이런 장르 크로스오버 현상 및 그 심화의 기저에 있는 원동력은 무엇인가? 초기 퓨전 무협소설 『묵향』에서 '차원이동'이 하나의 설정, 세계관에서 다른 설정과 세계관으로 이동할 수 있게 해 주는 장치였다면, 최근 한국의 인터넷 무협소설 및 더 큰 범위에서 웹소설에 나타나는 크로스오버/퓨전/융합의 양상은 한 단계 더 심화된 모습을 보여주는데, 결론을 미리 당겨 이야기하면 우리는 '차원이동' 자체가 진부한 설정이 되어 버린 시대에 들어섰으며, 이제는 그것이 메타 서사의 대상이 되어

---

48) 은남, 『천마는 사냥을 간다』, 카카오페이지 연재 소설. https://page.kakao.com/home?seriesId=50738971

49) 샤이나크, 『레벨업하기 싫은 천마님』, 카카오페이지 연재 소설. https://page.kakao.com/home?seriesId=54184726

버리는 장면을 목격하고 있는 것이다. 우선은 다른 한두 가지 공통적 흐름을 더 살펴본 후에 결론으로 나아가고자 한다.

(2) 협의 개념의 변화 혹은 약화

두 번째로 살펴볼 한중 인터넷 무협소설의 공통적 흐름은 '협의' 개념의 변화이다. 2장에서 중국 인터넷 무협소설 속 '협의' 개념의 중요성이 쇠퇴하여 이제 더 이상 인물의 행동과 소설의 주제를 이끄는 주요한 원리가 되지 못하게 되었음을 밝혔는데, 이는 한국의 무협소설에서도 대체로 마찬가지이며 특히 인터넷 무협소설에서 더욱 현저한 특징이다. 위에서 언급한 퓨전 현상이 강화되고 게임 요소가 적극적으로 도입되면서, 한국의 인터넷 무협 소설에서도 이미 '레벨 업'이 궁극적인 목표가 되었다. 그 과정에서 주인공의 레벨 업과 무한 성장을 저해할 수 있는 도덕적, 윤리적 고민은 가차 없이 버려졌다.[50]

최근의 소설은 아니지만, 이런 '협의' 개념의 변화를 상징적으로 보여주는 한국 인터넷 무협소설 중 하나가 바로 한백림의 『무당마검』이다.[51] 이미 90년대말 – 2000년대초 대여점과 연결된 인터넷 – 종이책 무협소설들이 유행하던 시절부터 협의라는 가치의 변화는 감지되었고, 하성민의 『악인지로』(2001년) 등에서 악인을 주인공으로 등장시키는 시도도 이루어졌다. 하지만 『무당마검』에서 주인공들은 매우 전통적인 강호의 협사로 보인다. 주인공 명경과 그의 동료들은 무당파의 도인이지만, 황실의 명에

---

50) 최재용, 「스마트폰 시대 인터넷 문학의 변화 – 한국과 중국의 사례를 중심으로」, 『중국학보』, 89집, 2019, 특히 3장 2절 '내용적 측면' 참조.

51) 2003년에 인터넷에 연재되기 시작한 것으로 알려져 있으며 이후 파피루스, 청어람 등에서 종이책과 이북으로 출간되었다. 본고에서는 청어람에서 출판된 전자책을 저본으로 한다. 한백림, 『무당마검』, 1-8권, 청어람, 2015.

따라 할 수 없이 전쟁터로 보내지면서 타락하고 무정한 강호 및 전쟁터를 전전하게 된다. 소설 속에는 '협'과 '협의'에 대한 직접적인 언급이 몇 번 나오는데, 대표적인 장면 두 가지를 든다.

> 사람이 사람을 죽이는 일에는 어떤 명분도 소용이 없소. 그것은 그대들이 말하는 협, 그중에서도 살생을 배제한 진실된 협을 통해서만 갚을 수 있을 것이오. 그 진실된 협이란 위대한 초원의 정신이지 무격들의 바람과 같은 것!52)

> 앞선 자가 베풀어야 하는 자비! 이룩한 것에 대한 자긍심! 가지지 못한 사람에 대한 관용! 민초들에 대한 무조건적인 호의! 세상에 무너져도 변치 않는 의기! 그리고 … (중략) … 협!53)

주인공 명경의 입을 통해서는 아니지만, 주변 인물들의 언행을 통해 협의라는 가치가 매우 중시되고 있음이 잘 나타난다. 첫 번째 인용문은 전쟁 중에 주인공들과 힘을 합치게 된 동료 오로혼의 마지막 말이고, 두 번째는 주인공 명경과 운명적인 인연을 맺는 여인 모용청이 자신의 부친과 맞서며 일갈하는 장면이다. 하지만 주인공과 그의 동료들이 이토록 협의를 소리 높여 부르짖어야 하는 이유는 무엇일까? 바로 강호에서 이미 협의가 사라져 가고 있기 때문이다. 세속화되고 타락한 강호를 상징하는 것이 바로 모용세가의 가주이자 모용청의 부친인 모용도이다. 그는 자기 가문의 영달을 위해 협의라는 가치를 포기한 인물이며, 소설 속 강호라는 세계 자체는 황실과 황권으로 상징되는 현실 정치의 압력에 계속해서 굴복해 가고 있는 모습으로 그려지는 것이다. 그렇다면 『무당마검』속에서

---

52) 한백림, 『무당마검』, 6권, 청어람, 2015. 이하 전자책을 인용할 때는 권수 혹은 연재 회차수만 표기한다.
53) 한백림, 『무당마검』, 8권, 청어람, 2015.

몇몇 인물들이 그토록 협의를 부르짖는 것은 이미 돌이킬 수 없이 쇠퇴해 가는 협의를 되돌리려는 부질없는 노력으로 이해해야 한다.

또 한 가지, 『무당마검』에 전통적인 강호와 무공 이외의 '제 3의 세계' 가 침투해 오고 있다는 점도 주목할 필요가 있다. 전통적인 무협소설에서 도 도가에 대한 언급, 배화교(마교) 등 종교적, 초월적 내용에 대한 언급은 얼마든지 찾아볼 수 있지만, 『무당마검』의 주인공은 무공과 다른 이능력, 즉 염력을 구사할 수 있다. 소설은 전통적인 강호가 도술, 괴수, 초능력이 지배하는 또 다른 세계와 조우하는 사태를 다루며, 이 이질적인 세계는 황실의 세속 권력과 전혀 다른 방향에서 강호라는 전통적 무협 세계를 위협한다. 이런 흐름 역시 중국에서 나타난 '현무합류'와 거의 정확하게 일치하는 것처럼 보이지만, 한백림은 한 걸음 더 나아가 장백산 일대의 장백파 인물들이라는 비 한족 세력을 다룸으로써 한국 무협소설로서의 개성을 발휘할 여지를 마련한다. 정리하자면, 『무당마검』은 90년대 중후 반 새롭게 등장한 '한국 신무협'이 21세기에 들어서며 서서히 협의를 상실 해 가는 과정과 그에 대한 최후의 저항을 보여주며, 또한 묵향 등에 의해 시작된 무협 외부와 무협 내부의 뒤섞임이 본격화되는 과정을 잘 보여주 는 소설이다.

다음으로 논의할 소설은 비교적 최근의 인터넷 무협소설인 『홧병신공, 빡칠수록 세진다』[54]이다. 소설은 환생이나 빙의, 회귀 등 웹소설에 보편적 인 초현실적 설정에서 출발하지 않으며, 오히려 무림맹과 마교 간의 대립 이라는 상당히 전형적인 무협소설의 형태를 띠고 있어서 전통 무협으로 분류된다.[55] 그러나 그 속을 들여다보면 전통적인 무협소설과 닮은 것은 최소한의 기본적 설정밖에 없다는 것을 쉽게 발견할 수 있다. 주인공 장삼

---

54) 김선민, 『홧병신공, 빡칠수록 세진다』, 1-11권, 스토리야, 2019.

55) 네이버 시리즈, 리디북스 등에서 모두 무협으로 분류되어 있다.

은 보잘것없는 무공을 지닌 무림맹의 말단 직원인데, 직속 부하로 강력한
무림 세가의 자제인 제갈위라는 자가 배정되면서 곤란에 처한다. 강력한
무공과 집안 배경을 가진 제갈위는 상사인 장삼을 철저히 무시하고 여러
수단을 동원해 그를 괴롭힌다. 다음은 소설의 시작 부분이다.

> 제갈위는 모든 행정업무를 장삼에게 몰아주었다.
> 장삼은 일주일 동안 두 시진도 제대로 잠을 못 자면서 서류를 처리했다.
> 그 바람에 서류에서 오탈자가 하나 나왔다.
> 진짜 딱! 하나였다.
> 바로 그 오탈자 하나 때문에 장삼은 지금 제갈위에게 축생만도 못 하다
> 는 소리를 듣고 있는 거였다.56)

　하지만 제갈위는 중요한 인물들 앞에서는 모범적인 후기지수로서의 모
습을 보이기 때문에 장삼의 억울함은 해소될 길이 없다. 제갈위 같은 위선
자 캐릭터는 무협소설에서 그 역사가 오래되었으나, 이 소설의 새로움은
이런 위선적 캐릭터와 주인공의 갈등을 시트콤이 연상되는 코미디 장르와
결합하였을 뿐만 아니라 그들의 행동 및 사고방식을 전형적인 21세기 화
이트칼라 직장인의 그것과 동조시켰다는 데 있다. 위에서 본 '행정업무'나
'오탈자'라는 무협소설과 잘 어울리지 않는 어휘가 이를 잘 보여준다. 하
지만 장삼은 우연히 실전된 비급을 통해 '청명진정심법'이라는 무공을 익
히게 되며, 이 무공은 독특하게도 시전자의 분노, 시쳇말로 "빡침"을 내공
으로 전환시켜 주는 공능을 가졌다. 이를 통해 장삼은 무림맹 생활=직장
생활에서 오는 스트레스와 분노를 본인의 무공 성장으로 연결시킬 수 있
게 되고, 마침내 무림을 구원하게 된다. '협의'에 대한 우리의 분석에서
이 소설이 중요한 이유는, 바로 무림맹을 위시한 무림과 강호가 철저하게

---

56) 김선민, 『핫병신공, 빡칠수록 세진다』, 1권, 스토리야, 2019.

탈 – 도덕화 되어서 현대인의 직장생활과 같은 범속함의 세계 속으로 완전히 겹쳐졌음을 보여주기 때문이다. 정파 무림의 상징인 무림맹이 이익원리와 자기보신, 출신성분에 따른 차별이라는 대단히 '현대 공무원'스러운 원리에 의해 운영되는 곳으로 그려진다는 것, 나아가 그런 묘사가 윤리적 타락에 대한 충격을 담고 있는 것이 아니라 시트콤과 같은 코믹한 터치로 그려진다는 것은 의미심장하다. 이미 무림인의 위선, 협의의 상실 등은 독자들에게 도덕적 충격을 주는 장치가 아니라 '당연한' 행동원리가 되었는데, 이는 『무당마검』의 명경과 그 일행이 보여 준 협의에 대한 안간힘을 다한 집착과 옹호에서 분명히 한 걸음 더 멀어진 것이다. 협의의 상실은 더 이상 슬퍼하거나 충격 받아야 할 사건이 아니며, 누구나 상식적으로 받아들이고 있는 사회의 보편적 현상이 되었음을 감지할 수 있다.

2. 동보성이 끝나는 곳: 포스트모더니즘과 한국 인터넷 무협

이번에는 '전통적' 무협의 쇠퇴와 웹소설 환경 속 무협소설의 '포스트모던'화에 대해 이야기해 보고자 한다. 이 경향은 한중 양국에서 모두 관측되지만, 한국의 인터넷 무협소설은 협의에 대한 집착과 노골적인 정치적 해석에 가로막힌 중국의 관련 담론을 넘어설 단초를 제공해 준다.

중국에서 판타지와 로맨스, 무협이 일찍이 인터넷 소설의 3대 장르로 꼽혔던 것과 마찬가지로 국내에서도 무협소설은 문피아 등의 연재 사이트를 중심으로 하여 인터넷 소설의 중요한 줄기 중의 하나를 구성해 왔다. 하지만 최근 들어서는 한국에서도 전통적인 무협소설로 분류할 수 있는 소설의 수와 인기는 갈수록 하락하고 있는 것으로 관측된다. 「2020년 웹소설 이용자 실태조사 보고서」[57])에 따르면 무협은 선호장르 점수에서

---

57) 한국콘텐츠진흥원, 「2020 웹소설 이용자 실태조사」, 2020.

31.7점에 불과하여 판타지, 로맨스, 로맨스판타지, 현대판타지에 이어 5위에 그친다. 물론 완전히 맥이 끊겼다고 볼 수는 없으나 '전통적'인 무협소설은 문피아 등 전통적으로 무협에 치중했던 일부 연재 플랫폼을 제외하면 인기가 많이 시들었다. 위 보고서에서는 "선호 장르는 판타지(61.6%), 로맨스(45.7%), 로맨스 판타지(44.7%), 현대 판타지(40.1%) 순"(iv쪽)이라고 요약함으로써, 무협소설은 선호 장르의 하나로 언급조차 되지 않고 있다.

그러나 '전통적'이고 '순수한' 무협소설에 대한 집착을 버리면 21세기 웹소설 환경에서 무협이라는 장르가 여전히 장르소설 및 인터넷 소설의 현장에서 유효하고 중요한 요소임을 발견할 수 있기도 하다. 위에서 이미 언급한 것처럼 무협소설은 다른 장르와의 퓨전을 통해 변신을 꾀하고 있으며, 무협소설에서 발원한 '천마'나 '마교', '고수', '검제', '검신', '내공', '무공비급', '기연' 등의 요소들은 최근 인터넷 소설에서 빈번하게 활용되고 있기 때문이다.

즉 '처음부터 끝까지' 무협으로만 이루어진 소설은 분명히 약세를 보이고 있으나, 무협소설과 직접적, 간접적으로 관련되어 있는 융합 및 파생 장르, 혹은 무협 요소를 일부 포함한 소설은 21세기 웹소설 환경에서도 왕성하게 창작되고 있다. 수미일관하게 무협으로 이루어졌거나 무협적 정체성을 유지하려고 애쓰는 인터넷 무협소설이 전통적 무협소설 및 초기 (데스크탑 환경 위주의) 인터넷 무협소설의 대표라면,[58] 무협적 요소가 원래의 맥락에서 떨어져 나와 자유롭게 뒤섞이고 융합되는 현상은 스마트폰 시대, 즉 웹소설의 시대와 와 조응한다.

---

58) 데스크탑 환경과 스마트폰 환경이 인터넷 문학에 미치는 서로 다른 영향에 대해서는 최재용, 「스마트폰 시대 인터넷 문학의 변화 - 한국과 중국의 사례를 중심으로」, 『중국학보』, 89집, 2019 참조.

　　이런 논의는 이미 오래 전에 이루어졌던 '모더니즘'과 '포스트모더니즘'에 대한 프레드릭 제임슨의 유명한 논의를 연상시킨다(위에서 샤례와 양둥메이도 '포스트모던(後現代)'을 언급하였다). "포스트모던 시대의 포스트모던한 사회의 가장 근본적인 특징은 '깊이 없음'(depthlessness)이다. 즉, 이제까지의 '깊이'를 '표면'이 대체했다는 것이다"는 것이 그의 포스트모더니즘 논의 중 핵심적인 주장 중 하나이다.[59] 그리고 레브 마노비치의 데이터베이스 이론 및 이런 주장을 장르소설 및 오타쿠 문화에 적용한 산물인 아즈마 히로키의 "데이터베이스 소비"[60]와도 연결되는 지점이 있다. 하지만 지난 세기에 제시된 제임슨의 논의는 물론이고 이미 아즈마 히로키의 논의도 최근의 상황에 적용하기에는 다소 시기적으로 적절하지 않은 느낌을 주는 지금, 이 이야기를 다시 꺼내는 이유는 무엇일까? 필자는 제임슨, 마노비치, 히로키 등의 논의가 사실은 아직 완전히 도래하지 않은 사태를 예견한 것이었으며, 오직 2010년대 이후 스마트폰이 보급된 후 웹소설이 주류가 된 시기에 와서야 제대로 현실화되었다고 주장한다.

　　김용 소설이 어느 정도의 깊이를 가지고 있었다면, 포스트 김용 시대의 무협소설은 그 깊이에서 벗어나 '깊이 없음'의 표면 세계로 넘어온 측면이 있음은 사실이다. 그러나 그 표면은 이제 막 깊이에서 탈출한 표면이었으며 여전히 깊이의 상실에 대한 두려움과 혼란, 충격을 매달고 있었다. 한국의 초기 인터넷 무협도 마찬가지여서『무당마겸』명경 일행의 협의에 대한 집착 역시도 '깊이'에 대한 동경과 그 상실에 대한 두려움으로 볼

---

59) 김현식, 「프레드릭 제임슨의 포스트모던론 연구」, 『사회과 교육』, 47권 2호, 2008, 125쪽.

60) "현대의 문화예술 작품은 '위대한 개인'인 작가가 독창성을 발휘하여 창작하는 것이 아니고, 기존의 문화콘텐츠들이 형성한 데이터베이스를 조합함으로써 생산된다"는 것이 핵심 내용이며, "소비자 입장에서 보면 하나의 작품에 대한 감상은 그 심층에 내재된 문화콘텐츠 데이터베이스를 소비하는 활동으로 연계"됨을 의미한다. 최수웅, 「판타지 장르서사의 가치와 창작방법론 연구」, 『한국문예창작』, 14권 1호, 2015, 88쪽 참조.

수 있다.

하지만 웹소설의 전면화 이후 이보다 한 걸음 더 나아간 현상, 즉 '깊이'의 완전한 상실이 본격적으로 관측되는데, 장르와 인접 장르의 1:1 융합(예를 들어 무협과 코미디의 융합, 무협과 판타지의 융합은 전통과 맥락이라는 '깊이'를 벗어나려는 노력이었다) 혹은 몇 가지 다른 장르와의 융합이라는 차원을 넘어서, 진정한 상대화와 맥락 없음, '깊이 없음'의 매끄러운 표면에 다다른 것으로 보인다. 최근 한국에서 크게 인기를 끌었던 몇몇 장르소설의 양상을 보면, 이제는 한 하위장르라는 본거지를 중심으로 하여 타 장르를 포섭하거나 서로 융합하는 수준을 넘어서 무협소설이라는 하나의 장르 자체를 데이터베이스의 일부로 삼는 '데이터베이스의 데이터베이스 소비', 즉 장르들의 메타서사가 일어나는 양상을 볼 수 있다. 오직 이 단계에 이르러서야만 여러 (하위)장르는 진정으로 상대화되고, 모든 맥락과 깊이는 제거되고, 깨끗한 '표면' 속에서 필요에 따라 마음껏 골라서 사용할 수 있는 요소가 된다.

아래에서는 이런 경향을 대표적으로 보여주는 한국의 인터넷 소설 『전지적 독자시점』과 그의 전신 및 후신으로 볼 수 있는 몇몇 소설을 논의함으로써, 중국의 최근 인터넷 무협소설 담론을 보완하고 새로운 돌파구를 모색해 볼 계기로 삼고자 한다.

3. 반례로서의 한국 인터넷 무협소설

위에서 『묵향』 등의 소설에 의해 무협소설과 타 장르가 성공적으로 뒤섞이기 시작했음을 지적했다. 그 흐름은 동양의 각종 신화, 설화는 물론 북유럽 신화, 마법, 크툴루(cthulhu)[61] 신화 등을 적극적으로 포섭한 『전

---

61) 미국 작가 러브크래프트에 의해 창안된 외계의 존재로, 인간의 상상을 뛰어넘는 초월

생검신』[62] 등의 무협소설에서 더 깊은 곳까지 진행되었으며, 결국 최근 몇 년간 한국 인터넷 소설의 최고 성과 중 하나로 일컬어지는『전지적 독자 시점』(이후『전독시』로 약칭)에 이르러 또 다른 경지를 개척하였다. 『전독시』는 2018년 싱숑이 발표, 2020년 연재를 완료한 현대판타지[63] 소설로, 연재기간 내에는 물론 연재종료 후 지금까지도 폭발적인 인기를 끌고 있는 소설이며 2021년 웹툰으로 리메이크되어 여전한 인기를 구가하고 있다. 2022년 1월에 일부가 단행본으로 편집되어 Part.1(총 8권)으로 출판되었다.[64] 이 소설은 독창적이면서도 방대한 구성, 매력적인 캐릭터, 꾸준한 연재 등으로 독자들의 사랑을 쟁취함과 동시에 웹소설의 기조를 바꾸어 놓을 정도의 영향력을 발휘하였고, 몇몇 관련 연구도 이미 발표되었다.[65]

　『전독시』는 무협소설이 아니라 현대 판타지 소설로 분류되지만, 그 속에는 무협소설적 요소가 상당 분량 포함되어 있을 뿐만 아니라 위에서 내가 '장르들의 메타서사'라고 특징을 잘 보여주기 때문에 중요하다. 소설은 주인공 김독자가 본인이 즐겨 읽던 「멸망한 세계에서 살아남는 세 가

　적이고 이질적인 존재이다. 이후 다양한 소설과 대중문화에서 전용되었다.

62) 2016년 조아라 등지에서 연재 시작. 현재 카카오페이지, 네이버 시리즈 등에서도 연재되고 있으며 루트미디어에서 단행본으로 62권까지 출판되었다. 무협소설과 다른 맥락을 지닌 동서양의 다양한 이야기들을 방대한 소설의 구조 속에 포섭하였으나, 그 과정에서 일부 자료의 표절이 밝혀져 사과하는 일도 있었다.

63) 흔히 서양 중세(라고 알려진 이미지)를 배경으로 삼는 일반 판타지에 비해 현대 한국 혹은 그와 유사한 사회를 배경으로 삼는 판타지 소설을 국내에서는 흔히 현대 판타지라고 부른다.

64) 싱숑,『전지적 독자 시점 Part.1』, 1-8권, 비채, 2020.

65) 유인혁,「한국 웹소설 판타지의 형식적 갱신과 사회적 성찰 - 책빙의물을 중심으로」, 『대중서사연구』, 26권, 2020; 강우규,「웹소설에 나타난 포스트휴먼 담론 고찰 - 웹소설「전지적 독자 시점」을 중심으로」,『우리문학연구』, 72호, 2021; 강우규,「인공지능 시대의 스토리텔링과 이야기 향유방식 - 웹소설「전지적 독자 시점」을 중심으로」,『문화와 융합』, 43집, 2021 등을 참조.

지 방법」(이후「멸살법」으로 약칭)이라는 소설 속 소설의 세계로 갑자기 이동하게 되면서 겪는 일을 다루고 있다.[66]「멸살법」의 세계는 [평범한 인간들 – 초월자 – 성좌]로 구성된 위계질서에 기반하고 있다. 그 꼭대기에 위치한 '성좌'는 마치 신과 같은 존재로 그려지는데 그들은 인간을 다양한 상황 속에 몰아 넣고 그들의 반응을 관찰하며 특정 인간을 후원하기도 한다. 결론부터 미리 말하자면, 『전독시』에 등장하는 '성좌'들은 일종의 초월적 시선을 상징하며, 이들은 최근 실제 한국의 인터넷 소설의 주요 독자이자 1인 방송 등 새로운 미디어의 소비자들이 직접적으로 감정이입 할 수 있는 존재이다. 곧 '성좌'가 소설 속 등장인물들을 바라보는 시선은, 수많은 장르의 데이터베이스를 놓고 어떤 콘텐츠를 소비할지 고민하는 현대인의 시선과 정확히 조응한다.

이 소설은 여러 가지 측면에서 흥미롭지만 여기서는 소설 내에서 '무협'이 다루어지는 양상을 중심으로 살펴볼 것이다. 소설 내에서 무협소설이 직접적으로 언급되고 다루어지는 것은 43편부터이다. 아래 인용문을 보자.

> "「제1무림」에 가볼까 해."
> …
> "그렇겠지. 하지만 협객들도 있잖아?"
> "협객이라고 해서 다 네놈을 도와줄 거라 생각하는 거냐? 무림에서 협객 놀이를 하는 녀석들 중 제대로 된 인간을 본 기억은 없다."[67]

위는 주인공 김독자가 자신이 애독하던 소설「멸살법」의 주인공인 유

---

66) 유인혁은 이런 장르를 '책빙의물'로 분류하였으며, 최근 수량이 급증하였음을 증명해 주었다. 유인혁, 앞의 논문, 78-79쪽.

67) 본고에서는 문피아 연재본을 저본으로 삼는다. 싱숑, 『전지적 독자 시점』, 문피아, 에피소드 43편, 파천검성(3). URL은 https://novel.munpia.com/104753. 이후 에피소드 편수 및 제목만 기재.

중혁과 나누는 대화이다. 김독자는 모종의 사건을 해결하는 데 도움을 받기 위해 「제1무림」이라는 공간에 있는 '파천검성'을 만나러 가려 하는데, 파천검성은 바로 유중혁의 사부이며 "멸살법을 통틀어 최강의 초월좌를 꼽으라면 반드시 손꼽히는 존재"이자 "정(正)에도 사(邪)에도 얽매이지 않는 존재"이다.[68] 「멸살법」의 세계, 즉 김독자가 이동해 간 세계는 여러 가지 '시나리오'로 구성되어 있는데, 어떤 시나리오는 이야기의 전개에 따라 강제로 이동해 가게 되지만 "왕래가 잦은 시나리오 지역인 「제1무림」은 [도깨비 보따리]를 통해 포탈 티켓을 구입"하여 원하는 때에 방문할 수 있다.[69]

하지만 이 「제1무림」은 '무림'이라고 불리우기는 하나 전통적인 무협소설 속의 '강호'와는 상당히 다른 공간이다. 주인공의 일행 중 한 명으로, 속물 근성이 다분한 기성세대인 한명오의 반응이 흥미롭다. 아래 장면은 「제1무림」으로 이동하자는 김독자의 제안에 대한 한명오의 반응, 그리고 그에 대한 김독자의 평가이다.

> 한명오가 입을 열었다.
> "나만 믿게. 내가 소싯적에 읽은 무협지만 삼백 권이 넘어. 이번 여정은 나만 따라오면 될 걸세."
> …
> 「제1무림」이 어떤 곳인지 모르니 잘도 저런 소릴 하지.[70]

한명오는 「제1무림」이 '무협지' 속에서 다루어졌던 무림과 강호의 법칙에 따를 것이라고 넘겨짚었으나, 「제1무림」은 그와 전혀 다르다는 것을

---

68) 43편, 파천검성(3).
69) 43편, 파천검성(3).
70) 43편, 파천검성(4).

김독자는 알고 있다. 왜냐 하면 「제1무림」은 '무협지' 속 세계, 즉 전통적인 무협소설 속 세계와 유리된, 평평하고 매끈한 다원적 공간 속의 선택지 중 하나에 불과한 곳이기 때문이다. 무림은 더 이상 총체적이고 배타적인 세계로 성립할 수 없다. 우리 논의의 맥락에서 말하자면, 이는 최근 인터넷 소설(웹소설) 속에서 무림의 위상을 잘 설명해 주는 장면이다. 한명오가 알고 있던 '무협지'의 세계, 즉 '전통'은 이미 다른 장르와 요소에 의해 돌이킬 수 없이 침범당하고 변질된 「제1무림」의 세계로 변모하였다. 심지어 그 세계조차 유일하지 않으며, 제2무림, 제3무림 ⋯ 제n무림을 상상하게 만드는 「제1무림」이라는 사실 역시 의미심장하다.

주인공 일행이 이동해 간 후 발견한 「제1무림」의 풍경은 대체로 중국풍이기는 하나 "마냥 중국이라고 보기도 뭣한 것이, 저 붉은 등은 일본풍이고 군데군데 섞인 건축 양식은 동남아의 것"인, 그야말로 포스트모던한 강호의 모습이다. 전통적인 '무협지'의 애독자인 한명오는 제1무림을 횡행하는 청바지와 헤드폰, 스마트폰 등을 보고는 "눈앞에서 자신의 로망이 파괴되는 것에 절망"할 수밖에 없었다.[71] 요컨대, 『전독시』의 세계관 속에서 무협소설은 본연의 맥락과 깊이를 완전히 상실한 채 마침내 여러 선택 가능한 시나리오 중의 하나로서 더 큰 세계관 속에 배치된다. 이는 언뜻 보기에 무협소설의 쇠퇴를 뜻하는 것 같기도 하지만, 적극적으로 해석한다면 '절대적'이고 '총체적'인 깊이와 의미를 상실하게 된 포스트모더니즘적인 세계 속으로 모든 장르가 재배치되는 과정을 뜻하는 것이기도 하다. 이제 로맨스건 판타지건 무협소설이건 그 자신의 순수성과 배타성을 유지하기는 대단히 어려운 환경이 되었다. 이미 독자들, 사용자들은 그 세계를 외부와 구분짓는 외곽선이 얼마나 취약한 것인지 깨달았으며, 그것을 횡단하고 초월함으로써 '성좌'의 시선에 도달할 수 있음을

---

71) 43편, 파천검성(4).

체득하였기 때문이다. 자신 앞에 놓인 이런 다양한 세계(무협을 그 요소 중의 하나로서만 포함하는)를 '구경'하는, 마치 흥미로운 채널을 찾아 끊임없이 이동하는 반쯤 지루한 표정의 유투버와 같은, 장르의 데이터베이스를 관조하는 '성좌'의 시선은, 제임슨 등이 선취했던 포스트 모더니즘의 마침내 도래한 진정한 예시와도 같으며, 이런 의미에서 포스트 – 포스트 모더니즘 독자의 모습을 상징적으로 보여 준다고 말할 수 있다. 이는 오직 차원이동과 회귀, 빙의, 환생 등의 장치가 독자들에게 보편적으로 받아들여지고, 장르들 간의 이동 및 융합이 일상적인 것이 되고, 모든 맥락과 깊이와 역사가 편의에 의해 삭제될 수 있는 21세기 웹소설 환경에 이르러서야 실현될 수 있는 광경이다. 『묵향』의 주인공 묵향이 판타지 세계로 이동하며 '다크 레이디'가 되는 장면이 충격적이고 신선했다면, 또 『무당마검』의 주인공 명경이 이계의 존재들을 보거나 『전생검신』에 크툴루 신화가 등장하는 장면 역시 상식을 전복시키는 '깊이'로부터의 탈출 혹은 그에 대한 집착이었다면, 『전독시』와 그 이후 유행한 한국의 유사 웹소설은 그런 '깊이'와의 관련성이라는 맥락마저 제거해 버린 깨끗하고 매끈한 평면 위에 펼쳐진다. 그곳은 그리스 신화, 인도 신화, 성경, 중국 신화(삼황오제, 서유기 등) 그리고 한국의 신화 및 설화(이순신, 척준경 등)가 '평평하게' 나열된 세계이며, 오직 구독자의 수에 따라 순위와 등급이 매겨지는 세계이다.

물론 이것이 한국 인터넷 무협이 도달한 독보적인 경지라고 주장하려는 것은 아니다. 장르가 발달하고 성숙하면 일종의 메타서사 내지는 자기 패러디에 돌입하는 것은 흔히 관찰되는 현상이며, 중국의 최근 인터넷 무협소설에서도 메타서사적 경향은 쉽게 관찰할 수 있다. 여기서 강조하려는 것은 한국의 최근 웹소설에서 무협소설이 활용되는 방식에 큰 변화가 나타났다는 점이며, 이는 중국의 최근 인터넷 무협소설 담론이 주목하고 있는 협의 개념에 대한 과도한 강조, 혹은 섣부른 정치적 독해(내지는 왜

곡) 등과는 다른 양상을 보여주고 있다는 것, 또 그것이 비단 무협소설뿐만이 아니라 인터넷 소설, 웹소설 전체의 지형도를 흔들어 놓을 수 있을 정도의 파급력을 보여주고 있다는 것이다. 실제로 한국에서 '성좌' 혹은 그와 유사한 초월적 시선을 전제하는 소설들이 연이어 등장하고 있으며, 『서브남주가 파업하면 생기는 일』[72] 등의 소설은 대단한 인기와 영향력을 구가하고 있기도 하다. 개별 소설들에 대한 더 세세한 분석, 나아가 창작 경향에 대한 양적 분석 등이 보완되어야 하겠지만, '천편일률'적이라고 비판받아 온 인터넷 (무협)소설은 그런 피상적인 비난에 아랑곳하지 않고 다시 한번 심원한 변화의 동력을 그 스스로의 맥락에서부터 생성해 내고 있는 것으로 보인다.

Ⅳ. 결론

지금까지 중국에서 최근 제기된 인터넷 무협소설 관련 담론을 간단히 점검해 보고 그것을 한국의 상황에 적용시켜 보았다. 그 과정에서 중국의 관련 담론이 여러 가지 공통점과 한계점이 있음을 확인하였고, 나아가 『전독시』 등 일부 영향력이 있는 한국의 소설에서 그 담론을 보완하고 넘어설 수 있는 계기를 발견하려고 시도해 보았다. 『전독시』가 보여 준 포스트 - 포스트모던한 경향은 무협소설을 그 일부로 품은 한국의 인터넷 소설(웹소설)이 그 자신에 대한 인식과 이해를 통해 메타서사의 수준에 도달하였음을 의미한다. 이는 과도한 정치적인 해석, 협의와 영웅에 대한 무리한 강조만으로는 읽어낼 수 없는 내재적 역동성이며, 한국과 중국의

---

72) 현재 리디북스 등에서 연재 중이다. 단행본 정보는 숙임, 『서브남주가 파업하면 생기는 일』, 문피아, 2021.

맥락과 환경의 차이를 보여주는 예시이다. '무'도 '협'도 중요하지 않게 되어 버린 새로운 환경 속에서, 인터넷 무협소설의 창작자와 소비자들은 여전히 새로운 무엇인가를 창출해 내고 있다. 혹자는 전통적인 무협소설의 쇠퇴와 협의의 상실 속에서 무협의 타락과 몰락을 읽어낼지도 모른다. 하지만 이런 사고방식은 쉽게 무협 순혈주의에 빠진다. 지금은 무협이 타락한 시대라기보다는 무협이 모든 것이 될 수 있는 시대로 읽는 것이 무협소설의 변화 과정을 있는 그대로 이해하는 데 더 도움이 될 것이다. 한국 인터넷 무협소설은 '협의'와 '중화성'을 향해 수렴해 가는 것이 아니라 웹소설이라는 거대한 데이터베이스를 자유롭게 횡단하는 실천을 수행하는 중이다.

다만 이것이 한국 무협소설이 중국 무협소설보다 우월하다는 뜻으로 이해되어서는 곤란하다. '협의', '영웅', '중화' 등 '거대서사'에서 여전히 자유롭기 어려운 중국 측의 담론 및 창작에 비해[73], 신자유주의 및 무한경쟁시대의 서사를 체화하고 '사이다'를 연신 외치는[74] 한국의 웹소설 환경에서 서로 다른 결과와 경향이 관측되는 것은 어쩌면 당연한 일이다. 중국의 무협 담론 및 창작이 과도한 정치화로 어려움을 겪고 있다면, 한국의 경우는 자본의 질서와 논리에 무비판적으로 동조하는 과도한 탈 정치화 경향이 감지된다. 레벨 업을 향한 무한한 욕망은 결국 신자유주의와 시장

---

73) '소분홍'으로 대표되는 중국의 일부 네티즌은 국가나 민족 등 거시담론에 매우 친화적인 모습을 보여주고 있어 포스트모더니즘의 흐름을 거슬러 다시 민족주의, 국가주의라는 거시담론으로 되돌아가려는 현상이 관측된다. (김인희, 『중국 애국주의 홍위병, 분노청년』, 푸른역사, 2021 참조) 이는 한국의 일부 네티즌(디시인사이드(dcinside), 에프엠코리아(fmkorea), 일베(ilbe) 등의 사용자로 대표되는)이 보여주는 무질서하고 퇴행적인 모습과는 다소 대조적이다. 양국의 문화적 맥락에 대한 차이는 별도의 논의가 필요할 것이다.

74) 최재용, 「한중 인터넷 소설 속 갈등해결 양상 비교 - '사이다' 추구 현상을 중심으로」, 『중국문학연구』, 85권, 2021.

경제의 논리와 다르지 않기 때문이다. 이런 변화를 정확히 포착하고 이해할 수 있는 새로운 무협 담론이 요청되는 시점이다.

| 참고문헌 |

김인희, 『중국 애국주의 홍위병, 분노청년』, 푸른역사, 2021.

량셔우쯍 지음, 김영수 옮김, 『강호를 건너 무협의 숲을 거닐다』, 김영사, 2004.

전형준, 『무협소설의 문화적 의미』, 서울대학교 출판부, 2003.

강우규, 「웹소설에 나타난 포스트휴먼 담론 고찰 – 웹소설 「전지적 독자 시점」을 중심으로」, 『우리문학연구』, 72호, 2021.

강우규, 「인공지능 시대의 스토리텔링과 이야기 향유방식 – 웹소설 「전지적 독자 시점」을 중심으로」, 『문화와 융합』, 43집, 2021.

고훈, 「정치무협소설 연구 – 무협소설과 정치서사」, 『대중서사연구』, 23권 4호, 2017.

___, 「대중소설의 퓨전화 – 무협소설과 판타지소설의 퓨전화 양상을 중심으로」, 『대중서사연구』, 19호, 2008.

김현, 「무협소설은 왜 읽히는가 – 허무주의의 부정적 표출」, 『현대 한국 문학의 이론』, 문학과지성사, 1991.

김현식, 「프레드릭 제임슨의 포스트모던론 연구」, 『사회과 교육』, 47권 2호, 2008.

노상호, 「1960년대 중화권 대중문화의 한국 내 유행과 현지화에 관한 일고찰 – 무협영화와 소설을 중심으로」, 한국문화연구, 30호, 2016.

유인혁, 「노동은 어떻게 놀이가 됐는가? : 한국 MMORPG와 게임 판타지 장르소설에 나타난 자기계발의 주체」, 『한국문학연구』, 61호, 2019.

_____, 「한국 웹소설 판타지의 형식적 갱신과 사회적 성찰 – 책빙의물을 중심으로」, 『대중서사연구』, 26권, 2020.

윤재민,「무협적 글쓰기 혹은 1990년대적 남성성의 포스트 냉전문화론 - 유하의 '무림일기', 김영하의 '무협 학생운동'을 중심으로」,『한국학연구』, 51집, 2018.

최수웅,「판타지 장르서사의 가치와 창작방법론 연구」,『한국문예창작』, 14권 1호, 2015.

최재용,「의/협의 변천사 - 최근 중국 인터넷 '선협소설'에서의 의/협 개념」, 『중국소설논총』, 44집, 2014.

_____,「스마트폰 시대 인터넷 문학의 변화 - 한국과 중국의 사례를 중심으로」,『중국학보』, 89집, 2019.

_____,「한중 인터넷 소설 속 갈등해결 양상 비교 - '사이다' 추구 현상을 중심으로」,『중국문학연구』, 85권, 2021.

陳平原,『千古文人俠客夢』, 北京大學出版社, 2010.

楊冬梅,『"後金庸"時代武俠小說的敍事倫理硏究』, 雲南師範大學碩士學位論文, 2021.

都昕蕾,「網絡武俠小說對"俠"內涵的解構」,『遼寧師專學報(社會科學版)』, 第4期, 2020.

杜小燁,「武俠小說在網絡時代的新變 - 以晉江大神Priest作品爲例」,『網絡文學評論』, 第3期, 2019.

潘小玉,「新派武俠小說與網絡武俠小說主題表現及差異 - 以金庸與小椴武俠爲例」,『湖北工業職業技術學院學報』, 第29卷 第2期, 2016.

韓雲波,「中國現代武俠小說形式建構的生成 — 一個類型學的分析」,『浙江學刊』, 第6期, 2019.

_____,「論21世紀大陸新武俠」,『西南師範大學學報(人文社會科學版)』, 第4期, 2004.

_____,「中國共産黨人英雄觀的形成與習近平對新時代英雄文化的創造性發展」,『探索』, 第2期, 2020.

黃露,「中國網絡武俠小說的發展曆程、熱點與趨勢」,『重慶文理學院學報(社會科學版)』, 第40卷 第3期, 2021.

榮同佳, 『網絡武俠小說的當代解讀』, 河北師範大學碩士學位論文, 2015

夏烈, 「網絡武俠小說十八年」, 『浙江學刊』, 第6期, 2017.

冉雪, 「改革開放新時期以來文學領域英雄書寫研究現狀與思考」, 『西南大學學報(社會科學版)』, 第47卷 第6期, 2021.

張永祿·楊至元, 「圈層設定下網絡武俠小說的創作走勢與問題—基於2019-2020年的平台數據分析」, 『西南大學學報(社會科學版)』, 第47卷 第6期, 2021.

鄭保純, 「網絡武俠小說女性敘事聲音的誕生：以滄月『忘川』爲例」, 『小說評論』, 第1期, 2008.

국내 학계의 '화교·화인' 관련 연구성과의 지식지형도

● 김주아 ●

Ⅰ. 서론

2022년 현재 한국연구자정보에 등록된 연구자 수만 해도 69만 명(누적 연구자 수)을 넘어섰다. 국내 학계의 인적 자원이 증가함에 따라 분야를 막론하고, 하루에도 수많은 연구성과가 발표되고 있다. 그 가운데 인문사회과학 분야에서 90년대 이후 새롭게 각광 받는 연구 분야 중 하나가 바로 '중국'과 관련된 주제이다. 오랜 역사 속에 한중관계는 부침을 거듭하고 있지만, 변하지 않는 사실은 지정학적 또는 역사·문화적으로 중국은 우리가 관심을 가질 수밖에 없는 대상이라는 것이다. 본 연구는 중국 밖 중국인이라고 불리는 '화교·화인'에 관한 국내 학계의 연구성과를 개괄하고 정리하였다.

유대인을 제외하면 전 세계적으로 '화교'처럼 '연구의 대상'으로 주목받고 있는 디아스포라도 많지 않을 것이다. 중국 출신 이주민을 의미하는

* 이 글은 「국내 학계의 '화교·화인' 관련 연구성과 – 지식지형도와 시각화를 중심으로」, 『중국인문과학』, 제80집, 2022를 수정·보완한 것이다.
** 국민대학교 중국인문사회연구소 HK연구교수.

'화교·화인'은 전 세계 196개국에 거주하고 있고, 공식적인 통계만 해도 6천만 명으로 알려져 있다.[1] 즉, 지구촌에서 화교·화인이 없는 국가를 찾기가 힘들고, 화교·화인으로 분류된 인구는 재외동포가 두 번째로 많은 인도와 비교해도 두 배에 가까운 수치다. 이처럼, 그 숫자나 영향력 면에서 화교·화인은 이미 '하나의 국가'에 버금가는 규모를 갖추고 있다. 물론, 이들의 이주 배경과 시기 및 거주국 등 제반 여건을 고려하면, 과연 '화교·화인'을 하나의 동질적인 그룹으로 보는 것이 타당한 일일까 싶을 정도로 화교·화인은 그 숫자만큼이나 다양한 양태로 존재하고 있다. 그럼에도 불구하고 국내외를 막론하고 수많은 연구자가 '화교·화인'을 연구주제로 설정하고 이들을 연구하는 동기와 관점 또한 다양하다.

본 연구는 화교·화인 연구에 있어서 누구보다 많은 관심과 지원을 쏟아붓고, 그에 따른 연구성과를 자랑하는 화교의 본토라고 할 수 있는 중국 학계의 화교·화인 연구와 비교의 관점에서 국내 화교·화인 연구의 누적된 성과를 검토해 보고, 이를 토대로 화교·화인 연구의 지식지형과 패턴을 밝히고자 한다. 이를 위해, 기존에 진행된 화교·화인 연구를 시대별·분야별·주제별로 분류하여 화교·화인 연구의 흐름과 패턴을 정량적인 방법으로 유형화한 뒤, 그러한 패턴 뒤에 숨겨져 있는 시대적 배경과 특징을 살펴보고자 한다.

1. 연구범위

본 논문의 분석대상은 2021년 12월 31일 '학술연구정보서비스(RISS)'와 '한국학술지인용색인(KCI)'에 '화교(華僑), 화인(華人), 화상(華商)'을 키

---

1) 莊國土, 「21世紀前期世界華僑華人新變化評析」, 『華僑華人研究報告(2020)』, 社會科學文獻出版社, 2020, 14쪽.

워드로 검색된 결과를 바탕으로 데이터를 취합했다. 그 결과, RISS와 KCI
는 각각 8,689건과 525건의 검색 결과가 나왔으며, 이를 바탕으로 연구주
제인 '화교·화인'과 관련이 없는 내용은 삭제하여 분석대상을 선별하는
작업을 거쳐 데이터를 정제하였다. 예를 들어, 관련 연구 중에서도 '학술
대회 발표문, 잡지 기고문, 서평, 대학 논문집' 등에 발표된 글은 분석대
상에서 제외하였다. 분석대상으로 정제된 논문은 대부분 화교를 중점으
로 연구를 진행한 논문이지만, 일부 논문은 '화교·화인'을 비교 대상으
로 논문의 부차적 주제로 다룬 경우도 포함되어 있다. 단, 화교·화인을
일부 장에서 언급한 정도로 비중이 작게 다뤄진 경우는 분석대상에서 제
외하였다. 그 결과 본 연구에서는 1957년부터 2021년에 발간된 일반논문
655편과 1964년부터 2021년까지 발표된 학위논문 153편을 포함해 총 808
편의 연구성과를 분석대상으로 선정하였다.

2. 선행연구

국내의 연구성과는 필자가 직접 관련 논문을 수집·정리하여 데이터를
도출하였지만, 중국의 관련 연구는 기존의 연구성과를 정리한 선행연구를
바탕으로 비교하였다. 이에 한·중 양국의 '화교·화인 관련 연구성과'를
분석한 선행연구를 먼저 살펴보고자 한다.

(1) 한국의 선행연구

국내에서 화교·화인 연구의 동향에 대해서 분석한 논문으로는 김경국
·최승현·이강복·최지현(2003)의 「한국의 화교연구 배경 및 동향 분석」
을 들 수 있다. 본 논문은 국내외 화교연구의 배경은 물론 한국의 화교연
구 동향을 소개하였다. 국내외 화교연구의 양적 비교와 평가를 통해 한국

화교연구의 현주소와 나아갈 방향을 제시하는 등 화교연구에 있어서 쟁점이 되는 문제를 다루고 있다. 본 논문이 전반적인 화교연구를 주제로 대상으로 했다면, 송승석(2010)과 문명기(2018)는 '한국화교(韓華)'에 관한 연구를 심도 있게 분석하였다. 먼저 송승석(2010)은 한국은 물론 일본과 중국, 타이완에서 진행되는 '한국화교' 연구현황에 대해서 분석하고, 이를 진단하고 전망하였다. 이 논문에서 연구자는 화교들의 삶을 미시적인 생활사의 차원에서 구현할 필요성이 있다고 지적했는데, 이후 관련 연구성과에서 얼마나 이러한 점이 반영되었는지 확인해 볼 필요가 있다. 또한, '신화교'에 대한 연구가 시급하다고 호소했는데, 마찬가지로 20여 년이 지나 지금 이러한 부분이 학계의 연구성과에 얼마나 반영되었는지 알아보고자 한다. 문명기(2018)는 앞서 발표된 선행연구를 바탕으로 2010년 이후의 '한국화교사'의 연구성과를 회고하고 전망하였다. 한국화교사 연구가 활성화된 배경과 주요 저작들에 관해서 소개하고 논평하였다. 역사학에서 중점적으로 다뤄진 한국화교사의 논제에 관해서 비판적으로 검토함으로써, 그 성과와 함께 문제점에 대해서 구체적으로 지적하고 있어 화교연구, 특히 '한국화교' 연구에 많은 시사점을 제공하고 있다.

특히, 국내의 화교·화인 관련 연구는 역사학계에서 가장 활발하게 진행되고 있는데, 이러한 현상을 반영하듯 역사학 분야에서 특정 주제에 관한 연구 동향을 검토한 논문도 발표되었다. 예를 들어, 윤상원(2016)은 한국 역사학계에서 가장 많이 연구된 주제 중 하나인 '만보산 사건(萬寶山事件)'의 연구 동향과 과제를 중점적으로 서술하였다. 이 밖에도 김진호(2007)는 '화상(華商)'을 분석대상으로 화상의 연구현황과 역사를 간략하게 소개하고 있다. 국내가 아닌 해외의 화교·화인 연구 동향을 소개한 논문으로는 김종호(2017)와 이옥련(2020), 최승현(2020)이 있다. 김종호(2017)는 서구권과 동남아시아 지역의 화교·화인 연구 경향을 분석하였고, 이옥련(2020)은 화교연구가 학문적인 연구로 발전하기 시작했다는 '청

말' 이후 중국학계의 화교·화인 정책을 소개하고 있으며, 최승현(2020)
은 최근 국내 화교연구의 가장 큰 이슈 중의 하나인 '신화교'와 관련된
중국의 소수민족화교화인 연구 및 정책의 흐름에 대해서 분석하였다.
최승현의 논문은 주로 중국의 교민정책, 그중에서도 소수민족과 관련된
연구성과와 정책 방향에 대해서 논하고 있지만, 이는 국내에 거주하고
있는 '재한 조선족'과 직접적인 관련이 있어 상당히 현실적인 문제를 포괄
하고 있다.

(2) 중국의 선행연구

화교를 양산해내는 송출국이자 모국인 중국에서도 관련 연구가 학술적
으로 깊이 있게 진행된 것은 그리 오래되지 않았다. 중국 학계에서는 중국
에서 화교연구가 본격적으로 시작된 시점을 '청나라 말기'로 보고 있다.
이후 여러 격변기를 거쳐 1970년대 다시 화교·화인 연구가 활기를 띠기
시작했다. 화교의 본향인 중국에서는 화교·화인 관련 고등교육기관(대학)
을 비롯해 전문 연구소는 물론 학술지도 발행되고 있다. 즉, 중국 내에서
는 이미 화교·화인 연구가 '화교화인학'이라는 하나의 학문분과와 다름없
을 정도로 규모 면에서는 일정한 궤도에 올랐다.

중국의 화교·화인 관련 연구 동향을 계량적으로 분석한 연구로는 徐雲
(2004)과 李永·鄒瑤瑤·吳昌龍(2018)의 논문이 있다. 徐雲(2004)의 논
문은 '화교·화인 문헌 정보 데이터베이스(華僑華人文獻信息專題數據
庫)'에 수록된 내용을 바탕으로 1980년부터 2003년까지 중국에서 발표된
화교·화인 관련 논문을 연도별, 주제별, 학술지별, 지역별, 저자별로 분석
및 평가하였다. 그의 분석에 따르면 '1990년대 중반' 가장 많은 논문이
발표되었으며, 그 뒤로는 안정적인 발전추세를 보인다. 주제별로는 '경제'
와 '문화' 관련 논문이 가장 많이 다뤄졌고, 화교 역사(華僑史)와 관련된

논문은 감소추세로 나타났다. 반면, 화교정책(僑務)과 관련된 논문이 증가추세를 보였다. 지역별로는 동남아와 북미에 관한 논문이 가장 많이 발표되었다. 화교·화인 관련 연구를 게재하는 학술지는 광범위했지만, 핵심기간지(우리의 등재지에 해당)의 게재율이 저조했다. 한편, 이러한 계량적 통계를 통해 화교·화인 관련해서 활발하게 연구성과를 발표하는 전문 연구자층이 형성되었음을 보여주었다. 연구 결과에 따르면, 중국의 화교·화인 관련 연구는 생성기와 발전기, 전성기를 거쳐 안정기에 접어들었다고 평가할 수 있다. 주목할 점은 당시 중국의 화교·화인 연구가 다양한 학문분과의 관심 대상으로 떠올라 학제 간의 연구가 활발하게 전개되는 것을 하나의 특징으로 지적했다는 것이다. 이러한 현상은 최근 국내 학계의 화교·화인 연구에서도 유사한 경향으로 나타나고 있다.

이후 14년이 지난 2018년 발표된 李永·鄒瑤瑤·吳昌龍(2018)의 논문 역시 정량적 분석방식을 채택하고 있다. 다만, 앞선 논문과 차이점이 있다면 1988년에 창간된 화교·화인 전문학술지『화교화인역사연구(華僑華人歷史研究)』에 게재된 연구성과를 토대로 CiteSpace를 통해 도식화하였다는 것이다. 본 논문은 특정 학술지에 수록된 연구성과만을 분석대상으로 삼았기 때문에 앞서 2004년의 분석 결과와 동등한 비교는 어렵겠지만, 최근의 연구추세를 반영한다는 점에서 의의가 있다. 해당 연구에서는 화교·화인 연구에서 王賡武, 周南京, 丘立本, 莊國土, 李明歡, 劉宏과 같은 역량 있는 국내외 학자를 양성했다는 점을 높이 평가했다. 또한, 발표된 문헌의 총량을 분석했을 때, 화교화인역사연구소(華僑華人歷史研究所)와 같은 전문연구소와 대학의 학술연구기관이 이 분야에 관심을 기울인 것이 학술발전에 큰 도움이 되었음을 지적했다. 이러한 연구 경향은 국내의 화교·화인 연구에서도 유사한 흐름으로 나타나고 있다. 한편, 李永 외(2018)는 화교·화인 연구의 역량이 주로 베이징과 샤먼, 광저우, 상하이를 필두로 진행되고 있는 것도 확인하였다. 연구주제로는 정치, 경제,

역사, 문화, 종교, 교육, 지역사회(社區), 화교단체(社團), 화교정책(僑務) 등 다양한 분야에서 연구가 진행되고 있으며, 최근 들어 '화교화인학'을 단독 분과로 개설하는 문제와 이민(국제이주), 화교의 고향(僑鄕) 및 화인 연구와 관련된 분야가 주목을 받고 있다고 분석했다. 특히, '화교화인학' 을 하나의 독립된 학과로 개설해야 한다는 주제에 대해서는 郭梁(2003)이 상세히 논하고 있다.

한편, 화교·화인 연구의 역사적 연원을 검토한 연구로는 李安山(2002) 과 莊國土(2007; 2009) 등이 있다. 『華僑華人百科全書』(總論卷)에 수록 된 李安山의 「화인연구의 역사와 현황」은 중국 화교·화인 연구의 연원 을 추적한 글로 화교·화인 연구사와 관련된 문헌을 상당히 구체적으로 소개하고 있다. 아울러, 莊國土는 2007년과 2009년에 각각 남양연구원(南 洋硏究院)의 화인연구의 특징과 문제점에 대해 분석하고, 논평을 통해 중국의 화교·화인 연구에 관한 회고와 전망을 한 바 있다.

본 연구에서는 앞서 소개한 한국의 선행연구에서 밝힌 연구성과를 바 탕으로 2021년 현재까지 국내 학계의 '화교·화인' 관련 연구성과를 정량 적 데이터를 통해 지식지형도를 도출해보고자 한다. 아울러 도식화된 연 구성과를 바탕으로 문명기(2018)를 비롯한 선행 연구자들이 제기한 문제 점을 검토하고, 중국 학계의 연구 동향과 비교의 관점에서 국내 연구현황 의 현주소를 알아보고자 한다.

Ⅱ. 국내 화교·화인 관련 연구현황 및 성과

이번 장에서는 화교·화인 연구의 시기별 연구성과와 분야별 동향에 대 해서 살펴보고자 한다. 이를 위해, 국내의 연구는 필자가 직접 분석한 연 구성과를 바탕으로 정리하였으며, 중국 학계의 연구성과에 관해서는 선행

연구에 제시된 연구성과를 중심으로 비교하였다. 또한, 국내의 선행연구에서 제기한 문제에 대해서도 함께 검토해 보고자 한다.

1. 화교 연구의 연원 및 개황 소개

(1) 국내 화교·화인 연구의 개황

서방의 학자나 제국주의 국가에서는 중국이 화교를 연구대상으로 접근하기 전부터 이들에게 관심을 가진 것과 비교해, 국내의 화교·화인 연구는 상당히 늦게 시작된 편이다. 이는 화교·화인의 이주 역사를 살펴보면 쉽게 이해할 수 있다. 해외 화교의 출신 지역은 동남 연해 지역, 즉 남방지역 사람들이 대다수였고, 이들의 정착지 또한 동남아시아국가가 대부분이었다. 따라서 화교·화인 이주사에서 북방지역의 이주민에 관한 부분은 상대적으로 연구가 미진한 분야이기도 하다. 한편, 근대의 진입과 더불어 일본 식민치하에 놓이게 된 우리의 형편에서 화교연구는 관심 밖의 일이었다. 해방 이후, 독립된 국가를 형성한 뒤에도 우리에게 화교는 여전히 먼 나라의 이야기에 불과했다. 국내의 화교·화인 관련 연구는 현대에 들어 본격적으로 시작되었는데, 그 이전에는 화교에 관한 체계적인 연구가 부재했다. 오히려 일본 제국주의에서 식민지에 흩어져 있는 화교·화인에 관해 체계적으로 연구했는데, 여기에는 '한국화교'에 관한 내용도 포함되어 있다. 사실, 한국은 화교에 대한 개념 자체가 늦게 성립되었고, 1970년대 후반에 들어와 연구대상으로 접근하기 시작했다.

중국에서도 근대 이전 화교 관련 문건은 많이 발견되었지만, 이것이 곧바로 학문적 연구대상으로 발전하지 않았던 것처럼, 한국에서는 '화교'에 대한 관심조차 미미했다. 최초로 보이는 국내 '한국화교(韓華)' 관련 문건은 1949년 조선은행 조사부가 펴낸 '재한화교의 경제적 세력'이었다면,[2] 이에 앞서 중국에서 발견된 '한국화교' 관련 최초 문건은 1906년 許寅輝가 쓴 『客韓筆記』이다. 이처럼, 전후 한국화교의 경제 상황을 조사한 보고서나 외국 사신들의 한국화교에 대한 상세한 기록은 후속 연구를 위한 중요한 기초자료임은 틀림없지만, 본격적인 연구라고 보기에는 무리가 있다. 한국에서 처음으로 연구대상으로서 '한국화교'에 관심을 보인 것은 1963년에 발표된 구효경·김신자의 '재한화교의 실태'이지만, 이 논문은 '한국화교'에 대해서 소개하는 기초자료의 성격이 강하다. 즉, '한국화교'에 대한 연구가 본격적으로 궤도에 오르기 시작한 것은 1970년대 이후이다.[3] 물론, 한국 화교에 제한하지 않고 화교 전반에 대해서 다룬 논문이나 글은 50년대부터 시작해 간헐적으로 발표되었다. 이에 본 연구에서는 RISS와 KCI에서 검색된 논문자료를 바탕으로 한국 학계에서 발표된 '화교·화인 관련 연구'의 현황과 흐름에 대해서 검토해 보고자 한다.

〈그림 1〉 화교·화인 관련 연구(국내)의 연도별 현황

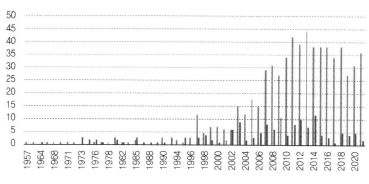

---

2) 왕언메이 저, 송승석 역, 『동아시아 현대사 속의 한국화교: 냉전체제와 조국 의식』, 학고방, 2013, 29쪽.
3) 앞의 책, 29쪽.

① 태동기: 1950년대~1970년대

국제적으로 이념적 대립이 심했던 1950년대~1970년대는 국내 학계에서 화교연구에 대한 관심도가 상당히 낮게 나타나고 있다. 하지만, 앞서 살펴본 바와 같이 이는 국내의 상황뿐만 아니라 중국에서조차 화교연구가 암암리에 이루어졌을 정도로 사실상 전 세계적으로 화교 연구가 활발하게 이루어진 시기라고 볼 수는 없다. 오히려, 그 이전에 제국주의 국가와 화교가 밀집된 지역을 중심으로 국지적인 연구가 이루어지고 있었다.

선행연구에 따르면 한국에서 화교연구(또는 한국화교연구)가 관심을 받기 시작한 것은 1970년대 이후다.4) 하지만, 1950년대부터 간헐적이지만 '화교'에 대해 소개하는 기초자료 성격의 글은 꾸준히 발표되었다. 필자가 정리한 분석 자료에 따르면, 1957~1979년까지 수집된 논문은 모두 10편이며 당시의 연구대상은 주로 동남아시아의 화교로, 이들의 이주 역사와 현지에서의 정착과정(분쟁 등) 및 중국의 화교정책에 관한 내용이다. 이 중에서 한국 화교에 관해 다룬 논문은 모두 4편이다. 다시 말해, '한국화교'에 관한 연구는 구효경·김신자(1963), 김의환(1971), 고승제(1972), 박은경(1979)으로 이어졌다면, 동남아와 중국을 주제로 한 '화교 전반'에 관한 연구는 1950년대 이후 한국화교와 비슷하거나 더 많이 소개되었다. 즉, 이 시기는 국내에서 화교연구가 본격적으로 이루어진 것은 아니지만, 화교연구가 태동한 시기라고 할 수 있다.

② 성장기: 1980년대~1990년대

1980~1999년까지 발표된 논문 중에 검색된 논문은 모두 41편이다. 왕언메이(2013)는 1970년대 국내에서 '한국화교'에 관한 연구가 본격적인

---

4) 김경국·최승현·이강복·최지현, 「한국의 화교연구 배경 및 동향 분석」, 『중국인문과학』, 26, 중국인문과학학회, 2003, 503쪽; 왕언메이, 2013, 29쪽.

궤도에 올랐다고 평가했고, 김경국 외(2003)는 1980년대 중국의 개혁개방 정책과 맞물려 한국에서 '화교 연구'가 급속도로 발전하기 시작했다고 평가했다. 실제로 1980년대 논문은 모두 7편이 검색되었다. 이 중에서 주목할 만한 논문으로는 1979년 한국 화교의 정체성에 대해서 발표한 박은경이 1981년과 1982년 각각 '한국화교사회의 역사'와 '화교의 종족성 및 이동의 관계'에 대해서 다룬 논문이다. 하지만, 박은경의 논문을 제외한 나머지 5편의 논문은 모두 화교경제와 화교문제 및 화교정책 등 동남아시아를 중심으로 성장하는 화교경제권과 이에 대한 중국(중공)의 정책에 대한 것이다.

　한편, 국내의 화교연구가 본격적으로 성장한 것은 1990년대 들어서다. 1990년에서 1999년까지 검색된 논문은 모두 34편이다. 기존의 연구가 '화교경제'와 '화교정책'에 관심이 집중되어있었다면, 1990년대 논문의 특징 중의 하나는 바로 사회와 문화로 관심의 저변이 확대되었다는 데 있다. 김경국 외(2003)에서 지적한 것처럼 1980년대 말기, 특히 1990년대 냉전체제가 와해하고 한중수교가 이어지면서 화교에 대한 인식의 변화에 의한 현상이라고 볼 수 있을 것이다. 1990년대에도 기존의 경제(화교기업, 중화경제권, 화교자본 등)에 관한 연구가 지속하였지만, 이때부터는 '종족성(박은경, 1995)'과 '문화정체성(김두섭, 1997)'은 물론 '화교의 언어생활(엄익상, 1997)'과 '화교노인(유성호, 1998)' 등 좀 더 미시적인 주제로 이어졌다. 즉, 외부에 있는 화교에 대해서는 이들의 경제생활에 초점을 맞추었지만, 우리 안에 있는 화교에 대해서는 사회의 구성원으로서 어떠한 대우를 받는지 주목하기 시작한 것이다. 특히, 1990년대 주목할 만한 연구로는 박경태(1999)의 한국사회의 인종차별에 대한 실태를 꼬집는 주제에서 '한국화교'가 언급된 것이다. 60, 70년대에 동남아의 화교와 거주국의 민족 갈등에 관해 다룬 논문은 있었지만, 국내에 거주하는 화교가 차별과 박해의 대상임을 직접적으로 언급하였다는 점에서 의미가 있다. 이후 전개된 '한국화교'를 바라보는 시선은 이러한 관점이 주류를 이루었다.

③ 발전기: 2000년대

문명기(2018)가 정리한 것처럼, 한국에서 한국화교사 연구가 1990년대 후반 이래 활발해진 배경은 다음과 같다. 첫째, 1997년의 금융위기 이후 한국 정부는 경제위기 극복하는 방안의 하나로 외자 도입의 다변화를 꾀했고, 그 구체적인 방안의 하나로 화교자본의 유치가 부각되기 시작했다. 그 결과 정치학, 경제학, 인류학 등의 사회과학 분야를 중심으로 '세계' 화교관련 논문이 쏟아져 나오기 시작했다.[5] 둘째, 1992년 한중수교에 따른 중국과의 교류 확대에 따라 이른바 신화교가 출현하고, 1990년대 이래 세계화의 진전에 따른 유학, 이민 등의 결과로서 한국 사회에 다문화사회가 형성되어갔다. 그 결과 과거에 존재하지 않던 다양한 사회현상을 만들어 낸 점도 한국화교 연구에 일정한 영향을 미쳤다.

이처럼 1990년대 후반 정치·사회 구도의 지각변동은 '중국'이라는 새로운 연구대상에 대한 지대한 관심에서 출발해 화교·화인으로 그 연구대상의 폭이 확대되었다. 실제로 2000년에서 2009년까지 검색된 논문만 해도 165편에 이를 정도로 국내의 화교연구는 양적인 팽창을 이루었다. 이는 기존의 개별 학자의 관심에서 진행되던 산발적 연구에서 국가 차원의 관심이 증폭되면서 관련 주제에 대한 재원이 투입된 결과이다. 즉, 학술기관의 화교 관련 연구프로젝트의 추진으로 인해 관련 연구를 전담하는 연구인력이 고용되면서, 폭발적으로 늘어난 것이다.

---

5) 송승석, 「'한국화교' 연구의 현황과 미−동아시아 구역 내 '한국화교' 연구를 중심으로」, 『중국현대문학』, 55, 2010, 165-166쪽; 왕언메이, 2016, 310-312쪽.

④ 전환기: 2010년대~현재

2010~2019년까지 374편, 2020~2021년까지만 해도 67편의 논문이 발표되었다. 2000년도 이후, 해마다 평균 32편의 화교 관련 연구논문이 쏟아져 나오고 있다. 전문연구기관과 프로젝트를 통해 '화교연구'를 주요 연구대상으로 하는 연구자들이 집중적으로 양성된 결과라고 할 수 있다. 또한, 다양한 학문분과에서 화교 또는 소수종족에 관한 관심이 증폭되면서 분야와 주제가 다양해지는 것과도 관련이 깊다. 예를 들어, '다문화사회' 또는 '재외동포정책'을 연구하는 분야에서도 '화교·화인'은 하나의 참고대상이나 연구대상이 될 수 있다.

2000년대 이래 한국학계의 한국화교에 대한 관심은, 월경적 존재에 관한 관심에서 촉발된 면도 없지 않다.[6] 재외한인을 주요 연구대상으로 하는 전남대 프로젝트의 주제를 통해서도 이러한 학술적 경향성을 읽을 수 있다. 전남대 세계한상문화연구단의 연구주제는 '디아스포라'라는 월경적 행위자의 관점으로 재외동포와 재외한인의 가치를 재해석하는 것이다. 이를 위해, 전 세계 디아스포라 중에서 가장 숫자가 많은 '화교·화인'도 연구대상에 포함하고 있다. 즉, 디아스포라로서 재외한인을 초국적 행위자로 보고 이들의 초국적 네트워크를 연구하고 구축함으로써, 모국과의 긴밀한 연계를 통해 재외동포의 자원화에 일조하고자 하는 것이다. 또한, 재외동포(또는 교포)의 활용 가치를 극대화하기 위해 재외동포에 관한 연구는 물론 타국의 교민정책에 대한 비교연구가 많이 이루어졌다.

한편, 문명기(2018)가 지적한 것처럼, 학계 내부의 변화에 촉발된 측면도 있다. 우선 새로운 자료의 발굴과 공개가 한국화교사 연구를 촉발했

---

6) 문명기, 「한국화교사 연구의 회고와 전망 – 2010년 이후의 연구성과를 중심으로」, 『역사문화연구』, 68, 2018, 219쪽.

다. 예를 들어, 인천대학교 중국학술원과 인천화교협회가 기획하여 인천 화교 자료집을 발간하는 등 자료상의 진전이 한국화교사 연구의 확대와 심화에 기여하고 있다. 이러한 새로운 자료에 더하여 화교연구와 관련한 학문적 경향의 변화 역시 한국화교사 연구를 촉진하는 중요한 계기였다. 한국의 대표적인 화교·화인 연구기관이라고 할 수 있는 인천대학을 중심 으로 화교 관련 사료를 바탕으로 한 연구가 활발하게 진행되었다. 인천대 학의 중국·화교 문화연구소는 '화교·화인'을 주요 연구대상으로 하는 전문 연구기관인 만큼, '한국화교 및 화교·화인'에 관해 가장 많은 연구 성과를 내고 있으며, 국내의 화교 관련 전문인력을 양성하는 데 기여하고 있다.

2. 주요 연구주제와 동향

이처럼, 국내의 화교·화인 연구는 주변 국가에 비하면 시작은 늦어 졌지만, 이미 국제적으로 화교·화인에 관한 연구가 상당히 축적된 만 큼, 국내의 화교·화인 연구도 짧은 시간에 상당한 연구성과를 기록하 고 있다. 그동안 국내에서 발표된 연구성과의 양적 현황을 시기별, 주 제별, 저자별, 발표기관별, 저자소속별, 연구프로젝트별로 소개하면 다 음과 같다.

(1) 시기별 연구분야와 연구대상

다음은 국내의 화교·화인 관련 연구성과를 시기와 분야별로 정리한 표 로, 일반논문 655편과 학위논문 153편을 정리한 것이다.

〈표 1〉 국내 화교·화인 관련 시기별 연구 분야 및 연구대상 지역

시기	1957~1979	1980~1989	1990~1999	2000~2009	2010~2021
연구분야 (논문편수)	사회 (8)	경제경영 (5)	경제경영 (19)	사회 (46)	역사 (114)
	경제 (6)	역사 (5)	사회 (11)	역사 (41)	사회 (79)
	역사 (3)	사회 (4)	문화 (5)	경제경영 (51)	중국어와 문학 (76)
	정치 (1)	정치 (1)	언어 (5)	언어문학 (24)	인문학 (50)
	인류 (1)	문화 (1)	역사 (4)	정치외교 (17)	경제경영 (41)
			정치 (3)	문화 (13)	지역학[중국] (37)
			민족 (2)	지역학 (7)	문화심리 (28)
			노인 (1)	인문 (6)	정치외교 (27)
				학제간연구 (3)	학제간연구 (14)
				법학 (3)	한국어와 문학 (11)
				민족학 (2)	지리학 (8)
				신문방송 (1)	기독신학 (5)
				인류 (1)	교육학 (4)
				지리 (1)	예술체육 (4)
				행정학 (1)	법학 (3)
				미술 (1)	인류학 (2)
					건축공학/조경학 (2)
합계	19	16	50	218	505
연구대상 [지역] (논문편수)	동남아 (11)	한국 (10)	전체 (19)	한국[한반도/조선] (105)	한국[한반도/조선] (273)
	한국 (7)	동남아 (4)	한국 (18)	전체 (45)	전체 (90)
	전체 (2)	중국 (2)	동남아 (13)	동남아 (30)	동남아 (77)
	중국 (1)	전체 (2)	중국 (7)	중국/화교 (29)	중국[대만/홍콩] (65)
				동아시아/일본 (12)	동아시아[일본] (19)
				미주 (1)	북미[미국/캐나다] (16)
					유럽 (2)
					러시아 (1)
					중남미 (1)
					아프리카 (1)

비고 : 연구대상(지역)은 중복 계산함.[7]

---

7) 이 중에서도 KCI에서 검색된 논문은 2000년도 이후 연구성과의 경우, 각 논문의 분야가 구분되어 있다. 분야별 분류는 대부분 이 기준을 바탕으로 정리했으며, 그 이전 논문이나 분류가 안 된 논문의 경우 필자가 임의로 분류하였다. 하지만, '화교·화인'이 연구의 분야가 아니라 대상인만큼, 이에 관한 연구는 복합적인 연구가 상당히 많은 편이다. 예를 들어, 역사적인 사료를 바탕으로 했지만, 내용은 경제학적 포함하는 등 특정 분야로 한정을 짓기 힘든 경우다. 반면, 연구대상은 이러한 애초에 이러한 구분이 없어서, 모든 논문에 대해서 필자가 분류한 내용을 기준으로 했다. 따라서 한 편의 논문에 연구대상 지역이 2개 이상인 경우, 각각 한편으로 계산하였다.

　태동기라고 할 수 있는 70, 80년대에 발표된 논문의 편수는 많지 않지만, 이때 발표된 논문은 후에 국내의 화교·화인 연구에 상당히 많이 참고되었으며, 이러한 연구성과를 바탕으로 더욱 다양한 주제와 분야의 논문들이 발표되었다. 특히, 90년대 이후 양적인 성장을 하면서 2000년대 이후 폭발적인 성장으로 이어진 것을 볼 수 있다. 주목할 점은 초반에는 경제 분야의 논문의 비중이 높았다면, 뒤로 갈수록 역사나 사회 분야의 논문이 많이 발표된 것을 확인할 수 있다. 특히, 2000년도 이후 '역사학계'의 연구성과가 두드러지는데, 이는 연구자별 연구성과에서 더 자세히 살펴보겠지만, 국내의 주요 화교 관련 연구자의 전공 분야와도 관련이 있다. 가장 성과를 많이 낸 국내 화교 전문 연구자라고 할 수 있는 이정희, 최승현, 김희신, 강진아 등이 모두 역사학자다. 물론, 이들의 개인적인 연구관심사는 상이하지만, 역사학의 관점에서 화교·화인을 연구한다는 점에서 국내 화교·화인 연구가 성장 궤도에 오르게 된 것은 역사학계의 관심과 무관하지 않다. 하지만, 일각에서는 동아시아사 연구를 배경으로 한 화교사 연구자는 많지만, 한국사 연구를 배경으로 하는 연구자는 드문데, 이는 연구자 분포가 편향되어 있다는 점에서 일정한 문제를 낳을 수 있다는 우려도 제기되고 있다.[8]

　또한, 화교경제권에 관한 연구가 시기를 불문하고 꾸준히 진행되는 이유는 그만큼 국제사회에서 화교경제권의 영향력이 크다는 것을 반영하기도 하지만, 우리가 화교·화인 연구에 대해 직접적으로 관심을 가지게 된 동기가 바로 화교 자본이었기 때문이기도 하다. 아울러 중국 정부의 화교 정책에 자극받은 한국 정부가 재외동포재단 설립(1997년), 재외동포법 제정(1999년), 세계 한상 대회나 세계한인지도자 대회의 개최, 한민족 네트워크의 수립 등을 추진하면서 이러한 해외 한인 조직화의 하나의 모델로

---

8) 앞의 논문, 224쪽.

서 화교에 주목한 점도 영향을 미쳤다.[9] 특히, 이러한 관심이 연구성과로 발전하게 된 것은 주요 연구기관의 프로젝트와도 관련이 있다. 예를 들어, 전남대학교 세계한상문화연구단의 경우, 재외동포와 재외한인(한인 디아스포라)이 주요 연구대상으로, 이 중에서도 한상(韓商)에 관한 연구를 활발히 진행해왔다. 이는 이를 위해 참고대상으로서 '화상(華商)' 연구가 상당히 많이 이루어졌다.

요컨대, 2000년대 이후 국내 화교·화인 연구가 발전기에 접어들었다면, 2010년도 이후에는 전환기의 양태를 보여주고 있다. 2000~2010년도까지의 연구성과와 비교해 2010~2020년까지의 연구성과는 거의 두 배이상 증가하였다. 즉, 양적인 면에서도 계속해서 성장과 발전을 거듭하고 있는 것을 볼 수 있다. 그뿐만 아니라, 기존의 연구가 주로 '역사와 사회, 경제'에 집중해 있었다면, 이제는 그 양적인 성과와 더불어 더욱 다양한 분야에서 화교·화인을 대상으로 한 연구가 진행되고 있다. 연구자의 전공 분야가 다양해지면서, 화교연구의 스펙트럼도 넓어졌음을 알 수 있다. 특히, 사회문화적인 측면에서 화교연구에 관해 조명하고자 하는 논문이 많아졌다. 한편, 연구대상의 지역도 한국 관련 논문이 압도적으로 많다. 이는 당연한 결과로도 볼 수 있지만, 중국의 화교·화인 연구가 화교·화인 인구가 가장 많은 동남아와 미국에 집중해 있는 것과 비교해서, 국내 화교·화인 연구의 가장 큰 특징이라고 할 수 있다. 즉, 어떤 면에서 국내의 화교·화인 연구는 '전 세계 화교·화인'에 대한 관심에서 출발하여, '한국 화교·화인'에 대한 연구로 귀결되었다고 해도 과언이 아니다.

상기 통계표를 통해 국내의 화교·화인 연구에서 시대를 불문하고 '한국화교'가 주요 대상이었고, 그 중요도가 점점 더 커지고 있음을 확인 할

---

9) 앞의 논문, 199쪽.

수 있다. 특히, 아직은 '재한 중국동포'를 화교·화인으로 보는 견해보다
재외동포의 범주로 한정해서 보는 경우가 많으므로 본 논문의 분석대상에
는 '신화교(재한 중국동포 등)'에 관한 내용이 많이 누락되었음을 감안할
때, 앞으로 이러한 추세는 더욱 강해질 것으로 예상된다. 이 밖에도 한국
(한반도)을 제외하면 동남아 지역으로 편중되었던 연구지역도 이제는 거
의 전 세계의 화교·화인으로 연구대상이 세분되었고, 그 내용도 구체화하
고 있다. 앞서 선행연구에서 국내 화교연구가 화교들의 삶을 미시적인 생
활사의 차원에서 구현해야 할 필요성을 제기했는데,[10] 최근의 연구성과에
서 이러한 내용이 다소 반영된 것을 확인 할 수 있다.

(2) 일반논문과 학위논문의 분야별 연구성과

일반논문과 학위논문의 분야별 성과를 구분해서 살펴보면 다음과 같다.

① 일반논문

그동안 일반논문의 연구 분야는 역사와 사회가 압도적으로 많았다.
특히, 일반논문에서 발견되는 특징 중의 하나는 전공 분야가 상당히 다
양해지고 있다는 것이다. 예술과 체육은 물론 신학에 이르기까지 거의
모든 '인문사회과학' 분야에서 화교·화인이 연구되고 있음을 확인할 수
있다.

---

10) 송승석, 2010, 192쪽.

〈표 2〉 국내 화교·화인 관련 연구논문의 분야별 비중

연구분야	역사	사회	언어	인문	정치외교	경제경영	복합학	예술체육
상세분야 (논문편수)	역사학 (121)	사회학 (51)	중국어와 문학(74)	기타인문학 (53)	지역학 (36)	경제학 (48)	학제간 연구 (17)	기타예술 체육 (2)
	중국 현대사 (26)	사회과학 일반 (30)	기타중문학 (13)	중국문화학 (9)	정치 외교학(29)	경영학 (8)		기타 체육 (2)
	동양사 (13)	기타사회 과학일반 (18)	한국어와 문학 (11)	인류학 (5)	중국 (7)	경영교육 (2)		미술 (1)
	기타역사 일반 (8)	법학 (6)	언어학 (8)	민족학 (3)	북한정치/ 통일 (1)	기타 경제학 (1)		
	여성사 (2)	지리학 (6)	일본어와 문학 (3)	기독교신학 (5)	북한 (1)			
	교회사 (2)	생활과학 (5)	기타동양 어문학 (1)	교과교육학 (3)				
		행정학 (2)	외국어 교육학 (1)	철학 (2)				
		기타리학 (2)	일반문자 [중국어학] (1)	문학 (2)				
		노인학 (1)		교육학 (3)				
		인구/노인/ 지역사회학 (1)		인문학 (1)				
		사회복지학 (1)		국어교육 (1)				
		신문방송학 (1)		일본문화학 (1)				
		관광학 (1)						
		인문지리학 (1)						
		조경학 (1)						
		건축공학 (1)						
총계	172	128	112	88	74	59	17	5

 특히, 화교·화인을 전문적으로 연구하는 학자들은 '역사'나 '경제'에 치중했지만, 일반 사회학에서는 화교·화인만을 연구한다기보다는 자신의 학문분과에서 화교·화인을 연구대상에 포함된 경우가 상당히 많다. 이러한 현상은 언어학이나 인문학, 복합학 등에서도 두드러지게 나타나고 있다. 먼저 1957년도 이후 지금까지 발표된 국내 화교·화인 관련 일반논문의 주제는 역사와 사회에 관련된 논문이 가장 많았고, 그다음으로 언어와 인문, 정치·외교, 경제·경영, 복합학 및 예술과 체육으로 나타났다.

② 학위논문

검색된 학위논문만 해도 1960년대 이후, 꾸준히 증가하고 있는 것을 확인 할 수 있다. 1960년대 1편이었던 학위논문은 1970년대 8편, 1980년대 9편, 1990년대 15편, 2000년대 53편, 2010년대 60편, 2019년 이후 현재까지 7편에 이를 정도로 꾸준히 증가하고 있다. 본 연구에서는 검색된 논문(국내박사: 15편, 국내석사: 138편)을 바탕으로 분야별 분포도를 작성했다.

〈표 3〉 국내 화교·화인 관련 학위논문의 분야별 비중

분야	문화/사회		경제/경영	역사/정치	
연구 주제 / 상세 분야 (논문 편수)	정체성 (14)	거주지/지리적고찰/ 차이나타운 (13)	화교기업/기업경영/ 기업문화 (12)	형성/정착/ 이주사 (8)	화교정책 [중국] (6)
	교육/화교학교/ 교사 (14)	사회연결망 [네트워크/사단] (5)	화교경제/ 중화경제권 (9)	배척사건 (4)	영주권/ 복수국적 (3)
	식생활(중식)/ 음식문화 (4)	화교사회/ 화교문제 (5)	화교자본 (6)	인물 (3)	정책비교 (2)
	언어/방언 (3)	현지화/유아적응/ 정치성향 (4)	화교네트워크/ 화상대회 (5)	기독교사/ 구제활동 (3)	국제관계 (2)
	문학작품(인식) (2)	법학[복수국적, 이중국적, 영주권] (3)	화상 (5)	교육사/ 요리사(史) (2)	화교정책 [국내] (2)
	신앙[마조문화] (2)	민족관계/종족갈등/ 배척사건 (2)	송금 (1)	연구동향 (1)	화교정책 [국외] (1)
	종교(선교) (2)	다문화/국민통합 (2)			경제정책 (1)
	춘절문화/미디어 (2)				
총계	43	34	38	21	17

먼저 1960년대부터 지금까지 발표된 국내 화교·화인 관련 학위논문의 주제는 문화와 사회에 관련된 논문이 가장 많았고, 그다음으로 경제와 경영 및 역사와 정치로 나타났다.

시기별로 구분하여 구체적으로 살펴보면, 화교관련 학위논문이 발표되기 시작한 1960년대와 1970년대에는 주로 화교경제(6편, 66%) 또는 화교문제(2편)와 화교정책(1편)에 관한 주제가 대부분이었다. 이 중에 한국과 관련된 논문도 3편이나 있었지만, 모두 경제와 관련된 주제였다. 물론,

1976년 발표된 담영성의 『朝鮮末期의 淸國商人에 關한 硏究』는 역사학적 시각으로 청나라 상인에 관해서 연구하였다. 이처럼, 한 편의 논문이 하나의 학과로 완벽하게 분류될 수 없는 경우가 많지만, 주요 주제를 중심으로 분야를 구분하였다. 80년대는 발표된 논문은 9편이지만, 주제가 매우 다양하다. 특히, '한국화교' 연구에서 가장 많이 인용되는 논문 가운데 하나인 1981년 박은경의 『화교의 정착과 이동 : 한국의 경우(사회학과)』는 1974년 송종복의 "東南亞에 있어서의 華橋들의 經濟的 地位와 그 展望(경제학과)" 이후 근 10년 만에 발표된 화교관련 박사학위 논문이자, '한국화교'를 주제로 처음 발표된 박사학위 논문이다. 이처럼, 80년대에는 한국화교에 관한 이주사(박은경, 1981)를 시작으로 재한화교의 경제(채희남, 1982; 이병천, 1985)는 물론, 사회조직(담건평, 1985), 미디어 활용(주봉의, 1985), 지리학적 검토(남지숙, 1987)까지 주제가 다양해졌다. 80년대 발표된 9편의 논문 가운데 5편이 한국화교와 관련된 논문이었다.

한국에서 화교관련 연구가 본격적으로 성장하기 시작한 90년대에는 모두 15편의 논문이 발표되었으며, 15편 중에서 7편이 한국화교와 관련된 논문이다. 90년대 새롭게 발견된 특징으로는 기존에는 재한화교 전반에 관한 소개를 중심으로 한 거시적 연구가 대부분이었다면, 90년대부터는 특정 계층이나 지역 및 주제를 중심으로 한 미시적인 연구로 발전하였다는 것이다. 예를 들어, 중학생들의 자아개념(심려향, 1990)이나, 정체성 문제(김기홍, 1995), 화교교육(석미령, 1995), 인천지역(이재정, 1993), 발음 연구(도수화, 1993; 양춘기, 1999) 및 기업경영의 특성(박재수, 1998)이 있다. 이렇게 '한국화교'에 관한 연구는 기존의 경제 중심에서 다양한 분야로 연구가 확대되었다면, 그 밖의 화교관련 논문은 대부분 동남아를 중심으로 한 화교경제와 중국의 화교정책이 여전히 주류를 이루고 있다.

2000년대 이후 한국의 화교연구는 그야말로 발전기에 접어든다. 2000~2009년까지 발표된 학위논문만 해도 53편으로 90년도와 비교해 거의 3배나 증가했다. 앞서 90년대에 연구주제가 '한국화교'에 치중하고, 주제가 다양해지는 양상은 2000년대에도 동일하게 나타났다. 총 53편의 학위논문 가운데 30편이 '한국화교(북한 및 조선 포함)'에 관련된 내용이었다. 다만, 1990년대와 비교해서 발견되는 하나의 차이점이 있다면, 국내의 지역이 다양화되었다는 것이다. 예를 들어, 기존에는 주로 인천이나 서울지역에 관한 연구가 많았다면, 부산, 마산, 제주도 등 기존에 다루어지지 않은 지역이 새롭게 포함되었다. 또한, 기존에 발표된 개괄적인 주제들이 더욱 세분되어 연구되었다. 또 하나의 특징을 들자면, 70년대에서 90년대까지는 연구자 중에 재한화교(구화교)의 참여가 늘어나면서 '한국화교' 연구의 양적·질적 성장을 주도했다면, 2000년도 이후에는 중국동포(조선족)나 중국 유학생을 중심으로 한 신화교의 참여가 두드러지게 나타나고 있다. 이는, 한·중수교 이후 한국에서 학위 과정을 밟는 중국인들이 증가하면서 자연스럽게 나타나는 현상이라고 할 수 있다. 이러한 추세는 지금까지 계속되고 있다. 2010~2009년에 발표된 학위논문은 60편과 2019년 이후 현재까지 발표된 논문 67편 가운데 한국화교에 관련된 논문은 48편(71%)으로 여전히 국내 화교·화인 연구에서 '한국화교'에 관한 연구는 분야를 불문하고 가장 많이 연구되는 주제로 나타났다. 특히, 2010년 이후 발표된 논문은 화교들의 삶의 질과 음식문화, 종교문화 및 신학 등 그 분야가 더욱 다양해졌으며, 연구진의 국적이나 시각도 다변화되었다. 특히, 2010년도 이후, 화교관련 연구의 새로운 특징으로는 기존의 연구에서는 주로 '구화교'를 화교연구에 포함했다면, 이제는 90년대 이후 한국에 들어와 정착한 '신화교(중국동포 포함)' 및 '다문화사회'와 관련된 이슈, 즉 민족 정체성이나 국가 정체성과 관련된 문제가 새롭게 추가된 것이다. 재외동포와 관련해서는 이미 90년대 이후, 다문화 관련해서는 2000년대 이후 연구성과가 많이 축적되었지만, 이러한 연구가 '화교·화인' 연구로 직결되지는 않았다. 하지만, 이제는 우리 안의 소수민족으로 볼 수 있는 '구화교'나 '신화교'에 관한 문제를 좀 더 포괄적으로 바라보며, 또한 이들이 중국의 화교·화인 정책에 포함되었음을 인지한 결과라고 할 수 있다. 본 연구에서는 '재외동포'나 '다문화사회'를 검색어로 지정하지 않았기 때문에 관련 논문에 반영된 재한 화인 또는 화교에 관한 내용을 분석하지는 못했지만, 다문화사회나 재외동포와 관련된 연구에서 가장 많이 언급되는 그룹이 중국동포를 중심으로 한 중국인들이기 때문에 앞으로 국내 화교·화인 연구대상에서 신화교의 입지는 더욱 커질 것으로 예상된다. 또한, 연구대상의 특성상 학제 간 연구(지역학 등)가 더욱 활발히 이루어질 것으로 예상된다.

(3) 화교·화인 관련 기관별 프로젝트와 연구성과

국내 화교·화인 연구가 단기간에 양적 성장을 달성한 데는 '시대적 현실의 필요'에 의한 대내외적인 동기뿐만 아니라, 구체적으로는 학계의 노력과 함께 정부의 재정적 지원이 있었기에 가능했다. 2000년대 이후, 국내 화교·화인 연구의 주역으로 등장한 대표적인 연구기관으로 전남대학교 세계한상문화연구단(현, 글로벌디아스포라연구소)과 인천대학교 중국·화교 문화연구소가 있다.

① 전남대학교 글로벌디아스포라연구소

글로벌디아스포라연구소는 한인 디아스포라 문제에 관한 학문적 연구를 1990년대부터 시작했으며, 2003년부터 체계적인 연구를 진행한 결과, 국내·외에서 한인 디아스포라에 관해서는 상당한 연구성과를 축적하였다. 본 연구소가 실행한 프로젝트는 대부분 '재외동포'와 직접적인 관련이 있지만, 이에 관한 연구 과정에서 대조군으로써 '화교·화인' 연구가 일부 진행되었으며, 후에는 본 연구소의 연구대상인 재외동포 중에 가장 많은 수치를 차지하는 '재중동포'가 귀환함으로써 이들 연구 중 일부는 다시 '화교·화인' 연구의 범주에 해당하기도 했다. 또한, 이러한 일련의 프로젝트를 통해 '재외동포'를 연구하는 전문 연구자뿐만 아니라, '화교·화인' 분야의 연구진을 배양함으로써 관련 연구가 발전하는 데 일조하였다.

② 인천대학교 중국·화교 문화연구소

인천대학교는 중국학을 대학특성화 중점 분야로 선정하여 연구역량을 지속적으로 확충해왔다. 본 연구소는 근·현대 중국의 사회·경제 관행 조사 및 연구를 매개로 중국·화교연구 자료센터를 구축하여 인천대학교가 중국 연구의 거점으로 확고한 위상을 갖는 것을 목표로 하고 있다. 인천대학교의 중국·화교 문화연구소는 국내 유일의 '화교연구'를 주요 연구대상으로 하는 화교·화인 전문연구기관이라고 할 수 있다. 지방정부와 지역대학의 관심은 국내 화교·화인의 발전을 이끌었을 뿐만 아니라, 화교·화인 연구 중에서도 인천지역에 관한 연구가 다른 지역에 비해 출중한 성과를 거두는 데 이바지하였다.

③ 저역서

이러한 전문 연구소의 연구성과는 일반논문에도 반영되어 있다. 그뿐만 아니라, 1980년대 이후 국내에 출간된 화교·화인 관련 서적에서도 프로젝트를 진행했던 연구소의 연구성과가 반영되어 있다. 필자가 검색한 총 41권의 관련 서적 가운데, 인천대학교와 전남대학교에서 발간한 총서는 각각 15권과 3권으로 집계되었다. 중국 학계가 양적으로 급성장 할 수 있었던 이유가 결국 전문 학술기관의 설립과 전문연구진의 배양과 밀접한 관련이 있었던 것처럼, 국내의 상황은 중국과 비교하면 큰 규모는 아니지만, 구화교로 대표되는 국내 화교·화인의 인구를 고려하면 적다고 단정할 수도 없다. 하지만, 최근 신화교로 분류되는 신이민자가 증가하면서 '화교

·화인 전문 연구기관'이라고 명명하지는 않았지만, '다문화' 또는 '디아스포라'와 관련된 연구기관은 상당히 많이 설립되었다. 이들 연구기관의 연구대상에는 소위 '신화교화인'도 상당수 포함될 것으로 예상된다.

(4) 연구자별 연구현황 및 발행기관 분석

통계 분석을 통해 국내에도 화교·화인을 전문으로 연구하는 연구자가 양성되었음을 확인할 수 있었다. 이에, 연구자별 통계자료를 간략하게 살펴보고자 한다.

① 연구자별

국내에서 1편 이상 화교·화인을 연구대상으로 논문을 쓴 연구자는 모두 556명으로 집계되었다. 이는 2인 이상의 저자의 경우, 이들을 중복하여 계산한 결과이다. 사실상, 인문사회과학 중에도 중국학을 전공하는 연구자는 정치, 경제, 사회, 문학 등 분야를 막론하고 수많은 학자가 관련 논문에 참여하였다.

〈표 4〉 화교·화인 관련 연구자의 논문 발표 현황

논문 편수	연구자 수	논문 편수	연구자 수	논문 편수	연구자 수
1편 이상	556	5편 이상	27	9편 이상	13
2편 이상	125	6편 이상	19	10편 이상	10
3편 이상	66	7편 이상	16	14편 이상	5
4편 이상	42	8편 이상	14	20편 이상	2

이 중에 몇 편 이상의 논문을 쓴 사람을 전문 연구자로 분류해야 할지 기준은 불분명하지만, 적어도 꾸준하게 화교·화인을 연구대상으로 연구하며 5편 이상의 논문을 게재한 연구자의 명단을 정리하면 다음과 같다.

〈표 5〉 국내 화교·화인 관련 전문 연구자의 명단

성명	소속	논문	성명	소속	논문
이정희	인천대학교	21	박현규	순천향대학교	7
최승현	전남대학교	20	여병창	전남대학교	7
김희신	상명대학교	19	김승욱	서울시립대학교	6
김혜련	한신대학교	14	김혜준	부산대학교	6
강진아	한양대학교	14	송승석	인천대학교	6
고혜림	부산대학교	11	박은경	사회기관단체인	5
김주아	국민대학교	11	조원일	전남대학교	5
이덕훈	한남대학교	11	박재수	배재대학교	5
이은상	부산대학교	11	박규택	부산대학교	5
이창호	한국학중앙연구원	10	김선효	私立中國文化大學	5
김종호	서강대학교	9	김지환	인천대학교	5
임채완	전남대학교	9	양세영	세한대학교	5
박정현	고려대학교	9	조세현	부경대학교	5
리단	부경대학교	8			

앞서 잠시 소개한 것처럼, 14편 이상의 논문을 작성하여 명실공히 화교·화인 전문 연구자로 볼 수 있는 연구자 중에 역사학자가 많다. 이 중에서도 이정희와 김희신, 강진아는 경제사를 중심으로 관찰하고 있으며, 이정희는 한반도(주로 남부)를 대상으로 하고 강진아 동아시아 경제사에서 화교 및 한국 화교의 위치에 대해서 다루고 있다. 최승현은 한국화교는 물론 화교사 전반에 관한 주제를 다루고 있으며, 특히 중국의 화교정책사에 관한 연구성과가 많다. 이은상은 상대적으로 미개척 분야로 분류되고 있는 한반도 북부의 화교사에 관한 논문을 다수 발표하였고, 고혜림은 국내 화교·화인 연구 분야의 불모지라고 할 수 있는 '화인문학'에 관한 연구성과를 다수 발표하였다.

주목할 점은 주요 연구자 중에 프로젝트가 진행되는 연구기관의 출신이 많다는 것이다. 연구프로젝트가 연구진의 고용으로 이어졌고, 이로 인해 전문 연구자가 양성되어 양적 성장으로 이어질 수 있었다. 결국, 국가의 재원으로 진행되는 대형프로젝트가 연구자를 양성한 교육투자의 효과라고 할 수 있다. 이는 중국 학계에서도 동일한 과정을 겪었다. 중국 학계

의 양적 성장은 단순히 학자 개별적인 노력에 의한 것이라기보다는 국가
의 관심과 대대적인 투자가 있었기에 가능한 결과였다.

② 학술지별

〈표 6〉 국내 학술지별 화교·화인 관련 논문 발행 현황

학술지명	편수	비율(%)	학술지명	편수	비율(%)
중국근현대사연구	42	6.4	중국지식네트워크	6	〃
중국인문과학	21	3.2	한국학연구	6	〃
중국사연구	17	2.5	재외한인연구	6	〃
中國學 論叢	17	〃	아태연구	5	0.7
중국학	13	1.9	역사비평	5	〃
중국학연구	13	〃	중국현대문학	5	〃
중앙사론	13	〃	지방사와 지방문화	5	〃
중소연구	12	1.8	史叢(사총)	5	〃
한국동북아논총	12	〃	국제지역연구	4	0.6
디아스포라연구	11	1.6	다문화사회연구	4	〃
동북아 문화연구	10	1.5	동남아시아연구	4	〃
동양사학연구	10	〃	동아연구	4	〃
민족연구	10	〃	사회와역사(구 한국사회사학회논문집)	4	〃
인문학연구	10	〃	석당논총	4	〃
아세아연구	9	1.3	아시아연구	4	〃
중국학보	9	〃	역사와경계	4	〃
역사학보	8	1.2	중국소설논총	4	〃
중국연구	8	〃	중국어문학논집	4	〃
한국문화인류학	7	1.0	중국언어연구	4	〃
사회과학연구	6	0.9	한중사회과학연구	4	〃
세계지역연구논총	6	〃	현대중국연구	4	〃

국내에는 아직 중국처럼 화교·화인 관련 주제를 전문으로 다루는 학술
지는 없지만, 그동안 관련 연구는 주로 화교·화인 연구가 사학자와 중국
학 연구자들이 주축이 되어 연구가 진행된 관계로 주로 중국학계와 역사
학계 그중에서 '중국역사학'과 관련된 학술지에 관련 연구성과가 많이 게
재된 것을 확인할 수 있다.

해당 학술지가 화교·화인을 중점 연구대상으로 다루는 학술지인지 여
부를 파악하기 위해서는 해당 학술지의 전체 발행 편수 중에서 '화교·

'화인' 관련 연구의 비중을 검토해 보는 것이 더 정확하겠지만, 상기 표기한 비율은 본 논문의 분석대상인 655편의 일반논문에서 해당 학술지에서 게재된 논문의 비중을 나타낸 것이다. 수치에서 나타난 것처럼 아직 국내에서는 '화교·화인'과 관련된 주제만을 전문으로 다루는 학술지는 발행되지 않았지만, 화교·화인 관련 연구를 많이 다루는 주요 학술지는 파악할 수 있다. 국내의 화교 연구가 주로 사학계에서 많이 다루어진 만큼, 『중국근현대사연구』가 가장 많은 논문을 게재하였고, 다음으로는 중국학 전반에 대해서 다루고 있는 『중국인문과학』이 그 뒤를 잇고 있다. 물론, 수치상으로는 이 두 학술지에 편중된 경향을 보이지만, 앞서 1편 이상 게재한 연구인력이 더 많았던 것처럼, 다양한 연구진이 다양한 학술지에 투고했다. 1편 이상 관련 연구를 게재한 학술지만 해도 무려 245개의 학술지에 달한다. 본 논문에서는 가장 많은 논문을 게재한 학술지를 중심으로 표를 작성했기 때문에 드러나지 않지만, 1편 이상 게재된 학술지명만 봐도 얼마나 다양한 분야에서 '화교·화인' 연구가 진행되었는지 한눈에 알 수 있다.

③ 학위논문 수여 기관별

일반논문은 프로젝트를 진행하는 특정 대학에 소속되어 있는 연구자들의 연구성과가 다수를 차지하였지만, 학위논문의 경우 대학 자체의 특성보다는 화교연구에 관심이 있는 지도교수나 학생 개인의 관심사를 중심으로 화교 관련 연구성과가 다수 발표되었다.

〈표 7〉 기관별 화교·화인 관련 학위논문 수여 현황

기관명	편수	비율	기관명	편수	비율	기관명	편수	비율
고려대	13	25.4%	인하대	7	13.7%	부경대	4	7.8%
전남대	11	21.5%	동아대	6	11.7%	성균관대	4	〃
서울대	10	19.6%	이화여대	5	9.8%	중앙대	4	〃
연세대	10	〃	경북대	4	7.8%	한양대	4	〃
한국외국대	9	17.6%	동북대	4	〃			

서울대, 고려대, 연세대는 해마다 발표되는 학위논문이 많은 점을 감안할 때, 지역에 소재해 있는 전남대학교 출신자의 화교·화인 관련 학위논문이 많은 이유는 디아스포라 관련 연구를 많이 했던 임채완 교수의 지도를 받은 학생들이 화교관련 주제를 많이 연구했으며, 전남대학교 대학원 '디아스포라협동과정'의 학생 중에서도 중국계 학생들이 화교와 관련된 연구를 많이 했다. 특히, 이들 중에는 '중국동포(조선족)'에 관한 연구성과가 많은 편이었다. 하지만, 본 연구는 '화교, 화인, 화상'으로 특정했기 때문에 관련 연구는 검색되지 않은 경우가 많아 이 같은 연구성과는 반영되지 않았다. 학위논문을 비롯해 일반논문의 '재외동포' 또는 '다문화' 관련 주제에 언급된 '화교·화인' 관련 연구까지 포괄했다면, 그 양은 훨씬 많을 것으로 예상된다. 인천대학 프로젝트는 학위 과정과의 연계는 부족했으나 지역사회와 긴밀하게 연계되어 한국화교와 지역사회에 관한 연구가 활발하게 이루어졌다. 반면, 전남대학은 학위 과정과는 연계가 긴밀했지만, 지역사회에 대한 연구성과는 상대적으로 부족한 것을 알 수 있다. 오히려 전남대학은 세계화교와 한국의 신화교(중국동포)에 관한 연구성과가 많은 편이다.

Ⅲ. 국내 화교·화인 관련 연구의 지식지형도

본 장에서는 앞서 정량적으로 분석한 연구성과를 도식화하여 국내 화교·화인 관련 연구의 지식지형도를 구현하고자 한다.

1. 화교·화인 연구의 지식지형도

(1) 연구대상의 지역분포와 지식지형도

① 연구대상 지역의 분포도

본 통계에 상용된 논문의 편수는 중복된 것이다. 예를 들어, 한 편의 논문에서 두 개 지역을 대상으로 연구한 경우, 각각 1편으로 계산하였다. 앞서 설명한 것처럼, 국내 화교·화인 연구는 크게는 '한국의 화교·화인'과 '세계의 화교·화인' 연구로 양분된 것을 확인할 수 있다. 중점 연구대상은 '한국의 화교'에 있으며, '세계의 화교'에 관한 연구도 꾸준히 다양하게 이루어지고 있다.

〈표 8〉 국내 '화교·화인' 관련 연구대상의 지역별 분포 (단위:편)

전 세계 지역별 연구			한반도 지역별 연구	
아시아 (603)	동남아 관련 (120)	말레이시아 (20)	수도권 (56)	인천 (42)
		인도네시아 (17)		서울[한성/경성] (17)
		싱가포르 (14)	경상도 (34)	부산 (24)
		베트남 (15)		대구 (8)
		태국 (7)		마산 (2)
		필리핀 (5)	전라도 (17)	군산 (5)
		캄보디아 (3)		광주 (4)
		미얀마 (2)		목포 (3)
		라오스 (1)		전남 (2)
	동아시아 (479)	한국[조선, 한반도 포함] (318)		전북 (1)
		북한 (20)		전주 (1)
		중국 (90)		강경 (1)
		일본 (14)		호남 (1)
		대만 (12)	제주도 (2)	
		홍콩 (7)	강원도 (1)	
	북아시아	러시아 (1)	평안도 (5)	신의주 (5)
	서아시아	인도 (1)	함경도 (2)	원산 (2)
아메리카(18)	북아메리카(18)	미국 (9)	해외 거주 (2)	
		캐나다 (3)		
	남아메리카	중남미 (1)		
	유럽	스페인 (2)		
	아프리카 (1)			
	화교전체[지역을 특정하지 않음] (139)			

특히, 한국 화교연구도 그 지역이 상당히 세분된 것을 확인할 수 있다. 다만, 문명기(2018)는 국내 화교·화인 연구가 개별지역 화교사도 많이 진행되었지만, 의외로 서울지역 화교사에 대해서는 연구가 많지 않다고 지

적한 바 있다. 즉, 한국화교가 가장 많이 거주한 지역인 서울과 인천 중에서 인천에 관한 연구는 활발한 반면, 서울지역에 대해서는 상대적으로 부족한 것 같다고 했는데, 본 연구의 계량적인 검토에서도 같은 결과가 도출되었다. 이 같은 연구성과를 지식지형도로 구현하면 다음과 같다.

② 연구대상 지역의 지식지형도

〈그림 2〉 국내 화교·화인 관련 연구대상 지역의 지식지형도(전 세계)

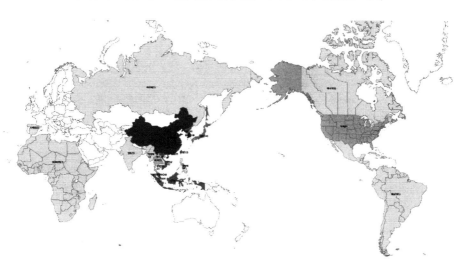

莊國土(2020)의 통계에 따르면, 전 세계적으로 화교·화인의 73%가 아시아 지역을 중심으로 거주 또는 체류하고 있는 만큼, 국내의 관련 연구도 아시아에 집중해 있는 것을 볼 수 있다. 1980년대 이전, 전 세계 화교·화인 중 동남아 거주 비중은 90%에 달했지만, 80년대 이후 선진국으로의 신이민이 증가하면서 상대적으로 이 지역 화인의 비중은 60%까지 줄어들었다. 하지만, 최근 한국을 포함한 아시아국가로의 신이주가 증가하면서

화교·화인의 아시아 거주 비중은 다시 73%로 증가하였다. 이중 구화교의
비중이 높은 동남아시아의 거주 비중은 68%로 나타났다. 이러한 통계수
치와 유사한 패턴으로 국내 화교·화인 연구대상이 동남아를 비롯한 아시
아 지역에 많이 편중된 것을 확인할 수 있다. 다만, 국내 화교·화인 연구
의 특징이라면 화교의 모국인 '중국'과의 연계에 관한 정책이 상당히 많은
편이다. 또한, 화교·화인 인구 비중은 낮은 편이지만, 한반도의 화교·화
인에 관한 연구가 주류를 이루고 있다는 점이다.

〈그림 3〉 국내 화교·화인 관련 연구대상 지역의 지식지형도(한반도)

이처럼, 국내 화교·화인 연구의 당연한 결과이자 가장 특징적인 동향이라면, 바로 연구성과가 '한반도 화교(한국, 조선, 한반도 관련 318편/북한, 20편)'에 집중되어있다는 것이다. 상기 세계지도에서 살펴본 것과 같이 북한을 포함한 한반도 관련 연구성과가 가장 큰 비중을 차지하고 있다. 그중에서도 현 상황에서 연구대상과 자료에 대한 접근성이 높은 한반도 남쪽(한국) 지역을 대상으로 한 연구 비중이 높고, 지역별 연구도 세분되어 있다. 이를 지식지형도로 살펴보면, 우선 화교 집거지가 형성된 인천과 부산지역을 대상으로 한 연구성과가 가장 많으며, 그 밖의 지역으로는 서울과 대구지역에 관한 연구가 일부 진행되고 있다. 마지막으로 전북과 전남을 비롯한 호남지역의 화교연구도 간헐적으로 진행되고 있는 것을 확인할 수 있다.[11] 북한지역에 관한 연구는 신의주와 원산에 관한 연구가 일부 진행되었다.

(2) 중국 학계의 화교·화인 연구현황

연구대상 지역을 바탕으로 작성된 지식 지도는 아니지만, 비교검토를 위해 중국 학계의 화교·화인 연구현황 관련 지식지형도를 살펴보면 다음과 같다.

---

11) 연구성과와 다르게 재한화교(구화교)의 실제 인구분포는 서울지역이 가장 많고 그다음으로 부산과 인천, 경기지역에 주로 거주하고 있다. 그 밖의 지역에는 1,000명 이하의 인구가 지역별로 분포해 있다.

① 중국 학계의 '화교·화인' 관련 연구의 지식지형도

〈그림 4〉 중국 학계의 '화교·화인' 관련 연구의 지식지형도

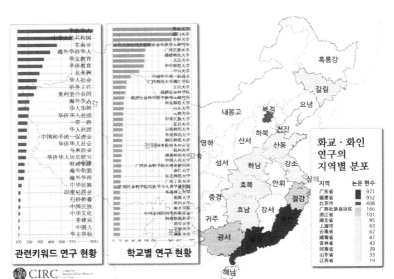

중국에서 해외화인을 지칭하는 표현인 '華僑華人'을 학술검색 사이트 CNKI에서 키워드로 검색했을 때 모두 7,782개의 검색 결과가 나왔다. 연관 검색어로는 華人社會, 海外華人, 華人社團, 華人華校, 移民文化生活, 閩籍華僑華人, 華人研究 등이 함께 제시되었다. 화교·화인 관련 연구가 가장 활발한 학술기관으로는 광둥성에 있는 지난대학이 모두 777편으로 가장 많은 연구성과물을 발표했다.

② 중국 학계의 '화교학교' 관련 연구의 지식지형도

〈그림 5〉 중국학계의 '화교학교' 관련 연구의 지식지형도

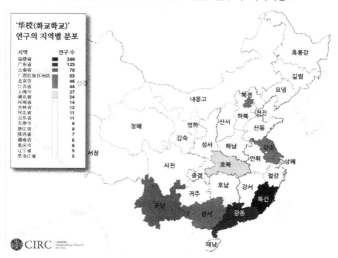

'화교학교(华校)'와 관련된 논문을 검색하면 모두 1,228편이 검색된다. 해외화인관련 연구 결과(7,782편)의 약 15%가 '화교학교' 또는 '화교교육'과 관련된 연구 결과이다. 해외로 이주해서 사는 중국인, 즉 '화교·화인'이 거주국에서 성공적으로 정착해서 살 수 있는 요인에 있어 '민족공동체(화인사회)'의 역할을 빼놓을 수 없다. 특히, 그중에서도 화교학교는 해외화인의 지적 가치(정신)를 담당하는 곳으로 '민족교육의 산실'이라고 할 수 있다. 위 지도는 '華校(화교학교)에 대한 CNKI 검색결과를 바탕으로 논문이 발표된 기관의 지역별 분포도이다. 해외화인관련 연구가 대부분 화교의 고향인 동남연안지역에 치우쳐 있는 것과 마찬가지로 화교의 교육 관련 분야의 연구도 대부분 이 지역에서 이루어지고 있다.

③ 중국 학계의 '한국화교' 관련 연구의 지식지형도

〈그림 6〉 중국학계의 '한국화교'와 관련된 중국의 지식지형도

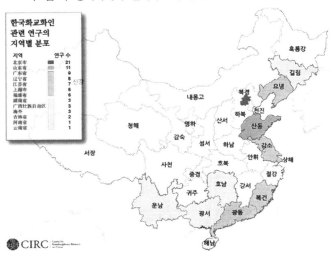

'한국화교화인(韓國華僑華人)'을 키워드로 검색하면 모두 81건의 자료가 검색된다. 본 지식 지도는 검색된 자료의 저자 소속을 바탕으로 작성되었다. 한국화교(韓華) 연구와 관련해서 가장 많은 연구가 진행된 지역은 베이징(北京)으로 나타났는데, 이는 국무원 산하 화교연구기관의 연구 결과가 다수 포함되었기 때문이다. 그 밖의 지역으로는 한국 화교의 95%가 산둥성(山東省) 출신인 만큼, 이 지역에서 한국화교관련 연구가 두 번째로 많이 진행되었다. 화교(華僑)의 고향으로 불리는 광둥성(廣東省)과 푸젠성(福建省)에는 전 세계 화교·화인 관련 전문 연구기관이 많이 분포되어 있어 이들 지역에서도 관련 연구가 꾸준히 발표되고 있다. 이 밖에 랴오닝성(遼寧省)과 지린성(吉林省)의 경우, 80년대 이후 한국으로 이주한 조선족(중국동포)에 관한 연구가 검색 결과에 포함되었다. 일부 해외 지역의 저자는 한국 학자와 중국대사관의 관계자의 연구성과이다.

2. 국내 화교·화인 연구의 시각화 작업

① 텍스트마이닝과 N-gram을 통해 본 국내 화교·화인 연구

〈그림 7〉 논문 제목과 키워드를 바탕으로 제작한 분기별 워드 클라우드

〈1957~1979년〉

〈1980~1989년〉

〈1990~1999년〉

〈2000~2009년〉

〈2010~2021년〉

〈1957~2021년, 전체〉

1990년대 주로 '화교경제'를 중심으로 연구가 진행되었다면, 2000년 대에는 '화교네트워크'와 같은 화교 전반을 대상으로 한 연구도 많이 이루어졌지만, 국내의 이슈에 더욱 집중하는 것을 발견할 수 있다. 예를 들어, 인천이나 차이나타운과 같은 지역사회의 문제와 민족주의 초국가와 같은 원론적인 문제에서 조선족과 다문화주의와 같은 사회적 담론을 다루기 시작했다. '한국화교'가 연구의 중심으로 부각된 것은 2010년도 이후로 확인된다. 국내의 화교연구에서 그동안 주된 연구주제가 세계의 화교·화인이었다면, '한국 화교·화인'이 양적으로 연구의 중점으로 떠오른 것은 2010년도 이후의 연구에서 두드러지게 나타난다. 특히, 2010년도 이후, 화교화인에 관한 연구가 '사회·문화'적인 주제로 초점이 옮겨진 것은 '정체성' 및 '조선족'이 주요 키워드로 등장한 것을 통해서 확인할 수 있다.

〈그림 8〉 논문 제목과 키워드를 바탕으로 제작한 바차트

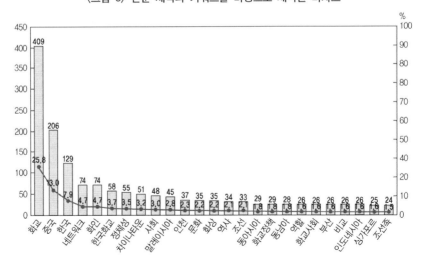

지난 60여 년 동안(1957~2021년) 국내 화교·화인 연구에서 가장 많이 언급된 키워드는 '화교'로 나타났다. 하지만, 국내에서는 '화교'로 통용되는 중국계 이주민에 대한 또 다른 문화적(법제적, 학술적) 명칭인 '화인'에 대한 언급도 상당히 증가한 것을 알 수 있다. 또한, 지역별로는 '중국'에 관한 내용이 가장 많이 다뤄지고 있으며, 그다음으로 한국과 동남아 중에서도 말레이시아가 많이 언급되었다. '한국화교'로 특정한 국내 거주 화교·화인에 관한 키워드와 함께 '정체성'도 화교연구의 핵심 키워드로 나타났다. 국내 지역 연구에서는 차이나타운이 있는 인천과 부산이 가장 많이 연구되었으며, 2010년도 이후, '조선족'이 화교·화인 연구의 키워드로 등장한 것은 조선족에 대해서 기존에는 '재외동포'로서의 인식이 강했다면, 이제는 중국의 정책적 범위로 볼 때 중국 출신의 화교·화인이라는 현실적인 시각도 공존함을 알 수 있다.

〈그림 9〉 논문 제목과 키워드를 바탕으로 제작한 네트워크 그래프

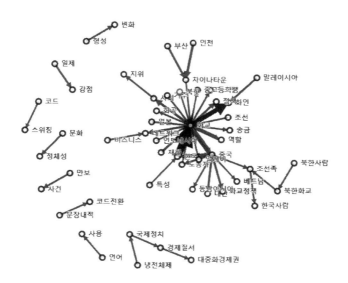

    네트워크 그래프를 통해 국내 화교·화인 연구에서 우리가 가장 많이 관심을 두는 부분은 '화교'를 중심으로 연결된 국가와 지역, 이들의 역할 및 관련 정책으로 나타났다.

〈그림 10〉 논문 제목과 키워드를 바탕으로 제작한 매트릭스

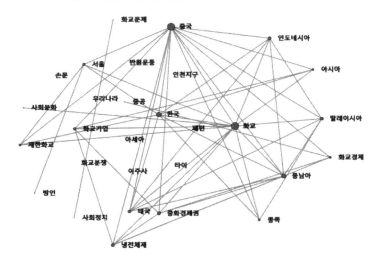

    매트릭스 차트를 통해 '화교'를 바라보는 우리의 시각은 중국과 연계된 네트워크로 인식하는 경향이 강한 것을 확인 할 수 있다. 하지만, 어떤 민족이든 이주는 각 개인의 이주 시기와 동기 및 거주국과의 관계(정책) 등 구체적인 역사와 사회, 문화적인 여러 가지 여건을 고려해야 하는 지극히 개별적인 행위라고 할 수 있다. 물론, 화교·화인을 중국과 완전히 분리해서 보는 것이 쉬운 것은 아니겠지만, 지극히 개별적인 연구대상을 집단화(전체화)시킴으로써 성급한 일반화의 오류의 늪에 빠지지 않도록 주의해야 할 것이다.

〈그림 11〉 논문 제목과 키워드를 바탕으로 제작한 개체명 인식

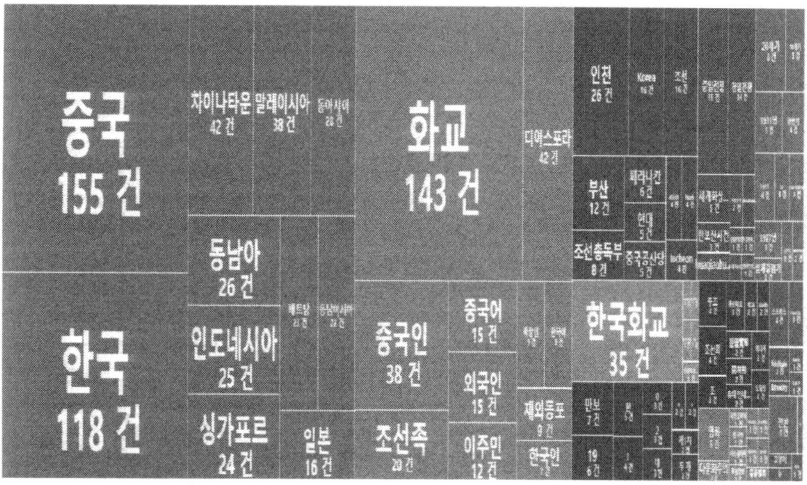

    일반논문 655편과 학위논문 153편의 논문 제목과 키워드를 바탕으로 제작한 개체명 인식을 검토해 보면, 지역과 관련해서는 '중국, 한국, 차이나타운, 말레이시아, 동아시아, 동남아, 인도네시아, 싱가포르, 베트남, 동남아시아, 일본' 순으로 나타났다. 문명과 관련해서는 '화교, 디아스포라, 중국인, 조선족, 중국어, 외국인, 이주민, 짜장면, 한국어, 재외동포, 한국인, 페라나칸' 순으로 나타났다. 기관과 관련해서는 '인천, 코리아, 조선, 부산, 조선총독부, 중국공산당, ASEAN, North, Incheon'이 대상물과 관련해서는 '한국화교', 사건/사고와 관련해서는 '중일전쟁, 청일전쟁, 만보산 사건' 등이 가장 많이 언급되었다.

    국내의 화교·화인 연구가 활발하게 진행된 것은 '화교·화인'이라는 연구대상 자체에 관한 관심이 증가한 측면도 있겠지만, 국내 인문학 분야의 연구추세와도 밀접한 관련이 있음을 확인 할 수 있다. 최근 인문학계의 지식지형도를 살펴보면, '민족주의'와 '정체성'이 하나의 큰 학문적 담론으로 자리 잡은 것을 알 수 있다. 이러한 맥락에서 '화교·화인'은 늘어나

는 외국계 인구의 체류와 더불어 우리의 관심 대상으로 떠올랐다고 할 수 있다.

〈그림 12〉 Topic Landscape in 인문학(2009~2018)

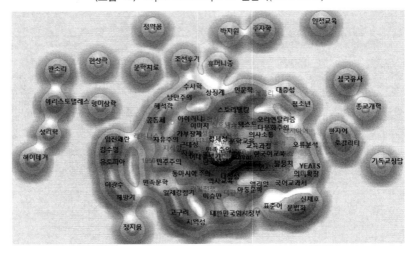

한편, 국내 화교·화인 관련 연구자가 많아진 것은 단순히 화교·화인에 관심이 많은 연구자가 집중적으로 배양된 결과라기보다는 2000년도 이후, 정부의 연구기관에 대한 집중 투자의 확대로 학술연구에 종사하는 연구자들이 증가하였고, 그중에 화교·화인을 연구대상으로 하는 연구기관의 프로젝트가 증가하면서 관련 연구인력도 많아진 것으로 보인다.[12] 즉, 이는 분야를 막론하고 한국 학계의 연구추세와 궤를 같이하고 있다. 분야별 연구자의 통계수치를 살펴보면, 인문학(5.5%)과 사회과학(9.9%) 및 복합학(0.5%)으로 분류되는 연구자들이 많아진 것과 국내 화교·화인 관련 연구

---

12) 연도별 연구자 수 통계(최근 5년간의 연구자 수(누적 연구자 수), 2022년 기준, 690,084 명, 한국연구자정보(www.kri.go.kr) 2022년 2월 11일 검색.

자의 분포 및 연구 분야와도 유사한 것을 확인 할 수 있다.

Ⅳ. 결론

본 연구의 결론은 성과 뒤에 가려진 우리의 과제와 전망에 대해서 간략하게 서술하는 것으로 대신하고자 한다. 단기간에 양적인 성장을 이룩한 국내 화교·화인 연구가 내포하고 있는 문제점은 바로 '양적인 성장은 우리를 질적으로도 성장시켰는가?' 하는 것이다. 이는 규모 면에서는 차이가 있지만, 유사한 시스템으로 운영되는 중국에서 제기되는 문제이기도 하다. 즉, 단기간에 성과를 내야 하는 연구 현실에 의해 양적 성장은 이룩하였지만, 내실 없고 중복된 연구내용 많다는 것이다. 이 문제는 국내 학계의 모든 분야가 공통으로 직면한 문제일 수도 있겠지만, 단기간에 양적 성장을 이룩한 화교·화인과 관련된 연구성과에서도 드러나고 있다. 다만, 화교·화인 연구에 있어서 중국과의 차이점이 있다면, 중국은 정부의 전폭적인 지원으로 관련 분야를 집중적으로 육성하고 있지만, 한국은 비슷한 이유에서 '다문화 및 재외동포'와 관련해서는 지원이 많지만, 화교관련 연구는 개별 연구소나 연구자의 소규모 프로젝트로 이뤄지고 있어 연구자원이나 재원 및 자료의 접근성 등의 면에서 중국과는 큰 격차가 있다. 하지만, 한국화교와 관련해서는 국내의 연구환경이 유리해 관련 연구성과가 상대적으로 많은 편이다.

한편, 국내의 화교·화인 연구는 괄목할만한 성과를 이룩하였지만, 과연 우리의 관점과 태도에는 어떠한 변화가 있었을까? 중국의 화교·화인 연구사를 회고하면서 최근의 연구성과를 검토해 보면, 중국이 다시 梁啓超 시기처럼 화교를 일종의 활용 가치에 중점을 둔 자원이나 중국의 영향력을 확대하는 도구의 역할을 강조하는 것은 아닌지 하는 의심이 든다. 즉,

원거리 애국심과 같이 현지 사회의 구성원으로서의 화교가 아닌 중국에 충성하는 화교의 역할 및 이미지를 부여함으로써 다시 한 번 화교가 갈등과 탄압의 대상이 될 여지를 주고 있다. 즉, 시대에 역행하는 의미부여 및 범주설정의 문제를 좀 더 진지하게 고민해야 할 것 같다. 과거 전략적 이원성에서 지금의 노골적 구애는 화교 자신은 물론 중국 정부에도 독이 될 수 있다. 화교가 중국계라는 이유로 중국 특색의 연구만 고집할 것이 아니라, 국제이주와 디아스포라의 관점에서 '화교문제'를 객관적으로 검토해 볼 필요가 있다. 이 같은 중국의 화교연구사와 관련된 정책적 변화는 한국사회의 '화교·화인' 연구는 물론 '재외동포' 및 '다문화사회' 연구에도 많은 시사점을 제공할 것으로 기대된다.

이 밖에도 기존의 연구성과와 이에 대한 분석을 바탕으로 국내 화교·화인 연구의 향후 동향에 대해서 전망하자면 다음과 같다. 첫째, 국내의 화교·화인 연구는 '다문화'의 관점에서 더 많이 다뤄질 것으로 예상된다. 즉, 양적 팽창과 더불어 질적 심화가 기대된다. 다만, 간혹 중국의 다원문화 정책과 한국의 다문화사회 정책을 단편적으로 비교하여 적용하려는 경우가 있는데 이러한 접근에는 주의가 필요하다. 이는 양국의 다문화 형성과정 자체가 다르기 때문이다. 비근한 예로 동남아시아의 화교·화인은 원주민의 땅에 유입된 소수민족이지만, 중국의 소수민족은 유입된 경우보다는 소수민족의 땅(인구와 문화)이 중국에 편입된 경우가 많다. 따라서, 중국은 이들의 이탈을 막기 위해 강경책보다는 유화책을 통해 영토의 보존을 꾀하고 있다. 이를 국내의 다문화사회와 동일 선상에서 비교하여 참고하는 것은 문제가 있다.

둘째, 향후 국내 연구 중에서 '중국의 교민정책'에 관한 연구는 더욱 심화할 것으로 예상된다. 즉, 참고대상이자 견제의 목적으로 중국의 교민정책에 관한 연구가 진행될 것이다. 예를 들어, 중국의 역대 화교정책에 관한 연구가 이에 해당한다. 전 세계적으로 중국은 재외동포 수가 가장 많고, 역사도 오래되었으며 또한 가장 많은 나라에 거주하고 있으므로 '교민정책'과 관련해서 중국은 그 어느 나라보다 경험치가 높은 나라이다. 반면, 한국의 재외동포 인구는 중국과 비교하면 절대적인 수치는 6천만과 750만으로 큰 차이가 있지만, 인구대비 재외동포의 비율은 중국은 3%에 불과하지만, 우리는 15%로 훨씬 높다. 즉, 화교·화인의 영향력 및 교민정책의 역사 등에 있어서 외교적 경험(마찰, 대응 등)이 많아, 기존과 마찬가지로 향후 우리의 재외동포정책과 관련해서 중국의 역대 화교정책에 관한 관심은 높을 것으로 예상된다. 아울러, 국내에 신이민(신화교)이 증가함에 따라 중국 정부의 교민정책에 대한 관심도 함께 높아질 것으로 예상된다.

셋째, 특정 학문 분야를 초월한 학제 간 연구, 즉 복합연구의 폭이 더욱 증가할 것이다. 본 논문에서 이러한 부분을 모두 담아내지는 못했지만, 이미 2010년도 이후, 국내 화교·화인 연구는 '다면화'의 길에 들어섰다. 향후, 관련 연구는 이러한 지식의 융·복합적인 경향성이 더욱 심화할 것으로 예상된다.

아울러 중국의 화교·화인 연구 분야에 대한 전망은 다음과 같다. 중국의 경우, 독립된 학과로 '화교화인학'의 위상 변화를 꾀할 것이다. 이를 위해 먼저, 각국(거주국)의 화교·화인에 관한 연구성과에 대한 비교분석이 이루어질 것으로 예상된다. 화교 관련 문서의 데이터화 작업 및 화교들의 참여(학자양성)가 대폭 확대될 것으로 보인다. 최근 관련 분야에 대한 중국 정부의 투자 및 주관 부서가 통일전선부로의 이관한 것 등을 통해서도 그 위상이 더욱 높아졌음을 확인 할 수 있다. 이는 중국의 공공외교와 샤프파워로서 화교·화인의 활용 가치가 입증되었기 때문이다. 따라서 전 세계 화교·화인에 대해 기존의 경제적 가치뿐만 아니라, 정치적(외교) 가치에 더욱 비중을 둘 가능성이 크다.

| 참고문헌 |

김경국·최승현·이강복·최지현, 「한국의 화교연구 배경 및 동향 분석」, 『중국 인문과학』, 26, 2003.

김종호, 「중일전쟁초기(1937-1941) 중국 및 화교 금융기업의 생존전략」, 『중국 근현대사연구』, 71, 2016.

김진호, 「아시아 화교(華僑) 화상(華商)의 현황과 화교(華僑) 화상(華商)연구」, 『융합사회와 공공정책(구 공공정책과 국정관리)』, 제1권 창간호, 2007.

문명기, 「한국화교사 연구의 회고와 전망 – 2010년 이후의 연구성과를 중심으로」, 『역사문화연구』, 68, 2018.

박은경, 「태국, 인도네시아 및 한국 화교의 Ethnic Identity 문제」, 『韓國文化人類學』, 11.1, 1979.

송승석, 「'한국화교' 연구의 현황과 미래 – 동아시아 구역 내 '한국화교' 연구를 중심으로」, 『중국현대문학』, 55, 2010.

윤상원, 「한국 역사학계의 만보산사건 연구동향과 과제」, 『한국문학연구』, 51, 2016.

이옥련, 「淸末 이후 중국학계의 화교화인 정책 연구」, 『한국학연구』, 58, 2020.

왕언메이 저, 송승석 역, 『동아시아 현대사 속의 한국화교: 냉전체제와 조국의식』, 학고방, 2013.

최승현, 「당대 중국의 "소수민족화교화인" 연구 및 정책 흐름 분석」, 『중국지식네트워크』, 16, 2020.

程希, 「中國對東南亞華僑華人的研究動態 — 一以新近出版的專著爲例」, 『東南亞研究』, 第5期, 2007.

郭樑, 「中國的華僑華人研究與學科建設 — 淺議"華僑華人學"」, 『華僑華人歷史研究』, 第1期, 2003.

黃素芳, 「泰國華僑華人研究的歷史與現狀」, 『八桂僑刊』, 第3期, 2007.

李安山, 「中國華僑華人研究的歷史與現狀概述」, 載周南京主編, 『華僑華人百科全書』(總論卷), 中國華僑出版社, 2002.

李楓,「國外華僑、華人研究現狀述評」,『世界民族』, 第4期, 2010.

李明歡,「國際移民研究熱點與華僑華人研究展望」,『華僑華人歷史研究』, 第1
　　期, 2012.

李永·鄔瑤瑤·吳昌龍,『華僑華人百科全書』,「我國華僑華人研究現狀探析 —
　　基於《華僑華人歷史研究》文獻的知識圖譜分析(1998-2016)」,『內蒙古
　　民族大學學報』, 第5期, 2018.

丘立本,「國際移民趨勢、學術前沿動向與華僑華人研究」,『華僑華人歷史研究』,
　　第3期, 2007.

徐雲,「中國大陸華僑華人研究的文獻計量分析報告」,『華僑華人研究』, 第4期,
　　2004.

張煥萍·李斌斌,「華僑華人與中華文化傳播研究綜述 — 基於近三十年《華僑
　　華人歷史研究》刊載文章的分析」,『全球傳媒學刊』, 第1期, 2017.

莊國土,「多學科、兼顧歷史與現狀、教學相長：南洋研究院華人研究特點與存
　　在問題(2000-2006)」,『南洋問題研究』, 第2期, 2007.

_____,「回顧與展望:中國大陸華僑華人研究述評」,『世界民族』, 第1期, 2009.

_____,「21世紀前期世界華僑華人新變化評析」,『華僑華人研究報告(2020)』,
　　社會科學文獻出版社, 2020.

AI 분야 국제 과학연구 네트워크 속 중국의 위상 분석

● 은종학 ●

Ⅰ. 서론

이른바 '제4차 산업혁명' 관련 담론의 초점은 '인공지능(artificial intelligence, AI)' 분야로 모아지고 있다. 국내에서는, 소프트뱅크 그룹의 손정의 회장이 청와대를 찾아 '미래에 집중해야 할 것은 첫째도, 둘째도, 셋째도 인공지능'이라 강조함에 따라 특별히 주의가 환기된 바 있다.[1] 그동안은, 스마트 제조의 한 방편으로 3D 프린터가 주목받기도 하였고, 물리적 실체와 인터넷 공간을 잇는 사물 인터넷, 효율적인 정보 처리·저장·공유 기술로서 차세대 컴퓨터, 클라우드, 빅 데이터, 5G 이동통신, 그리고 자율주행 차량과 관련 기술 등이 담론의 중심부에 들고났다. 그런데 그들을 제치고 AI가 담론의 핵심으로 자리 잡는 것은, AI가 더 우월해서라기보다는

---

* 본 장은 2020년 『中國硏究』제82권에 실린 필자의 논문 "인공지능 국제 과학연구 네트워크 속 중국의 위상 분석"을 일부 수정하여 재수록한 것이다.

** 국민대 중국학부 중국정경전공 교수.

1) Mykhailychenko, R. "The 4th industrial revolution: responding to the impact of artificial intelligence on business," *Foresight*, Vol.21 No.2, 2019; 전자신문, 2020.01.01.

여타 다수의 개별 신기술들이 결국 인간의 지적(知的) 활동을 대신하거나 강화하는 AI에 기여하는 것으로 위상이 재정립되고 있어서인 것으로 보인다.[2] 실제로 최근 미국, 중국 등 주요국가의 과학기술 및 신산업 육성전략·정책에서 AI가 간판으로 등장하고 있으며 앞서 언급한 다수의 기술들이 그 아래 포진하고 있다.[3]

이러한 흐름 속에서, 최근 많은 보고서와 언론 보도가 각국의 AI 동향을 다루고 있는데, 이목을 끄는 것은 단연 미국과 중국이다. 특히, 중국은 그 성장세가 무척 가팔라 여러 지표들에서 미국을 앞서기까지 하고 있다.[4] 일본경제신문은, 2016~2018년 AI 관련 특허출원 건수를 집계·분석한 결과 세계 50위 안에 드는 기업 중 19개가 중국기업, 12개가 미국기업, 19개가 나머지 국가의 기업이었다는 분석결과를 보도했다. 그보다 앞선 2013~2015년 기간에는 해당 미국기업이 19개, 중국기업이 8개였는데, 최근 몇 년 사이 역전되었음을 보여주었다.[5] 또한, 2018년 한 해 동안 AI 관련 중국기업의 특허출원은 3만 여 건으로 5년 전에 비해 약 10배 증가했으며 그 수량은 미국기업의 2.5배 수준이었다.[6]

---

2) White House, *Executive Order on Maintaining American Leadership in Artificial Intelligence*, 2019; 國務院, 『新一代人工智能發展規劃的通知』, 2017; 科技部, 『關於發布科技創新2030－"新一代人工智能"重大項目2018年度項目申報指南的通知』, 2018; 科技部, 科技部關於印發《國家新一代人工智能開放創新平台建設工作指引》的通知』, 2019.

3) 중국은 2017년 3월 정부공작보고에서 AI를 처음 전략적 육성 대상으로 언급한 뒤 곧이어 같은 해 7월 '차세대 인공지능 발전계획 통지(新一代人工智能發展規劃的通知)'를 발표함으로써 육성정책을 본격화하였다.

4) 박소영, 「스타트업 사례를 통해 본 2018년 중국 시장 트렌드」, 『Trade Brief』, No. 2, 국제무역연구원, 2019; 박승혁, 「중국 첨단산업 발전 현황 및 사사점: 인공지능과 가상현실을 중심으로」, 『Trade Focus』, 제14호, 국제무역연구원, 2019.

5) 日本經濟新聞, 2019.03.10.

6) 騰訊科技, 「中國公司申請AI專利數量是美國2.5倍: 百度排第一」,

위와 같은 관찰·분석만으로도 중국이 이미 AI 부문에서 상당한 실력과 역동성을 갖추고 있음은 확인할 수 있다. 하지만 기관 보고서나 언론을 통해 알려진 사실들을 정확히 수용·인식하기 위해서도 추가적인 주의가 필요하다. 일례로, 중국기업의 AI 특허출원 중 대부분(약 95%)이 중국 국가지식산권국(國家知識産權局)에 출원된 국내특허란 점을 감안할 필요가 있다. 특허의 출원 - 심사 - 등록에 각국 특허당국(예컨대 중국의 국가지식산권국, 미국의 USPTO 등) 간 차이가 있는지의 여부와 그 정도는 명확히 밝혀진 바 없지만, 그 차이의 가능성을 원천적으로 배제할 수는 없다. 더불어, 특허 출원 건수가 많다는 사실은 신기술 기반 비즈니스의 역동성을 보여주는 것이긴 하지만, 그 사실 자체가 특허의 기술적 함량과 수준이 높다는 것을 증명하는 것은 아니기에 확정적 해석에 이르기에는 부족한 측면이 있다.[7]

따라서, AI가 첨단산업으로 등장한지 몇 해 되지도 않아 후발 개발도상국이라 할 수 있는 중국이 최첨단 과학기술을 자랑하는 미국을 추월하는 듯한 이례적인 양상을 이해하고,[8] 그 현상 심층에 대한 분석은 좀 더 다각

---

https://tech.qq.com/a/20190311/005438.htm (검색일: 2019.03.18)

7) 균형을 위해, 미국 United States Patent and Trademark Office(USPTO)에 출원된 각국의 특허를 분석하거나, Patent Cooperation Treaty(PCT)에 의거하여 출원된 국제특허를 분석하여 중국의 위상을 재검토할 수도 있지만, 그 경우에도 특허의 본질이 주는 해석 상의 어려움은 남는다. 즉, 특허는, 출원된 국가에서 지적(知的) 독점권을 부여받아 특허 출원·등록·유지에 따르는 비용 이상의 수익을 창출할 것이라는 기대 위에서 취하는 비즈니스 전략의 일환이다. 따라서 좋은 기술을 개발했다고 해도 해외 각국을 실질적인 목표 시장으로 삼아 초기 비용을 감내할 생각이 없으면 해외 혹은 국제특허를 출원하지 않는다. USPTO나 PCT에 출원·등록된 특허 통계도 특정 기술 분야의 실력을 온전히 보여주지는 못한다는 뜻이다.

8) 스마트폰 산업에서도, 스티브 잡스(Steve Jobs)가 이끄는 Apple이 2007년 아이폰(i-phone)을 선보인 시점으로부터 약 10년 만에 중국의 Huawei, Oppo, Vivo, Xiaomi 등 중국기업들이 국내 시장을 거의 완전히 장악하고 세계 시장점유율도 급속히 높였

도로 이뤄질 필요가 있다. 최근 청화대학 중국과기정책연구센터는 중국의 AI 굴기에 대해 2017년까지의 다양한 데이터를 바탕으로 비교적 다각적인 진단을 내놓았지만 여전히 표면적 사실 중심의 종합적인 동향 서술에 머물렀고 중국의 위상 변화에 대한 심층 분석에는 이르지 못했다.[9] 국내에서는, 허윤정이 중국의 정부문건들을 분석해 중국의 정책 속에서 AI가 차지하는 위상의 제고와 확장을 관찰했지만, 실제 AI 과학 영역에서 중국의 위상이 어떻게 변화했는지는 살피지 않았다.[10]

본고는 위와 같은 기존 연구의 틈새(research gap)를 부분적으로나마 채워보고자 한다. 본 연구는, AI 관련 (응용 기술 개발 전(前) 단계인) '과학연구(scientific research)'에 초점을 맞춰 중국의 위상을 파악할 것인데, 특히 최근 전개되고 있는 미 – 중 갈등을 고려하여 중국의 '독자적' 역량을 파악하는데 주의를 기울일 것이다.

과학연구에 초점을 맞춘 본고와 같은 연구가 장점을 가질 수 있는 배경은 다음과 같다. 첫째, AI 관련 산업은 소수의 선도 기업(세계적으로는 IBM, Microsoft, Google; 중국에서는 Baidu, Alibaba, Tencent 등)을 제외하고는 전반적인 기업 판도가 아직 무르익지 않았다. 따라서 갓 등장한 기업뿐 아니라 아직 등장하지 않은 기업들의 잠재력까지 감안하기 위해서는 특허보다 시간적으로 앞선 단계라 할 수 있는 과학연구 단계에 초점을 맞춘 연구에 장점이 있을 수 있다.

둘째, AI 관련 산업은 이른바 '과학기반산업(science-based industry)'이

다. 선두에서는 화웨이가 Apple과 삼성전자를 압박하고 그 주변을 다수의 중국기업들이 에워싸는 판도를 조성했다. 그런데 AI 분야에서는, 비록 초기단계의 관찰만이어서 정확할 수 없지만, 중국의 추격·추월의 기세가 더 빠르고도 커서 이목을 끈다.

9) 清華大學中國科技政策硏究中心, 『2018中國人工智能發展報告』, 2018.

10) 허윤정, 「중국 인공지능의 국가적 수용과 그 의미 : 2015-2017 공문 분석을 중심으로」, 『중국학보』, 제86권, 한국중국학회, 2018.

다. 과학기반산업이란, 이론보다 현장의 노하우가 중요한 기존 산업들과 달리, 이론적·과학적 지식을 비교적 직접적으로 제품·서비스에 구현할 수 있는 산업을 일컫는다.[11] 따라서 과학기반산업의 경우는, 산업화 전 (前) 단계라 할 수 있는 과학연구로부터 직접 그 관련 산업의 가능성을 상당 부분 가늠할 수 있다. 더욱이, 아직 조성 초기 단계인 AI 산업 생태계에 투입될 미래 고급인재들이 AI 과학연구 과정에서 양성될 것이기에 과학연구 단계에 초점을 맞춘 본 연구의 접근법은 유의미할 것이다.

셋째, 미국과 중국은 2018년 이후 '무역전쟁'이란 이름의 갈등상태에 돌입했는데, 표면적 명칭과 달리 갈등 이면의 핵심적 요인은 중국의 '과학기술 고도화'라 할 수 있다.[12] 실제로 미국은 중국이 첨단 과학기술 지식을 획득하는 과정의 부정당성에 문제를 제기하며 압박을 가해 그 추가적 진전을 저지하려 하고 있다. 그리고 그 과정에서 첨단 과학 영역에서 진행되던 미-중 협력 역시 제약이 가해지고 있다.[13] 미국 역시 전략적 중요성을 부여한 AI 영역도 예외는 아닐 것으로 전망된다. 따라서 '미국과의 갈등 속에 미-중 협력연구가 훼손될 경우 중국의 AI 과학연구는 얼마나 안정적으로 지속가능한가?'하는, 기존 연구가 직접적으로 다룬 적 없는 질문에 현실적 중요성이 더해지고 있고, 본고의 접근은 그에 유의미한 시

---

11) 조황희·박수동, 『과학기술의 자본화: 과학기반산업의 혁신』, 과학기술정책연구원, 2001.

12) 은종학, 「중국의 과학 역량 분석」, 왕윤종 외, 『중국 산업, 얼마나 强한가? : 중국 산업 경쟁력의 미시적 토대 분석』, 대외경제정책연구원, 2019.

13) USTR, *Findings of the Investigation into China's Acts, Policies, and Practices related to Technology Transfer, Intellectual Property, and Innovation under section 301 of the Trade Act of 1974*, 2018; USTR, *Update Concerning China's Acts, Policies, and Practices related to Technology Transfer, Intellectual Property, and Innovation*, 2018; USTR, *Economic and Trade Agreement between the Government of the United States of America and the Government of the People's Republic of China*, 2020.

사점을 제공할 수 있을 것으로 보인다.

Ⅱ. 연구방법론

AI 분야의 과학연구에서 중국이 가진 역량을 계측·평가하기 위하여, 본 연구에서는 Science Citation Index Expanded(SCIE) 등재 학술지에 실린 AI 관련 논문들의 서지 데이터를 Web of Science(WOS)로부터 수집·분석하였다. SCIE 학술지는, 학술적 가치와 신뢰성을 국제적으로 공인받은 이공계 학술지들로, 전세계 8천 3백 여 종의 학술지가 이에 포함된다. 본 연구에서는 그에 실린 논문들 중 WOS가 'artificial intelligence'로 연구영역을 분류한 논문들을 추출·분석하였다. 특히, 2018년을 최근년도로 잡고 5년씩 거슬러 올라가 2013년, 2008년의 상황을 파악하여, 시간의 흐름에 따른 변화를 논하고자 하였다. 본고의 분석에 포함된 2018년, 2013년, 2008년의 AI 분야 SCIE 논문은 각각 16,247편, 11,105편, 7,482편이다.

특허는 그 기술을 발명한 발명가나 기업이 자신의 비즈니스 전략에 따라 출원하지 않거나 일부 국가에만 신청하는 경우도 많은데 반해, 과학연구자들은 자신의 연구 성과를 국제적으로 지명도 있는 학술지에 게재하려는 일반적인 경향성을 갖고 있다. 따라서 SCIE 학술지에 실린 과학논문들을 분석하려는 본 연구는 보다 전반적인 상황을 파악하는데 강점이 있을 것이다.

사실 SCIE 학술지 논문에 대한 계량서지학적 분석은 이전부터 꾸준히 시도돼왔다. 그러한 접근법을 통해 Zhou & Leydesdorff는 중국이 나노과학 등 첨단 과학 분야에서 선도국가로 부상할 조짐들을 일찍이 감지하였다.14) 그 이후에도 첨단 과학 분야 중국의 부상과 중국 과학연구의 특성과 진화 양상을 다각도로 추적하는 연구가 이어졌다.15) 그러한 학술적 분석

의 결과는, 세계 과학계의 변화를 계량서지학적으로 분석하는 논문을 주
로 게재하는 *Scientometrics, Journal of Informetrics* 등과 같은 학술지에
다수 누적되게 되었다.

본 연구는 그러한 계량서지학적 연구의 접근법과 방법론을 참고하는
한편, 기존 연구가 다루지 못했던 AI 분야를 탐색하기 위해 그를 변용
·응용하였다. 특히 본 연구에서는, 과학논문의 서지 데이터를 '사회 네트
워크 분석(Social Network Analysis)' 기법으로 분석한 은종학, Zhang et
al.의 방법론을 준용하였다.[16] 하지만, 중국 과학 전반(全般)에 관한 그들
의 연구에서는, 서로 다른 과학 분야의 독특한 양상들이 상쇄되어 드러나
지 못했다. 그와 달리 본 연구에서는, 앞서 소개한 맥락 위에서 특별한
조명을 받는 AI 분야에 집중함으로써 기존 연구가 수행하지 못한 미시적
인 분석까지를 시도하고자 한다.

본 연구에서는 기본적으로, 논문을 함께 쓴 서로 다른 국가 소속의 공저

---

14) Zhou P. and L. Leydesdorff, "The Emergence of China as a Leading Nation in Science", *Research Policy*, Vol.35 No.1, 2006.

15) Yuan, L. et al., "Who are the international research collaboration partners for China? A novel data perspective based on NSFC grants", *Scientometrics*, Vol.116, 2018; Wang, L., "The structure and comparative advantages of China's scientific research: Quantitative and qualitative perspectives", *Scientometrics*, Vol.106, 2016; Wang, X. et al., "International scientific collaboration of China: Collaborating countries, institutions and individuals", *Scientometrics*, Vol.95, 2013; Zhou, P., "The growth momentum of China in producing international scientific publications seems to have slowed down", *Information Processing and Management*, Vol.49, 2013; Fu, H.-Z., Chuang, K.-Y., and Wang, M.-H., "Characteristics of research in China assessed with Essential Science Indicators", *Scientometrics*, Vol.88, 2011.

16) 은종학, 「중국의 과학 역량 분석」, 왕윤종 외, 『중국 산업, 얼마나 強한가? : 중국 산업 경쟁력의 미시적 토대 분석』, 대외경제정책연구원, 2019; Zhang, Z., J. E. Rollins, and E. Lipitakis, "China's emerging centrality in the contemporary international scientific collaboration network", *Scientometrics*, Vol.116, 2018.

자 관계로부터 네트워크를 구축하고 분석한다. 네트워크 차원의 분석이
필요한 이유는, 과학기술 분야의 학술논문들은 1인 저자에 의해 집필되는
경우가 오히려 적고, 여러 국가의 연구자들이 참여하는 국제적 협력연구
가 이미 대세를 이루고 있기 때문이다.[17] 그러한 상황에서는, 발표된 논문
들을 국가별로 집계하여 개별 국가의 위상을 가늠하는 방식의 접근이 한
계를 갖기 때문이다. 다시 말해, 복잡하게 형성된 네트워크 속에서 특정
국가의 위상이 어떠한지를 파악하기 위해선 해당 국가가 네트워크 속에서
갖는 중심성(centrality) 등을 네트워크 분석기법으로 분석할 필요가 있다.

　본 연구에서 수행한 다양한 분석 결과는 다음과 같은 수순으로 아래
장들에 제시하고 그 함의를 논의하고자 한다. Ⅲ장에서는, 2008년부터
2018년까지 10년에 걸친 시간 동안 AI 분야 국제 과학연구 협력 네트워크
가 어떻게 진화하였고, 그 속에서 중국의 위상은 어떻게 변화했는지 살펴
본다. 이를 위해 AI 네트워크의 거시적 속성 변화를 파악하고, 이어 그
네트워크 속 중국의 '연결중심성(degree centrality)', '근접중심성(closeness
centrality)', '에고 네트워크 밀도(ego network density)' 등을 분석한다. Ⅳ
장에서는, AI 네트워크 속에서 미‐중 양국간 연계가 얼마나 공고하게
형성되었는지를 '링크 연결성(link connectivity)' 지표를 통해 살펴보고,
이어서 양국간 협력 연구가 중단되었다고 가정할 경우 미국과 중국이 각
기 입게 될 위상의 하락 정도를 2008년과 2018년의 두 가지 시점에서 '스
트레스 테스트(stress test)' 기법으로 분석한다. 이는, AI 분야 과학연구에
있어 미국과 중국이 상대에 대해 갖는 자주성 혹은 자기완결성이 어느
정도인지를 파악하기 위한 것이다. Ⅴ장에서는, AI 과학연구 네트워크에

---

17) 청화대학 중국과기정책연구센터(清華大學 中國科技政策研究中心, 2018)는 중국의
　　AI 관련 논문 중 53%도 국제 협력을 통한 것이라고 밝혔다. 하지만 그 사실로부터
　　동 센터는 과학연구에 있어 국제 협력의 중요성을 강조하였을 뿐, 협력의 일방인 중국
　　자신의 독자적 역량을 추출·평가하는 분석까지 수행하지는 않았다.

참여하는 미시주체들(대학이나 연구기관, 기업 등)에 어떤 변화가 있는지 살펴본다. AI 네트워크 속 미시주체들의 전체 구성은 그 분포에 관한 '로렌츠 곡선(Lorenz curve)' 및 'Gini 계수'를 활용해 분석한 뒤, 연결중심성과 근접중심성이 높은 기관의 면면을 구체적으로 살펴 그 속에서 중국의 위상 변화를 확인한다. Ⅵ장에서는 위 분석 결과를 요약하고 논의를 마무리한다.

Ⅲ. AI 분야 국제 과학연구 네트워크와 중국의 진화

본 장에서는 우선, SCIE 학술지에 실린 논문들의 서지 데이터(주로 공저자 관계)를 사회 네트워크 분석 기법으로 분석하여 AI 분야 국제 과학연구 네트워크를 도출하고,[18] 시간의 흐름에 따른 그의 변화를 살펴보고자 한다.

2008년, 2013년, 2018년 세 시점에 대한 분석 결과는 지난 10년 동안 AI 분야 과학연구에 있어 국가 간의 연구 협력 네트워크가 점차 긴밀해졌음을 보여준다. 계산 결과, 해당 네트워크의 밀도(network density, 주어진 노드(node)들 사이에 이론적으로 가능한 모든 연계 대비 실제로 형성된 연계의 비율)는 2008년 0.106, 2013년 0.187, 2018년 0.224로 높아졌다. 그러한 사실은 〈그림 1〉을 통해 시각적으로도 확인할 수 있다.

---

18) 본고의 논의에서 국가간 연계는 해당하는 두 국가의 연구자들이 공동으로 AI 분야 SCIE 학술지에 논문을 발표한 편수를 바탕으로 계산되는데, 임계치 5편 미만인 경우는 연계가 없는 것으로 간주하였다.

〈그림 1〉 AI 분야 국가간 과학연구 협력 네트워크의 진화

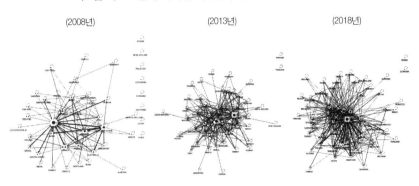

(2008년)   (2013년)   (2018년)

자료: 필자 작성(Netminer 4.0 활용)

위와 같은 네트워크 자체의 진화 속에서 중국의 위상은 어떻게 변화하였는지가 다음에 살펴볼 포인트다. 네트워크 속에서 각국이 얼마나 중심적 위치를 차지하는지는 '연결중심성(degree centrality)'과 '근접중심성(closeness centrality)' 지표를 통해 확인해볼 수 있다.

연결중심성은, 특정 노드(node, 여기서는 국가)가 네트워크 속에서 다른 노드들과 얼마나 많은 연계를 가지고 있는지를 측정하는 것으로, 더 많은 연계를 가질수록 더 많은 자율성과 권력을 가진다는 전제로 개발된 지표다. 한편 근접중심성은, 특정 노드가 네트워크 내 모든 노드들에 도달하는데 얼마나 짧은 연결거리를 갖고 있는지를 측정하는 것으로, 네트워크 전역에 대한 파급력을 측정하는 지표다.[19]

〈표 1〉은 2008년부터 2018년까지 5년 단위로 측정한 AI 분야 국가간 연구협력 네트워크 속 주요 국가들의 연결중심성을 보여준다. 눈에 띄는 것은, 2018년 중국이 미국보다 높은 연결중심성을 갖게 되었다는 것이다.

---

19) Wasserman, S. and K. Faust, *Social Network Analysis: Methods and Applications*, Cambridge University Press, 1994; Knoke, D. and S. Yang, *Social Network Analysis*, Sage Publications, 2007.

2013년까지도 미국에 뒤이어 2위였던 중국은 2018년 1위로 올라섰을 뿐 아니라 미국과의 격차도 상당히 크게 벌렸다.

〈표 1〉 AI 네트워크 속 주요국의 연결중심성(2008년, 2013년, 2018년)

순위	2008년		2013년		2018년	
1	USA	14,651	USA	26,404	PEOPLES R CHINA	51,154
2	PEOPLES R CHINA	8,581	PEOPLES R CHINA	21,766	USA	33,712
3	ENGLAND	6,767	ENGLAND	12,766	ENGLAND	19,096
4	CANADA	3,907	SPAIN	7,936	AUSTRALIA	12,788
5	FRANCE	3,023	FRANCE	7,894	CANADA	10,404
6	GERMANY	3,000	GERMANY	7,787	FRANCE	10,058
7	SPAIN	2,860	AUSTRALIA	6,532	SPAIN	9,942
8	AUSTRALIA	2,233	CANADA	5,617	ITALY	8,596
9	JAPAN	2,140	ITALY	5,064	GERMANY	8,404
10	ITALY	1,953	SINGAPORE	4,234	SAUDI ARABIA	8,000
11	SINGAPORE	1,674	NETHERLANDS	3,404	INDIA	6,654
12	TAIWAN	1,465	JAPAN	3,106	SINGAPORE	5,846
13	SOUTH KOREA	1,326	SOUTH KOREA	3,000	JAPAN	4,538
14	BELGIUM	1,140	IRAN	2,447	SOUTH KOREA	4,481
15	NETHERLANDS	1,093	SWITZERLAND	2,255	IRAN	4,462
16	SWITZERLAND	0,953	INDIA	2,021	POLAND	3,385
17	ISRAEL	0,907	BELGIUM	1,915	NETHERLANDS	3,250
18	AUSTRIA	0,767	AUSTRIA	1,787	PAKISTAN	3,231
19	POLAND	0,744	BRAZIL	1,766	SWITZERLAND	2,981
20	SCOTLAND	0,605	SCOTLAND	1,702	TAIWAN	2,923

자료: 필자 계산

한편 한국은, 연결중심성 지표값 자체는 상승했지만 국제 순위면에서는 2013년까지 13위이다가 2018년 14위로 하락하였다. 이 순위는 중국과 미국, 유럽 선진국들은 물론, 싱가포르, 일본보다 낮으며, 인도, 사우디아라비아에게도 추월당한 것이라 할 수 있다.

〈표 2〉은 2008년부터 2018년까지 5년 단위로 측정한 AI 분야 국가간 연구협력 네트워크 속 주요 국가들의 근접중심성을 보여준다. 근접중심성을 잣대로 살펴보아도 중국은 AI 분야 전 세계 과학연구 협력 네트워크 속에서 2018년 현재 미국보다 더 높은 중심성을 갖게 되었음을 알 수 있다.

〈표 2〉 AI 네트워크 속 주요국의 근접중심성 (2008년, 2013년, 2018년)

순위	2008년		2013년		2018년	
1	USA	0.695	USA	0.798	PEOPLES R CHINA	0.874
2	ENGLAND	0.538	ENGLAND	0.783	USA	0.829
3	PEOPLES R CHINA	0.491	FRANCE	0.663	ENGLAND	0.815
4	SPAIN	0.483	GERMANY		SPAIN	0.677
5	GERMANY		PEOPLES R CHINA	0.653	FRANCE	0.668
6	FRANCE	0.475	SPAIN		ITALY	
7	CANADA		AUSTRALIA	0.590	GERMANY	
8	ITALY	0.459	ITALY	0.582	AUSTRALIA	0.650
9	BELGIUM	0.445	CANADA	0.567	INDIA	0.609
10	NETHERLANDS	0.438	NETHERLANDS	0.560	CANADA	0.601
11	AUSTRALIA	0.432	SOUTH KOREA	0.545	IRAN	0.566
12	AUSTRIA	0.425	JAPAN		SOUTH KOREA	
13	JAPAN	0.419	IRAN	0.539	JAPAN	0.559
14	SINGAPORE	0.413	BELGIUM		SAUDI ARABIA	
15	SWITZERLAND	0.407	INDIA	0.532	SWITZERLAND	
16	BRAZIL	0.407	SWITZERLAND		NETHERLANDS	0.546
17	TAIWAN	0.401	SCOTLAND	0.525	SINGAPORE	0.540
18	IRAN	0.401	BRAZIL	0.519	MALAYSIA	
19	POLAND		AUSTRIA		BRAZIL	0.534
20	SWEDEN SCOTLAND DENMARK SOUTH KOREA GREECE FINLAND	0.396	SINGAPORE POLAND PORTUGAL SAUDI ARABIA SWEDEN	0.507	PAKISTAN POLAND CZECH REPUBLIC PORTUGAL SCOTLAND	

자료: 필자 계산

근접중심성 기준으로 한국은 2008년 20위에서 2010년대 접어들어 11위 정도로 상승했고 (연결중심성 기준 순위와 달리) 싱가포르, 일본보다 조금 앞선 순위를 기록하고 있는데, 인도에 의해 추월된 사실은 여기서도 다시 한 번 확인된다.

AI 네트워크 속 주요국의 근접중심성과 관련하여 한 가지 흥미로운 사실이 추가로 발견된다. 〈그림 2〉에 보듯, 2008년 대비 2013년의 주요국 근접중심성은 전반적으로 높아졌는데, 2018년에는 그 주요국들 내의 분화가 한 번 더 전개돼 3개국(〈그림 2〉(2018년) 등고선 그래프 중심부에 위치한 중국, 미국, 영국)이 여타 국가들과의 거리를 벌리며 핵심국가의 지위를 강화했다는 점이다.

〈그림 2〉 AI 네트워크 속 주요국의 근접중심성

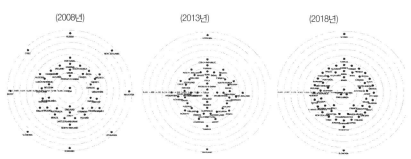

자료: 필자 작성(Netminer 4.0 활용)

한편, 조금 다른 각도에서, 중국이 네트워크 속에서 갖는 독보적 의미 정도도 분석을 통해 확인해볼 수 있다. 대표적인 분석 지표는 '에고 네트워크 밀도(ego network density)'인데, 이는 특정 국가가 연계를 맺고 있는 여러 국가들이 그들 나름대로 서로 맺고 있는 연계의 정도를 상대적으로 파악한 것이다.[20] 그리고 그 값은 낮을수록 분석에서 주목하는 특정 국가의 독보적 의미 혹은 존재감이 큰 것이라 할 수 있다.

〈표 3〉는 2008년, 2013년, 2018년 시점에서 미국과 중국의 에고 네트워크 밀도를 각각 계산해본 것이다. 이를 보면, 미국의 독보적 의미 및 존재감은 점진적으로 하락(에고 네트워크 밀도 값의 상승)하는 반면, 중국의 독보적 의미 및 존재감은 절대적 수위는 낮은(높은 에고 네트워크 밀도 값) 곳에서 시작하여 가파르게 상승(에고 네트워크 밀도 값 하락)하였고 2018년 현재 그 정도가 미국보다도 높게 나타난다.

---

20) 이의 계산은 '실제 이웃 노드 간 연계의 수 / 이웃 노드 간 생성 가능한 최대 연계의 수'로 한다.

〈표 3〉 AI 네트워크 속 미국과 중국의 에고 네트워크 밀도 변화

	2008년	2013년	2018년
미국	0.241	0.325	0.338
중국	0.622	0.472	0.308

자료: 필자 계산

이상 본 장의 분석 결과는 AI 분야 과학연구 네트워크 내에서 중국의 힘(연결중심성), 파급력(근접중심성), 독보적 의미(에고 네트워크 밀도)가 일관되게 강화됐음을 보여준다. 비록 SCIE 학술지에 실린 과학논문의 편수를 바탕으로 한 양적 측면에 집중된 분석이라 하더라도, '2018년 AI 분야 중국의 미국 추월'이라는 다소 놀라운 분석결과를 받아들이는 데는 추가적인 분석과 점검이 필요해 보인다.

우선, 기술적 차원에서 한 가지 유념할 만한 사실이 있다. 즉, 본 장의 네트워크 분석에 활용한 서지 데이터에는 다수의 공저자들이 함께 쓴 논문이 각각의 공저자가 소속한 기관 소재 국가에 성과로서 기록된다는 것이다. 다시 말해, 국제협력 연구를 통해 생산된 한편의 논문이 여러 나라에 여러 번 중복 집계된다는 것이다.[21] 이는 기존 연구에서 통용되던 집계 방식이긴 하다.[22] 하지만, 앞서 본 장의 분석에서 드러난 중국의 높아진 위상이, 미국 등 선진국들이 주도하는 AI 분야 국제 협력 연구에 중국이 자주 (보조적인 지위로나마) 참여함으로써 생겨난 허상(虛像)은 아닌가 하는 의문을 자아내는 요인이 될 수는 있다. 이러한 의문은 다음 장 이하의 분석을 통해 좀 더 해소해보고자 한다.

---

21) 특정 국가, 예컨대 미국에 위치한 기관(대학, 연구기관 등)에 소속된 연구자가 공저자 중 한 명으로 포함되어 있으면 그를 '미국 논문'으로 분류하고, 동시에 같은 논문을 또 다른 공저자의 소속기관 소재국(예컨대 중국)에 따라 또 다른 국가의 논문(중국 논문)으로 중복 인식한다.

22) 단독 저자 혹은 단일 국가의 비교적 소규모 연구에 비해 대규모 국제 협력 연구의 성과를 더 높이 평가하는 것은 합당한 일일 수 있으므로 일반적으로 중복 집계 그 자체가 문제되지는 않는다.

Ⅲ. AI 분야 미‑중 과학연구 협력과
스트레스 테스트

본 장에서는 AI 분야 과학연구에 있어 중국의 독자적 역량을 파악하는 데 초점을 맞춘다. 앞서 언급했듯, AI 분야 국제적 과학연구 협력 네트워크에서 중국의 위상이 높아진 것이 여타국, 특히 그간 세계적 선도국이었던 미국과의 협력에 의한 것이었을 수 있고, 더불어 최근 불거진 미‑중 분쟁으로 인해 그러한 협력의 수혜를 중국이 지속적으로 기대하는데 한계가 있기 때문이다. 한편 중국이 이미 구축한 AI 과학연구 역량이 어느 정도인지를 확인하는 것은 향후의 전개를 가늠하는데도 중요한 참고가 될 수 있을 것이다.

네트워크 속에서 특정 두 노드(node) 간 연계의 견고함을 파악하는데 쓰이는 대표적 지표는 '링크 연결성(link connectivity)'이다. 링크 연결성은, 특정 두 노드의 연결을 완전히 끊어내기 위해 제거해야 하는 링크의 수를 의미한다. 이 지표를 활용해, AI 분야 과학연구 협력 네트워크 속에서 미‑중 협력이 지난 10년의 시간적 흐름 속에 얼마나 강화돼왔는지를 알 수 있다.

분석 결과, 미‑중 양국의 링크 연계성 지표값은 2008년 17에서 2013년 33, 2018년 42로 증가하였음을 알 수 있었다. 또한, 세 값은 해당년도의 AI 분야 전 세계 과학연구 협력 네트워크 속 모든 양국간 링크 연계성 지표값 중에서 가장 큰 값이었다. 즉, 지난 10년 내내 미국과 중국의 AI 연구 협력 연계는 다른 여느 두 나라의 연계보다 강했으며, 시간의 흐름에 따라 그 연계의 강도도 높아졌음을 짐작할 수 있다.

이제, 위에서 확인한 밀접한 미‑중 연계를 가상적으로나마 제거하면, 앞 장에서 확인한 양국의 네트워크 속 위상은 어떻게 달라지는지 분석해보고자 한다. 이는, 미국과 중국이 AI 과학연구에 있어 상대에 갖는 독자성이 어느 정도인지를 파악하기 위한 것이자, 양국간 AI 분야 연구 협력이 중단될 경우 각국은 어떤 충격을 받을 것인지에 관한 일종의 '스트레스 테스트(stress test)'이기도 하다.

〈표 4〉는 2008년과 2018년의 두 시점에서, 미국과 중국의 저자가 공동 으로 참여하여 발표한 SCIE 논문을 해당년도의 데이터베이스에서 제거한 뒤 연결중심성을 재계산하여 그 값을 원본(〈표 1〉의 값과 동일)과 비교한 것이다. 〈표 5〉는 같은 방식으로 근접중심성을 재계산하여 그 값을 원본 (〈표 2〉의 값과 동일)과 비교한 것이다.

〈표 4〉 AI 공동연구 속 미-중 연계 제거 전과 후의 연결중심성 변화(2008년, 2018년)

2008년 연결중심성				
순위	원본		미-중 연계 제거본	
1	USA	14,651	USA	11,605
2	PEOPLES R CHINA	8,581	ENGLAND	6,512
3	ENGLAND	6,767	PEOPLES R CHINA	5,558
4	CANADA	3,907	CANADA	3,814
5	FRANCE	3,023	FRANCE	2,977
6	GERMANY	3,000	GERMANY	2,953
7	SPAIN	2,860	SPAIN	2,860
8	AUSTRALIA	2,233	AUSTRALIA	2,023
9	JAPAN	2,140	ITALY	1,953
10	ITALY	1,953	JAPAN	1,907

2018년 연결중심성				
순위	원본		미-중 연계 제거본	
1	PEOPLES R CHINA	51,154	PEOPLES R CHINA	34,654
2	USA	33,712	ENGLAND	18,462
3	ENGLAND	19,096	USA	17,231
4	AUSTRALIA	12,788	AUSTRALIA	11,885
5	CANADA	10,404	SPAIN	9,846
6	FRANCE	10,058	FRANCE	9,827
7	SPAIN	9,942	CANADA	9,462
8	ITALY	8,596	GERMANY	8,250
9	GERMANY	8,404	ITALY	8,231
10	SAUDI ARABIA	8,000	SAUDI ARABIA	7,808

자료: 필자 계산

〈표 4〉에서 보듯, AI 분야 미 – 중 협력 연구가 없었다고 가정하면, 2008
년과 2018년에 모두 미국과 중국의 연결중심성이 하락한다. 하지만 시점
에 따라 그 하락의 정도는 다르다.

2008년에 대한 스트레스 테스트에서, 미국은 미 – 중 연계 제거 후에
연결중심성 값이 20.8% 하락했으나 1위의 순위는 유지하였다. 한편, 중국
은 미 – 중 연계 제거 후에 연결중심성 값이 35.2% 하락하며 순위도 2위에
서 3위로 하락하였다. 즉, 만약 2008년 시점에 미 – 중 협력이 없었다면
그로 인한 충격은 중국에 더 컸을 것임을 보여주는 것이다.

2018년에 대한 스트레스 테스트에서, 미국은 미 – 중 연계 제거 후에
연결중심성 값이 48.9% 하락하며 순위도 2위에서 3위로 하락하였다.[23)
한편, 중국은 미 – 중 연계 제거 후에 연결중심성 값이 32.3% 하락했지만
1위의 순위는 유지하였다.[24) 이는, 과거와 달리 최근에는 미국에 의존하지
않는 중국의 AI 과학연구 역량이 크게 높아졌음을 시사한다.

스트레스 테스트에서 나타나는 양국의 근접중심성 변화는 〈표 5〉에 보
는 바와 같다. 2008년 시점의 스트레스 테스트는, 미국에 상대적으로 작은
충격(1위 유지, 근접중심성 값 2.4% 감소)을 주는 반면, 중국에는 상대적
으로 큰 충격(3위에서 7위로 하락, 근접중심성 값 6.4% 감소)을 주는 것으
로 나타난다.

한편, 2018년 시점의 스트레스 테스트에서는, 중국의 1위 유지 및 근접
중심성 값 5.2% 감소, 미국의 순위 하락(2위 → 3위) 및 근접중심성 값
3.3% 감소가 확인되었다. 순위 변동 차원에서는 중국의 강화된 독자적

---

23) 2018년의 스트레스 테스트에서 미국, 중국 양국 외에 캐나다의 연결중심성 하락도
   눈에 띈다. 이는, AI 분야 미 – 중 협력 연구에 캐나다의 참여 정도가 여타국에 비해
   상대적으로 높음을 시사한다.
24) 2018년의 스트레스 테스트에서 미국, 중국 양국의 연결중심성 값 하락폭이 2008년에
   비해 더 큰 것은 양자간 협력 연계가 지난 10년 사이 더 커졌기 때문이다.

역량이 다시 한 번 드러났다고 할 수 있다.

〈표 5〉 AI 공동연구 속 미-중 연계 제거 전과 후의 근접중심성 변화 (2008년, 2018년)

2008년 근접중심성				
순위	원본		미-중 연계 제거본	
1	USA	0.695	USA	0.678
2	ENGLAND	0.538	ENGLAND	0.538
3	PEOPLES R CHINA	0.491	SPAIN	0.483
4	SPAIN	0.483	GERMANY	
5	GERMANY		FRANCE	0.475
6	FRANCE	0.475	CANADA	
7	CANADA		PEOPLES R CHINA	0.459
8	ITALY	0.459	ITALY	
9	BELGIUM	0.445	BELGIUM	0.445
10	NETHERLANDS	0.438	NETHERLANDS	0.438

2018년 근접중심성				
순위	원본		미-중 연계 제거본	
1	PEOPLES R CHINA	0.874	PEOPLES R CHINA	0.829
2	USA	0.829	ENGLAND	0.815
3	ENGLAND	0.815	USA	0.801
4	SPAIN	0.677	SPAIN	0.668
5	FRANCE	0.668	GERMANY	
6	ITALY		FRANCE	0.659
7	GERMANY		ITALY	
8	AUSTRALIA	0.650	AUSTRALIA	0.650
9	INDIA	0.609	INDIA	0.609
10	CANADA	0.601	CANADA	0.586

자료: 필자 계산

하지만, 2018년의 스트레스 테스트에서도 근접중심성의 값은 오히려 중국의 하락폭이 미국보다 크다는 점도 유념할 필요가 있다. 근접중심성이 여타 국가들에 대한 파급력의 지표임을 감안할 때, 비록 최근 중국의 독자적 AI 연구역량이 강화되었다 하더라도, 미국과의 연계가 약화·단절될 경우 중국의 학술적 리더십 손실 정도는 미국보다 더 클 수 있음을 시사하는 것이기 때문이다.

V. AI 분야 과학연구 참여기관 미시분석

앞선 두 장들에서는 SCIE 학술지 논문 서지데이터로부터 AI 분야 과학연구 협력 네트워크를 도출해내고 그 전체상을 다각도로 분석하였다. 본 장에서는 좀 더 미시적으로, 그 네트워크 속에 등장하는 주요 주체(대학, 연구기관, 기업 등)들을 분석해보고자 한다.

우선 그 사전 작업으로, 2008년과 2018년 두 시점에서 AI 분야 과학연구가 얼마나 다양한 미시주체들의 참여와 기여 속에 이뤄졌는지를 확인·비교해보고자 한다. 이는, 세로축에 AI 분야 과학논문의 편수, 가로축에 참여 주체들을 두고, AI 과학논문 전체가 다양한 주체들에 걸쳐 얼마나 고르게 생산되었는지를 보여주는 로렌츠 곡선(Lorenz curve)을 그려 살펴볼 수 있다. 로렌츠 곡선이 대각선에 더 가깝게 붙을수록 AI 연구성과의 원천이 다수의 미시주체들에 균분(均分)되어 있음을 보여준다. 또한 로렌츠 곡선으로부터 도출되는 네트워크 Gini 계수의 값이 '0'에 더 가까워지게 된다.[25]

〈그림 3〉 AI 분야 과학연구 성과의 미시주체간 분포 (로렌츠 곡선)

(2008년)　　　　　　　　　　　　　　　　(2018년)

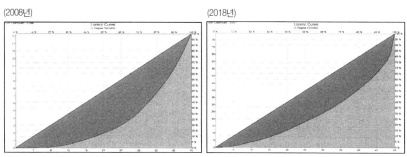

자료: 필자 분석(Netminer 4.0 활용)

---

25) Gini 계수는 '로렌츠 곡선으로 만들어지는 반원의 면적 / 대각선으로 만들어지는 직각삼각형의 면적' 비율이다.

실제 분석결과인 〈그림 3〉을 보면, 2008년에 비해 2018년의 AI 분야 과학연구는 더 다양한 미시주체들에 그 성과가 분산되어 있음을 알 수 있다. 그에 따라 네트워크 Gini계수도 2008년 0.498에서 2018년 0.417로 낮아짐도 알 수 있다.

〈그림 3〉을 좀 더 세밀하게 들여다보면, 2008년 보다 2018년에 로렌츠 곡선이 전반적으로 대각선에 더 가깝지만 오른쪽 끝에 다다라서는 가파르게 곡선이 상향하여 꺾이는 모습이 있음 알 수 있다. 이는, 다양한 중견 연구주체들이 다수 등장하여 대등한 기여를 하고 있음과 동시에, 최고 수준 소수 대형 주체들의 기여도는 더 커졌음을 의미하는 것으로 판단된다.

이제 아래에서는 좀 더 구체적으로 주요 미시주체들을 살펴보고자 한다. 그를 위해 AI 과학연구의 조직간 네트워크에서 연결중심성 및 근접중심성이 높은 주요 미시주체들을 정리해보면 〈표 6〉과 〈표 7〉에 보는 바와 같다.

연결중심성을 기준으로 본 〈표6〉로부터 다음과 같은 사실을 확인할 수 있다. 2008년 중국의 주요 주체는 중국과학원(Chinese Academy of Sciences, CAS)과 상해교통대(Shanghai Jiaotong University) 정도에 국한되었고, 중국계로서는 오히려 홍콩의 대학들이 주된 역할을 했음을 알 수 있다. 반면 2018년에는, 1위인 중국과학원(2위 역시 중국과학원 산하의 중국과학원대학)의 위상이 여타 기관과 거리를 크게 벌리며 확고해졌고, 중국의 주요 대학들이 상위 20위권 안에 대거 포진하게 되었다.[26] 한편, 싱

---

26) 그 중에서도 심천대학(Shenzhen University)이 높은 순위에 오른 것은 주목할 만하다. 심천대학은 청화대학(Tsinghua University), 절강대학(Zhejiang University) 등 중국 전통의 명문대학들과 달리, 역사가 짧으며 중국 중앙정부(교육부)의 중점대학에도 들지 않는다. 그럼에도 심천대학이 최근 AI 네트워크 속에서 상당한 역할을 수행하고 있는 것은, 지리적으로 인접한 홍콩과의 연계성, 첨단 산업이 발흥한 심천의 역동적인 산업

가포르의 대학들(National University of Singapore, Nanyang Technological University)이 20위 안에 등장하는 것과 달리, 한국의 대학들은 20위 안에 한 곳도 포함되지 못했다.

〈표 6〉 AI 과학연구 네트워크 속 주요 기관의 연결중심성 (2008년 vs. 2018년)

순위	2008년		2018년	
	기관명	연결중심성	기관명	연결중심성
1	UNIVERSITY SYSTEM OF GEORGIA	1.316	CHINESE ACADEMY OF SCIENCES	12.854
2	GEORGIA INSTITUTE OF TECHNOLOGY	1.263	UNIVERSITY OF CHINESE ACADEMY OF SCIENCES CAS	5.521
3	UNIVERSITY SYSTEM OF MARYLAND	1.105	UNIVERSITE PARIS SACLAY COMUE	3.167
4	UNIVERSITY OF MARYLAND COLLEGE PARK	1.053	CENTRE NATIONAL DE LA RECHERCHE SCIENTIFIQUE CNRS	3.146
5	CENTRE NATIONAL DE LA RECHERCHE SCIENTIFIQUE CNRS	0.947	UNIVERSITE PARIS SACLAY	2.979
6	UNIVERSITY OF LONDON	0.816	KING ABDULAZIZ UNIVERSITY	2.458
7	UNIVERSITE PARIS SACLAY COMUE	0.763	CITY UNIVERSITY OF HONG KONG	2.250
8	CHINESE ACADEMY OF SCIENCES	0.737	SHENZHEN UNIVERSITY, UNIVERSITY OF SCIENCE TECHNOLOGY OF CHINA	2.104
9	CITY UNIVERSITY OF HONG KONG	0.684		
10	UNIVERSITY OF CALIFORNIA SYSTEM	0.632	HONG KONG POLYTECHNIC UNIVERSITY	2.021
11	INRIA	0.605	INRIA	2.021
12	MICROSOFT	0.605	XIDIAN UNIVERSITY	1.958
13	HONG KONG POLYTECHNIC UNIVERSITY	0.579	NORTHWESTERN POLYTECHNICAL UNIVERSITY	1.896
14	NATIONAL UNIVERSITY OF SINGAPORE	0.395	TSINGHUA UNIVERSITY	1.729
15	SHANGHAI JIAOTONG UNIVERSITY	0.395	HARBIN INSTITUTE OF TECHNOLOGY	1.688
16	CHINESE UNIVERSITY OF HONG KONG	0.368	NANYANG TECHNOLOGICAL UNIVERSITY	1.667
17	NANYANG TECHNOLOGICAL UNIVERSITY	0.342	XIAN JIAOTONG UNIVERSITY	1.625
18	PENNSYLVANIA COMMONWEALTH SYSTEM OF HIGHER EDUCATION PCSHE	0.289	NANJING UNIVERSITY OF INFORMATION SCIENCE TECHNOLOGY	1.521
19	TSINGHUA UNIVERSITY, CARNEGIE MELLON UNIVERSITY, INTERNATIONAL BUSINESS MACHINES IBM	0.237	PEKING UNIVERSITY	1.396
20			NANJING UNIVERSITY OF SCIENCE TECHNOLOGY	1.354

자료: 필자 계산

생태계와 관련이 있을 것으로 추정된다. 이에 대한 엄밀한 검증은 본고의 범주를 벗어나는 것으로, 추후 연구과제로 남긴다.

〈표 7〉 AI 과학연구 네트워크 속 주요 기관의 근접중심성 (2008년 vs. 2018년)

순위	2008년		2018년	
	기관명	근접중심성	기관명	근접중심성
1	MICROSOFT	0.408	CHINESE ACADEMY OF SCIENCES	0.816
2	UNIVERSITY OF LONDON	0.401	NANYANG TECHNOLOGICAL UNIVERSITY, CITY UNIVERSITY OF HONG KONG	0.630
3	UNIVERSITY OF CALIFORNIA SYSTEM,	0.356		
4	INRIA,		HARBIN INSTITUTE OF TECHNOLOGY, HONG KONG POLYTECHNIC UNIVERSITY	0.612
5	SHANGHAI JIAO TONG UNIVERSITY			
6	UNIVERSITY OF ILLINOIS SYSTEM	0.346	UNIVERSITY OF CHINESE ACADEMY OF SCIENCES CAS	0.604
7	UNIVERSITE PARIS SACLAY COMUE	0.337	SHENZHEN UNIVERSITY, UNIVERSITY OF TECHNOLOGY SYDNEY	0.596
8	MASSACHUSETTS INSTITUTE OF TECHNOLOGY MIT	0.324		
9	CHINESE ACADEMY OF SCIENCES, NATIONAL UNIVERSITY OF SINGAPORE, INTERNATIONAL BUSINESS MACHINES IBM	0.320	UNIVERSITY OF CALIFORNIA SYSTEM	0.588
10			NORTHWESTERN POLYTECHNICAL UNIVERSITY	0.580
11			XIDIAN UNIVERSITY, TSINGHUA UNIVERSITY, HUAZHONG UNIVERSITY OF SCIENCE TECHNOLOGY, ZHEJIANG UNIVERSITY, UNIVERSITY OF ELECTRONIC SCIENCE TECHNOLOGY OF CHINA, NATIONAL UNIVERSITY OF SINGAPORE	0.573
12	CENTRE NATIONAL DE LA RECHERCHE SCIENTIFIQUE CNRS, TSINGHUA UNIVERSITY, UNIVERSITY OF TORONTO, PENNSYLVANIA COMMONWEALTH SYSTEM OF HIGHER EDUCATION PCSHE	0.308		
13				
14				
15				
16	CITY UNIVERSITY OF HONG KONG, STATE UNIVERSITY SYSTEM OF FLORIDA, HONG KONG POLYTECHNIC UNIVERSITY	0.305	BEIHANG UNIVERSITY, XIAN JIAOTONG UNIVERSITY, NANJING UNIVERSITY OF SCIENCE TECHNOLOGY	0.565
17				
18				
19	CHINESE UNIVERSITY OF HONG KONG	0.298		
20	NANYANG TECHNOLOGICAL UNIVERSITY	0.287	NANJING UNIVERSITY OF INFORMATION SCIENCE TECHNOLOGY	0.551

자료: 필자 계산

중국과학원은 100개 이상의 분야별 연구소를 아우르는 대규모 조직인 까닭에 중국 국내외의 여타 기관과 양적 측면에서 상당한 격차를 내는 것이 어느 정도는 당연해보이기도 하지만, 2008년 대비 2018년의 가파른 위상 증대는 중국과학원의 역할에 좀 더 주목하게 한다. 특히 그 역할에 관한 한 가지 의문, 즉 '중국과학원이 대외적으로 열린 네트워크를 구축하는 역할을 하는지, 아니면 중국 국내의 여러 기관들을 통솔하는 국내적 네트워크의 정점에 있는 것일 뿐인지'를 파악하기 위해 본 연구에서는, 중국과학원에 대한 호모필리(homophily) 분석을 추가로 수행하였다.

호모필리 분석은, 네트워크 속에서 특정 노드(여기서는 중국과학원)를 지정하고, 그 노드가 이웃 노드들과 연계하는 경향성을 특정 속성(여기서는 중국 국내기관인지 아니면 해외기관인지 여부)을 중심으로 분석하는 것이다(Knoke & Yang, 2007). 분석결과, 중국과학원이 중국 국내 기관을 이웃 노드로 연계하는 경향성은 2008년 42.9%에서 2018년 26.3%로 줄어들고, 해외 기관과 연계하는 정도는 그만큼 더 높아진 것으로 나타났다. 요컨대, 중국과학원의 위상 증대가 폐쇄적인 국내 네트워킹 강화만으로 이뤄진 것이 아니라 국제적으로 열린 공간 속에서 적극적인 협력 연구를 수행하며 이뤄진 것임을 알 수 있다.

근접중심성을 기준으로 정리한 〈표 7〉을 통해서도 위에 언급한 바와 같은 양상을 재차 확인할 수 있다. 다만, 2008년 근접중심성 최상위 기관에 Microsoft가 오른 것은 이목을 끈다. 이것은, Microsoft가 연구비를 지원하며 다수의 외부 대학 및 연구기관들과 AI 협력연구를 수행한 정도가 매우 컸던 때문인 것으로 보인다. 하지만 보다 최근에는 AI 과학연구 성과를 대거 양산하는 대학 및 연구기관이 늘어나면서 상위 20위 안에 기업들은 잘 드러나지 않게 되었다.

그렇다고 기업의 AI 분야 과학연구 참여가 절대적으로 줄어든 것은 아니다. 그를 확인하기 위해 AI 과학연구 네트워크 속의 미시주체들 중에서 기업들만을 추려 정리해보면 〈표 8〉과 같다. 시간이 지남에 따라 더 많은 기업들이 SCIE 학술지에 과학연구 논문을 발표하는데 동참하고 있음을 알 수 있다.

특히, 2008년에는 리스트에서 종적을 찾아볼 수 없었던 중국기업들이 2013년 Huawei, Baidu를 필두로 등장하기 시작하였으며, 2018년에는 다수의 중국기업들(〈표 8〉에 굵게 표시)이 AI 과학연구 참여 주체로 등장하였음을 알 수 있다.

〈표 8〉의 최상위권 기업을 살펴보면, 2018년 한해 81편의 AI 과학연구 논문을 발표한 Microsoft가 독보적이고, 그 뒤에서 Google, Amazon,

〈표 8〉 AI 과학연구 네트워크 속의 주요 기업들

2008년		2013년		2018년	
기업명	AI논문편수	기업명	AI논문편수	기업명	AI논문편수
Microsoft	60	Microsoft	33	Microsoft	81
Google	18	Google	23	Google	29
Yahoo	17	Samsung	16	Tencent	28
Toyota	8	Yahoo	14	Alibaba	19
Nokia	8	Intel	12	Amazon	16
Cisco	7	Huawei	10	Facebook	14
Intel	6	Nokia	10	Huawei	14
NEC	6	Qualcomm	8	Baidu	11
Honda	5	Toyota	8	Toyota	11
NTT	4	Honda	6	Samsung	10
Fujitsu	4	Facebook	5	Intel	9
SK	4	NEC	5	JD	8
Qualcomm	2	Amazon	3	NEC	7
LG	2	Baidu	2	Nokia	7
Amazon	1	LG	2	Cisco	6
		Vicomtech	2	Qihoo 360	6
		Cisco	1	Vicomtech	6
		Hyundai	1	Neusoft	5
				Fujitsu	5
				Zoox	4
				Qualcomm	4
				CRRC (China Railway)	4
				Honda	4
				LG	4
				SK	4
				Hyundai	4
				Horizon Robot	3
				Yahoo	3

자료: 필자 정리 (2018년 기준 기업별 AI 분야 SCIE 논문 총3편 이상인 경우만 제시)

Facebook 등 미국 기업들과 Tencent, Alibaba, Huawei, Baidu 등 중국 인터넷 기술 기업들이 각축을 벌이는 양상이 발견된다. 여타 중국기업들의 기업별 논문편수는 절대적으로 많다고 보기는 어렵지만, 2018년 현재 AI 과학연구 논문편수 기준으로 다수의 중국 기업들이 한국의 주요 대기업들마저 추월하고 있는 모습은 그들의 역동성을 방증하는 것으로 주목할 만하다.

VI. 맺는 말

본 연구에서는, 향후 과학기술 혁신의 주된 발원지가 될 것으로 손꼽히는 AI 분야에서 중국이 쌓아올린 독자적 연구 역량이 어느 정도인지를 객관적으로 파악해보려 하였다. 특히, 특허가 아닌 그보다 시간적으로 한 단계 앞선 과학연구 성과를 분석의 대상으로 삼음으로써, 중국의 장기적 가능성을 파악해보려 하였다. 본고에서는, AI 논문의 총량을 국가간 단순 비교하는 것을 넘어, AI 분야 과학연구의 국제 협력 네트워크를 파악하고 그 안에서 중국이 갖는 위상의 변화를 추적하는데 초점을 맞췄다.

분석 결과, 지난 10년 사이 중국은 AI 과학연구 네트워크 속에서도 가장 큰 힘과 파급력을 갖는 국가 중 하나가 되었음을 확인할 수 있었다. 한편, 중국의 가장 큰 과학연구 협력 파트너이기도 한 미국과의 최근 분쟁 속에서 양국간 과학교류마저 제약될 것으로 보이지만, 본고의 스트레스 테스트 결과는 적어도 AI 분야에서는 중국에 상당한 독자적 역량이 이미 갖춰져 있음을 보여주었다. 물론 양국간 과학연구 협력이 중단되는 극단적인 상황을 가정하면 중국에도 충격이 작지 않지만, 협력 중단이 가져오는 충격이 중국에 일방적으로 컸을 것으로 추정되는 10년 전과는 크게 달라진 현재의 모습을 확인할 수 있었다.

이상과 같은 분석 결과는, 일반적으로는 후발 개발도상국으로 평가받는 중국이 AI이라는 최첨단의 신흥 과학영역에서 이미 세계 선두 자리에 이르렀음을 보여주는 것이자, 그 위상의 상당 부분이 독자적인 역량에 의해 뒷받침되고 있음을 보여주는 것이기도 하다.

더불어 본고는, AI 과학연구 네트워크에서 주도적인 역할을 하는 미시 주체들에 대한 분석을 통해, 중국과학원이 압도적인 지위를 구축하였으며 그와 함께 중국 내 다수의 대학들이 AI 과학연구에서 약진하고 있음을 확인할 수 있었다. 특히 후자의 현상은, AI 관련 고등인재의 부족이 오늘날 중국 내에서도 큰 문제점으로 인식되고 있지만 그 문제의 완화가 한국 등 여타 국가보다는 빨리 이뤄질 수 있으리란 것을 시사하는 것이기도 하다.

본고가 분석대상으로 삼은 것이 국제적 과학 학술지에 실린 연구논문이었던 만큼, 그 성과 생산의 주된 주체로 기업들이 상위권에 랭크되는 경우는 적었지만, 최근 중국 기업들이 AI 분야 과학연구 논문에 공저 기관으로 등장하는 정도가 크게 높아졌음도 확인할 수 있었다.

반면, 한국의 대학과 기업들은 국제적인 AI 과학연구 네트워크 속에서 주목받는 지위에 오르지 못했고, 그 역동성 또한 중국에 비해 크지 않음이 본 연구를 통해 확인되었다. 이와 같은 발견은, 한국의 AI 분야 과학연구를 독려하는 것일 뿐 아니라, 중국과도 이미 상당한 격차가 생긴 과학연구를 넘어 새로운 접근의 혁신이 한국에 요구됨을 시사하는 것이기도 하다.

물론, 본고의 연구도 완벽하지 않다. 본 연구에서는, 국제적으로 공인된 SCIE 학술지에 실린 논문이면 그 학술적 가치와 산업적 응용 잠재력에 차이를 두지 않고 분석을 실시하였다. 하지만 개별 논문 간 품질의 차이는 엄존하는 것이고, 논문 발표 이후에 얼마나 많은 후속 논문들과 특허 등에 인용되는지의 피인용 지수를 통해 그 품질 차이를 파악하는 것도 이론적으로 불가능하지는 않다. 하지만 본고는 현재 진행중인 미-중 분쟁에 주는 함의까지 논하기 위해 (논문 발표 이후의 피인용 정보가 아직 쌓이지 않은) 2018년까지의 최신 논문을 주요 분석대상으로 삼았기에 논문의 품질 차이를 고려한 분석까지는 실시하지 못했다. 그를 보완한 연구는 이후의 과제로 남긴다. 또한, AI 분야 과학논문만을 분석대상으로 삼은 본 연구는, 그 나름의 장점이 있다하더라도, AI 분야의 특허, 창업 등 여타 관련 현상에 대한 분석 결과와 비교되고 통합될 필요가 있다. 이 또한 이후의 연구과제로 남긴다.

| 참고문헌 |

조황희·박수동, 『과학기술의 자본화: 과학기반산업의 혁신』, 과학기술정책연구원, 2001.

박소영, 「스타트업 사례를 통해 본 2018년 중국 시장 트렌드」, 『Trade Brief』, No.2, 국제무역연구원, 2019.

박승혁, 「중국 첨단산업 발전 현황 및 사사점: 인공지능과 가상현실을 중심으로」, 『Trade Focus』, 제14호, 국제무역연구원, 2019.

은종학, 「중국의 과학 역량 분석」, 왕윤종 외, 『중국 산업, 얼마나 强한가? : 중국 산업경쟁력의 미시적 토대 분석』, 대외경제정책연구원, 2019.

_____, 「인공지능 국제 과학연구 네트워크 속 중국의 위상 분석」, 『中國研究』, 제82권, 2020.

허윤정, 「중국 인공지능의 국가적 수용과 그 의미: 2015-2017 공문 분석을 중심으로」, 『중국학보』, 제86권, 한국중국학회, 2018.

國務院, 『新一代人工智能發展規劃的通知』, 2017.

科技部, 『關於發布科技創新2030 – "新一代人工智能"重大項目2018年度項目申報指南的通知』, 2018.

_____, 『科技部關於印發《國家新一代人工智能開放創新平台建設工作指引》

的通知』, 2019.

騰訊科技, 「中國公司申請AI專利數量是美國2.5倍: 百度排第一」, https://tech.qq.com/a/20190311/005438.htm (검색일: 2019.03.18)

清華大學中國科技政策研究中心, 『2018中國人工智能發展報告』, 2018.

Fu, H.-Z., Chuang, K.-Y., and Wang, M.-H., "Characteristics of research in China assessed with Essential Science Indicators", *Scientometrics*, Vol.88, 2011.

Fu, H.-Z. and Ho, Y.-S. "Independent research of China in science citation index expanded during 1980-2011", *Journal of Informetrics*, Vol.7, 2013.

Knoke, D. and S. Yang, *Social Network Analysis*, Sage Publications, 2007

Mykhailychenko, R. "The 4th industrial revolution: responding to the impact of artificial intelligence on business," *Foresight*, Vol.21 No.2, 2019.

USTR, *Findings of the Investigation into China's Acts, Policies, and Practices related to Technology Transfer, Intellectual Property, and Innovation under section 301 of the Trade Act of 1974*, 2018a.

_____, *Update Concerning China's Acts, Policies, and Practices related to Technology Transfer, Intellectual Property, and Innovation*, 2018b.

_____, *Economic and Trade Agreement between the Government of the United States of America and the Government of the People's Republic of China*, 2020.

Wang, X. et al., "International scientific collaboration of China: Collaborating countries, institutions and individuals", *Scientometrics*, Vol.95, 2013.

Wang, L., "The structure and comparative advantages of China's scientific research: Quantitative and qualitative perspectives", *Scientometrics*, Vol.106, 2016.

Wasserman, S. and K. Faust, *Social Network Analysis: Methods and Applications*, Cambridge University Press, 1994.

White House, *Executive Order on Maintaining American Leadership in Artificial Intelligence*, 2019.

Yuan, L. et al., "Who are the international research collaboration partners for China? A novel data perspective based on NSFC grants", *Scientometrics*, Vol.116, 2018.

Zhang, Z., J. E. Rollins, and E. Lipitakis, "China's emerging centrality in the contemporary international scientific collaboration network", *Scientometrics*, Vol.116, 2018.

Zhou, P., "The growth momentum of China in producing international scientific publications seems to have slowed down", *Information Processing and Management*, Vol.49, 2013.

Zhou P. and L. Leydesdorff, "The Emergence of China as a Leading Nation in Science", *Research Policy*, Vol.35 No.1, 2006.

2000년대 권익수호(維權)와 안정유지(維穩) 문제 관련 국가 이데올로기 분석

: 사상정치공작 연구회를 중심으로

◉ 박철현 ◉

Ⅰ. 서론

2000년대는 1990년대 중반부터 가속화된 국유기업 개혁, 복지제도 해체, 단위체제 해체의 영향력이 본격적으로 표출되고 세계무역기구 가입을 통해서 중국이 '세계의 공장'으로 전환되는 시기였다. 따라서 이 시기는 급속한 경제적 성장이 지속되면서도, 불평등과 차별에 저항하는 사회적 약자들의 저항이 권익수호의 형태로 표출되고, 이에 대응하는 국가의 안정유지가 주요 국정목표로 대두되는 시기였다.

2000년대 들어서 중국 경제는 연평균 GDP 9%를 상회하는 고속성장을 보였다.[1] 2001년 세계무역기구(World Trade Organization) 가입 이후, 미

이 글은 「2000년대 '세계의 공장' 중국과 사상정치공작연구회 ‒ 권익수호(維权)와 안정유지(維稳)의 문제를 중심으로」, 『만주연구』, 33집, 서울: 만주학회, 2022를 수정·보완한 것이다.

** 국민대학교 중국인문사회연구소 HK연구교수.

1) GDP 연 성장률은 세계은행(World Bank) 데이터 참고: 「GDP growth (annual %) ‒ China」https://data.worldbank.org/indicator/NY.GDP.MKTP.KD.ZG?end=2010&locations=CN&start=2000 (검색일: 2022.03.02)

국발 글로벌 금융위기가 발생한 2008년, 2009년을 제외하고 매년 GDP가 증가한 것이다. 그런데, 이 시기는 지난 1990년대 중후반 본격화된 국유기업 개혁과 단위체제 해체에 의한 산업구조조정, 기업파산, 노동자 해고, 실업증가, 복지제도 약화 등이 초래한 노동자, 농민, 도시빈민 등의 사회적 약자의 저항이 '권익수호(維權)'의 형태로 표출되는 시기이기도 했다. 권익수호를 위한 사회적 저항이 급증하여 국가 통치에 위협을 가할 정도가 되자, 중국공산당은 2004년 9월 16차 4중전회에서 「당의 집정능력건설 강화에 관한 중공중앙의 결정」을 통해서 '안정유지(維穩)'를 위한 방침을 제시한다.[2] 2000년대 들어서 파업, 시위, 신방(信訪) 등 다양한 형태로 표출되는 권익수호에 대응하는 안정유지는 국가의 가장 중요한 정치적 목표가 되었다. 물론 이 보다 이전의 덩샤오핑(鄧小平) 시대, 장쩌민(江澤民) 시대에도 안정유지는 중요했지만, 이때는 안정유지가 개혁과 사회주의 제도 유지의 전제라는 의미였다면, 2000년대 들어서 안정유지는 단지 조건이나 전제가 아니라 국가가 전력을 다해서 추구해야 할 가장 중요한 '목표'가 된 것이다.[3]

본 연구의 목표는 권익수호와 안정유지가 국가의 이데올로기 연구와 선전을 담당하는 「사상정치공작 연구회(思想政治工作硏究會)」의 활동을 통해서 어떻게 나타나는가를 분석하는 것이다.[4] 「사상정치공작 연구회」는 1983년 중공중앙(中共中央) 서기처(書記處)의 비준을 거쳐서, 선

---

2) 「中共中央關於加強黨的執政能力建設的決定」 http://www.gov.cn/test/2008-08/20/content_1075279.htm (검색일: 2022.03.02)

3) 장윤미, 「중국 '안정유지(維穩)'의 정치와 딜레마」, 『동아연구』, 64권, 2013, 109-110쪽.

4) 1983년 설립 당시 「사상정치공작 연구회」의 정식 명칭은 「중국 직공사상정치공작 연구회」였고, 2003년 「중국 사상정치공작 연구회」으로 개명하여, 노동자만이 아닌 학생, 예술인, 위생인력, 연구인력 등 매우 다양한 사회적 집단을 대상으로 하는 사상정치공작을 전개하기 시작한다. 하지만, 본 연구는 분석 대상을 '노동자'로 한정하고, 「사상정치공작 연구회」로 표기하기로 한다.

전부(宣傳部), 국가경제무역위원회, 중화전국총공회(中華全國總工會) 등에 의해서 설립된 '비영리 사단법인'으로 개혁기 초기 기업과 공장 층위를 중심으로 노동자에게 체제전환과 관련된 주요 이슈들에 대해서 국가의 이데올로기를 연구하고 선전하는 기구의 활동을 했다. 「사상정치공작 연구회」는 1980년대 제기된 '공장장 책임제(廠長負責制)', '정당(整黨)에 관한 중공중앙의 결정(中共中央關於整黨的決定)', '톈안먼(天安門) 사건' 등 주요 이슈들에 대해서 국가의 공식 입장과 해석을 연구하고 이를 노동자들에게 선전하는 역할을 담당했다. 도시를 중심으로 하는 본격적인 국유기업 개혁과 단위체제 해체가 진행된 1990년대 들어서도 「사상정치공작 연구회」는 시대에 적합하게 조직과 위상을 정비하고, '주식제(股份制) 도입', '현대적 기업제도(現代公司制度)', '정리해고(下崗)', '주택제도' 등 당시 노동자와 직결된 사회정치적 경제적 이슈들에 대해서 적극적인 연구와 선전을 시행했다.

이렇게 1980년대와 1990년대 「사상정치공작 연구회」의 역할이 각각 개혁기 초기 체제전환과 '사회주의 시장경제 건설' 선언 이후 진행된 본격적인 체제전환에 대한 대응이었다고 한다면, 2000년대는 직전 시기 진행된 국유기업 개혁과 단위체제 해체가 초래한 사회적 불평등의 심화에 대한 사회적 저항이 권익수호의 형태로 표출되고 이에 대응하는 국가의 안정유지가 최우선 국정목표로 대두된 시기였다. 따라서 개혁기 국가 이데올로기를 기업과 공장 층위에 초점을 맞추어 연구 선전하는 「사상정치공작 연구회」는 2000년대 들어서 권익수호와 안정유지의 문제를 중심으로 자신의 역할을 전개한다. 본 연구는 「사상정치공작 연구회」가 권익수호와 안정유지와 관련된 주요 이슈들을 기업과 공장 층위에서 어떻게 연구하고 선전하는지를 분석함으로써, '세계의 공장'으로 부상한 2000년대 들어서 국가가 노동자들에게 투사한 이데올로기를 살펴보고자 한다.

선행연구를 살펴보면, 「사상정치공작 연구회」 국내 연구는 2편으로 각각 개혁기에 들어선 1980년대 '노동자 교육'의 관점에서 국가가 조직하고 전개한 사상정치공작에 대한 분석, 국유기업 개혁과 단위체제 해체로 체제전환이 본격화된 1990년대 「사상정치공작 연구회」의 조직과 활동을 통해서 국가가 노동자의 불만과 저항에 어떠한 이데올로기적 대응을 진행했는지에 대한 분석이 그 내용이다.[5] 중국 측 선행연구는 매우 많다. 하지만 대부분의 연구는, 「사상정치공작 연구회」가 당과 국가에 충성을 다해야 한다는 관점에서, 1980년대와 1990년대 지도부, 간부, 노조, 노동자의 사상정치공작에 있어서 「사상정치공작 연구회」의 성과 및 역할, 구체적인 기업과 공장의 사례연구 등에 관한 연구가 압도적인 다수이다.[6] 또한, 2000년대 권익수호와 안정유지와 관련된 연구도 사상정치공작의 선진적 사례, 사상정치공작의 중요성, 사상정치공작에서 당의 지도적 역할의 중요성에 대한 강조가 대부분이다.

하지만, 이들 선행연구는 2000년대가 직전 시기인 1990년대 본격화된 국유기업 개혁과 단위체제 해체의 결과, 지역 격차, 계급 격차, 도농 격차 등이 초래한 불평등과 차별에 저항하는 노동자, 농민, 도시빈민 등의 사회적 저항이 '권익수호'의 형태로 나타났고, '안정유지'는 본질적으로 이러한 사회적 저항이 국가의 통치 안정성을 위협하는 것에 대응으로 나타났다는 비판적 관점의 분석이 배제되어있다. 다시 말해서, 세계무역기구 가입을 전후하여 2000년대 들어서 급증하는 '권익수호'에 집정능력에 위기

---

5) 박철현, 「개혁기 중국의 국가와 노동자 교육 : 1980년대 「사상정치공작 연구회」의 설립과 활동을 중심으로」, 『도시연구』, 제23호, 2020; 박철현, 「중국의 체제전환과 「사상정치공작 연구회」 : 1990년대 도시개혁 시기 국유기업 개혁과 단위체제 해체를 중심으로」, 『도시연구』, 제26호, 2021.

6) 중국의 대표적인 학술 데이터베이스 '중국 즈왕(www.cnki.net)'의 학술지(學術期刊)을 대상으로 제목(篇名)과 키워드(關鍵詞)에서, '思想政治工作研究會(사상정치공작연구회)'로 검색한 결과 각각 1,984건과 108,309건이 검색되었고, '思想政治工作(사상정치공작)'으로 검색한 결과 각각 1,869건과 119,192건이 검색되었다.

의식을 느낀 국가가 '사회안정이 모든 것을 압도한다(穩定壓倒一切)'는 관점에서 '안정유지'를 위해서 전개한 것이 이 시기 「사상정치공작 연구회」 활동의 본질이라는 점이 배제되어있는 것이다.

본 연구는 2000년대 사회의 '권익수호'에 대응하는 국가의 '안정유지'를 위한 이데올로기 기구로서의 「사상정치공작 연구회」의 활동에 초점을 맞추어 분석을 전개한다. 특히 이를 위해서 본 연구는 학술지 『思想政治工作研究』에 게재된 관련 논문에 대한 내용분석과 더불어, '안산강철(鞍山强鐵)'이라고 하는 중국 동북지역의 대표적인 중공업 기업 소속 「사상정치공작 연구회」의 활동을 분석함으로써, 전국적이고 국가 층위의 분석이 가지는 추상성을 기업 층위의 분석이 가지는 구체성과 결합시키고 이를 통해서 2000년대 사상정치공작 연구회의 전체상을 그려보고자 한다.[7]

주지하다시피, 사회주의 중국을 대표하는 중공업 부문 국유기업과 소속 노동자들이 밀집된 동북지역은 1990년대 중후반부터 국유기업 개혁에 따른 기업 도산, 노동자 해고, 시위, 파업 등이 집중되었고, 2000년대 초 중앙정부 주도로 실시된 '동북진흥(東北振興)' 정책에 의해서 '노후공업기지 개조'를 목표로 대대적인 산업구조조정과 소유권 개혁이 진행되었다. 따라서 이러한 급격한 체제전환에 직면한 동북지역 노동자들의 권익수호와 안정유지 문제는 공산당의 기업과 공장 층위 사상정치공작에 있어서 특히 중요했다. 안산강철은 동북지역 중공업 기업과 소속 노동자에 대한 사상정치공작의 사례를 살펴볼 수 있는 좋은 사례이다.

본 연구의 연구 대상 시기는 후진타오(胡錦濤) 정부 시기(2003-2013)와 대체로 일치하는데, 이는 2001년 세계무역기구 가입 이후의 급속한 경제성장을 배경으로 이전 시기인 장쩌민 정부 시기(1989-2003) 본격적인 국유기업 개혁과 단위체제 해체가 초래한 불평등과 차별에 대한 사회적

---

7) 안산강철에 대해서는 IV장을 참고.

저항이 후진타오 정부 시기에 들어서 권익수호의 형태로 집중적으로 표출되었고 국가는 이에 대응하여 안정유지를 국정 목표로 내세웠기 때문이다. 하지만 사실상 이미 1990년대 말부터 국가는 기업과 공장의 노동자에 대해 세계무역기구 가입이 가져올 변화와 관련된 이데올로기 투사를 시작하기 때문에 1990년대 말도 연구 대상 시기에 포함된다.

본 연구는 다음과 같이 구성된다. 서론에 이어서 II장에서는 1980년대 및 1990년대와 구별되는 2000년대의 사회정치적 경제적 특징을 개괄한다. 또한, 2000년대 들어서 진행된 「사상정치공작 연구회」의 조직과 위상의 변화를 살펴보고, 1980년대 및 1990년대와의 차별성을 밝힌다. III장에서는 「사상정치공작 연구회」에서 발행하는 학술지 『思想政治工作研究』 게재 논문에 대한 내용분석을 통해서 본 연구의 초점인 권익수호와 안정유지 담론과 관련해서 국가가 어떠한 이데올로기 투사를 했는지 분석한다. 여기서는 '당 건설과 사상정치공작의 중요성', '삼개대표론 및 과학발전관 등 당시 국정이념', '기층 당조직 및 노조의 역할', '합법성과 법률적 보호' 등 2000년대 제기된 주요 이슈들을 중심으로 권익수호와 안정유지에 관한 국가 이데올로기를 분석한다. IV장에서는 동북지역 랴오닝성(遼寧省)에 소재한 초대형 국유기업 안산강철 소속 「사상정치공작 연구회」의 활동에 대한 분석을 통해서, 실제로 권익수호와 안정유지와 관련하여 기업과 공장 층위에서 국가가 투사한 이데올로기 내용을 분석한다. V장 결론에서는 본 연구의 내용을 정리하고, 2000년대 첫 10년을 지나서 '미중 패권경쟁'이 본격화되고 중국 경제의 디지털 경제, 플랫폼 경제로의 전환이 가속화되는 2010년대 「사상정치공작 연구회」에 대한 후속연구의 필요성을 제기한다.

Ⅱ. 2000년대와 「사상정치공작 연구회」

　1990년대 본격화된 국유기업 개혁으로 기존 국유기업의 상당 부분이 사유화(privatization)되었고, 노동자는 노동계약에 기초한 임금노동자가 되면서 실업이 증가하고 소득 양극화가 심화되었다. 또한, 단위체제 해체로 복지제도도 약화되어, 교육, 의료, 주택, 문화 등의 복지는 시장에서 거래되는 상품이 되었다. 이러한 현상은 2000년대 들어서 더욱 심화되었다. 경제는 연평균 9%를 넘는 GDP 성장률을 기록하고 있었지만, 불평등은 심화되었다.

　소득 불평등을 보여주는 중국의 지니계수는 2000년 이후 0.4를 넘어서 계속 증가하여 2008년에는 0.491로 정점을 찍었고 2015년 0.42로 최저점을 기록한 후 다시 증가하여 2019년에는 0.465에 달했다. 이는 같은 시기 상당한 심한 소득 불평등을 보인 라틴 아메리카 멕시코(0.51), 페루(0.48) 등과 유사한 수준이며, 가장 심한 소득 불평등을 보인 브라질 및 온두라스(0.56~0.57)보다 조금 낮은 수준이었다. 분석에 따르면, 이러한 소득 불평등의 원인은 빈곤 집단보다 부유한 집단의 소득 증가 속도가 훨씬 빠른 점, 도농 소득 격차가 매우 크다는 점, 주택 등 사유재산에 의한 자산 형성 등이었다.[8]

　이러한 불평등과 차별에 저항하는 노동자, 농민, 도시빈민 등 사회적 약자의 권익수호를 위한 집단행동이 시위와 파업은 물론, 분신과 관공서 습격 등과 같은 극단적인 형태로까지 표출되었다. 국가는 권익수호에 대응하여 중앙에 정법위원회(政法委員會)-중앙안정유지영도소조(中央維

---

8) Terry Sicular, "The Challenge of High Inequality in China", Inequality in Focus, August, 2013. 지니계수는 다음을 참고. 「Gini index: inequality of income distribution in China from 2004 to 2019 」 https://www.statista.com/statistics/250400/inequality-of-income-distribution-in-china-based-on-the-gini-index/ (검색일: 2022.03.01)

穩領導小組)-중앙사회치안종합치리위원회(中央社會治安綜合治理委員會)를 중심으로 공안, 법원, 검찰원, 국가안전부 등 각 직능부문이 결합된 안정유지 기구를 구성하고, 각급 지방에도 이러한 안정유지 기구를 확대 설치했다.9) 동시에 이러한 안정유지의 비용도 증가하여, 2011년 경찰, 국가안보, 무장경찰, 법원, 교도소 등 안정유지 관련 기구 예산이 인민해방군(人民解放軍) 예산을 초월할 정도였고, 이는 곧 2000년대 들어서 사회적 약자의 권익수호가 폭발적으로 증가하여 이에 대응하는 국가의 안정유지 비용도 국방예산을 초월할 정도로 증가했다는 것을 의미한다.10)

　서문에서 언급한 2004년 9월 16차 4중전회의 「당의 집정능력건설 강화에 관한 중공중앙의 결정」은 곧 안정유지가 매우 절박하고 중대한 문제라는 공산당의 위기의식을 보여준다. 주목해야 할 것은 '정법위원회-중앙안정유지영도소조-중앙사회치안종합치리위원회'를 중심으로 중앙과 방의 각급 당과 정부에 구축되는 안정유지 '기구'를 설립하여 권익수호에 대하여 정치적 행정적 대응을 하는 것만큼이나 중요한 것은, 권익수호에 대하여 '이데올로기적 대응'을 하는 것이었고, 이는 곧 사상정치공작의 중요성을 의미한다.

　「사상정치공작 연구회」는 1983년 설립 취지가 보여주듯 기존 계획경제와 계급투쟁을 특징으로 하는 사회주의 시기와 달리 사회와 경제의 시장화를 특징으로 하는 개혁기에 들어선 중국에서 당-국가의 이데올로기를 연구하고 노동자에게 선전하는 기구로서 1980년대와 1990년대의 체제전환 과정에서 제기된 주요 이슈들에 적극 대응했다. 따라서, 2000년대 권익수호와 안정유지의 문제가 초래한 국가 위기의식의 해결에 있어서도, 안

---

9) 장윤미, 2013, 116-118쪽.

10) 2011년 안정유지(state protection) 예산과 관련해서는 다음을 참고. 「China internal security spending jumps past army budget」 https://www.reuters.com/article/us-china-unrest-idUSTRE7222RA20110305 (검색일: 2022.03.01)

정유지 '기구'의 역할만큼이나 「사상정치공작 연구회」의 이데올로기적 역할이 중요하게 되었다. 다시 말해서 2000년대 국가는 권익수호와 안정유지와 관련해서 정치적 행정적 대응과 더불어서, 기업과 공장 층위에서 발생한 각종 이슈에 「사상정치공작 연구회」를 이용한 적극적인 이데올로기적 대응이 필요했던 것이다.

「사상정치공작 연구회」는 1983년 1월 18일 베이징(北京)에서 '비영리성 사단법인'으로 설립되었다. 설립 이사회에서 「중국 직공 사상정치공작 연구회 장정(中國職工思想政治工作研究會章程)」을 제정했으며, 설립 주체는 중공중앙 선전부(宣傳部), 중공중앙 서기처(書記處) 연구실, 국가경제무역위원회, 중화전국총공회였다. 2010년 12월 28일 현재 74개의 단체회원이 소속되어있는데, 단체회원에는 31개 행정구, 신장생산건설병단(新疆生産建設兵團), 42개 전국적 업종의 「사상정치공작 연구회」가 포함된다.[11]

1983년 설립 이후 「사상정치공작 연구회」는 해당 시대의 요구에 적합하게 위상과 조직의 변화가 있었다. 국유기업 개혁과 단위체제 해체가 본격화된 1990년대에 들어서 '중앙기구 편제위원회(中央機構編制委員會)'는 「사상정치공작 연구회」의 기구 개혁방안을 발표하여, 공산당과 「사상정치공작 연구회」의 관계를 기존의 추상적인 '당의 지도'에서 구체적인 '행정적인 지휘와 복종'으로 전환하고, '3년 연구계획'을 통해서 체제전환의 목표로 1992년 제시된 '사회주의 시장경제 건설'의 실현을 위한 연구과제를 명시한다.[12]

---

11) 「사상정치공작 연구회」의 설립 및 연혁과 관련된 보다 자세한 내용은 다음을 참고. 「中國思想政治工作研究會歷史沿革」 http://siyanhui.wenming.cn/syzhq/jggk/201012 /t20101228_39948.shtml (검색일: 2022.02.28)

12) 1990년대 「사상정치공작 연구회」 위상과 조직의 변화와 관련한 자세한 내용은 다음을 참고. 박철현, 2021, 159-161쪽.

2000년대 들어서도 「사상정치공작 연구회」는 위상과 조직에서 일정한 변화가 일어난다. 2002년 중앙기구편제위원회는 「중국 직공 사상정치공작 연구회 기관 주요 직책 내설기구 인원 편제 방안, 이하 방안」을 발표한다. 이 「방안」은 중공중앙 선전부의 지도와 일반적인 인원 편제 원칙을 정한 후, 특히 직책과 관련하여 7가지 항목을 열거하고 있다.[13] 7가지 항목은 다음과 같다.: 이론과 실제를 결합시켜서 기층조사를 진행한 후 중앙에 보고, 과제연구와 전문연구를 중심으로 이론을 실제 현장에 응용한 연구, 맑스주의 입장에서 당의 사상정치공작의 경험과 전통 및 사회과학, 자연과학을 결합시킨 연구, 우수 연구 단위 및 개인에 대한 표창과 격려, 정공간부(政工幹部)의 배양과 훈련, 주관하는 사회단체에 대한 관리와 감독의 진행, 국제적인 학술교류. 「방안」의 7가지 직책 항목 중 6가지는 기존에 있던 것이고, '주관하는 사회단체에 대한 관리와 감독의 진행(所主管的有關社會團體進行監督和管理)'이 중공중앙과 국무원 지도부의 의견으로 새로이 추가되었다.

2003년에는 정식명칭을 기존의 「중국 직공 사상정치공작 연구회」에서 「중국 사상정치공작 연구회」로 바꿨다. 2005년에는 「중앙 선전부 사상정치공작 연구소」를 설립했고, 2009년에는 지도기구를 재구성하여 18개의 부회장 단위, 74개의 단체회원으로 구성되었다.[14]

---

13) 褚克難, 「中央編辦確定中國職工政研會機關機構改革方案」, 『政工研究動態』, Z1, 2002.

14) 18개 부회장 단위는 다음과 같다. 중앙중공선전부, 중앙중앙조직부(中共中央組織部), 중앙정책연구실(中央政策研究室), 중앙당교(中央黨校), 교육부, 민정부(民政部), 인력자원과 사회보장부(人力資源和社會保障部), 문화부, 국가광전총국(國家廣電總局), 신문출판총서(新聞出版總署), 농업부, 국자위(國資委), 중국사회과학원, 국가행정학원, 해방군총정치부선전부(解放軍總政治部宣傳部), 전국총공회(全國總工會), 공청당중앙(共青團中央), 전국부련(全國婦聯); 한편, 74개 단체회원은 31개 행정구, 신장생산건설병단, 42개 전국적 업종.

2000년대 이뤄진「방안」발표,「중국 사상정치공작 연구회」개명,「중앙 선전부 사상정치공작 연구소」설립은 다음과 같은 의미로 분석된다.「방안」의 7가지 직책 중 '주관하는 사회단체에 대한 관리와 감독의 진행'은「사상정치공작 연구회」가 소속 사회단체의 사상정치공작에 대한 관리와 감독을 진행하여 해당 사회단체에서 발생할 수 있는 권익수호와 안정유지 문제에 대한 직접적인 '책임'을 부여하려는 것이다. 국방예산을 초월할 정도로 권익수호가 폭증한 상황에서,「사상정치공작 연구회」가 실제로 소속된 사회단체에서 안정유지와 관련된 연구와 선전을 적극적으로 수행할 뿐 아니라, 사상정치공작의 성과에 대해서도 해당 사회단체의 관리와 감독을 책임지게 함으로써, 국가는「사상정치공작 연구회」를 통한 사회단체에 대한 장악력을 제고하겠다는 의미이다.

여기서 '사회단체(社會團體)'는 '일정 숫자의 사람들이 설립한 종교, 과학기술, 문화, 예술사업, 자선사업 등 분야의 조직'을 가리킨다.[15] 이 사회단체는 1990년대 말 18만 개에 달할 정도로 증가하여 다양한 사회 각계각층의 의사를 표출하는 주체가 되었다. 따라서,「사상정치공작 연구회」는 '기업과 공장'의 노동자만을 대상으로 하던 과거와 달리, 2000년대 들어서 증가한 문학인, 과학기술인, 작가, 학계, 장애인, 기자, 의료인 등으로 구성된 다양한 사회단체도 사상정치공작의 대상으로 포함시키기 시작한 것이다. 따라서,「중국 사상정치공작 연구회」로의 개명도 이러한 사회정치적 변화에 적합하도록 이뤄진 것이라고 할 수 있으며,「중앙 선전부 사상정치공작 연구소」설립은 사상정치공작의 범위가 크게 확대됨에 따라서 이뤄진 전문성 강화를 위한 시도라고 할 수 있다.

다음 장에서는 '안정유지', '권익수호' 관련하여 2000년대 제기된 주요

---

15)「社會團體」, https://baike.baidu.com/item/%E7%A4%BE%E4%BC%9A%E5%9B%A2%E4%BD%93/117608?fr=aladdin (검색일: 2022.03.01)

이슈를 중심으로 학술지 『思想政治工作硏究』 게재 논문의 내용분석을
진행한다.

Ⅲ. 학술지 『思想政治工作硏究』 내용 분석

　『思想政治工作硏究』은 중공중앙 선전부가 주관하고 「사상정치공작
연구회」가 발행하는 학술지로 1983년 창간되었다. 덩샤오핑이 제호를 쓴
『思想政治工作硏究』의 창간호 발간사는 이 학술지의 위상과 역할을 다
음과 같이 설명하고 있다.[16] "학술지의 창간 취지는 1982년 9월 개최된
중국공산당 12차 전국대표대회 정신을 관철시키는 것이라고 명시함으로
써 국가와의 관계를 명확히 하고 있으며, 목표는 사상정치공작에서 '당의
지도' 원칙을 계승하여 노동자 교육과 관련된 정보를 제공하여, 광범위한
정공간부(政工幹部)의 정치적 소양과 업무 능력을 제고하는 것이다."[17]
　발간사의 내용을 좀 더 구체적으로 보면 다음과 같다. 첫째, 기존 마오
쩌둥 시대 특정 "반당집단(反黨集團)"이 사상정치공작을 지도하여 "좌경
오류"를 범한 역사를 명심하고, 공산당이 사상정치공작 지도의 주체가 되
어야 한다는 지적이다. 이것은 장칭(江靑) 등의 '사인방(四人幫)'이 계급
투쟁 일변도의 사상정치공작을 주도하여, 노동자 집단의 과격한 행동에
의한 국가기구 파괴, 노동자의 생산현장 이탈, 극심한 사회적 분열과 대립
이라는 심각한 문제가 발생했기 때문에, 개혁기에는 공산당이 사상정치공

---

16) 本刊編輯部, 「發刊詞」, 『思想政治工作硏究』, 第1期. 1983.
17) 정공간부는 사상정치공작 담당 간부를 가리킨다. 특히 기업 내부에 설치된 정공간부는
　　'정공사(政工師)'라고 한다. 자세한 내용은 다음을 참고. 「政工師」 https://baike.baidu.
　　com/item/%E6%94%BF%E5%B7%A5%E5%B8%88/7699451?fr=aladdin (검색일: 2022.
　　03.01)

작을 직접 통제하여 과거와 같은 폐해가 재발하지 않도록 하겠다는 것이다. 둘째, 개혁기 '사회주의 현대화 건설' 목표를 달성하기 위해서, 공산당의 노동자 교육에 있어서 필요한 학술정보를 제공하는 역할을 자임했다. 이는 과거 사회주의 시기 이념적으로 노동자를 "공장의 주인"으로 규정했던 것을 폐기하고, 노동자를 시장경제 시대에 적합한 '임금노동자'로 새로이 규정하고 1980년대 당시 제기된 '공장장 책임제' 등과 같은 효율과 이윤동기를 중시하는 정책을 정당화하는 역할을 이 학술지가 담당하겠다는 것이다.[18]

다음은 『思想政治工作硏究』의 '권익수호', '안정유지'에 관련 논문의 내용을 주제별로 몇 가지로 분류하여 분석한다.[19]

첫째, 안정유지에 있어서 당 건설과 사상정치공작의 중요성이다. '중국 런민대학(中國人民大學)' 교수 류젠쥔은 사상정치공작이 '돌발사건(突發事件)'에 대응하여 사회안정을 유지해야 한다고 전제한 후, 사상정치공작이 돌발사건의 '발생 전', '경과 중', '종료 후'의 3단계에서 각각 담당해야 할 역할을 밝히고 있다. 여기서 사상정치공작은 '사회적 응급기제(社會應急機制)'의 주요 구성 요소로서, 최근 빈발하는 '군체성 사건(群體性事件)'에 대응하는 매우 중요한 대책으로 자리매김한다.[20]

종주치(鍾祖企)는 2002년 4월 중공중앙 조직부가 「국유기업 당 건설 공작의 새로운 상황과 새로운 문제 연구」라는 중점과제를 하달하여 중국

---

18) 박철현, 2020, 169-170쪽.

19) 내용 분석을 위해서, '중국 즈왕(www.cnki.net)'의 『思想政治工作硏究』 홈페이지 '篇名', '維穩', '穩定', '權益', '維權', '科學發展觀'으로 검색한 결과, 모두 171개의 논문이 검색되었다. 필자는 171개의 논문 중에서 본 연구와 관련된 논문 29개를 다시 추출하여 내용을 분석하였다. https://navi.cnki.net/knavi/JournalDetail?pcode=CJFD&pykm=SSGZ ('중국 즈왕(中國知網)'의 『思想政治工作硏究』 홈페이지)

20) 劉建軍,「思想政治工作應對突發事件維護社會穩定的對策性思考」,『思想政治工作硏究』, 第9期, 2009.

석유천연가스그룹(中國石油天然氣集團)을 포함한 11개 단위에 관해 진행한 조사연구 결과를 분석하면서, 세계무역기구 가입이 초래한 사회경제적 내용, 조직형식, 취업방식, 이익관계, 분배방식 측면에서의 변화가 노동자 사상정치공작에 심대한 도전이란 점을 지적한다. 그는 '사회주의 시장경제'의 발전에 따라서 나타난, 노동자의 단위 의존도 약화, 소득 격차 심화, 정리해고 증가, 당과 정부에 대한 노동자의 '신뢰위기(信任危機)', 배금주의와 향락주의의 팽배 등 현상을 지적하면서 무엇보다도 기업 사상정치공작의 중요성을 강조한다.[21]

1999년 11월 28일 개최된 '전국 국유기업 사상정치공작 연구토론반'에서 중공중앙 선전부 상무부부장(常務副部長) 류윈산은 '애국주의', '집체주의', '사회주의' 교육이 국유기업 사상정치공작의 기초 이념이 되어야 한다고 지적하면서, 이것이 가능하기 위해서는 무엇보다도 '기업 당 조직 건설(企業黨建)' 강화가 중요하다고 강조한다. 그는 당시 사상정치공작이 미처 포괄하지 못하는 지역, 부문, 업종의 기업에서 더욱 적극적으로 당 건설을 추진해야 할 뿐만 아니라, 특히 당시 폭발적으로 증가한 새로운 경제조직과 18만 개의 사회단체에도 당 건설과 사상정치공작을 강화할 것을 주문한다.[22]

이렇게 『思想政治工作研究』 게재 논문은 1990년대 말부터 2000년대 내내 사상정치공작이 권익수호와 안정유지에 대한 중요한 이데올로기적 대응이며, 그 주체는 공산당이라는 점을 명시하고 있다.

둘째, 당시의 '국정이념'에 의거하여 권익수호에 대응해야 한다는 점이다. 앞서 살펴본 것처럼, 당이 주도하는 기업에 대한 사상정치공작은 단지

---

21) 鍾祖企, 「關於國有企業黨建工作新情況新問題的調硏報告(上)」, 『思想政治工作研究』, 第3期, 2003.
22) 劉雲山, 「在國有企業思想政治工作研討班上的講話」, 『思想政治工作研究』, 第1期, 2000.

추상적인 '애국주의', '집체주의', '사회주의'가 아니라, 더욱 구체적인 당
시의 사회정치적 경제적 조건에 대응하는 '국정이념'으로 구성되어야 한
다는 것이다.

  종주치는 조사연구 결과에 대한 분석에 기초하여, 장쩌민의 '삼개대표
(三個代表)' 사상이 국유기업의 당 건설 작업과 사상정치공작의 지도 사
상이 되어야 함을 강조한다. 그는 구조조정, 조업 정지 및 파산, 경영 곤란
등의 상황에 부닥친 기업들에 대한 사상정치공작은 안정유지의 관건적인
내용이므로, 이들 유형의 기업 노동자들에 대한 사상정치공작을 강화해야
한다고 지적한다.[23]

  '청두항공기공업그룹(成都飛機工業集團)' 노조의 펑마오취안(彭茂全)
은 이 기업에서 노동자의 권익수호가 '삼개대표' 사상과 「노조법(工會
法)」에 의거해서 진행되었다는 사례를 보고하고 있다. 그는 다양한 노동
자 권익수호의 핵심은, 기업에서 노동자의 정치적 지위와 민주적 권리를
보호하고, 직공대표대회의 권한을 강화하여 기업관리 참여권을 보장하며,
직무교육 기술교육을 통해서 노동자의 정치적 경제적 문화적 권리를 보호
하는 것이었다는 경험을 소개하면서, 그 지도 사상은 바로 '삼개대표'였다
는 점을 밝히고 있다.[24]

  주지하다시피, 2002년 16차 당 대회를 통해서 당장(黨章)에 삽입된 '삼
개대표'는 공산당이 '선진생산력', '선진문화', '인민의 근본이익' 3가지를
모두 대표한다는 의미로, 1978년 이후 25년 가까이 진행된 개혁개방의
결과 중요한 사회적 집단으로 부상한 자본가와 중간계층을 체제 내로 수
용한다는 것이 핵심내용이다. 즉, '삼개대표'는 성장하고 있는, '선진생산

23) 鍾祖企,「關於國有企業黨建工作新情況新問題的調硏報告(下)」,『思想政治工作
     研究』, 第3期, 2003.
24) 彭茂全,「用"三個代表"統領維權工作」,『思想政治工作研究』, 第2期, 2003.

력', '선진문화'를 대표하는 자본가, 중간계층(관리직, 전문기술자 등)을 공산당의 주요 기반으로 수용하여 지지세력으로 재편하겠다는 의미이다.25) 이렇게 볼 때, '삼개대표'를 통해서 기업과 공장 층위 노동자의 권익 수호에 대응했다는 것은, 곧 공산당이 이제는 과거와 같은 '노동자 계급'만의 정당이 아니라 자본가와 중간계층까지 포괄하는 정당이며, 이제는 노동자도 노력하면 자본가와 중간계층이 될 수 있는 시장경제의 시대이므로 노동자는 '국민 정당'이 된 공산당의 지도를 따라야 한다는 것을 의미한다.

이 시기 또 하나의 중요한 국정이념은 바로 '조화사회(和諧社會)'과 '과학발전관(科學發展觀)'이다. 조화사회는 2004년 9월 공산당 16차 4중전회에서 사회발전의 목표로 제시된 것으로, 핵심내용은 30년 가까운 개혁개방기 눈부신 경제성장과 함께 지역 격차, 도농 격차, 계층 격차에 기인한 사회적 저항이 증가하자, 노동자 농민 도시 빈민 등 사회적 약자를 지원하는 정책을 펼쳐서 격차가 가져온 사회정치적 경제적 모순을 해결하고 조화로운 사회를 건설하자는 후진타오 시대의 국정이념이다. '과학발전관'은 이러한 조화사회를 건설하기 위한 방법론 인식론이다. 따라서 '조화사회'와 '과학발전관'은 2000년대 권익수호와 안정유지에 대응하는 사상정치공작의 내용이 된다.

저우둬강은 현 단계 중국 '인민 내부의 모순(人民內部的矛盾)'을 물질 이익 모순, 군체성 사건 급증, 분배 불공정 등으로 지적하고, 특히 시장기제를 적극적으로 사용하면서도, 상대적으로 균형적인 이익분배 구조를 통해서 노동에 따른 분배가 이뤄질 수 있도록 애써야 한다는 점을 지적하고, 방법론적 인식론적 기초는 곧 '과학발전관'이 되어야 함을 강조한다.26)

---

25) 이희옥, 「'3개대표론'과 중국사회주의의 변화」, 『중국학연구』, 26권, 2003.
26) 周多剛, 「正確處理人民內部矛盾是構建和諧社會的重大課題」, 『思想政治工作

이처럼 2000년대 권익수호와 안정유지와 관련된 사상정치공작은, '삼개대표', '조화사회', '과학발전관'과 같은 당시의 국정이념으로 구성되었다.

셋째, 사상정치공작에 있어서 기층 당 조직과 노조의 중요성이다. 앞서 안정유지에 있어서 사상정치공작의 중요성과 사상정치공작의 내용이 되는 당시의 국정이념을 강조하는 논문들을 살펴보았다. 여기서 주목해야 하는 것은 바로 '주체'의 문제이다. 물론 「사상정치공작 연구회」가 사상정치공작의 직접적인 주체이지만, 「사상정치공작 연구회」는 독자적으로 존재하는 것이 아니라 기업과 공장이라는 특정한 단위에 소속되어있으므로, 사상정치공작이 현장에서 실천능력을 갖추기 위해서는 「사상정치공작 연구회」와 함께 사상정치공작을 전개하고 권익수호와 안정유지에 적극적으로 대응하는 주체가 필요한 것이다.

'베이징시 총공회 연구실(北京市總工會研究室)' 허광량은 조화로운 노동관계는 모든 조화사회 건설과 노동자 안정유지의 기초라고 전제하고, 노조는 균형 잡힌 노동관계를 만들고 노동자의 합법적 권익을 지키는 직접적인 주체이며 동시에 노동관계를 조정하는 사회조직이라는 점을 지적한다. 즉, 노조는 자본과의 단체협상을 통해서 임금과 복지 수준을 제고하는 역할을 하는데, 현재 중국의 상황에서 상당수 노동자는 권익을 보호받지 못하고 있으므로 노조를 통해서 자신의 권익을 보호받아야 한다는 것이다. 또한, 노조는 '노동자 일방(一方)'의 이익만을 대표하는 것이 아니라 노동자와 자본가 사이에서 이익을 협조(协调)하는 역할을 하는 것이라

研究』, 2006年3期. 이외에도 권익수호와 안정유지와 관련된 사상정치공작에 있어서 '조화사회', '과학발전관'을 강조하는 논문들은 다음과 같다. 翟衛華,「加强和改進思想政治工作推進社會主義和諧社會建設」,『思想政治工作研究』, 第7期, 2008年; 張艷新,「論意識形態建設在建設和諧社會中的重大意義」,『思想政治工作研究』, 第1期, 2009; 司春燕,「社會轉型的心理失衡與和諧社會心理構建」,『思想政治工作研究』, 第7期, 2010.

는 점도 강조하고 있다.[27]

　'베이징 전력공사(北京電力公司)' 서기 천푸는 기업과 공장에서 이데올로기 영역의 투쟁에 있어서 기층 당 조직의 역할은 매우 중요하다는 점을 지적하고, 사상정치공작의 이론 건설, 당원 대중 청소년에 대한 사상정치교육, 사회적 이슈와 노동자 생활에 대한 관심, 실사구시의 관점 등을 강조한다. 특히, 여기서 중요한 것은 사회적 이슈와 노동자 생활에 해당하는 국유기업 개혁, 노동자 정리해고와 재취업, 주택제도 개혁 등의 문제에 대하여, 기층 당 조직이 적극적으로 관심을 표명하고 고충을 해결하여, 대중이 '파룬공(法輪功)'과 같은 "반동사조(反動思潮)"에 휩쓸리지 않도록 사상정치공작을 수행해야 한다고 지적하고 있다는 사실이다. 즉, 1990년대 전개된 국유기업 개혁과 단위체제 해체가 가져올 기업과 공장 층위에서의 권익수호와 안정유지의 문제를 기층 당 조직이 지도하는 사상정치공작을 통해서 돌파할 것을 주문하고 있다.[28]

　이렇게 「사상정치공작 연구회」와 함께 사상정치공작을 전개하는 주체로서 노조의 역할은 매우 중요하지만, 노조는 철저히 기층 당 조직의 지도를 받아야 하기 때문에, 노조는 진정한 노동자의 권익수호의 대변자라기보다는 당의 지도를 받아서 노동자의 권익수호가 노조의 틀 안에서 이뤄질 수 있도록 조절하고 중개하는 역할을 하는 것에 그치고 있다. 동시에, 노조는 노동자들이 시위, 파업, 태업 등의 형태로 '제도 밖'에서 권익수호 활동을 하는 것이 아니라, 노조를 통해서 '합법적'으로 하도록 유도함으로써 결과적으로 안정유지에도 기여하도록 그 역할을 요구받고 있는 것이다.[29]

---

27) 何廣亮,「構建和諧勞動關係中的工會作爲」,『思想政治工作研究』, 第9期, 2011.

28) 陳溥,「基層黨組織也要重視意識形態工作」,『思想政治工作研究』, 第2期, 2000.

29) 이외에도 권익수호와 안정유지와 관련된 사상정치공작에 노조와 기층 당 조직의 역할을 강조하는 논문은 다음과 같은 것들이 있다. 倪豪梅,「自覺做維護職工群衆利益

넷째, 권익수호에 있어서 '합법성'에 대한 강조이다. 기업과 공장의 노조, 기층 당 조직, 「사상정치공작 연구회」가 주체가 되는 사상정치공작은 권익수호와 안정유지 관련된 다양한 사회정치적 경제적 이슈에 있어서 '합법성'을 강조한다. 이는 앞서 기층 당 조직이 지도하는 노조의 역할이 곧 노동자의 권익수호가 '제도 바깥'으로 분출하는 것을 막고, 노조라는 제도적 틀 속으로 수렴되어 '합법성'을 획득하면, '법치(法治)'를 강조하는 국가의 입장에서는 권익수호의 위험도는 대폭 낮아지고, 권익수호와 안정유지의 문제는 통치 안정성을 위협하는 정치적 문제가 아니라 상대적으로 안전한 '법률적 행정적 문제'가 된다.

'청두 철로분국 시창남역(成都鐵路分局西昌南站)'의 란중칭은 노동자의 권익수호는 단지 합법적 권익 주장을 의미하는 것이 아니고, '합법적 권익'과 '합법적 행사(行使)'가 결합하여야 하며, 양자는 불가분의 관계라는 점을 지적한다. 즉, 권익수호는 합법적으로 이뤄져야 한다는 것이다. 여기서도 경영자와 노동자 사이의 '중간자'로서 노조는 경영자와 노동자가 '윈앤윈(win and win)' 할 수 있도록 역할 해야 한다는 점이 강조된다.[30]

'샤먼 궐련공장(廈門卷煙廠)' 장징샹은 여성 노동자의 권익수호에 있어서 역시 '합법성'과 노조라는 제도적 틀을 강조한다. 그는 개혁기 경제 성장의 혜택을 노동자가 제대로 누리지 못했을 뿐 아니라 여성 노동자는 열악한 임금 수준과 노동 조건에 처했다는 점을 지적한다. 특히 2000년대 초 국유기업 개혁 과정에서 여성 노동자는 해고, 보조금 지급, 재취업 과정에서도 불리한 상황에 처해있는 것은 사실이지만, 그렇다고 권익수호

的實踐者」, 『思想政治工作硏究』, 第11期, 2001; 河北省政硏會課題組, 「轉型昇級中職工心理和情緒疏導調硏報告」, 『思想政治工作硏究』, 第9期, 2017.

30) 藍中成, 「"維權"要堅持"二維論"」, 『思想政治工作硏究』, 第11期, 2003.

행동을 독자적으로 '불법적'으로 전개하면 안 된다고 강조한다. 그는 기층 당 조직 지도하의 노조가 주도하는 사상정치공작을 통해서 여성 노동자에 게 권익수호와 관련된 '합법성' 교육이 요구되며, 이에 대한 지도사상은 곧 '조화사회'여야 한다고 주문한다.[31]

'상하이 기계전기 노조(上海機電工會)' 주석 줘산후는 21세기 들어서 '상하이 전기 그룹(上海電氣集團)'은 10년 연속 두 자리 숫자의 고속성장 을 유지해왔는데, '노동관계 경보메커니즘(勞動關係預警機制)'을 구축 하였기 때문에 노동관계의 모순을 해결할 수 있었다는 점을 지적한다.[32] 그에 따르면, 상하이 전기 그룹 내부에서 부문 간, 상하 간 구축되어 노동 자의 합법적 권익수호를 '관리'할 수 있었던 노동관계 경보메커니즘이란 곧 임금체불, 실업, 복지약화 등 다양한 문제로 불만을 가진 노동자들이 시위, 파업, 태업 등 집단행동으로 문제를 제기하면, 경보메커니즘 네트워 크를 통해서 유사한 상황에 처한 노동자를 사전에 발견하여 노조와 기층 당 조직 주도로 '합법적인 방식'으로 문제를 해결하여 집단행동을 사전에 방지하는 메커니즘이다.

이상에서 『思想政治工作硏究』에서 2000년대 제기된 권익수호와 안정 유지 문제와 관련된 논문에 대한 내용분석을 통해서, 이 시기 노조, 기층 당 조직, 「사상정치공작 연구회」는 '당 건설과 사상정치공작의 중요성', '삼개대표론 및 과학발전관 등 국정이념', '기층 당 조직 및 노조의 역할', '합법성과 법률적 보호'을 핵심내용으로 하는 사상정치공작을 전개하였다 는 점을 살펴보았다.

다음에서는 「사상정치공작 연구회」의 개별적인 기업과 공장 층위 활동

---

31) 張京湘, 「維護女工權益構建和諧企業」, 『思想政治工作硏究』, 第8期, 2007.
32) 左山虎, 「超前維護職工合法權益 建立勞動關係預警機制」, 『思想政治工作硏究』, 第10期, 2003.

을 분석하도록 한다.

Ⅳ. 「안강 사상정치공작연구회」의 사례

이 장에서는 중국의 대표적인 중공업 기업 안산강철의 사례를 통해서 실제로 기업현장에서 「사상정치공작 연구회」의 활동을 분석하고, 2000년 대 초 '권익수호', '안정유지'의 문제와 관련해서 국가는 어떠한 이데올로기적 대응을 했는지를 살펴보도록 하자.

안산강철은 중앙기업(中央企業)으로 국무원(國務院) '국유자산 감독 관리위원회(國有資産監督管理委員會)'가 해당 소유권을 보유 행사하는 교통, 화학, 금속, 기계, 병기, 건설, 금융, 에너지 분야의 초대형 기업 중의 하나이다.33) 국가는 국민경제에 막대한 영향을 미치는 이들 중앙기업에 「사상정치공작 연구회」를 설치하고 소속 노동자에 대한 사상정치공작을 진행하고 이를 통해서 사회와 경제에 국가 이데올로기를 투사했다.

안산강철은 1914년 4월 남만주철도주식회사(南滿洲鐵道株式會社)가 만든 안산제철소(鞍山製鐵所)로 시작되었다. 1933년 쇼와제강소(昭和製鋼所)로 이름을 바꿨고, 1945년 2차 대전 종전 후 국공내전(國共內戰)이 한창이던 1948년 공산당 지배하에 들어간 후 안산강철로 다시 이름을 바꿨고, 개혁기 들어서 국유기업 개혁을 거쳐서 오늘날에 이른다.34)

---

33) 안산강철의 정식 명칭은 '안강그룹 유한공사(鞍鋼集團有限公司) http://www.ansteel. cn/)'이다. 또한, 국유자산감독관리위원회 홈페이지에서 현재 97개 중앙기업의 명단을 확인할 수 있다. 다음 링크를 참고. 「央企名錄」 http://www.sasac.gov.cn/n4422011/n14 158800/n14158998/c14159097/content.html (검색일 : 2022.03.08)

34) 「鞍鋼集團有限公司」https://baike.baidu.com/item/%E9%9E%8D%E9%92%A2%E9%9 B%86%E5%9B%A2%E6%9C%89%E9%99%90%E5%85%AC%E5%8F%B8/22364248?fr= aladdin (검색일: 2022.02.28)

이 장에서 안산강철 「사상정치공작 연구회」의 활동을 분석하기 위한 자료는 『鞍鋼志 1986-2008』(鞍鋼史志編纂委員會 編 冶金工業出版社, 2008)이다. 이 자료는 1986-2008년 시기 안산강철의 생산, 경영, 당 조직, 노동자 생활 등에 관한 역사적 사실들을 싣고 있는 자료로서, 서언, 범례, 총술(總述), 1986-2008년 대사기(大事紀), 생산, 경영, 기술개조, 과학기술 연구, 기업관리, 중국공산당 안산강철 기층조직, 대중단체 조직, 직공생활, 상장회사, 기층단위, 인물, 부록으로 구성되어있다.

『鞍鋼志 1986-2008』에 따르면, 1983년 '안강 직공 사상정치공작 연구회(鞍鋼職工思想政治工作研究會)'가 최초 설립되었고, 2006년 '안강 당 건설 사상정치공작 연구회(鞍鋼黨建思想政治工作研究會), 이하 안강 사상정치공작 연구회'로 개명되었으며, 산하에 6개 연구학조(研究學組)가 설치되어있고, 기층단위에도 상응하는 연구분회가 200여 개 설치되어있었다.

1986년 이후 「안강 사상정치공작 연구회」는 덩샤오핑 이론과 '삼개대표' 사상, '과학발전관' 등에 기초하여, 시기마다 제기되는 도전에 대응하는 사상정치공작을 수행했다.

첫째, 1995~2007년 「안강 사상정치공작 연구회」는 '대토론공작(大討論工作)'을 전개했다.[35] 이것은 안산강철의 경영진, 간부, 노동자 등 모든 직원들이 참가해서, 안산강철의 생산, 경영, 관리와 노동자의 '사상해방'과 '관념변화'과 같은 중대 문제를 일련의 토론회를 통해서 논의하는 사상정치공작의 일환이었다. 앞서 보았던 것처럼 이 시기는 국유기업 개혁과 단위체제 해체의 결과 불평등과 차별에 저항하는 사회적 저항이 권익수호의 형태로 표출되고 이에 안정유지를 위한 국가의 사상정치공작의 중요성이

---

35) 이하 '대토론공작' 관련 내용은 다음을 참고. 鞍鋼史志編纂委員會 編, 『鞍鋼志 1986-2008』, 冶金工業出版社, 2008, 428-429쪽.

대두되었다. 따라서, 이 토론회는 기존의 '철밥그릇(鐵飯碗)'과 '공장의 주인은 노동자(工廠的主人翁是工人)'과 같은 사회주의 시기의 관념을 바꾸는 한편, 효율과 경쟁을 중시하는 시장경제의 시대에 적합하도록 사상을 해방해야 한다는 기조에서 진행되었다.

구체적으로 보면, 1996년과 2000년 「안강 사상정치공작 연구회」는 '안강을 어떻게 진흥해야 하는가', '어떻게 기업의 주인이 되어 안강의 진흥에 공헌할 것인가', '15차 당 대회 정신을 어떻게 관철하여 개혁을 심화하고 시장 경쟁력을 제고할 것인가' 등의 토론회를 전개했다.

또한, 2001년과 2002년에는 세계무역기구 가입을 전후하여 '중국의 WTO 가입, 안강은 어떻게 할 것인가', 'WTO 가입 후 안강의 생존발전 방안' 등의 토론회를 통해서, 국내외 경쟁 상황과 안산강철의 현존 문제점 등을 점검하였고, 이를 기초로 자료를 수집하여 『WTO 지식독본(知識讀本)』을 편찬하여 노동자에게 배포하여 학습하게 했다. 2005년에는 『안강 10년 대토론 자료 회편(鞍鋼十年大討論資料匯編)』을 발행하였다.

둘째, '간부 이론교육'을 위한 사상정치공작을 전개했다. 간부는 원래 국가기관, 군대, 사회단체, 과학 문화 단체 등에서 일정한 지도적 역할을 담당하는 '공직 인사'를 가리키는데, 사회주의 시기에는 농민 노동자 등의 대중(群众)과 구분되는 존재였다. 그런데 실제로 기업과 공장 층위에서는 간부는 숙련도 높은 상층 노동자나 전문 기술직을 가리키는 경우가 많았고, 이들 간부는 작업현장(車間)에서 비교적 높은 직급을 차지하며 일반 노동자를 지도하는 존재였다. 따라서, 포스트사회주의로의 체제전환 가속화를 배경으로 대두된 권익수호가 분출되는 상황에서 국가는 이들 간부에 대한 이론교육을 강화하여 노동자 전체에 대한 사상정치공작을 전개하고자 했던 것이다.

특히, 안산강철과 같이 2008년 현재 14만 명이 넘는 직원 수, 20개의 자회사, 31개의 소속단위를 거느린 초대형 중공업 기업의 경우, 체계적

생산, 경영, 관리를 위해 노동자 내부에 엄격한 위계 구조와 명령 체계의 구축이 필수적이라는 점을 고려하면, 이들 간부의 일반 노동자에 대한 영향력은 사상정치공작의 전개에 있어서도 매우 중요하다.[36)]

이에 따라, 2000~2006년 시기에는「안강 사상정치공작 연구회」는 국정이념 '삼개대표' 사상에 기초하여 간부 이론교육을 수행했다. 특히 당시 중앙정부 주도로 시행된 '동북진흥'은 간부 이론교육의 매우 중요한 주제였다. 주지하다시피, 동북지역의 공업기지는 건국 이전부터 형성되었으며, 건국 초기 소련이 중공업 기지 건설을 지원한 '156항 중점공정(156項重點工程)'을 통해서 중국을 대표하는 중공업 기지로 부상하였는데, 개혁기 들어서 확산된 시장경제에 적응하지 못하고 쇠락을 거듭하여, 선양(瀋陽) 다롄(大連) 창춘(長春) 하얼빈(哈爾濱) 등 동북지역 중공업 도시들은 1990년대 중반 '해고의 도시(下崗之城)'라는 오명을 쓰게 되었다.[37)]

실제로 사회주의 시기 '공화국의 큰아들(共和國長子)', '공화국 장비부(共和國裝備部)'라고 불리며 중국의 대표적 중대형 중공업 기업과 노동자들이 밀집된 동북지역은 1990년대 중후반 상당수 기업의 도산과 조업정지가 잇달아 발생하였다. 당시 선양시 톄시구 노후공업기지 개조를 주도했던 왕전중(王振忠)에 따르면 2002년 '동북진흥' 정책이 추진될 무렵 톄시구는 30만 명의 전체 노동자 중 절반이 실직 상황이고, 1100여개 중대형 기업의 부채율이 90%에 달할 정도였다고 할 정도였다.[38)] 이러한 상황을 배경으로 추진된 '동북진흥' 정책의 핵심내용은 '노후공업기지(老工業

36) 鞍鋼史志編纂委員會 編, 2008, 1쪽.

37) 선양 톄시구(鐵西區)를 사례로 동북 노후공업기지 개조의 문제를 다룬 연구는 다음을 참고. 박철현,「중국 개혁기 공간생산 지식의 내용과 지형: 선양시(瀋陽市) 톄시구(鐵西區) 노후공업기지의 개조를 중심으로」,『중소연구』, 제37권 제1호, 2013.

38) 王鴻諒,「重返鐵西區: 从土地開始的故事」http://www.lifeweek.com.cn/2007/1105/19980.shtml (검색일: 2022.03.01)

基地) 개조'로 이 지역 국유기업의 산업구조조정과 소유권 개혁이었고, 이에 저항하는 노동자의 파업, 시위, 태업 등은 폭발적으로 증가하였다.

따라서, 「안강 사상정치공작 연구회」가 '삼개대표' 사상을 기초로 간부 이론교육을 전개한 것은 곧 '동북진흥' 정책의 노후공업기지 개조에 따라 폭증한 노동자의 파업, 시위, 태업 등의 저항이 권익수호의 형태로 표출되는 것에 대해서, 안정유지의 관점에서 국가가 간부들에게 이론교육을 하고 궁극적으로 이들이 일반 노동자들에게 사상정치공작을 수행할 수 있게 하기 위한 것이었다. 여기서 '삼개대표' 사상은 공산당이 노동자만이 아니라 '선진생산력을 대표하는 자본가와 중간계층'도 포괄하는 정당이라는 사실을 통해서, 권익수호를 외치는 노동자에게 조속히 시장경제 적응하여 자본가와 중간계층이 되라는 안정유지 이데올로기를 전파하는 것이라고 할 수 있다.

셋째, 「안강 사상정치공작 연구회」는 권익수호와 안정유지를 중심으로 연구와 선전을 수행하는 기구로서 관련 문건, 자료, 논문, 저서, 학술지를 발행했다.[39]

2001년 「안강 사상정치공작 연구회」는 논문 「당이 지도하는 사회주의 국유기업 발전 진흥의 길을 흔들리지 말고 굳건히 가자」를 작성하고 공산당 창건 80주년 기념 전국 사상정치공작 이론 연구토론회에 참가하여, 사회와 경제의 쇠락이 진행되던 당시 동북지역 노후공업기지의 기업과 노동자를 대상으로 안정유지 사상정치공작을 수행했다. 2008년에는 「역사적 전환기에 안산강철은 과학발전과 전면 진흥의 길을 걷는다」는 논문을 통해서, 2007년 10월 17차 당 대회를 통해서 당장으로 삽입된 '과학발전관'을 사상정치공작의 핵심내용으로 수용하여, 분출하는 권익수호에 대응하여, '조화로운 노동관계(和諧勞動關係)' 건설을 목표로 하는 노동권 보호

---

39) 이하 내용은 다음을 참고. 鞍鋼史志編纂委員會 編, 2008, 435-437쪽.

를 위한 일련의 정책을 제시한다.[40) 2006~2008년 시기 기업 내부에서 사상정치공작 관련 865편의 논문을 모집했고, 매년 선별하여 『안산강철 당건설 사상정치공작 우수 논문집』을 출판하였다.

특히, 「안강 사상정치공작 연구회」는 1985년부터 학술지 『안강정공연구(鞍鋼政工研究), 이하 안강정공연구』를 발행하기 시작했다. 『안강정공연구』는 랴오닝성(遼寧省級) 내부간행물로서 초대형 중공업 기업 안산강철의 각 기층단위 당 지부(支部)까지 보급되었다. 『안강정공연구』는 "삼개대표 사상과 과학발전관에 입각해서 사상정치공작 종사자의 연계와 이론연구를 강화하고, 정확한 방향으로 여론을 인도하고, 안산강철의 모범적 사상정치공작 추진을 위해서" 창간되었고, '삼개대표 학습', '대토론 마당', '서기 필담', '현장에서', '경영의 길', '학습 마당', '핫이슈 분석' 등의 내용으로 구성되었다.

이렇게 『안강정공연구』는 안산강철 내부 경영진, 간부, 일반 노동자들 사이에서 사상정치공작이 원활하게 전개될 수 있도록, 현장 일반 노동자의 권익수호 목소리를 담고 이에 대응하는 '삼개대표' 사상과 '조화사회' 등 당시 국정이념이 투영된 당의 안정유지 이데올로기를 제시함으로써, 노동자의 권익수호가 파업, 시위, 태업 등의 '제도 바깥'으로 분출되는 것을 막고 '합법성'의 틀 안에서 이뤄질 수 있는 공간의 역할을 한 것이다.

---

40) 2000년대 초 진행된 일련의 노동권 보호와 관련된 정책에 관해서는 다음 연구를 참고. 김재관, 「21세기 중국 노동자의 집단적 저항과 국가의 대응: 노동계약법과 단체협상제도를 중심으로」, 『현대중국연구』, 제22권 제2호, 2020.

V. 결론

본 연구는 사회적 저항이 급증하는 권익수호로 분출되고 이에 대응하는 국가의 안정유지가 핵심적인 국정목표로 제기되던 2000년대 들어서서「사상정치공작 연구회」의 활동은 무엇이었나라는 질문에서 시작되었다.

개혁기에 막 들어선 1983년「사상정치공작 연구회」는 기업과 공장 층위에서 노동자를 대상으로 초기 체제전환과 관련된 '공장장 책임제', '정당에 관한 중공중앙의 결정', '톈안먼 사건' 등 다양한 이슈들에 대응하는 국가 이데올로기를 연구 선전하는 기구로 설립되었다. 본격적인 체제전환이 국유기업 개혁과 단위체제 해체로 진행되는 1990년대에는 '주식제 도입', '현대적 기업제도', '정리해고', '주택제도' 등의 이슈에 대응하여 사상정치공작을 수행했다.

본 연구의 대상 시기인 2000년대는 이전 시기 국유기업 개혁과 단위체제 해체의 결과로 심화된 불평등과 차별에 저항하는 권익수호가 폭발적으로 증가하여 국가의 통치 안정성에 위협이 될 정도였고 국가는 이에 대응하는 안정유지를 핵심적인 국정목표로 설정하였다. 따라서 이 시기「사상정치공작 연구회」의 활동은 권익수호와 안정유지의 문제를 중심으로 전개되었다.

「사상정치공작 연구회」에서 발행하는 학술지『思想政治工作研究』에 실린 관련 논문에 대한 내용분석을 진행한 결과는 다음과 같다. 우선, 안정유지에 있어서 당 건설과 사상정치공작이 강조되는데, 이는 이 시기 사상정치공작은 반드시 당이 주도해야 하므로 국민경제와 사회에 큰 영향을 미치는 국유기업 등 주요 기업 노동자에 대한 사상정치공작은 당이 주도해야 하고 그 과정에서 조직, 역량, 체계를 정비하는 당 건설도 병행되어야 한다는 것이다. 다음으로 강조되는 것은, 사상정치공작은 단지 추상적인 '애국주의', '집체주의', '사회주의' 교육이 아니라, '삼개대표', '조화사회', '과학발전관' 등과 같이 당시 중공중앙에 의해 제시된 구체적인 '국정이념'으로 구성되어야 한다는 점이다. 아울러, 사상정치공작은 직접적인 주체는 「사상정치공작 연구회」이지만 실제로 기업과 공장 층위에서 기층당 조직과 노조가 결합해야만 비로소 실효적인 사상정치공작의 성과를 담보할 수 있는데, 여기서 노조는 노동자의 이익을 대표하는 것이 아니라 노동자와 자본가 사이에서 이익을 '협조'하는 역할을 해야 한다고 강조한다. 또한, 권익수호의 '합법성'이 특히나 중요하게 거론되는데, 이는 사회적 저항이 파업, 시위, 태업 등의 형태로 '제도 바깥'에서 표출되는 위험을 경고하고, 권익수호는 반드시 당이 지도하는 노조를 통해서 이뤄져야 한다고 지적하여, 「사상정치공작 연구회」는 권익수호와 안정유지의 문제를 '정치의 문제'가 아니라 '법률적 행정적 문제'로 수용하도록 노동자들에게 사상정치공작을 수행해야 한다는 것이다.

본 연구는 전국적 추상적 층위의 「사상정치공작 연구회」의 활동이 구체적인 기업과 공장 층위에서 진행되는 양상을 살펴보기 위해서, 『鞍鋼志 1986-2008』를 자료로 동북지역의 대표적 초대형 중공업 기업 안산강철의 사례를 분석하였다.

안산강철은 100년이 넘는 역사를 가진 중앙기업으로, 국가의 입장에서는 이 기업이 사회와 경제에서 가진 중요한 위상을 고려하면 해당 기업과 소속 노동자에 대한 사상정치공작은 매우 중요한 과제였다. 『鞍鋼志 1986-2008』를 통해서 2000년대 권익수호와 안정유지 관련하여 「안강 사상정치공작 연구회」는 다음과 같은 활동을 전개했다. 우선, '대토론공작'을 통해서 노동자의 '사상해방'과 '관념변화'를 유도했고 노동자들이 '철밥그릇'과 '공장의 주인은 노동자'와 같은 기존 사회주의 시기의 관념을 폐기하고 시장경제 시대의 효율과 경쟁을 받아들이도록 요구했다. 다음으로, 일반 노동자에 대해서 큰 영향력을 가진 간부를 대상으로 이론교육을 시행하여, 이들이 '삼개대표' 사상을 기초로 당시 중앙정부 주도로 진행되고 있던 '동북진흥' 정책을 수용하여 기업 도산, 조업 정지, 정리해고에 저항하는 노동자의 파업, 시위, 태업 등이 '합법적인' 방향으로 전개될 수 있도록 역할하도록 했다. 아울러, 「안강 사상정치공작 연구회」는 연구와 선전기구로서 문건, 자료, 논문, 저서는 물론이고, 특히 『안강정공연구』를 발행하였고, 노동자의 권익수호가 '제도 바깥'으로 분출되는 것을 차단하고 '합법성'의 틀 안에서 이뤄질 수 있도록 사상정치공작을 전개하였다.

이상 2000년대 권익수호와 안정유지의 문제를 중심으로 전개된 「사상정치공작 연구회」의 활동을 전국적 추상적인 층위와 구체적인 개별 기업 사례를 통해서 분석하였다.

향후 필자는 글로벌 차원 '미중 패권경쟁'의 심화를 배경으로, 글로벌 공급망 재편 가속화, 중국 경제의 디지털 경제 플랫폼 경제로의 전환 등이 시작되고, 동시에 고속성장의 시대는 지나고 상대적 저성장이 당연하게 된 '바오빠(保八)'와 '뉴노멀(新常態)'의 시대에 들어서는 2010년대 「사상정치공작 연구회」의 활동에 대한 분석을 통해서, 시진핑(習近平) 정부 시대 기업과 공장에서 노동자에 대해 투사된 국가 이데올로기를 분석하고자 한다.

| 참고문헌 |

김재관, 「21세기 중국 노동자의 집단적 저항과 국가의 대응: 노동계약법과 단체협상제도를 중심으로」, 『현대중국연구』, 제22권 제2호, 2020.

박철현, 「중국 개혁기 공간생산 지식의 내용과 지형: 선양시(瀋陽市) 테시구(鐵西區) 노후공업기지의 개조를 중심으로」, 『중소연구』, 제37권 제1호, 2013.

_____, 「개혁기 중국의 국가와 노동자 교육 : 1980년대 「사상정치공작 연구

회」의 설립과 활동을 중심으로」, 『도시연구』, 제23호, 2020.

_____, 「중국의 체제전환과 「사상정치공작 연구회」 : 1990년대 도시개혁 시기 국유기업 개혁과 단위체제 해체를 중심으로」, 『도시연구』, 제26호, 2021.

이희옥, 「'3개대표론'과 중국사회주의의 변화」, 『중국학연구』, 26권, 2003

장윤미, 「중국 '안정유지(維穩)'의 정치와 딜레마」, 『동아연구』, 64권, 2013.

藍中成, 「"維權"要堅持"二維論"」, 『思想政治工作研究』, 第11期, 2003.

劉建軍, 「思想政治工作應對突發事件維護社會穩定的對策性思考」, 『思想政治工作研究』, 第9期, 2009.

劉雲山, 「在國有企業思想政治工作硏討班上的講話」, 『思想政治工作研究』, 第1期, 2000.

本刊編輯部, 「發刊詞」, 『思想政治工作研究』, 第1期, 1983.

司春燕, 「社會轉型的心理失衡與与和諧社會心理構建」, 『思想政治工作研究』, 第7期, 2010.

鞍鋼史志編纂委員會 編, 『鞍鋼志 1986-2008』, 冶金工业出版社, 2008.

倪豪梅, 「自覺做維護職工群衆利益的實踐者」, 『思想政治工作研究』, 第11期, 2001.

張京湘, 「維護女工權益構建和諧企業」, 『思想政治工作研究』, 第8期, 2007.

张艷新, 「論论意識形態建設在建設和諧社會中的重大意義」, 『思想政治工作研究』, 第1期, 2009.

褚克難, 「中央編辦確定中國職工政硏會機關機構改革方案」, 『政工研究动态』, Z1, 2002

翟衛華, 「加强和改進思想政治工作推進社會主義和諧社會建設」, 『思想政治工作研究』, 第7期, 2008.

鍾祖企, 「關於國有企業黨建工作新情況新問題的調硏報告(上)」, 『思想政治工作研究』, 第3期, 2003.

_____, 「關於國有企業黨建工作新情況新問題的調硏報告(下)」, 『思想政治工作研究』, 第3期, 2003.

左山虎,「超前維護職工合法權益 建立勞動關係預警機制」,『思想政治工作研究』, 第10期, 2003.

周多剛,「正確處理人民內部矛盾是構建和諧社會的重大課題」,『思想政治工作研究』, 第3期, 2006.

陳溥,「基層黨組織也要重視意識形態工作」,『思想政治工作研究』, 第2期, 2000.

彭茂全,「用"三個代表"統領維權工作」,『思想政治工作研究』, 第2期, 2003.

何廣亮,「構建和諧勞動關係中的工會作爲」,『思想政治工作研究』, 第9期, 2011.

河北省政研會会課題組,「轉型昇級中職工心理和情緒疏導調研報告」,『思想政治工作研究』, 第9期, 2017.

Terry Sicular, "The Challenge of High Inequality in China", Inequality in Focus, August, 2013.

「社會團體」, https://baike.baidu.com/item/%E7%A4%BE%E4%BC%9A%E5%9B%A2%E4%BD%93/117608?fr=aladdin (검색일: 2022.03.01)

「鞍鋼集團有限公司」, https://baike.baidu.com/item/%E9%9E%8D%E9%92%A2%E9%9B%86%E5%9B%A2%E6%9C%89%E9%99%90%E5%85%AC%E5%8F%B8/22364248?fr=aladdin (검색일: 2022.02.28)

「央企名錄」, http://www.sasac.gov.cn/n4422011/n14158800/n14158998/c14159097/content.html (검색일: 2022.03.08)

王鴻諒,「重返鐵西區: 从土地開始的故事」, http://www.lifeweek.com.cn/2007/1105/19980.shtml (검색일: 2022.03.01)

「政工師」, https://baike.baidu.com/item/%E6%94%BF%E5%B7%A5%E5%B8%88/7699451?fr=aladdin (검색일: 2022.03.01)

「中共中央關於加强黨的執政能力建設的決定」, http://www.gov.cn/test/2008-08/20/content_1075279.htm (검색일: 2022.03.02)

「中國思想政治工作研究會歷史沿革」, http://siyanhui.wenming.cn/syzhq/jggk/201012/t20101228_39948.shtml (검색일: 2022.02.28)

「China internal security spending jumps past army budget」, https://www.reuters.com/article/us-china-unrest-idUSTRE7222RA20110305 (검색일: 2022.03.01)

「GDP growth (annual %) – China」, https://data.worldbank.org/indicator/NY.GDP.MKTP.KD.ZG?end=2010&locations=CN&start=2000 (검색일: 2022.03.02)

「Gini index: inequality of income distribution in China from 2004 to 2019」, https://www.statista.com/statistics/250400/inequality-of-income-distribution-in-china-based-on-the-gini-index/ (검색일: 2022.03.01)

위기와 담론구조

: Covid19 시기 한국언론의 남북협력보도 키워드분석

● 서상민 ●

Ⅰ. 문제제기

2년 전 시작된 코로나19의 팬데믹은 백신개발과 접종을 통해 "위드 코로나" 시대로 전환되어 가고 있음에도 불구하고 코로나19 팬데믹로 인한 지구적 차원의 정치적, 경제적, 사회적 영향은 여전히 지속되고 있다. 세계화, 지구촌화 등을 외치며 국경없는 세계와 하나의 삶의 공간인듯하던 세계는 지난 2년 간 국경봉쇄와 외국인 통제와 자국민 관리 우선 조치들이 일상화되면서 자국의 발전과 번영 그리고 자유로운 세계를 위해 자본과 노동의 "세계화"는 반드시 실현해야 할 목표가 아닌 것이 되었으며, 필요에 따라 각 국가들이 언제든지 중단할 수 있고 철수할 수 있는 '선택' 사항이었음을 인류는 깨닫게 되었다.

이러한 인식의 변화와 함께 팬데믹이 가져다 준 또 하나의 글로벌 차원의 영향은 수십 년간 축적되고 연결되어져 왔던 글로벌가치사슬(GVC)에 대한 근본적인 재고라고 할 수 있다. 세계경제가 GVC를 통해 하나로 연결됨에 따라 한 국가의 위기는 곧 글로벌 차원의 위기로 직접 연결됨을 다시 한 번 실감하게 되었고, 특히 세계의 시장이며, 공장이라고 하는 중국 국경폐쇄와 이동의 제한은 그 경제적 규모와 영향력만큼이나 글로벌 경제에 미치는 영향이 심대했다. 따라서 팬데믹의 극복은 곧 팬데믹 이전의 글로벌가치사슬에 대한 재편성과 네트워크 재구성이라는 국제경제적 문제를 해결할 대안을 마련함을 의미하기도 한다.

포스트 코로나 시대 글로벌한 정치적, 경제적 변화가 예견된 가운데, 한국의 대통령은 2021년 9월 21일 유엔총회 기조연설에서 "지구공동체 시대에 맞는" 북한의 변화를 주문했으나, 북한의 "지구공동체"로의 복귀를 전망할 수 있는 단계는 아닌 듯하다. 그리고 통일부장관 역시 '포스트 코로나 시대 남북교류가 급진전될 수 있을 것'이라고 주장하고 있으나, 이는 북한의 코로나19 극복과 상당부분 연관되어 있는 문제이기에 쉽게 단언하기는 힘들다. 북한이 "위드 코로나"의 시기로 전환이 빠르면 빠를수록 "지구공동체"로의 복귀도 빨라질 뿐만 아니라, 글로벌가치사슬와 같은 전지구적 차원에서의 발생하고 있는 정치적, 경제적 변화의 흐름에 맞춰 남북대화나 교류 재개 등을 통한 "한반도 현안문제해결"이 가능해질 것이다

이 글은 코로나19라는 전지국적 전염병 확산 위기 속에서 남북한 간에 방역 및 의료 협력 등 인도적 차원의 교류와 관련된 한국의 언론의 기사를 분석함으로써 북한의 지원을 둘러싼 이른바 "진보"와 "보수" 진영의 담론에 나타난 특징을 통해 현재 진행되고 있는 북한문제에 대한 남남갈등의 프레임을 "텍스트네트워크분석"방법을 활용하여 실험적으로 살펴보고자 한다.

II. 북한 코로나19 대응과 한국의 방역 지원

1. 코로나19에 대한 북한의 대응

전염병 등으로 인한 한반도 내에서의 피해를 최소화하기 위해서는 전염병이 초국경적 성격 상 주변국들과의 협력뿐만 아니라 남북한 간의 긴밀한 협력이 무엇보다 중요하다고 할 수 있다. 북한의 의료체계는 제도상 주민에 대한 무상치료를 기본으로 하고 있으나, 이를 뒷받침할 의료전문가와 의료시설 뿐만 아니라 그리고 약품공급 등이 원활해야 하나 북한은 지속적인 경제적 어려움으로 인해 보건의료제도와 의료메카니즘이 작동하기 어렸다. 이러한 상황 하에서 발생한 2020년 1월 발생한 코로나19는 북한 의료체계의 붕괴를 가져올 수 있는 심각한 위기로 간주되었다. 비록 김정은 집권 이후 아동병원(옥류), 종합병원(대성산), 치과병원(류경) 등을 설립하여 의료체계를 개선하였지만 코로나19의 파고를 막아낼 수 있을 만큼의 준비가 되어 있지 않았다. 북한은 중국 무한에서 코로나19의 확산이 가시화되자 '국가비상방역체제'로 전환하고 전방위적 방역사업을 추진하였는데, 먼저 비상방역등급 조정, 중앙인민보건지도회의 방역기구로의 전환 등 의료방역체계에 대한 재점검을 통해 제도적인 부분을 보완하는 한편 인적, 물적 교류를 전면 중단하였다.[1]

귀국자에 대한 30일 격리 실시, 방역물품 생산 독려, 방역관련 선전 등을 대폭 강화하였다. 특히 감염 전 예방에 대해 강조하고 있는데, "면역활성제", "면역최적화제" 등에 대한 사용을 권하였다. 김정은은 2020년 10

---

1) "국경과 해상을 비롯한 신형코로나비루스가 류입될 수 있는 모든 통로와 공간들을 철저히 차단하고 엄격히 관리하는 것은 비상방역사업에서 핵심중의 핵심이다." "핵심중의 핵심사항", 『로동신문』, 2020.8.2, 《북한 교통뉴스》, https://www.koti.re.kr (검색일: 2021.10.30)에서 재인용.

월 조선노동당 창건 75주년 연설에서 "피해자 한 명 없이 성공적으로 방역사업 진행"했다고 보고한 바 있으며, 살바도르 WHO평양소장은 2020년 9월 30일 미국 자유아시아방송(RFA)에 보낸 이메일에서 북한 내 코로나 확진자가 없음을 확인하였다. 북한의 엄격한 방역을 위한 전국적인 선전작업에도 불구하고 주민들 사이에서 "방역 피로감"이 누적되면서 기강이 해이해짐에 따라 북한 당국은 지속적으로 이를 지적하면서 경계심을 잃지 않도록 하였다.

"국경을 다 봉쇄했는데 우리나라에 이 전염병이 들어오겠는가. 설마 나야 이 병에 걸리겠는가고 하면서 만성적으로 대하고 있다. 거리를 오갈 때, 공공장소에서 마스크를 착용하지 않고 다니는 일부사람"에 대해 비판하였으며 "국가비상방역체계안에서 그 어떤 특수란 있을 수 없다"며 방역 규정 준수 및 엄중한 대응을 지속적으로 강조해 왔다. 특히 2020년 7월 19일 탈북민의 재입북자 사건이 발생하면서 더 엄격한 기강해이에 대한 비판이 가해졌음. 김정은은 2020년 7월 25일 정치국 비상확대회의를 소집하여 국가비상방역체계를 '최대비상체제'로 전환하고 특급경보를 발령하여 장기간 지속된 방역에 대한 기강해이를 엄격하게 처리하였다.

2. 한국 및 국제사회의 북한 방역 지원

문재인 정부는 2018년 「평양공동선언」을 통해 남북한 간 보건교류협력에 합의하였고, 이후 「남북보건의료분과회담」에서 감염병 관련 협력에 관해 구체적으로 합의한 바 있다. 앞에서 언급했지만 김정은은 병원건설, 의약품개발 등 의료 인프라를 구축하고 제도적으로 북한이 의료체계 개선하는 적극적으로 노력하고 있는데, 코로나19와 관련한 북한의 남한에 대한 협력제안을 없었다. 2018년 9월 「평양공동선언」을 내용을 살펴보면, 합의문 제2조 제4항에 "남과 북은 전염성질병의 유입 및 확산 방지를 위

한 긴급조치를 비롯한 방역 및 보건·의료분야의 협력을 강화"하기로 합의
하였다.[2] 이어 2018년 11월 7일 개성 공동연락사무소에서 개최된 「보건의
료 분과회담」에서는 전염병과 의료협력을 위한 공동 대응체계 마련에 합
의함으로써 코로나19 방역 관련 제도적 차원에서의 남북협력체계는 갖춰
져 있다.

문재인 정부는 남북한 간 인도적 차원에서의 남북의료협력의 필요성을
꾸준히 홍보해 왔는데, 이른바 "한반도 생명공동체"나 "한반도 건강공동
체" 등의 담론을 통해여 '남북한 국민들의 생명과 건강은 모두 존엄하며
보건의료 분야의 협력은 남북 주민의 건강한 공동체적 삶을 보장한다'는
점을 강조해 오고 있다.[3] 아울러 의료분야에서의 남북협력이 단순히 소위
"북한퍼주기식"의 시혜적인 차원이 아닌 통일비용의 감소와 연계되어 있
다는 점을 지적하면서 통일을 대비한 선제적 대응이라는 점을 강조하였다.

한국 뿐만 아니라, 미국에서도 코로나19와 관련된 대북지원에 대한 이
견들이 표출되었는데, 2020년 3월 11일 로버트 데스트로 美국무부 민주주
의·인권·노동 담당 차관보는 국무부 연례 인권보고서를 발표하면서, "미
국 정부가(이번 코로나19 사태 관련) 북측과 이란, 중국, 그리고 모두에게
손을 내민 사실을 알고 있다"며 이를 통해 미국이 도움이 될 수 있다는
점과 노력을 할 수 있고 또 지원을 제공할 수 있음을 표명한 바 있다.[4]
반면, 워싱턴 민간단체 민주주의수호재단은 상·하의원에 발의된 '대북 인
도적 지원 강화 법안' 관련 북측이 인도적 지원 금융 혜택을 악용할 가능

---

2) 통일부, "남북보건의료분과회담 공동보도문," https://www.unikorea.go.kr/unikorea/news
   /live/?boardId=bbs_0000000000000003&mode=view&cntId=54657&category=&pageIdx
   = (검색일: 2021.10.30)

3) 이승우, "남북 보건의료 협력 강화 … 9월 평양공동선언" 『의협신문』, 2018.09.19,
   http://www.doctorsnews.co.kr/news/articleView.html?idxno=125401&sc_word=%EC%A
   0%84%EC%97%BC&sc_word2= (검색일: 2021.10.29)

4) VOA KOREA(3.12), https://www.voakorea.com/ (검색일: 2021.10.29)

성이 높다는 점을 지적하며 해당 법안에 지원단체들의 활동 내역을 재무부에 투명하게 보고하도록 하는 내용이 포함되어야 한다고 주장하기도 하였다.5)

한국과 미국에서의 코로나19와 관련된 대북지원에 대한 찬반양론이 제기되면서 정치적 논란이 되었으나, 국제기구를 비롯한 인도적 지원에 대한 UN 1718 대북제재 면제 또한 진행되어 코로나19 방역물품의 대북지원이 이루어졌다. 2020년 2월 20일 "국경없는 의사회(MSF)"는 코로나19 진단 및 방역 물품인 의료용 고글, 샘플채취용 시험관, 검사용 의료장비 등에 대한 제재 면제 승인을 받았고, 국제적십자연맹(IFRC) 역시 2020년 2월 21일 코로나19 진단 및 방역물품인 PCR기기, 검사시약, 적외선 체온계, 의료용 마스크 등에 대한 제재면제를 받았다. 그리고 WHO와 스위스 외교부 산하 개발협력청 인도주의지원국도 같은해 2월 27일과 3월 11일에 방역용품에 대한 제재면제를 받아 중국 단동에 방역물자를 집결시켜놓고 북한에 반입을 추진했다.6) 2020년 6월에는 세계보건기구(WHO)가 대북 지원 물자에 대한 제재 면제를 승인받아, 디지털 휴대용 복부 초음파 검사기와 원격진료용 현미경 등 코로나19 관련 의약품을 북한 남포항에 반입하였다.

한국의 방역물품 지원은 2020년 3월 31일 처음으로 이루어졌는데, 한국 민간단체가 지원한 손소독제 물품이 중국을 통해 북한에 들어갔고 이어 방호복 2억 원어치(2만 벌)도 북한에 전달되었다.7) 한편 문재인 한국 대통

---

5) "코로나19 상황 관련 대북 인도적 지원에 관한 미국의 입장"『개성고업지구지원재단 웹진』, https://kidmac.or.kr/res/webzine/2020_06/sub06.html (검색일: 2021.10.29)

6) 이규창 외,『감염병 공동대응을 위한 남북인도협력: 코로나19를 중심으로』, 통일연구원, 2020, 109쪽.

7) 황인찬·박효목, "남북 코로나 방역협력 첫 성사",『동아일보』, 2020.05.15, https://www.donga.com/news/Politics/article/all/20200515/101053318/1 (검색일: 2021.10.30)

령은 일본, 몽골, 중국, 북한을 포함하는 감염병 통제 및 보건 프로그램을 마련함으로써 직접적인 대북의료지원이 아닌 다자적 차원에서의 북한지원을 모색하게 되었는데, 유엔 총회에 보낸 영상 메시지에서 생명과 안전에 대한 집단 보호가 북한이 국제 사회와 교류함으로써 안보를 보장할 수 있는 기반을 마련할 것이라고 하면서, "전염병 통제와 공중 보건을 위한 동북아 협력 방안"을 출범할 것을 제안한 바 있다.[8] 그리고 2021년 11월 한국 대통령은 오스트리아에서 "북한이 동의한다면 백신을 공급협력을 적극적으로 추진하겠다. 한국이 글로벌 백신 허브 역할을 할 경우 북한도 당연히 협력대상이 된다"[9]라고 하면서 코로나19 백신에 대한 직접 공급을 공식적으로 제안하였다.

코로나19 초기 방역물품에 대한 대북지원이 주로 이루어졌다면 백신이 개발된 이후 백신제공과 관련된 대북지원이 활발하게 논의되었는데 먼저 2021년 6월 30일, 중국은 "중국과 북한은 우호적인 이웃 나라로 중국에서는 북한이 자국의 실정에 입각한 방역 조치를 시행한 것을 존중하며 북한의 각종 사업이 차질 없이 추진되기를 희망한다"고 언급하며 또 "오랫동안 중국과 북한 양국은 어려움에 처했을 때 서로 돕는 전통이 있었다. 이에 중국은 북한이 필요하다면 북한에 적극 도움을 줄 용의가 있다"고 밝힌 바 있다.[10] 그러나 북한은 코백스(COVAX)로부터 배정받은 중국산 백신 279만 회분을 다른 나라에 양보했고, AZ백신 190만 2000회분도 거부하였다. 미국 역시 코로나19 백신에 대한 대북지원을 추진하고 있는데,

8) 김현주, "북한이 동의한다면 코로나19 백신 공급 협력 적극 추진하겠다", 『세계일보』, 2021.06.15, http://m.segye.com/view/20210614515554
9) 이완, "문 대통령 "북한 동의하면 백신 공급 추진" … 남북대화 재개될까", 『한겨레』, 2021.06.14, https://www.hani.co.kr/arti/politics/bluehouse/999358
10) "중국, 북한에 코로나 방역 지원 용의", 『VOA Korea』, 2021.06.30, https://www.voakorea.com/a/korea_korea-economy_china-willing-tohelp-dprk-covid/6059851.html

2021년 10월 21일 게일 스미스 미국 코로나19 국제대응 및 보건안전 조정
관은 미국정부가 북한에 백신을 지원할 의사가 있음을 천명하였으나[11]
북한은 이에 대해 반응하지 않았다.

3. 코로나19 대북지원에 대한 국민인식

코로나19와 관련된 대북지원에 대한 한국내 여론은 호전되지 않고 있
는데, 지난 5월 아산정책연구원이 실시한 여론조사에 따르면, 북한에 방역
물품을 지원해야 한다는 주장에 대해 "대체로 반대한다"와 "매우 반대한
다"라고 응답한 비율이 각각 33.7%와 27.3%로 "찬성" 응답에 비해 대단히
높게 나타났다.[12]

〈표 1〉 아산정책연구원 설문조사 응답표

Q15. 선생님께서는 코로나19 사태와 관련해 북한에 방역 물품을 지원해야 한다는 주장에 대해 어떻게 생각하십니까?	
매우 찬성한다	7.1
대체로 찬성한다	31.9
대체로 반대한다	33.7
매우 반대한다	27.3

문재인 정부가 북핵문제해결과 남북관계 개선을 위해 많은 공을 들이
고 노력을 많이 했음도 불구하고 코로나19라는 비정치적인 인도적 지원에
대해서까지 국민들의 부정적 의견이 많은데 이는 문재인 정부의 지지율과
상관관계가 있다고 추정된다. 대통령 국정지지율을 약 40%내외인데, 코로

---

11) "미국, 북한 코로나19 백신 지원 수용해 달라" 『뉴시스』, 2021.10.22, https://www.newsis.
com/view/?id=NISX20211022_0001622890
12) "북한 코로나19 방역물품 지원에 반대 61% 찬성 39%" 『뉴시스』, 2021.05.30, https://newsis.
com/view/?id=NISX20210530_0001457888

나19 관련 대북지원에 찬성하는 국민들의 비율이 비슷하고, 반대하는 국민들의 비율은 국정수행을 잘못하고 있다고 생각하는 국민들과 비율과 비슷하다.

코로나19 관련 남북협력의 여론은 어떻게 형성되고 확산되는지 그리고 지원에 대한 반대입장과 찬성입장을 대변하는지 여부는 확실하지 않지만 한국의 '진보'와 '보수' 언론들은 어떤 주제로 이 문제를 다루고 있는지에 대한 분석이 필요하다. 대체적으로 한국의 이념지향을 고려할 때, '진보'와 '보수'를 나누는 선 중 중요한 요소가 "북한에 대한 인식"이기에 연구에서도 이른바 "남남갈등"이라고 하는 대북지원을 다루는 언론의 텍스트를 이 프레임으로 분석하고자 한다.

Ⅲ. 코로나19 남북협력관련 국내 신문 기사 분석

1. 분석대상

이 분석은 카인즈의 분류에 따른 한국의 중앙지 11개 신문(경향신문, 국민일보, 내일신문, 동아일보, 문화일보, 서울신문, 세계일보, 조선일보, 중앙일보, 한겨레, 한국일보)의 코로나19가 발생한 시점인 2020년 01월 01일부터 2021년 10월 31일까지 기사 중 상세검색을 통해 "코로나19(코로나)"와 "남북협력"이라는 검색어를 통해 동시에 출현하는 기사("정확히 일치한 단어")를 추출한 데이터를 대상으로 하였다. "남북협력"의 검색어 대신 "대북지원", "남북한" 등의 검색어로 검색한 결과 기사 수가 "남북협력"을 넣어 검색한 만큼 많지 않아 가장 많은 기사가 추출된 데이터를 활용하였다. 총 기사 수는 200건으로 총 단어수는 1887개, 문장 수는 569개이다.

2. 11개 신문의 종합분석

(1) 빈도분석

전체 11개 신문에 출현한 200개의 기사 속 가장 빈번하게 출현한 단어는 "남북"인 것으로 나타남. 코로나 > 대통령 > 북한 > 협력 > 문재인 > 정부 > 대북 > 통일부 > 관계 등의 순인데, 상위순위 "대통령"이 "문재인"과 함께 상위 순위에 출현한 것이 이 이슈와 관련해 대체로 문재인 대통령이 논의를 주도한 것으로 해석할 수 있다. "정부"와 "통일부" 등의 관련 부처의 출현빈도가 "대통령"의 출현빈도의 1/3에 지나지 않고 있다는 점에서 대북지원 이슈는 통일부보다는 청와대와 대통령의 아젠다였음을 알 수 있다.

(2) 토픽 모델링

토픽 모델링은 무정형의 데이터 속에서 '주제'를 찾아내는 방법인데, 텍스트 속 잠재적인 의미를 파악하기 위해 활용됨. 분석대상이 되는 200개의 기사를 분석한 결과 4개의 큰 주제로 나누어져 있다. 첫 번째 주제는 주요 키워드가 코로나, 남북, 협력, 통일부, 장관 등으로 "통일부를 통한 북한 코로나 19 지원", 두 번째 주제는 "코로나 시기 북한의 대응", 세 번째는 "문재인 대통령 주도의 대북협력사업 추진" 네 번째는 "구체적인 실행방안" 등과 관련된 기사들로 나누어져 있다. 이들 4개의 주제들 간에는 Topic-1과 Topic-2는 "북한"이라는 키워드를 통해 주제와 주제가 연결되고, Topic-1

〈그림 1〉 언론사별 기사수

과 Topic-3은 "'코로나' '남북', '협력'"을 통해 연결되며, Topic-3과 Topic-4는 문재인 대통령을 중심으로 하여 주제가 형성되고 있음을 파악할 수 있는데 마지막 두 주제는 하나의 주제로 묶을 수 있을 정도로 상호 연관성이 큰 주제들이라고 할수 있을 것이다.

〈그림 2〉 출현빈도에 따른 워드클라우드

〈그림 3〉 출현빈도 그래프

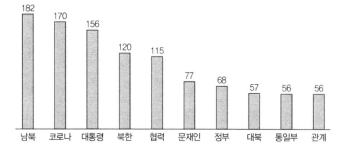

〈그림 4〉 언론사 전체 토픽 모델링 그래프

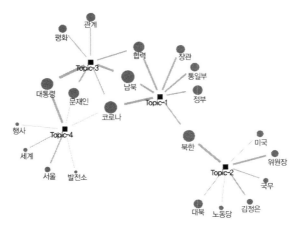

	1st Keyword	2nd Keyword	3rd Keyword	4th Keyword	5th Keyword
Topic-1	코로나	남북	협력	통일부	장관
Topic-2	북한	위원장	김정은	국무	미국
Topic-3	대통령	남북	문재인	협력	코로나
Topic-4	대통령	서울	세계	행사	문재인

3. 진보 - 보수 - 기타 언론사 간 비교

진보언론(경향신문, 내일신문, 한겨레)에서 추출된 기사들 속에서 가장 많은 빈도로 출현한 단어는 "대통령"인 반면, 보수언론에서는 "남북"이라는 단어가 가장 많이 등장한다. 절대적 기사 수의 차이로 인한 빈도수를 고려하지 않고 순위만을 유의미하게 해석할 경우, 진보진영의 신문에서는 대통령 - 협력 - 장관으로 이어지는 점이 부각되는데, 통일부 장관과 관련된 협력사업에 대해 보수언론보다 더 많은 관심을 보이고 있는 것으로 파악된다. 보수언론은 "대통령"과 "문재인"을 합하면 89번 출현으로 가장 많은데, 진보언론에서는 "문재인"이라는 단어 대신 "문 대통령"으로 표현함으로써 "문재인"의 출현빈도가 낮진 반면 보수언론에서는 "문재인"을 그대로 사용함에 따라 양분됨. 이 빈동통계만을 놓고 봤을 때, 보수언론은 "남북"이 최다빈도 키워드가되고, 진보언론은 대통령이 최다빈도의 키워드이다.

〈그림 5〉 진보언론의 워드 클라우드와 빈도

〈그림 6〉 보수언론의 워드 클라우드와 빈도

양 진영의 토픽모델링을 비교할 경우 역시 차이가 나타남. 대표적인 토픽이 "김정은" 위원장이 등장한 진보언론의 Topic-4와 보수언론의 Topic-2를 비교하면 진보언론은 "김정은" 위원장을 언급할 때, "청와대", "대통령" 등의 키워드와 동시에 출현함으로써 '남북정상'에 초점을 맞춰

〈그림 7〉 보수언론의 토픽 네트워크

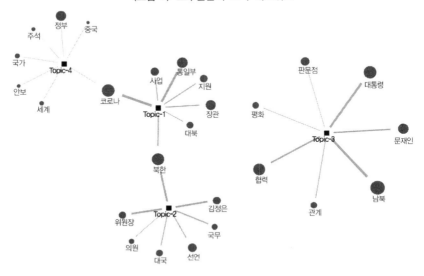

〈그림 8〉 진보언론의 토픽 네트워크

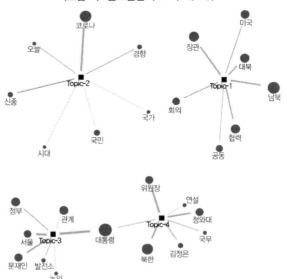

주제를 형성하고 있는데 반해, 보수언론은 "김정은"과 함께 "미국"이라는 키워드가 동시에 출현하는 주제를 형성하고 "대통령"이라는 키워드는 제외된다. 토픽 간 형성된 키워드 네트워크 구조 상 차이도 발견되는데, 진보언론의 경우 "대통령"을 중심으로 하여 Topic-3과 Topic-4가 연결되는 구조로 "대통령"이라는 키워드 빠지면 두 토픽 간 분절되어 각 토픽들의 연계성 약해지지만, 보수언론의 토픽간 네트워크를 보면, "코로나"와 "북한"이라는 키워드가 코로나19하에서 남북협력의 전체적인 주제를 연결해 주고 있고 "대통령"이나 "문재인"이라는 키워드 토픽 간을 연결시키지 않고 있음을 발견할 수 있다.

한편 기타언론(한국일보, 국민일보, 세계일보, 서울신문, 문화일보) 5개 신문사의 토픽네트워크를 살펴보면, 보수언론과 진보언론의 절묘하게 결합해 놓은 것 같은 네트워크 구조를 형성하고 있다. "대통령"이라는 키워

〈그림 9〉 5개 기타 언론사의 토픽모델링

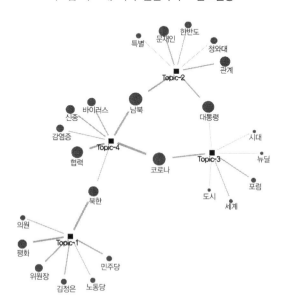

드가 Topic-2와 Topic-3을 연결하는 주요 키워드이며, "남북", "코로나"라는 키워드가 다른 Topic들을 연결해주고 있어 진보언론과 보수언론의 토픽 네트워크가 갖는 특징을 모두 보여주고 있음을 알 수 있다.

Ⅳ. 맺음말

11개 중앙지 신문의 "코로나19 시기 남북협력" 관련 기사의 텍스트분석을 통해 다음과 같은 사실을 발견할 수 있었다. 첫째, 진보언론은 문재인 대통령을 중심에 두고 이 시기 남북협력이 추진되고 있음을 의도적이든 의도적이지 않든 부각시키고 있어, 키워드의 빈도에서 토픽 모델링 네트워크에서 "대통령"이라는 키워드가 매우 중요한 역할을 담당한다. 둘째, 보수언론은 "대통령"을 논의의 중심에 놓기보다는 별도의 토픽으로 다루고 다른 토픽과 연결시키지 않고 있으며, 김정은 위원장과 북한에 대한 기사에서 "미국"이라는 변수와 같이 넣어 언급하고 있음을 발견할 수 있었다. 셋째, 기타신문사들은 위의 두 성향의 언론을 혼합한 형태의 키워드빈도와 토픽 네트워크 구조를 보여주었는데, 이는 전체 11개 신문사의 종합분석과 유사함을 발견할 수 있었다.

코로나19시기 남북협력에 대한 국민적 공감대 형성이 어려웠고, 아산정책연구원의 조사에서 보듯 대북지원에 대한 국민의 반대여론이 높게 나타나고 있는 점은 한국정치지형이 분절이 그대로 코로나시기 대북지원 여론에 투과되고 있음을 알 수 있다. 문재인 정부와 대통령의 국정수행에 대해 긍정적으로 평가하는 국민의 40%가 대북지원과 남북협력에 대해 찬성하는 반면, 나머지는 반대하고 있는데 이는 문재인 정부가 대북정책을 추진함에 있어 정치적으로 중도적이거나, 정부에 대해 비판적 국민들을 인도적 차원의 지원이라는 점으로 설득하지 못하여 정책지지자로 포용하거나 흡수하고 있지 못함을 방증한다. 따라서 대북정책추진력이 초기에 비해 매우 약화되었음을 보여주는 것이라고 해석할 수 있다.

| 참고문헌 |

이완, "문 대통령 "북한 동의하면 백신 공급 추진" … 남북대화 재개될까", 『한겨레』, 2021.06.14, https://www.hani.co.kr/arti/politics/bluehouse/999358 (검색일: 2021.10.30)

황인찬·박효목, "남북 코로나 방역협력 첫 성사" 『동아일보』, 2020.05.15, https://www.donga.com/news/Politics/article/all/20200515/101053318/1 (검색일: 2021.10.30)

이규창 외, 『감염병 공동대응을 위한 남북인도협력: 코로나19를 중심으로』, 통일연구원, 2020.

이승우, "남북 보건의료 협력 강화 … 9월 평양공동선언" 『의협신문』, 2018.09.19, http://www.doctorsnews.co.kr/news/articleView.html?idxno=125401&sc_word=%EC%A0%84%EC%97%BC&sc_word2= (검색일: 2021.10.30)

통일부, "남북보건의료분과회담 공동보도문", https://www.unikorea.go.kr/unikorea/news/live/?boardId=bbs_0000000000000003&mode=view&cntId=54657&category=&pageIdx= (검색일: 2021.10.30)

김현주, "북한이 동의한다면 코로나19 백신 공급 협력 적극 추진하겠다", 『세계일보』, 2021.06.15, http://m.segye.com/view/20210614515554

"북한 코로나19 방역물품 지원에 반대 61% 찬성 39%", 『뉴시스』, 2021.05.30, https://newsis.com/view/?id=NISX20210530_0001457888 (검색일: 2021.10.30)

"중국 북한에 코로나 방역 지원 용의", 『VOA Korea』, 2021.06.30, https://www.voakorea.com/a/korea_korea-economy_china-willing-tohelp-dprk-covid

/6059851.html (검색일: 2021.10.30)

"코로나19 상황 관련 대북 인도적 지원에 관한 미국의 입장", 『개성고업지구지
원재단웹진』, https://kidmac.or.kr/res/webzine/2020_06/sub06.html (검
색일: 2021.10.30)

《북한 교통뉴스》 https://www.koti.re.kr (검색일: 2021.10.30)

대만의 정당 대립과 코로나 방역

● 이광수 ●

Ⅰ. 서론

코로나19 바이러스의 지구적 감염 상태는 여전히 지속되고 있다. 바이러스의 세계적 유행으로 인한 팬데믹 상황은 인간 개개인의 심리와 생활을 변화시키는 요소로 작용하고 있다. 더구나 팬데믹은 국가 내부의 정치적 행위에 영향을 미치고, 국제사회의 상호관계에도 다양한 형태로 영향을 발휘하고 있다.

팬데믹 시기 모든 나라에서 실시한 정부의 방역조치는 마스크 사용뿐만 아니라 마스크의 유통, 판매도 배급제 실시 등 제한 조치를 강제했다. 확진자에 대한 치료와 의심자에 대한 자가격리도 개인의 자발적 의사와 상관없이 강제적으로 이루어졌다. 또한 모든 사회구성원을 대상으로 일상생활에서의 거리두기를 실시하는 등 개인의 자유를 제약하는 방역 조치는 거의 모든 국가에서 유사한 형태로 진행되었다. 한편 팬데믹이 진행되면서, 바이러스 감염의 기원과 방역 방식, 백신 공급과 관련한 국가별 입장 차이는 팬데믹 이전부터 존재했던 국가간의 대립 국면과 맞물리면서 인종

---

* 이 글은 2021년 10월 25일 국민대 학술대회에서 발표한 「대만의 코로나 방역과 정치적 양극화」를 수정·보완한 것이다.

** 국민대 중국인문사회연구소 HK연구교수.

주의적 혐오감의 표출과 민족주의적 대립 감정이 온라인 공간에서 직접적으로 표출되는 요인으로 작용하였다. 미국의 트럼프 대통령은 팬데믹 초기에 우한 바이러스, 차이나 바이러스라는 용어를 사용하면서 중국을 겨냥했고, 대만의 방역 조치에 대한 지지와 지원의사를 보다 적극적으로 표현하기도 했다. 미중 대립이 팬데믹 시기를 거치면서 양안관계에도 영향을 미치고 있다. 대만은 코로나 팬데믹 대응을 통해 중국과는 거리감을 두고, 미국과 일본 등의 서구 국가들과는 관계를 더욱 확대하는 입장을 보이고 있다.

팬데믹 상황에서 대만은 방역에 성공한 국가로 평가받는다. 팬데믹 초기 효과적인 봉쇄 조치를 통해 대만에서의 감염 확산을 효과적으로 억제했고, 이를 토대로 국제적으로 심각하게 공급난이 발생했던 마스크와 의료기구 등을 적극적으로 지원했다. 방역 성과는 국제사회로부터 우호적인 태도와 관심을 유인하는 요소로 작용했을 뿐만 아니라, 민진당 차이잉원 정권에 대한 대만 민중의 지지도를 상승시키는 요인으로 작용했다.

그러나 2021년 5~6월 기간에 발생한 확진자 폭증 사태와 백신 확보 실패는 차이잉원 정부에 대한 민중의 지지도가 급속하게 하락하기도 했다. 이후 다시 확진자 급증이 진정세를 유지하고, 백신 공급도 안정적으로 확보하면서 차이잉원 정부 지지도는 원상회복했다. 이러한 지지도의 급격한 변화는 대만 정치가 국민당과 민진당의 두 거대정당을 중심으로 치열하게 대립하는 양상이 요인으로 작용한다. 대만은 중국과의 관계를 중시하는 국민당과 대만독립 경향을 보이는 민진당이라는 양대 정당을 중심으로 여타 정치세력과 대중이 상호 대립, 대결, 충돌하는 정당 대립의 특징을 보이고 있다.

이 글은 코로나 팬데믹 상황에서 정당 대립이 어떻게 작용하고, 또한 팬데믹 상황이 정당 대립에 어떻게 영향을 미치는가를 살펴보는 내용이다.

Ⅱ. 대만의 정당 대립

1. 정당 대립의 발생과 의미

대만은 1949년 국민당이 이주해 온 이후 장기집권해오다가 2000년 민진당이 새로이 집권하게 되면서 남녹(藍綠) 정치세력 간의 경쟁과 대립구도를 형성하고 있다. 국민당을 필두로 한 범람(泛藍) 진영(신당, 친민당 등 포함), 민진당을 필두로 한 범록(泛綠) 진영(대만단결연맹, 시대역량, 대만기진 등 포함)은 선거 때 경쟁은 물론 여러 이슈에서 대립각을 세우고 있다. 특히 남녹 진영의 정치적 경쟁은 엘리트 간의 경쟁과 함께 지지하는 일반 대중의 정치적 선택에 영향을 미치고 있다. 따라서 남녹 진영의 정치적 입장과 그에 따른 정치적 동원에 따라 남녹 지지층의 입장 차이가 현격하게 나타난다.

2000~2008년의 천수이볜 정부 시기에는 제4원자력발전소 건설 중단 선언, 정명(正名)운동 추진, 유엔 가입 국민투표 추진, 미국 무기 구매 예산 추진 등과 관련하여 남녹 진영간의 격렬한 논란이 있었다. 2008~2016년의 마잉주 정부 시기에는 중국과의 교육교류 확대 목적으로 진행했던 중국 학력 인정, 중국학생의 대만유학 허용, 분단 이후 첫 정상회담 싱가포르회담을 비롯한 양안 대화의 가속화, 양안 자유 무역의 가속화를 위한 양안경제협력기조협정(ECFA)의 체결, 미국산 쇠고기 수입허가 논란 등에 있어서도 남녹 진영은 치열하게 대립하고 충돌했다. 또한 2016년부터 현재까지 집권하고 있는 차이잉원 정부 시기에도 92컨센서스의 무시, 중국과의 민간교류 중단, 중국의 무력 위협, 역사교육과 과거사 정리(轉型正義) 관련, 미국과의 관계, 코로나 방역 등 대부분의 의제와 관련하여 남녹대립 양상이 심각해지고 있다. 대만에서는 남녹 대립이 계속되면 대만의 정치적 경쟁이 양극화(bi-polarization) 경향으로 치닫게 되고, 이는 남녹 진영

간의 인식 격차는 더 벌어지고 충돌 양상은 더 심해지는 것 아니냐는 우려
가 적지 않다.

대만 학자들은 정치엘리트의 관점에서 대만 입법위원들이 법안심사 기
명 표결에서 소속 정당의 정책이나 입장과 동일하게 투표하는 일치성 정
도(정당단결도 지표)이 매년 높아지는 추세라는 것을 발견했다. 이는 정당
구성원 간 결속도는 강화되고 타 정당과의 경쟁도가 심화되는 것 의미한
다고 보았다.[1] 특히 대만은 2년마다 의회·행정부의 선거와 지방의회행정
기구 선거가 반복되고, 그때마다 각종 이슈를 내건 국민투표가 동시에 실
행되기 때문에 대중은 자주 정치적 선택을 해야하는 상황에 놓이게 된다.
이는 선거 승리를 위해 행동하는 정치엘리트와 대중의 정치적 태도와 의
제 선택에 영향을 미치도록 작용한다. 남녹 진영은 각각 상대 진영의 의견
을 비판하고 수용하지 않는 방향으로 행동하고, 이는 양 진영의 입지와
인식 차가 더 벌어지도록 하면서 타협이 어려워지는 '정치적 양극화
(polization)'의 확대가 나타나도록 작용한다.

2. 대만 여론의 양극화 대립

대만 국민들은 대만 정치가 갈수록 양극화되고 있다고 말하고, 미국
유권자들은 미국 정치가 갈수록 양극화되고 있다고 불평한다. 그런데 양
극화란 무엇인가. 정치과학자로서 정치가 양극화는 없는지 어떻게 측정할
것인가. 재미 대만학자 왕홍원(王宏恩)은 대만의 지난 20년 동안의 정치
양극화의 과정을 되돌아보았다.[2]

---

1) 蕭怡靖·林聰吉, 台灣政治極化之初探：測量與分析, 台灣政治極化的測量, 淡
江大學, 2004.
2) 王宏恩, 台灣政治是怎麼兩極化的?, 菜市場政治學, https://whogovernstw.org/2019
/10/19/austinwang47/

대만 정치가 갈수록 양극화하고 있는지 점검하려면 양극화를 먼저 정의해야 한다. 왕홍원은 양극화에는 좌파, 우파, 중도파 세 세력의 입장 변화에 따라 양극화를 분류한다. 거기에 따라 세 가지 양극화 흐름이 나타난다고 분석했다.

〈그림 1〉 양극화 구성도

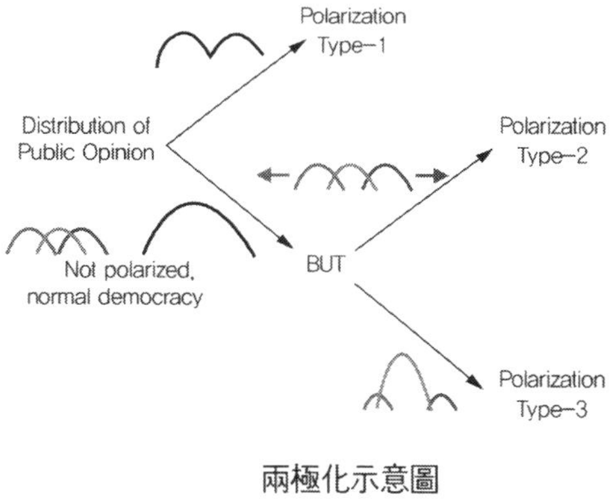

Distribution of
Public Opinion

Not polarized,
normal democracy

BUT

Polarization
Type-1

Polarization
Type-2

Polarization
Type-3

兩極化示意圖

그림 출처: 王宏恩, 台灣政治是怎麼兩極化的?에서 인용.

먼저, 여론조사가 쌍봉분포라고 하면 한 세력은 왼쪽을 지지하고 다른 세력은 오른쪽을 지지하며, 두 세력의 교집합은 없으며, 중도파가 존재하지 않는 형태가 원천적인 의미의 양극화다, 소위 정태적 양극화로서 Type 1이 해당된다. 만약 대만 국민의 국내 주요 정치 인식에 대한 여론조사가 Type 1처럼 쌍봉분포(雙峰分布)를 보인다면 대만 정치 양극화는 극단화 경향을 보인다는 의미다. 하지만 실제 정치에 있어서 전체 민중의 생각이 두 개의 입장으로만 분리되고, 정당을 비롯한 정치세력의 분포도 균일하게 배분되는 경우는 존재하기 어렵기에 이러한 타입이 나타날 가능성은 크지 않을 것이다.

대만에서 진행되는 그러나 대부분의 대만 여론조사는 양쪽 단봉(單峰)

이 분포하고 중간고 양쪽이 낮아 대다수의 대만인들의 의견이 극단적이지 않고 현상유지만 지지하거나 조금 바뀌었다. 이 경우 무당파 유권자의 분포와 숫자는 일정부분 영향력을 행사할 수 있다. 일부 학자들은 무당파를 배제하고 남은 두 당의 교차점이 없으면 양극화라고 생각한다. 하지만, 일부 학자들은 정당은 각기 다른 정견을 내놓고, 정당 지지자들이 다른 시각을 갖는 것이 정상이라고 생각한다.(왼쪽 아래의 분포). 만약 전체 국민의 생각이 일치하고, 정당의 견해도 동일하다면, 민주주의가 필요 없는 것이 될 것이다.

대만에서는 정체성의 변화, 통독(統獨) 입장, 총통과 정당 지지도와 관련하여 여론조사가 빈번하게 진행되고 있다. 대부분의 여론조사는 양쪽의 입장이 존재하는 쌍봉형 여론이 존재하면서 중도파 입장에 해당하는 무당파 경향이 존재하는 것으로 나타난다. 정체성 조사에서는 자신을 대만인이면서 중국인으로 생각하는 '이중정체성'을 지니고 있다는 답변이 적지 않게 존재하고, 통독 입장 조사에서는 통일도 독립도 추구하지 않는 '현상유지' 태도를 지지하는 답변, 정당조사에서도 국민당이나 민진당이 아닌 민중당과 같은 제3의 정치세력을 지지하는 답변이 나타나고 있다. 이러한 답변들은 양극화 경향과 관련하여 대만 민중의 정치적 태도는 일정 정도 중도파적 경향이 존재한다는 것을 보여준다. 만약 중간파가 좌우 양 세력과 비슷한 정치적 영향력을 행사할 수 있다면 이 경우는 Type 2에 해당된다.

하지만 대만 정치는 대만 내부 요인, 중국 요인, 국제 요인 등에 따라 변화 정도가 크다. 첫째, 앞서 살펴본 것처럼, 과거 권위주의적 통치 유산에 대한 재평가나 대만 주체성 강화 정책에 있어서 범녹 세력은 도덕적 우위와 통치의 정당성을 주장하는 소재로 활용하면서 범남 세력을 공격하는 위치에 있다. 반면에 범남 세력은 범녹 세력이 역사와 문화를 정치적으로 악용하고, 오히려 도덕적 타락을 합리화한다고 비판한다. 둘째, 범녹 세력이 92컨센서스를 인정하지 않고 중국과의 인적교류를 단절하는 정책은 대만의 경제적 이익을 침해하고, 대만해협의 평화를 위협하는 위험한 정책이라고 범남 세력이 비판한다. 반면에 범남 세력이 주장하는 92컨센서스의 인정과 양안 교류의 확대는 중국의 통일전선전략에 빠져드는 것이며 결국 대만을 중국에 종속시키는 결과를 초래할 것이라고 범녹 세력은 비난한다. 셋째, 범녹 세력은 대만의 안보 유지와 경제 발전, 국제 협력을 위하여 미국, 일본과의 협력을 강화하고, 세계보건기구와 유엔 가입을 추진해야 한다고 주장한다. 반면에 범남 세력은 대만의 적극적 외교 활동은 반대하지 않지만, 대만 안보를 위협할 수준으로 진행되어서는 오히려 외교적 마찰과 고립을 초래하기 때문에 점진적, 온건한 형태에서의 활동을 지향해야 한다고 주장한다. 만약 이러한 각각의 이슈에 대해서 온건한 입장을 표방하는 세력이 다수를 차지한다면 중도파 세력이 다수를 차지하는 Type 3 형태가 될 것이다. 하지만 현재까지 대만의 선거에서는 중도파가 집권하는 경우는 아직 존재하지 않고 있다.

왕홍원은 2000년 이후 약 20여년의 대만 정치 변동을 조사하면서 대만의 정치양극화가 3단계를 거치면서 점점 더 심화되고 있다고 분석했다. 즉 Type 2 → Type 3 → Type 1 과정으로의 변동을 보였다는 것이다.

1단계, 2002-2005. 천수이벤 정부 1기 후반기와 2기 전반기로 천 총통에 의한 일변일국(一邊一國) 주장, 정명운동, 유엔가입운동이 적극적으로 나타났고, 이에 대한 억제책으로 중국에서 반분열국가법을 제정한 시기다. 즉 대만 독립 경향이 강하게 나타났고, 대만 안보의 위협과 불확실성이 고조되었다. 범녹 유권자는 양안 정책 의제와 관련하여 적극적인 지지 입장으로 결집했고, 범남 진영도 반대편으로 이동해 평균적으로 양극화되는 형태로 변했다. 하지만 이 시기 무당파 유권자들은 큰 변화가 없거나 심지어 매년 감소했다. 따라서 이 기간 대만의 정치 양극화는 Type 2 즉 양대 정당 중심의 양극화가 심화된 것으로 분석했다.

2단계, 2005~2011. 천수이볜 정부 1기 후반과 마잉주 정부 1기 시점이다. 천수이볜의 반중정책으로 인한 미국과의 관계 악화, 부패 문제의 폭로와 재판으로 인해 지지도가 하락하면서 범녹 세력의 이탈과 분산이 나타났다. 반면에 새로이 들어선 마잉주 정부는 양안 관계의 회복을 통해 대만 경제를 발전시키겠다는 노선을 분명히 했다. 관광과 수출의 확대라는 단기적인 성과가 나타나면서 국민당의 지지도가 높아지던 시기였다. 이 기간은 범남 유권자 비율이 점차 증가하였고, 남녹 간의 거리가 줄어들었는데 무당파 유권자가 범남 세력으로 이동하는 사례가 많았다. 따라서 이 시기는 양극화가 감소하는 Type 3에 해당된다.

3단계인 2012~2017년. 마잉주 정부의 2기와 차이잉원 정부의 1기 시기다. 마잉주 정부의 양안 교육 교류의 확대, 양안 정상회담 실시, 양안 경제협력기조협정(ECFA) 체결 등의 친중국 정책이 대만의 중국 종속화를 심화시킬 것이라는 우려가 짙어지면서 범녹 세력과 중도파의 반발이 본격적으로 나타났다. 이 기간 무당파 세력에서 일부는 범남 정치세력의 입장과 멀어지고, 범녹 진영으로 이동했다. 남녹의 거리가 다시 벌어지고, 무당파 유권자가 이 기간 대폭 증가했다(29%~51%). 범남 세력의 일부가 무당파 경향으로 회귀한 것으로 분석했다. 따라서 type 3의 정치 양극화로서 남녹의 거리가 늘어난 것이라는 의미다.

위의 분석에서 보면 대만 정치는 양극화 경향을 나타내고 있다. 하지만 Type 1의 쌍봉이 분포하는 그런 양극화는 아니다. 대만 정치는 지난 20년 동안 양극화는 3단계를 거쳤고, 3개 단계의 양극화는 증가 또는 감소의 동력이 각기 다르다. 1단계의 type 2는 범녹이 이동하는 것이고, 2단계와 3단계는 type3의 형태로 무당파가 증가하고, 범남에서 이탈하는 경우다.

이러한 결과는 양극화를 연구할 때 무당파 유권자 즉 중도파의 동향을 고려해야 한다는 점을 일깨우고 있다. 대만 민중은 2014년 중국과의 서비스무역협정에 반대하는 해바라기 학생운동이 발생하면서 무당파 세력의 분포가 늘어날 때, 대체로 제3의 정치세력과 남녹을 초월하는 시장이 있음을 보여주었다. 다만 무당파가 확대되는 흐름은 2019년 '범죄인 인도협정(송환법)' 반대를 계기로 일어났던 홍콩의 민주화 운동의 영향이 작용하면서 반전이 나타났다. 즉 중도파 민중이 범녹 세력으로 이동하면서 대만은 다시 양대 정당 체제로 돌아가는 양극화 경향이 강화되기 시작했다. 이는 2020년 선거에서 차이잉원 총통이 역대 최다 득표로 800만 표 이상의 표를 획득하면서 재선에 성공한 배경이 되었다.

Ⅲ. 코로나 방역

1. 펜데믹 상황에서의 정치

코로나 팬데믹과 관련한 정치적 영향을 분석한 학자들은 2020년 3월 코로나 팬데믹이 본격적으로 시작되면서 각 국가의 정부가 실시했던 각종 방역정책에 대한 대중들의 참여 행태를 통해 팬데믹과 정치적 영향의 상관관계를 확인할 수 있다고 보았다. 미국의 Painter and Qiu (2021)는 자택격리된 이후 미국인들의 하루 모바일폰의 이동 거리, 신용카드 소비 장소를 추적 조사했다. 조사 결과 민주당 주지사가 관리하는 주의 주민들은 자택에서 더 자주 주문하고, 온라인 쇼핑을 더 많이 사용한 데 비해, 공화당 주지사가 있는 주의 주민들은 격리 조치 준수 비율이나 온라인 소비 비율 모두 상대적으로 민주당 집권주에 비해 낮게 나타난 것을 발견했다. 이와 비슷한 조사결과는 유럽에서도 나타나는데, Ansell 등(2021)은 영국, 스웨덴, 덴마크인의 격리자 관리 자료를 추적한 결과 급진적 포퓰리즘 정당 지지자가 많은 지역에서 자택격리 금지명령을 위반하여 무단 외출하는 경우가 많다는 것을 지적했다.

또한 대만의 정치학자 吳文欽 등은 설문조사를 통해, 정부의 투명성에 대한 인식이 방역만족도와 높은 연관이 있음을 발견했다. 즉 대만정부가 초기부터 중국과의 항공노선을 봉쇄하고 마스크 수출을 금지하는 강력한 봉쇄를 통한 방역조치를 시행했음에도 정부가 비교적 투명하고 질서 있게 잘 대응한다면서 높은 만족도를 표시한 것이다.

팬데믹과 관련하여 정치적 영향은 대중의 행동 뿐만 아니라 정치엘리트의 행위에도 영향을 미친다. 미국의 Grossman 등(2020)은 미국에서 민주당 주지사가 공화당 주지사보다 더 신속하고, 더 자주 트위터에 각종 방역 조치를 알린다는 것을 발견했다. 반면에 공화당 주지사는 비교적 늦게 방역 관련 사항을 발표했다고 지적했다. 이러한 사례들은 코로나 팬데믹 상황에서 방역 관련 활동이 과학 영역에만 그치는 것이 아니라, 정치 영역과도 관련되어 있음을 보여주었다.

또한 코로나 팬데믹의 정치적 영향은 대중을 안정 지향을 추구하도록 작용한다. 감염과 치료, 격리와 해제 등 팬데믹으로 인한 일상의 불확실성이 증가하면서, 사람들은 정치에 대한 사고도 비교적 안정추구, 보수적 경향을 보인다는 것이다. 이는 코로나 바이러스 감염이 발생하는 지역에서는 안정적인 방역과 치료를 우선적으로 추구하기 때문에 현재 방역을 담당하고 있는 현직 엘리트를 지지하는 경향이 강하게 나타났다. Bol 등(2021)은 유럽 8개국 대중을 대상으로 3회에 걸친 설문조사에서 자신이 가택 격리명령 조치를 받아도 현직 리더에 대한 만족도는 낮아지지 않았다.

2. 펜데믹과 대만의 정치 양극화

일반적으로 사람들은 팬데믹 상황에 대한 예측 불확실성이 증가하면서 자신이 안전하지 않다고 느낄 때 보다 보수적인 태도를 보인다. 보수적인 태도는 자기 중심적 사고와 자기 이익을 지키려는 행동으로 표현된다.

　미국 학자 Rosenfeld and Tomiyama(2021)는 팬데믹 발생 전후로 미국 유권자 700명의 정치적 태도를 추적한 결과 미국민의 성별 편견이 강화되었다고 지적했다. 특히 남성의 경우 여성의 가사 노동이 더 필요하다는 인식을 당연하다고 생각하는 비율이 높아졌다. 또한 팬데믹 발생 초기에 대중의 민족주의(nationalism) 정서가 높아지면서 자신이 속한 국가는 팬데믹을 벗어날 것이라고 생각하고 있다는 조사결과(Golec 2020)도 나왔다. 팬데믹 발생 이후 대중의 권위주의에 대한 용인, 즉 강력한 지도자를 추종하고 기존 법규범을 무시하는 태도가 대중의 민족주의 정서를 고양시키고, 이민자에 대한 혐오감을 증폭시키는 것과 관계가 있음을 발견했다.

　2020년 팬데믹 초기에 중국에서 발생한 코로나 바이러스를 '우한폐렴'으로 명칭을 붙이기, 중국인 관광객의 입경 거부와 후베이성과 우한시 거주 대만인의 귀국 시점의 연기, 중국에 대한 마스크 수출 금지 등의 조치는 모두 민진당 정부와 방역 부문에 의해 시행되었다. 이에 대해 범남 세력에서는 인도주의적 입장에서 잘못되었다는 비판과 양안 민간교류 성과를 침해하는 것이라고 비난했다. 반면에 범녹 세력은 대만의 방역 효과를 위해 선택한 불가피한 조치이며, 바이러스의 발생 책임이 중국에게 있다고 주장하면서 양안교류 중단을 환영했다.

　한편 팬데믹 상황의 예측 불확실성이 초래하는 정치태도의 변화는 팬데믹이 장기화 될수록 정반대의 변화가 나타나기도 한다. Hiko and Wang (2020)은 미국에서 코로나 발생 이후 4개월이 지난 시점에서 실시한 설문조사에서 민중의 민족주의 심리 정도가 하락했음을 발견했다. 특히 민주당 지지자계층에서 상대적으로 코로나 팬데믹의 극복에 대한 기대가 낮아진 것을 발견했다. 또한 현직 리더에 대한 지지도가 낮아지고, 민족주의 정서도 약화된 것으로 나타났는데, 이는 트럼프 정부의 코로나 팬데믹 대응에 대한 방역이 대중으로부터 좋은 평가를 받지 못했기 때문이다.

반면에 2020년의 코로나 팬데믹 방역에 있어서 성공한 국가로 평가받는 대만에서는 오히려 현직 리더에 대한 지지도가 높아지고, 민족주의 정서도 고양되었다. 2020년 9월 차이잉원 총통이 Time 표지 인물로 선정되었을 때는 지지도가 최고로 상승했다. 이는 중국의 무력위협 분위기에서 대만 민중의 여론을 안정화시키는 요인이 되었고, 차이잉원 정권이 반대 의견을 무시한 채 추진한 미국산 돼지고기를 수입하도록 하는 결정을 내린 것에도 영향을 미쳤다. 물론 범남 세력은 중국군의 무력 위협으로 인한 대만의 안보 불안을 지적하고 미국산 돼지고기의 위험성으로 인한 수입 반대 운동을 진행했지만 코로나 방역에서의 성과는 범남 세력의 비판과 반대운동을 효과를 발휘할 수 없도록 작용했다. 이는 중도파 입장을 보였던 무당파 세력의 다수가 범녹 세력으로 이동했다는 의미다.

Ⅳ. 결론

팬데믹과 정치적 양극화의 관계에서 나타난 여러 사례는 정치학적으로 민주적 책임(democratic accountability)에 속한다. 대중은 투표를 통해서 국정운영을 잘못한 정치인은 패배를 주고, 잘한 정치인에게는 승리를 보상한다. 정치적 양극화는 리더 즉 정치 엘리트의 민주적 책임에 대한 대중의 평가가 나타나는 과정에서 자연스럽게 표출된다. 따라서 정태적으로 존재하기보다는 다양하게 변화하는 동태적 양극화라는 특성을 보여준다.

왕훙원은 코로나 팬데믹과 같은 위기가 발생했을 때 대중이 현직 리더를 반대할지 아니면 지지를 표시할 지는 결국 리더의 행태에 달려 있다고 주장한다. 즉 현직 리더가 정책 수행을 잘했다면 리더에 대한 지지율이 높아질 것이다. 그러나 대응을 잘하지 못했다면 만족도가 떨어질 수밖에 없다. 이는 리더의 민주적 책임에 대한 메커니즘이 확실히 존재한다는 것을 의미한다.

2021년 5~6월 방역 성과를 세계에 자랑하던 대만에서 하루 700명 이상의 확진자가 발생하는 감염 폭증 사태가 발생했다. 또한 당시까지 백신 접종율이 1%에 그치고, 백신 확보도 제대로 준비되지 않은 사실이 드러나면서 남녹 정치세력 간의 치열한 공방이 있었다. 범남 세력은 차이잉원 정부의 자만심과 중국과의 협력을 거부하는 태도로 인해 대만 민중의 생명을 담보로 내건 것과 똑같다는 비난을 했다. 이에 대해 범녹 세력은 내부의 분열을 획책하는 태도이며, 이는 중국의 통일전선전략에 끌려가는 상황을 초래할 것이라고 반박했다.

코로나 팬데믹이 아직 종식되지 않은 상황에서 대만의 정치 양극화는 리더의 정치적 책임을 묻는 정치학적 매커니즘에 따라 여전히 동태적 변화가 나타나고 있다. 팬데믹은 집권당에게는 방역에 대한 권한과 책임을 주고, 야당에게는 비판과 대안을 제시할 수 있는 공간을 제공한다. 대만의 양대 정치세력의 상호 대립은 대중의 지지를 바탕으로 한다는 점에서 대만 지식인 사회의 상호 관계를 볼 수 있도록 한다.

| 참고문헌 |

정영화, 「미국의 정치양극화와 대의민주주의 실패의 한국 정치에의 함의」, 『홍익법학』, Vol.20 No.1, 2019.

박상운, 「왜 SNS에서 정치 양극화가 지속되는가」, 『사회과학연구』, 30(1), 2014.3.

Ansell, B., Cansunar, A., & Elkjaer, M., "Social distancing, politics, and wealth", *West European Politics*, 2021.

Bol, D., Giani, M., Blais, A., & Loewen, P. J., "The effect of COVID-19 lockdowns on political support: Some good news for democracy?", *European*

Journal of Political Research, 60(2), 2021.

Golec, A., Bierwiaczonek, K., Baran, T., Hase, A., & Keenan, O., *Sexual Prejudice and Concerns of National Survival in Poland during the COVID-19 Pandemic*, 2020.

Grossman, G., Kim, S., Rexer, J. M., & Thirumurthy, H., "Political partisanship influences behavioral responses to governors' recommendations for COVID-19 prevention in the United States", *Proceedings of the National Academy of Sciences*, 117(39), 2020.

Hiko, A., & Wang, A. H. E, "Out-of-Control COVID-19 Pandemic Hampers the Nationalism", *Political Studies Review*, 2020.

Painter, M., & Qiu, T., "Political beliefs affect compliance with government mandates", *Journal of Economic Behavior & Organization*, 185, 2021.

Rosenfeld, D. L., & Tomiyama, A. J., "Can a pandemic make people more socially conservative? Political ideology, gender roles, and the case of COVID-19", *Journal of Applied Social Psychology*, 2021.

蔡佳泓・徐永明・黃秀庭, 「兩極化政治: 解釋台灣2004總統大選」, 『選舉研究』, 14卷 1期, 2007, http://www3.nccu.edu.tw/~tsaich/Polarization_JES.pdf

陳宗文, 權力的技術與技術的權力－台灣疫苗採用的歷程分析, 『台灣社會學』, 第25期, 2013.6. 45-87쪽. https://www.ios.sinica.edu.tw/journal/ts-25/25-02.pdf

美智庫: 台疫情加劇政治兩極化兩黨口水戰不利防疫－蘋果日報, 蘋果新聞網, 2021.6.26, https://tw.appledaily.com/international/20210626/A6BE4XRJ4RB6LLY25QDWNSJVCM/

王宏恩, 台灣政治是怎麼兩極化的?, 菜市場政治學, 2019, https://whogovernstw.org/2019/10/19/austinwang47/

王宏恩導讀: 釐清兩極化政治與世界觀的因果－風傳媒, 新新聞, 2019.9.3., https://www.storm.mg/article/1617092?page=1

王宏恩, 疫情與政治如何互相影響? 菜市場政治學, May 27, 2021, https://whog

overnstw.org/2021/05/27/austinwang60/

蕭怡靖,「從政黨情感溫度計解析台灣民眾的政治極化」,『選舉研究 』, 21卷 2期, 2012, http://www.jestw.com/upload/journal/5/從政黨情感溫度計解析台灣民眾的政治極化.pdf.

蕭怡靖, 林聰吉, 台灣政治極化之初探: 量與分析, 台灣政治極化的測量, 淡江大學, 2004.

저자소개

박영순

중국 푸단(復旦)대학에서 문학 박사학위를 받았다. 현재 국민대학교 중국인문사회연구소 HK교수이다. 연구 관심 분야는 고대 문인집단과 문학유파, 문인결사와 지역학, 유배문학과 유민문학, 중서문화와 한중지식 교류사 등이다. 최근에는 고대 문인결사의 시대별, 지역별, 유형별, 창작별 분류 연구에 중점을 두고 있다. 주요 논문으로「청초 동북 지역의 유배 지식인: 함가(函可)와 시 창작을 중심으로」(2020), 주요 논문으로「명대 남원시사의 전승을 통해 본 문인결사와 문학유파 형성의 상관성」(2020), 「명대 문사(文社)의 활동과 과거 문풍(文風)의 상관성: 제도·활동·권력을 중심으로」(2021) 등과 주요 역서로『중국 고대 문인집단과 문학풍모』(2018), 『현대 중국의 학술운동사』(2013) 등이 있다.

김승욱

충북대학교 역사교육과에 부교수로 재직 중이다. 중국 근현대사를 전공했고, 최근에는 중국의 국민국가 이행 과정에서 지식 체계의 변화가 어떻게 전개되었는지에 관심을 갖고 연구를 진행하고 있다. 지역사적 관점에서 상하이 등 도시사 연구도 수행하고 있다. 도시사학회, 한국중국학회 회장 등을 역임했다. 주요 논문「중국 근대 초기 역사학에서 민족 개념의 수용과 과학관 – 량치차오의 경우」, 「1990년대 중국 상해의 역사경관 소비와 기억의 굴절」, 「중국의 역사강역과 제국 전통」, 「사회주의 시기 상하이 도시 개조와 공인신촌 – 차오양신촌을 중심으로」, 「上海時期(1840~1862)王韜的世界認識」 등과, 저서『도시로 읽는 현대중국 1』, 『트랜스내셔널 노동이주와 한국』, 『도시는 역사다』, 『경계 초월자와 도시연구』 등이 있다.

최은진

이화여대에서 역사학으로 박사학위를 받았으며, 현재 국민대학교 중국인문사회연구소 HK교수로 재직하고 있다. 전공분야는 중국현대사이며 현재는 중국 지식인의 사상지형, 담론 및 네트워크를 구체적인 교육, 사회활동에서 역사적으로 고찰하는데 관심을 갖고 연구하고 있다. 주요 논문으로는「중국국립중앙연구원 역사어언연구소(1928~49)와 근대역사학의 제도화」(2010), 「중국 역사지리학 지적구조와 연구자 네트워크」(2012), 「언론매체를 통해 형성된 공자학원(Confucius Institutes) 이미지와 중국의 소프트 파워 확산」(2015), 「중국의 '중국학'연구의 지적구조와 네트워크: 텍스트 마이닝 기법을 활용한 새로운 분석방법의 모색」(2016), 「중국 푸쓰녠(傅斯年)연구의 지적 네트워크와 그 함의」(2017), 「중화민국시기『교육잡지(敎育雜誌)』와 서구교육 지식의 수용과 확산」(2019), 「중국 향촌건설운동의 확산과정과 향촌교육의 함의」(2020)등과 역서로『중국 근현대사의 지식인』(2021) 등이 있다.

강진석

한국외대 중국어과와 철학과를 졸업하고, 베이징대학 철학과에서 중국철학으로 석·박사학위를 받았다. 현재 한국외대 중국외교통상학부 교수로 재직 중이다. 중국의 현대사상, 동북아 문화콘텐츠, 동아시아 평화사상 등에 관심을 갖고 공부하고 있다. 주요 저서로는『체용철학』(2011), 『중국의 문화코드』(2004), 『주제 속 주희, 현대적 주희』(2021, 공저), 『아시아와 북방, 문화접점의 확인』(2021, 공저), 『현대 중국의 세계 전략Ⅱ』(2021, 공저), 『현대 중국학 특강』(2017, 공저), 『처음 읽는 중국현대철학』(2016, 공저), 『중화전통과 현대중국』(2012, 공저) 등이 있다.

최재용

현재 명지대학교 중어중문학과 교수로 재직 중이다. 서울대학교에서 학사를 마친 후 석사과정에 진학, 대중문학을 주제로 하여 석사학위논문을 썼다. 이후 북경대학교 중문과에서 중국의 인터넷 문학을 연구하여 박사학위를 받았다. 한국과 중국의 대중문화 전반을 주요 연구 영역으로 하고 있으며, 소설뿐만 아니라 영화, 드라마, 게임 등 여러 방면에서 최근 나타나고 있는 문화적 현상을 연구하여 다수의 논문을 발표하였다. 옮긴 책으로는 중국 작가 한한의『나의 이상한 나라, 중국』, 『토마스 맥러플린의 『거리의 지혜와 비판이론』, 고룡의 무협소설『다정검객무정검』 등이 있다.

김주아

베이징어언대학(北京語言大學)에서 『漢語"來/去"和韓國語"ota/kada"的句法, 語義對比研究(중국어 '來·去'와 한국어 '오다·가다'의 통사 및 의미론적 비교연구)』로 응용언어학 박사학위를 받았다. 현재 국민대학교 중국인문사회연구소 HK연구교수로 재직 중이다. 연구 관심 분야는 중국어학과 중국문화 및 화교·화인 사회이다. 주요 논문으로는 「漢韓"來/去"的對比研究－通過韓國語看漢語」(2011), 「漢韓"來/去"的視點差異」(2013), 「通過韓國語補助動詞"juda2"看漢語的陰性特質」(2015), 「화인 민족공동체의 형성과 발전－동남아시아 화인사단(社團)을 중심으로」(2018), 「말레이시아 화인기업(華商)의 네트워크 활용 실태 조사」(2019), 「싱가포르 화인의 다문화 수용성 조사」(2019), 「중일 번역문화와 번역어의 탄생 과정」(2020), 「말레이시아 화문교육에서 지식인의 역할」(2021) 등이 있다. 역서로는 『지혜 - 바다에서 배우는 경영이야기』가 있다.

은종학

서울대학교 국제경제학과를 졸업하고, 동 국제대학원에서 중국경제 전공으로 석사학위(경제학 석사)를 취득하였다. 이후 LG경제연구원 중국팀 선임연구원으로 근무하다가, 대한민국 교육부 국비유학생으로 선발되어 중국 칭화(靑華)대학 기술경제경영학과에 유학, 박사학위(경영학 박사)를 취득했다. 칭화대학 박사과정을 최우수 졸업하며 칭화대학 총장으로부터 영예칭호를 수여받았다. 귀국 후 대외경제정책연구원 중국팀 부연구위원으로 근무했으며, 2006년부터는 국민대학교 중국학부에서 교편을 잡고 있다. 연구 관심 분야는 중국의 국가혁신체제와 과학기술 및 산업 발전이며, 최근에는 디자인 기반 혁신, 싱가포르 및 베트남 경제로 관심을 확대하고 있다. 다수의 논문을 SSCI급 국제학술지와 국내 유수 학술지에 발표하였으며, 세계적 학술지 Research Policy에 실은 대표논문 "Explaining the University-run Enterprises in China: A Theoretical Framework"는 한국인의 중국 관련 연구 논문 중 국제적으로 가장 많이 인용되는 것 중 하나다.

박철현

서울대학교 동양사학과를 졸업하고, 서울대학교 국제대학원에서 중국지역연구로 문학석사학위를 받고, 중국 선양(瀋陽) 테시구(鐵西區) 공간변화와 노동자 계급의식의 관계에 대한 연구로 중국 런민(人民)대학 사회학과에서 박사학위를 받았다. 현재 국민대학교 중국인문사회연구소 HK연구교수로 재직 중이다. 관심분야는 중국 동베이(東北) 지역의 공간생산과 지방정부의 역할, 국유기업 노동자, 도시, 둥베이 지역의 "역사적 사회주의", 만주국, 동아시아 근대국가 등이다. 논문으로는 「關於改革期階級意識與空間 — 文化研究: 瀋陽市鐵西區國有企業勞動者的事例」(박사학위 논문, 2012), 「중국 개혁기 공간생산 지식의 내용과 지형: 선양시(瀋陽市) 톄시구(鐵西區) 노후공업기지의 개조를 중심으로」(중소연구, 2013), 「중국 사구모델의 비교분석: 상하이와 선양의 사례 - 사회정치적 조건과 국가 기획을 중심으로」(중국학연구, 2014), 「중국 개혁기 공장체제 연구를 위한 시론(試論): 동북 선양(瀋陽)과 동남 선전(深圳)의 역사적 비교」(한국학연구, 2015) 등이 있고, 역서로는 『중국 정책변화와 전문가 참여(공역)』(학고방, 2014), 공저로 『다롄연구: 초국적 이동과 지배, 교류의 유산을 찾아서』(진인진, 2016), 『특구: 국가의 영토성과 동아시아의 예외공간』(알트, 2017), 편저서로 『도시로 읽는 현대중국 1, 2』(역사비평사, 2017)이 있다.

서상민

고려대학교 정치외교학과를 졸업하고 고려대학교 대학원에서 중국정치로 석·박사학위를 취득하였다. 동아시아연구원(EAI) 중국연구센타 부소장을 거쳐 현재 국민대학교 중국인문사회연구소 HK연구교수로 재직 중이다. 주요 관심 연구영역은 중국정치과정 중 권력관계, 정치엘리트, 관료제와 관료정치 그리고 외교안보 분야 정책결정과정 분석 등과 관련된 주제들이며, 최근에는 사회연결망분석(SNA) 방법을 활용한 중국의 정책지식과 정책행위자 네트워크 분석하고 관련 데이터를 구축하여 중국의 정치사회 구조와 행위자 간 다양한 다이나믹스를 추적하고 분석하고 있다. 주요 논문으로는 「시진핑집권 초기 중국외교담화 생산메카니즘과 내용분석」(2021), 「시진핑 시기 이데올로기 강화와 민영기업정책」(2021), 「중국공산당의 위기관리 정치: '코로나19' 대응의 정치적 논리」(2020), 「시진핑 시기 권위주의적 사회통제」(2019), 「시진핑 1기 중국인민해방군 상장 네트워크」(2018) 등이 있으며, 저서로는 『얘들아 이젠 중국이야』(2016, 공저), 『시민과 함께하는 중국인문학』(2021, 공저), 『현대중국정치와 경제계획 관료』(2019) 등이 있다.

이광수

중국런민대학에서 중국정치 전공으로 박사학위를 취득한 이후, 숭실대, 국민대에서 동아시아 관계와 중국정치에 대해서 강의해오고 있다, 국민대학교 중국인문사회연구소에서 HK연구교수로 재직하면서 중국과 대만의 정치체제와 상호관계에 대해서 연구하고 있다. 연구 성과로 「양안의 민족주의 정서 고양과 양안관계」(2017), 「대만의 인정투쟁 연구: 정당의 통독 입장 변화를 중심으로」(2017), 「대만TV시사토론프로그램의 정치편향성 연구」(2019), 「양안 문화교육교류의 특징과 양안관계에 미치는 영향」(2020), 「중국의 일국양제와 대안모델에 대한 고찰」(2020) 등이 있으며, 역서로는 『중국정책결정: 지도자, 구조, 기제, 과정』(2018) 등이 있다.

국민대학교 중국인문사회연구소 총서 ● 13권

중국 지식 형성의 변화와 유형 탐색

초판 인쇄   2022년 5월 20일
초판 발행   2022년 5월 31일

공 저 자 | 박영순·김승욱·최은진·강진석·최재용
　　　　　김주아·은종학·박철현·서상민·이광수
펴 낸 이 | 하운근
펴 낸 곳 | 學古房

주　　소 | 경기도 고양시 덕양구 통일로 140 삼송테크노밸리 A동 B224
전　　화 | (02)353-9908 편집부 (02)356-9903
팩　　스 | (02)6959-8234
홈페이지 | www.hakgobang.co.kr
전자우편 | hakgobang@naver.com, hakgobang@chol.com
등록번호 | 제311-1994-000001호

ISBN 979-11-6586-453-8 94300
　　　 978-89-6071-406-9 (세트)

값 : 30,000원

■ 파본은 교환해 드립니다.